東京五大

平成版

編著　東京クリティカル連合(ＴＣＵ)

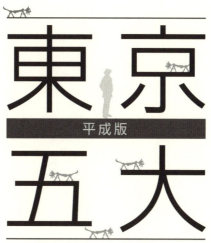

はしがき—東京五大とは何か

グラフィックデザイナーで居酒屋探訪家でもある太田和彦氏が選択し命名した東京三大煮込み（千住「大はし」、森下「山利喜」、月島「岸田屋」）がいつの間にか二大（立石「宇ち多゛」、門前仲町「大坂屋」）加わり、五大になり定着したことは多くの呑み助ならご存知なのではないでしょうか。

本書の企画のきっかけは、まさにこの太田氏がもたらした東京五大煮込みから発想を得たものです。

ある時、ふと仲間同士の飲み会で、この五大煮込みの話題になり、それからというもの、それぞれが東京の各ジャンルの五大を得手勝手に語りだしました。

「それじゃ東京五大蕎麦は？」

「う～ん神田藪、並木藪、麻布永坂更科、室町砂場、う～んあと一つは何かな」

「俺は鞍馬」

「いや俺は池之端藪だな」

「俺は一茶庵だな」

「どこの」

「九段のだよ」

「神田藪入るの？」

それぞれが、自分の食体験をふまえて熱く語り、また冷静にいやらしく蘊蓄を傾けたりしました。その時の飲み会は東京五大で始まり、東京五大で終わったのですが、大変に盛り上がったものになりました。

そんなお遊びをしながら、数についてふっと面白いことに気づきました。学者ではないので、これがなぜなのかという明快な説明は出来ませんが、私たちは、三つ（三大）を選び出す時は案外決着が早く、揺るぎない決断をするということです。また四つにしても、簡単に一つ仲間はずれが出るだけで、三つは盤石なことが多いのです。ところが、五つになると突然、今までの安定感が嘘のように崩れだし、揺れ始めるのです、あたかも三つなどなかったように・・・。色々なノイズが聞こえ出してくるのです。なんだか非科学的な話で申し訳ないですが、この数字は明らかに、私たちの精神に何らかの作用を及ぼしているということです。

そんなこんなで、東京の各ジャンルの五大を一冊にまとめたら最高の「東京読本」が出来るのではないかと制作されたのが本書東京五大です。

まず、私たち東京クリティカル連合（TCU）はこの企画を進めるにあたって、何の権威もない私たちが、なぜ傲慢にも東京五大などという枠組みを作り、選択し発表できるのか、という心の声にぶつかりました。その声を取り除くために、ここで選択された五大は、あくまでもTCUが選択したもので、まずは今後のための叩き台作りであること。逆にこれが発

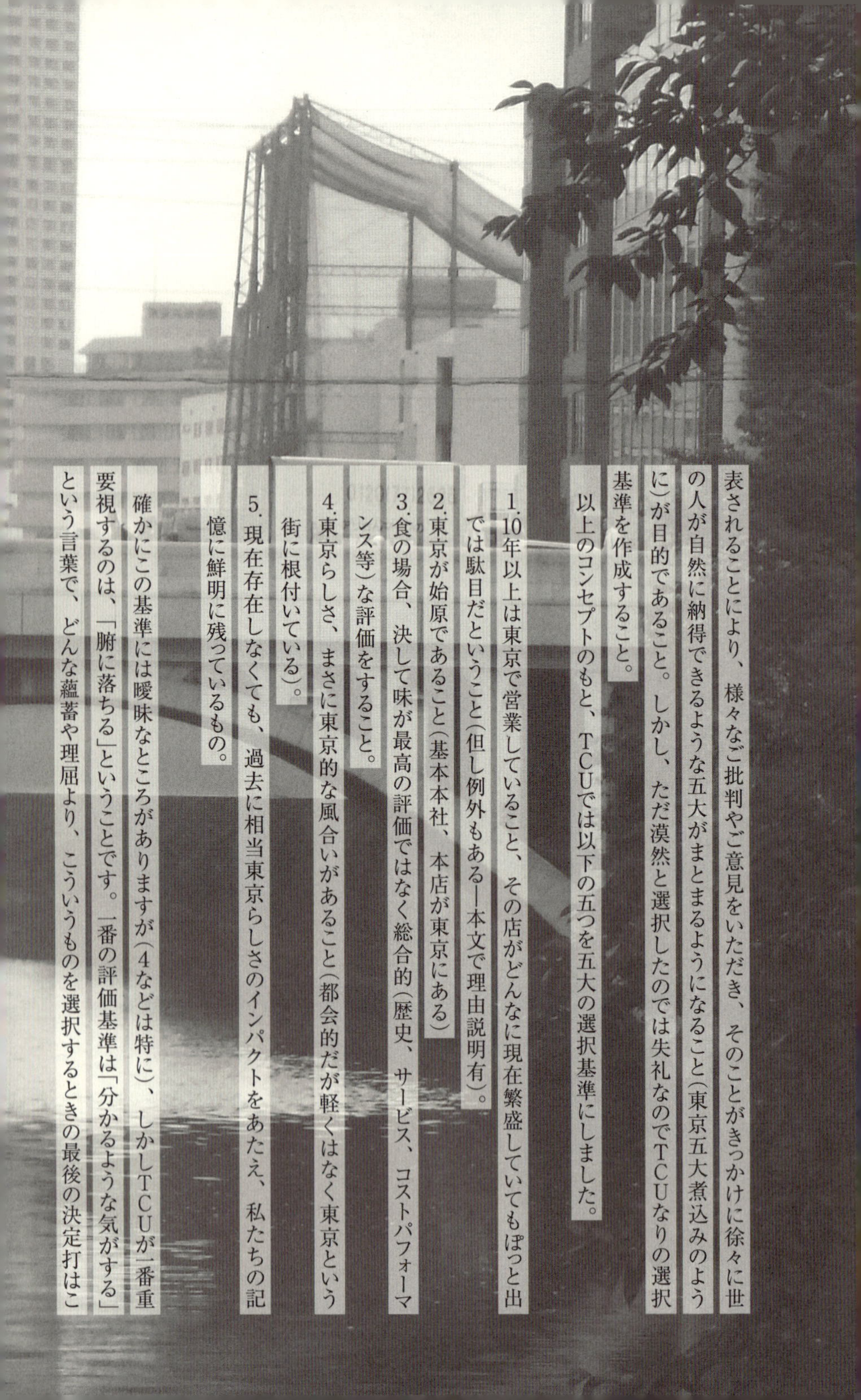

表されることにより、様々なご批判やご意見をいただき、そのことがきっかけに徐々に世の人が自然に納得できるようにまとまるようになること（東京五大煮込みのように）が目的であること。しかし、ただ漠然と選択したのでは失礼なのでTCUなりの選択基準を作成すること。

以上のコンセプトのもと、TCUでは以下の五つを五大の選択基準にしました。

1.10年以上は東京で営業していること、その店がどんなに現在繁盛していてもぽっと出では駄目だということ（但し例外もある―本文で理由説明有）。

2.東京が始原であること（基本本社、本店が東京にある）

3.食の場合、決して味が最高の評価ではなく総合的（歴史、サービス、コストパフォーマンス等）な評価をすること。

4.東京らしさ、まさに東京的な風合いがあること（都会的だが軽くはなく東京という街に根付いている）。

5.現在存在しなくても、過去に相当東京らしさのインパクトをあたえ、私たちの記憶に鮮明に残っているもの。

確かにこの基準には曖昧なところがありますが（4などは特に）、しかしTCUが一番重要視するのは、「腑に落ちる」ということです。一番の評価基準は「分かるような気がする」という言葉で、どんな蘊蓄や理屈より、こういうものを選択するときの最後の決定打はこのような言葉だと思われます。そして決して間違っていただきたくないのは、ベスト五ではないということです。ベストということは、一～五までのクラス（階層）を作り出してしまいますが、あくまでも選択された五つはパラレル（同等）であるということです。もし、その中でベストを選択したい時は、各々個人が、勝手に行って下さいということです。

本書は、自然・宗教、生活・文化、出会い、食、「エロス」と「死」の五つの章に分かれています。そして、ＴＣＵだけでなく、読者の方々も納得するでしょうが、東京が最高峰だろうという寿司、鰻、蕎麦は特別に編集させていただきました。

御託はこのぐらいにして、とにかく楽しみながら、時々「違うよ」という言葉を心の中で呟きながら読んでいただければ幸いです。

東京クリティカル連合（ＴＣＵ）
会長　宮田　十郎

平成版 東京五大 目次

はしがき――002
本書の使い方――010

東京の自然・宗教編

■東京五大神社――012
【大國魂神社】【東京大神宮】【明治神宮】【日枝神社】【靖國神社】

■東京五大仏教寺院――017
【浅草寺】【寛永寺】【増上寺】【池上本門寺】【築地本願寺】

コラム
東京五大散歩のおりに寄ってみたい神社仏閣――022
【豪徳寺】【泉岳寺】【回向院・延命寺】【小野照崎神社】【愛宕神社】

■東京五大祭り――025
【深川祭り】【神田祭り】【山王祭り】【三社祭り】【くらやみ祭り】

■東京五大橋――031
【日本橋】【聖橋】【千住大橋】【勝鬨橋】【レインボーブリッジ】

■東京五大坂――037
【行人坂】【三分坂】【暗闇坂】【菊坂】【三崎坂】

コラム
東京五大河川――042
【隅田川】【神田川】【石神井川】【野川】【小名木川】

■東京五大庭園――045
【浜離宮恩賜庭園】【旧芝離宮恩賜庭園】【小石川後楽園】【六義園】【清澄庭園】

東京の生活・文化編

■東京五大商店街――052
【戸越銀座商店街】【砂町銀座商店街】【ハッピーロード大山商店街】【阿佐谷パールセンター】【十条銀座商店街】

■東京五大高級住宅街――057
【田園調布】【松涛】【成城】【番町】【青葉台】

コラム
東京五大デパート――064
【三越日本橋本店】【伊勢丹新宿店】【西武池袋本店】【松屋銀座店】【東急百貨店本店】

■東京五大専門店街――067
【秋葉原電気街】【神保町古書店街】【かっぱ橋道具街】【日暮里繊維街】【高田馬場ラーメン激戦区】

■東京五大歴史的建造物――073
【日本銀行本店本館】【安田講堂】【日比谷公会堂】【泰明小学校】【東京駅】

コラム
東京五大珍百景(話)――078
【代々木会館】【アサヒビール本社ビル】【浅草だるまさんがころんだおじさんとボンレスハムおじさん】【副都心高層ビル】【お化け煙突】

■東京五大寄席――081
【鈴本演芸場】【新宿末廣亭】【浅草演芸ホール】【池袋演芸場】【国立演芸場】

■東京五大古書店――087
【花鳥風月】【巽堂書店】【西村文生堂】【澤口書店】【稲垣書店】

■東京五大銭湯――092
【タカラ湯】【改正湯】【新生湯】【清水湯】【蛇骨湯】

■東京五大公園――097
【上野公園】【新宿御苑】【日比谷公園】【代々木公園】

【等々力渓谷公園】

コラム
東京五大遊園地 ―― 102
【浅草花やしき】【としまえん】【あらかわ遊園】
【よみうりランド】【東京ドームシティアトラクションズ】

東京の出会い編

■東京五大待ち合わせ場所 ―― 106
【銀座和光前】【新宿紀伊国屋書店前】
【渋谷ハチ公前】【六本木アマンド前】
【原宿表参道前交番】

コラム
東京五大交差点 ―― 111
【渋谷駅前交差点】【銀座四丁目交差点】
【秋葉原中央通り交差点】【神保町交差点】
【泪橋交差点】

■東京五大珈琲店 ―― 113
【堀口珈琲狛江店】【カフェ・バッハ】
【カフェ・ド・ランブル】【カフェ・パウリスタ】
【珈琲道場 侍】

■東京五大喫茶店 ―― 118
【アンヂェラス】【さぼうる】【銀座ウエスト】
【カフェ・ド・ラペ】【友路有 赤羽店】

コラム
東京五大甘味処 ―― 123
【紀の善】【竹むら】【いり江】【梅園浅草本店】
【みはし上野本店】

■東京五大銘菓 ―― 125
【銀座木村屋のあんぱん】【うさぎやのどらやき】
【岡埜栄泉の豆大福】【虎屋の羊羹】
【神田淡平の煎餅】

東京の食編

■東京五大カレー ―― 132
【デリー上野店】【ボンディ神保町本店】
【新宿中村屋 レストラン&カフェManna】
【ナイルレストラン】【キッチン南海神保町店】

■東京五大ハヤシライス ―― 138
【マルゼンカフェ日本橋店】【横濱屋】
【シャポー・ルージュ】【キッチン・ボン】【グリルエフ】

■東京五大ハンバーグ ―― 144
【煉瓦亭新富本店】【せきぐち亭】【キッチンたか】
【キッチンパンチ】【カフェテラス ポンヌフ】

■東京五大オムライス ―― 151
【黒船亭】【津々井】【EDOYA】【天将】
【ランチョン】

■東京五大ナポリタン ―― 156
【むさしや】【ロビン】【ロッジ赤石】【喫茶アンデス】
【洋食屋 大越】

■東京五大ミートソース ―― 162
【焼きスパゲッチ ミスターハングリー】
【ハシヤ 代々木八幡本店】
【とすかーな武蔵小山総本店】
【レストラン日勝亭】【水口食堂】

コラム
東京五大行列店 ―― 168
【六厘舎】【ジャポネ】【ミート矢澤】【うどん丸香】
【寿司大】

■東京五大とんかつ ―― 171
【とん太】【ゆたか】【成蔵】【丸五】【豚珍館】

■東京五大洋食 ―― 177
【グリルグランド】【レストランカタヤマ】
【そよいち】【七條】【煉瓦亭】

■東京五大大衆食堂 183
【七福】【萬金】【町屋ときわ食堂】【北一食堂】
【田中食堂】

コラム
東京五大東京発祥料理 189
【油そば】【もんじゃ焼き】【どじょう鍋】【くさや】
【東京チャンポン】

■東京五大カツ丼 193
【坂本屋】【とん㐂】【二天門 やぶ】【豊ちゃん】【鈴新】

■東京五大親子丼 198
【鳥ふじ】【鳥つね自然洞】【鳥めし鳥藤分店】
【末げん】【鳥茶屋 別亭】

■東京五大天丼 205
【天ぷら中山】【土手の伊勢屋】【天仙】
【てんぷら黒川】【天ぷら天朝】

ベンチタイム
■東京五大桜の名所 211
【上野恩賜公園】
【飛鳥山公園】
【千鳥ヶ淵】（千鳥ヶ淵緑道＆千鳥ヶ淵公園）
【隅田公園】
【目黒川】

東京五大寿司屋・鰻・蕎麦

■東京五大寿司 216
【㐂寿司】【鮨てる】【鮨与志乃】【はし田】【寿司政】

■東京五大鰻屋 222
【小柳】【やしま】【秋本】【うなぎ魚政】【尾花】

■東京五大蕎麦屋 228
【室町砂場】【並木藪蕎麦】【麻布永坂更科本店】【利庵】【本むら庵】

■東京五大立ち食いそば 234
【山田屋】【野むら】【大黒そば】【一由そば】
【柳屋そば店】

■東京五大大衆蕎麦屋の名物一品 240
【かつそば 翁庵】【中華そば 四谷更科】
【カレー南蛮蕎麦 翁そば】
【冷やし南蛮蕎麦 角萬竜泉店】
【納豆蕎麦 大阪屋砂場本店】

■東京五大中華そば 245
【若月】【民華】【永楽】【珍来亭】【メルシー】

■東京五大チャーハン 251
【交通飯店】【宝家】【中華味一】
【ラーメン王後楽本舗】【珍々軒】

コラム
東京五大野菜 257
【練馬大根】【亀戸大根】【小松菜】【寺島茄子】
【東京うど】

■東京五大天婦羅屋 259
【中清】【船橋屋本店】【天亭】
【てんぷらと和食 山の上】【高七】

■東京五大立ち飲み屋 265
【いこい】【カドクラ】【晩杯屋・大井町店】
【割烹くずし 徳多和良】【鈴傳】

■東京五大おでん屋 271
【お多幸・新宿店】【呑喜】【大多福】【力】【やす幸】

■東京五大居酒屋 277
【ふくべ】【齊藤酒場】【みますや】【金田】【鍵屋】

コラム
東京五大地酒 283
【小山酒造】【豊島屋酒造】【石川酒造】
【田村酒造場】【小澤酒造】

■東京五大酒場（バー） 286
【テンダー】【モーリ・バー】【BAR 5517】
【サンルーカル】【神谷バー】

東京の「エロス」と「死」

■東京五大ストリップ劇場 294
【浅草ロック座】【渋谷道頓堀劇場】
【新宿TSミュージック】【新宿ニューアート】
【シアター上野】

コラム
東京五大劇場 300
【国立劇場】【帝国劇場】【歌舞伎座】【日生劇場】
【新宿コマ劇場】

■東京五大ラブホテル街 303
【鶯谷ラブホテル街】【歌舞伎町ラブホテル街】
【円山町ラブホテル街】【湯島ラブホテル街】
【錦糸町ラブホテル街】

コラム
東京五大ホテル 309
【帝国ホテル】【ホテルオークラ】【椿山荘】
【東京ステーションホテル】【山の上ホテル】

■東京五大霊園 312
【谷中霊園】【青山霊園】【雑司ヶ谷霊園】【多磨霊園】
【染井霊園】

■東京五大盲腸線 318
【東武大師線 西新井〜大師前】
【東京メトロ千代田線 綾瀬〜北綾瀬（北綾瀬支線）】
【東京メトロ丸ノ内線支線 中野坂上〜方南町】
【西武鉄道豊島線 練馬〜豊島園】
【京成金町線 京成高砂〜京成金町】

東京五大完全制覇・宮田十郎 320
あとがき 334
東京五大アクセス一覧 336
あなたの五大をお教え下さい 370

【本書の使い方】

最初に、当然本書は、読者の皆さま個々自由にお読みになっていただいて結構ですが、一つガイド的な要素が十分ある本ですので、ぶらぶらと東京という都市を逍遥《しょうよう》する機会がありましたら、バッグにでも入れていただき利用していただければ幸いです。そのための利用方法として、

1.本書を開きましたら、行ったことのある、または食べたことのある場所があれば、本書の場所、店名、商品の下のチェック欄にチェックを入れて下さい。

【例】

大《おお》國《くに》魂《たま》神《じん》社《じゃ》 ✓check

大国主大神を祀る東京一古い神社は、参道も本殿も実に立派で壮厳なのです。

100〜60(305〜183箇所)パーセント以上のチェック率があれば、あなたはまさに東京通です。

それ以下〜40(〜122箇所)パーセントまでは、東京通まであと一歩です。

それ以下〜0(〜0箇所)パーセントまでは、もっともっと東京に関心を持って下さい。

2.次に、まだ未体験の場所、店名、商品を体験した場合にはチェック欄にチェックを入れて下さい。

3.そして、各テーマの五大を完全制覇した場合は、完全制覇チェック欄にチェック又は小社読者プレゼント用の印鑑(詳細P370)を押していただければ、あなたの満足度も増すのではないかと思われます。

東京五大神社 —格式が高いといわれる代表五社を選んでみました。

現在神社の数は全国におよそ8万8000社以上あり、その中で東京は約1866社で都道府県別全国17位(1位新潟県4933社、2位兵庫4243社、3位愛知県3885社で)である。さすがに東京かなりの数がある。これは交易地であったところはそれだけ人の出入りが激しく、様々な信仰が入りこんだ

以上、個々それぞれの方法で、本書を利用し、東京通へ、また五大制覇へと邁進していただければ、これ以上編集部冥利に尽きることはありません。

さあ、本書を持って東京の街に出よう。

東京の自然・宗教編

東京五大神社 ―格式が高いといわれる代表五社を選んでみました。

現在神社の数は全国におよそ8万8000社以上あり、その中で東京は1866社で都道府県別全国17位(1位新潟県4933社、2位兵庫県4243社、3位愛知県3885社)である。さすがに東京、かなりの数がある。これは交易地であったところはそれだけ人の出入りが激しく、様々な信仰が入りこんだためと考えられる。

逆に数の少ない都道府県は、有名な神社が存在するところに集中している。三重県970社―伊勢神宮、香川県905社―金毘羅宮、宮崎県738社―高千穂神話の聖地、和歌山県513社―熊野神社の総本宮などである。

これは信仰(総本社)が強いエリアは、他の信仰が入りにくいため神社が少ないのではと言われている(サイト神社人より)。

今回五大神社を選択するにあたって、格式が高く東京五社として世に知れわたっている「大國魂神社」「東京大神宮」「明治神宮」「日枝神社」「靖國神社」を当たり前のように選ばせていただいたが、読者の皆様はどう思われるだろうか。

最近、パワースポットで有名な神社五つをならべ「東京大神宮」(飯田橋)、「日枝神社」(赤坂)、「神田明神」(お茶の水)、「金刀比羅宮」(虎ノ門)、「水天宮」(水天宮)と、新東京五社を唱える人が出て来たが、コンセプトしだいで、いくつも五大が出来そうである。東京稲荷神社五大とかね。

(宮)

▲早朝から参拝客が風通しのよい光線を浴びている(大國魂神社)

大《おお》國《くに》魂《たま》神《じん》社《じゃ》 check

大国主大神を祀る東京一古い神社は、参道も本殿も実に立派で壮厳なのです。

景行天皇41年5月5日に大國魂大神がこの地に降臨し、それを郷民が祀ったというのが起源。その後、出雲臣天穂日命の後裔が武蔵国造に任ぜられ社の奉仕を行ってから、代々の国造が奉仕してその祭務を行ったと伝承されている。このときの社号が「大國魂神社」。その後、孝徳天皇（596～654年）が、大化の改新（645年）のとき武蔵の国府をこの地に置くようになり、ここを国衙《こくが》の斎場として、国司が奉仕して国内の祭務を総轄する所にあてられた。今や東京一古いというか東京いや江戸も影も形もない武蔵の国と言われた当時にできた鎮守様なのです。京王線府中駅から2分ほど見事な欅並木の参道を歩くと大鳥居が見えるが、そこまで辿りつくと、この神社がなぜ五大神社に入っているのか納得いただけるのではないか。大鳥居をくぐり、左手を見ると、相撲場があり、少し歩くと随神門そして中雀門を通り、やっと拝殿に辿りつく。筆者この本の取材で多くの東京の神社を巡ったが、神社への光線のあたり具合や風通しが他の社とは少し違い、何とも清々しい気持ちになり、この神社の威厳に圧倒されてしまった。ちなみに拝殿は三間社流造銅板葺で都の重要文化財。祭神は前述の通り出雲大社と同じ言わずと知れた大国主大神である。

（宮）

▲樹齢何年？（大國魂神社）

東《とう》京《きょう》大《だい》神《じん》宮《ぐう》 check

東京のど真ん中にある「お伊勢さん」は縁結びのパワースポットとして今女子に大人気。

名前は大仰だが、東京の人には馴染みが薄いのではないかと思われる。この神社、日本の総鎮守様伊勢神宮の遥拝殿（東京出張所）として明治13（1880）年に創建された、まさに東京の歩みとともにある神社である。「東京のお伊勢さま」と言われ、最初は日比谷にあり「日比谷大神宮」という名前であったが、関東大震災後の昭和3（1928）年に現在地飯田橋に移り「飯田橋大神宮」と呼ばれ、戦後「東京大神宮」と改め現在に至っている。東京のど真ん中に位置するためこぢんまりした土地に拝殿が建っているが、本殿は本家伊勢神宮と同じ神明造りで、境内全体が伊勢神宮の極小型?といっていいのかあまりにも伊勢神宮とは大きさが違うので筆者にはわからない。明治32(1899)年に神宮奉斎会がつくられて以来神前結婚の創設と普及活動を行っており、そのせいか近年良縁のパワースポットとして有名になり、多くの女子が参拝に訪れて活況を呈している。当然、主祭神は伊勢神宮神社と同じ天照大神、豊受大神。

(宮)

▲気分はお伊勢参り(東京大神宮)

▲本殿までは遠いです(明治神宮)

明治神宮《めいじじんぐう》

check

明治天皇と昭憲皇太后をお祀りする言わずと知れたお正月参拝客数全国ナンバーワン神社。

明治天皇崩御後、東京市民の建設運動が実り、全国から1万3000人の自発労働者が集まり、大正9(1920)年に創建された。明治天皇がいかに慕われていたかの証である。今ではお正月の参拝客数第1位を常にキープし、全国区の知名度を誇っている。筆者、中学生の頃、お正月にこの神社に参拝し、賽銭箱というか、白いシーツが引かれた賽銭プールを見て余りの大きさにただただ呆然としてしまったのを憶えている。不謹慎だが、この賽銭箱だけでも大東京に相応しい神社と言ってもいいだろう。かつて遅ればせながら「表参道」が「明治神宮」の参道なのだと気づき唖然とし、また「神宮球場」ほか各種のスポーツ施設がある「外苑」が明治神宮の一部であることに驚き、そして神宮の広大な森を「内苑」と聞きたまげてしまい、そして「内苑」と「外苑」を結んでいるのが「表参道」であると聞き妙に納得してしまったのを思いだした。まさに「明治神宮」は大東京建設の象徴なのである。

(宮)

日枝神社《ひえじんじゃ》

check

「江戸郷の総氏神」「江戸の産神」として崇敬された江戸城内鎮守の社。祭りも賑やかです。

武蔵野開拓の祖神・江戸の郷の守護神として江戸氏が山王宮を祀ったのを起源とし、文明10(1478)年、太田道灌が江戸の地に城を築くにあたって、鎮護の神として川越山王社を

▲階段の横にはエスカレーター（日枝神社）

勧請する。天正18（1590）年、徳川家康が江戸城にこの神社を移し、「城内鎮守の社」「徳川歴朝の産神」として、また、江戸の庶民からは「江戸郷の総氏神」「江戸の産神」として、まさに江戸の町を守り続けた神社である。江戸三大祭り（P027五大祭り参照）の山王祭りで有名な神社であり、明治に現在の名前に改名される前は「日吉山王神社」「日吉山王大権現」「江戸山王大権現」「麹町山王」ひろくは「山王」「山王山」として氏子には「お山」、庶民には「山王さん」として江戸から東京の現在まで多くの人に親しまれている。

今では、オシャレな都心のオアシスとしてまさに東京の代表的な神社の顔をもっている。本殿に上るのにエスカレーターがあり、現在はビルに囲まれてしまったが「山王」の名の通り、かつては江戸・東京を一望できた絶好のロケーションで、まさに神の坐としてふさわしかったのだろう。昭和52（1977）年には江戸城御鎮座五百年奉賛会が結成。山王神幸祭の復元や宝物殿が建築された。

大山咋神《おおやまくひのかみ》を主祭神とし、相殿に国常立神《くにのとこたちのかみ》、伊邪那美神《いざなみのかみ》、足仲彦尊《たらしなかつひこのみこと》。（宮）

靖《やす》國《くに》神《じん》社《じゃ》

check

8月15日になると必ず話題になり、論議の的となる神社の御霊は246万6千余柱。

明治2（1869）年に各地に建てられた「招魂社」は読んで字のごとく、その目的は嘉永以来（ペリーの黒船来航）、職務中、国家のために死亡した人々の霊を祀ることとされた。しかし本当の目的は戊辰戦争で命を落とした人を祀るためのものだった。その後、日清、日露、日中戦争、大東亜戦争（太平洋戦争）と新たな戦争が起こり、新たな戦死者が出るにつれ祀られる人々も多くなる（現在祀られている霊は246万6千余柱）。明治12（1879）年、「東京招魂社」は「靖國神社」となり、昭和の戦争前までは庶民は西洋の公園に近い感じで神社境内を利用していた。ところが現在まで続く「靖國問題」は昭和53（1978）年の第二次世界大戦の敗戦によるA級戦犯の合祀が引きがねであった。筆者も8月15日に神社に訪れたことがあるが、普段は静寂につつまれた厳かな空間がその日は参拝客でごったがえす中、左右両翼のつばぜり合いや我関せずのミリタリーオタクの若い男女で境内は足の踏み場もない状態で、

▲普段は静かな神社です（靖國神社）

まさに年に一回の奇妙なイベントに目をまるくした。敗戦の傷痕は、平成の今となっても人々に争いを与え、癒えることはない。戦死者の御霊は安らかに眠っているというのに。ちなみに、神社の一番奥に神池庭園がある。神社に参拝した人も、ここはめったに訪れることがないと思うが、ここの池の水は東京のどこの公園・庭園の水よりも透明感があり澄んでいるので一見の価値あり。

また境内に併設された遊就館には幕末維新期から大東亜戦争（太平洋戦争）までの戦没者や軍事関係の資料を収蔵・展示している。館内はカメラ撮影が認められており、本物の零戦なども展示してあるため軍事マニアには堪らないスポットである。

以上東京五大神社をご紹介したが、格式代表五社で選択するとこうなるらしいが、異論のある人もあるだろう。ちなみに、日本五大神社は何かと問われれば、筆者は伊勢神宮、春日大社、住吉大社、出雲大社、宇佐神宮と答えるが、読者の方々はいかがですか。

残念だが東京五大は全国区では落選である。さすがにこれは西日本にはかないません。（宮）

東京五大神社 ショートコラム

なぜ東京に稲荷神社が多いのか

「江戸名物、伊勢屋、稲荷に犬の糞」という江戸の流行《はや》り言葉をご存じだろうか。伊勢屋は三河屋、近江屋とならぶ、江戸時代西国（松阪）から進出してきた有力商人で、松阪の出身の商人は皆同じ伊勢屋の屋号を名のったため（何で同じにするのか？）、江戸初期には伊勢屋の看板が目立ったという。現在の東京では和菓子屋の伊勢屋が多くあるのを目にするのみだが。それに続く「稲荷」の「稲」はもともと穀物や農業の神だったが商工業が発展すると、商売繁盛の神として、伏見、豊川、熱田を本山とする稲荷信仰が全国にひろがり、大火の多かった江戸の町民も、一夜にして財産をすべて失うことを恐れ、火防、商売繁盛の神として「お稲荷さん」に願掛けすることが多くなり、みるみると朱色の鳥居が増えていったという。

現在の東京で、あらゆる所にお稲荷さんがあるのは、江戸から現在まで残る庶民の純粋な「信仰心」の現れの姿であり、現在の、IT時代になって、「信仰心」は相当薄れたが、身近な神様としての存在はあまり変わってないような気がする。犬の糞というのは綱吉の「生類憐れみの令」の影響で、巷に犬が増えるとともに糞も町じゅうに散らばったということから来ているのだろう。（宮）

東京五大仏教寺院

―海の底から砂を掘り寺と市場で街は立つ。

神社の次は仏教寺院、これ日本の宗教施設なら順番であろう。現在は仏教も葬式仏教などと言われ、死んだ時以外はあまり関わりをもたず、抹香臭いとか暗いとか揶揄されることが多いが、日本人と仏教の歴史を考えると、なぜ現代人は日常もっと仏教に関わり、もっとよく仏教を知ろうとしないのか。

これは大問題であり、大変な損失だなと思うのは筆者だけであろうか。仏教は世界の三大宗教（キリスト教、イスラム教）と言われるのに相応しい大きさと深淵さを兼ね備えているのであり、先人たちが、インド（中国経由）から伝来したこの宗教といかに格闘し、自分たち日本人の宗教として、消化していったかを、現代日本人は、もっと知るべきではないだろうか。

そこで、仏教書を読むのもよいだろうが、まずは代表的な仏教寺院を訪れて、その仏教的雰囲気を体感してみるのが先決のような気がする。

ここでTCUはこれぞという東京のお寺を宗派に関係なく選ばせていただいた。全国的にも有名なお寺だが、知ってはいても案外行ってない人が多いのではないだろうか。

この他にもまだまだ多くの名刹が東京にはあるが、これで納得していただけるのではないかという半分自信と期待を込めてあげさせていただきました。

（宮）

▲本堂と東京タワーのコラボレーションが妙に合うんだな～（増上寺）

浅草寺《せんそうじ》

check

観音さまと呼ばれ、やはり東京人、特に下町人に一番親しまれているお寺。ご本尊さまは誰も見たことはありません。

▲観音さまはいつでも人気です（浅草寺）

飛鳥時代、推古天皇36（628）年3月18日早朝、檜前浜成《ひのくまのはまなり》・竹成《たけなり》の漁師兄弟が江戸浦（隅田川）に漁撈《ぎょろう》中に観音像を釣り上げ、郷司・土師中知《はじのなかとも》がこの像を見て聖観世音菩薩さまであることを知り、深く帰依し、その後出家し、自宅を寺にして供養に生涯をささげたことがこの寺の起源であることは有名で、都内最古の寺院である。そして大化元（645）年に勝《しょう》海上人《かいしょうにん》がおいでになり観音堂を建立なされ、夢のお告げによりご本尊を秘仏（人に見せてはいけない）にと定められ、それ以来現在までご本尊を見たものがいないという。時の権力者たちに、こっそり見せろと迫られた時もあるだろうが、今まで見たという文献もないし話も聞かない。筆者などの底意地の悪い人間は、ひょっとすると存在しないのではないかと憶測してしまうが、それは不謹慎か（それでも、現在まで浅草寺御本尊ミステリーとしてこの話は生きているのである）。しかし、ご本尊さまを見せないかわりに御前立本尊さまに限り年に一度12月13日午後2時にその姿を拝むことができる。正式名称は「金龍山浅草寺」で聖観音宗の総本山。浅草寺と言われると、どうしても、その周辺の歓楽街としての浅草を思い浮かべてしまうが、戦前から戦後の60年代までの繁栄著しい浅草から、80年代以降は街に人気《ひとけ》のない黄昏の浅草に転落してしまったかの雰囲気だった。しかし、最近は若い観光客も増え、元気を取り戻した感があるのは何よりである（浅草六区街は特に人が増えて来ている）。街を歩いていると「どっこい浅草はまだ生きている」という声が聞こえてきそうな賑わいであるが、これも観音さまのご加護なのかもしれない。

やはり御本尊さまは、存在していると信じたい。（宮）

寛永寺《かんえいじ》

check

浅草にほど近い上野山に鎮座する。天海大僧正が創建した京都の鬼門ならぬ江戸の鬼門、東の比叡山延暦寺。

このお寺は東京の寺というより江戸の寺と呼んだほうがいいかもしれない。しかし、明治に入って小さくはなってしまったとはいえ、（江戸時代は上野の山全てが寛永寺、現・噴水広場が中堂、現・国立博物館が本堂、博物館裏手にある庭が小堀遠州作の本堂庭）まだまだその高貴な威厳は保たれており上野の山のシンボル的な存在であることは変わりない。

▲小さくなりましたがまだ威厳はあります(寛永寺)

正式名称「東叡山 寛永寺」。寛永2(1625)年慈眼大師《じげんだいし》天海大僧正《てんかいだいそうじょう》によって創建。徳川家康、秀忠、家光公の三代にわたる将軍の帰依を受けた天海大僧正は、徳川幕府の安泰と万民の平安を祈願するため、江戸城の鬼門(東北)にあたる上野の台地に寛永寺を建立。平安の昔(9世紀)、桓武天皇の帰依を受けた天台宗の宗祖伝教大師《でんぎょうだいし》最澄上人《さいちょうしょうにん》が開いた比叡山延暦寺が、京都御所の鬼門に位置し、朝廷の安穏を祈る鎮護国家の道場であったことにならい、山号は東の比叡山という意味で東叡山とした。さらに寺号も延暦寺同様、創建時の元号を使用することを勅許され、寛永寺と命名された。

宗旨は言わずとしれた天台宗。徳川家の菩提寺だが、なぜか徳川一五代将軍徳川慶喜公の墓所はお隣の谷中霊園にある。ここでは紙数がつきたので記せなかったが調べてみるのも面白いですよ。

お彼岸と春桜の咲く頃には多くの人が寺を訪れる。　(宮)

増上寺《ぞうじょうじ》 □check

寛永寺と同じ徳川の菩提寺だが、こちらは浄土宗の大本山。今や東京タワーとの一体感がおなじみです。

増上寺には徳川二代秀忠公、六代家宣公、七代家継公、九代家重公、一二代家慶公、一四代家茂公の6人の将軍の墓所と各公の正室と側室の墓ももうけられ、家茂公正室で悲劇の皇女静寛院和宮様も眠っている。増上寺は明徳4(1393)年、浄土宗第八祖酉誉聖聡上人《ゆうよしょうそう》によって開かれた浄土宗の寺である。

今のわたしたちは増上寺というと東京タワーとセットでテレビにいつも映るお寺さんのイメージがあるが、近世から現代にかけて、大火災や昭和20年の空襲で大打撃をうけるという激動期を生き抜いて、今も「称名念仏」の声が芝の林に反響する。東京だけでなくその名は全国に轟いている。

▲この日は新人猿回しのお披露目(増上寺)

本堂前の階段ではよくミュージシャンがコンサートを開いたり、大道芸人が芸を披露したりしている。

これも庶民宗教の大らかなところだろうか。　(宮)

池上本門寺《いけがみほんもんじ》

check

宗主様（日蓮聖人）が入滅された霊跡に建てられた寺は信者以外も多く訪れる名刹。

日蓮聖人が七百数十年前の弘安５（１２８２）年に61歳で入滅された霊跡であり、身延山久遠寺と並ぶ聖地として、東京の法華教信者に霊場として厚く奉られており、正式名称は長栄山池上本門寺。「法華経の道場として長く栄えるように」という祈りを込め日蓮聖人が名付けたとされる。

毎年10月11日、12日、13日の3日間にわたって、日蓮聖人の遺徳を偲ぶ「お会式法要」が行われ、お逮夜《たいや》に当たる12日の夜は30万人に及ぶ参詣者で賑わう。表参道の96段ある高い石段（加藤清正寄進、法華経宝塔品の経文の96文字にちなんでいる）を上ると仁王門があり、それをくぐると広い敷地内に本殿、五重塔、多宝塔、経蔵、鐘楼、霊宝殿がちらばり、本堂の後ろには松濤園という小堀遠州作の庭園がある。ここは西郷隆盛、勝海舟が江戸城明け渡しの会見をした場所としても名高い。

俗っぽい話で恐縮だがこのお寺は毎年夏に行われる、「Slow Music Slow Live」というコンサートでも有名である。門前のお店で売られている「葛餅」もはずしてはいけないだろう。

ちなみに著名人では幸田露伴、力道山、市川雷蔵などの墓所がある。

（宮）

築地本願寺《つきじほんがんじ》

check

異様な外観のこの寺は、芸能レポーターがよく通う、大きなお葬式会場として、テレビによく映ります。

芸能人はみんな浄土真宗なのかと思わせるほど、有名人の葬式といえばこの寺である。きっと宗派に関係なく式場として貸しているからだろうが、芸能レポーターは頻繁にここへ通っているのだろうななどとどうでもいいことを考えてしまう。しかし、このお寺の側を通りかかるといつも奇妙な建造物だなと思っていたが、昭和９（１９３４）年に建てた「インド様式」の石造ということを耳にした。しかし何だか日本の風景に馴染まないなと感じるのは筆者だけだろうか。しかし、市場とならび築地を象徴する風景として確固たる存在感を示している。

▲異彩を放つ建物（築地本願寺）

設計者は日本建築界の第一人者で「建築進化論」を唱えた伊東忠太である。

元和３（１６１７）年、浅草の横山町に第一二宗主准如上人によって京都西本願寺の「別院」として創建され「江戸浅草御坊」などと言われ親しまれていたが、明暦３（１６５７）年の有名な「振袖火事」といわれた大火で坊舎を消失する。幕府区画整理のため旧地に再建が許されず、その替わりに与えられた土地が八丁掘の海の上。そこで佃島の門徒が中心になり、海を埋め立てて土地を築き、延宝7(1679)年に再建され、今度は「築地御坊」と呼ばれ親しまれるようになった。何とまあ門徒というのはありがたいものである。ご本尊は聖徳太子作と伝えられるもので、大阪・堺の信証院所蔵のものを遷座したもの。

筆者は風景に馴染まないなどと悪口を言ったが、「海の底から砂を掘り寺と市場で街は立つ」と謳われたようにまさに「本願寺」は築地の街の顔なのである。

▲お堂の中は豪華絢爛です(築地本願寺)

びっくりするのは、ここのお寺の自由度と懐の深さである。本堂の中を勝手気ままに歩けるし写真撮影はし放題である。浄土真宗あっぱれであるが、禅宗のような厳格さも少しは必要な気もしないではない。余計なお世話か。　(宮)

東京五大仏教寺院
ショートコラム

寛永寺総門(黒門)と円通寺

南千住に円通寺という禅宗の墓があるが、一度訪れてみる価値のあるお寺さんである。

慶応4(1868)年に上野戦争で亡くなった彰義隊の隊員をこの寺の住職が埋葬し、自分の寺に墓をつくり供養し、また上野寛永寺の総門(黒門)の移築もしている。現在隊員の墓もこの黒門も簡単に見ることができる(隊員の墓など半ば野ざらし状態)。この墓の状態を見ると、150年たった今でも朝敵であり反政府行動を起こした犯罪者たちはこのように、誰も花を手向けることもなく、晒されているのかと思うと一抹の寂しさを感じざるをえないのである。

黒門(鉄砲の弾が貫通した穴がそのまま残っている)も、これは上野戦争の歴史的記念物として貴重なものだと思うのだが、誰に気づかれることなく置かれている。ここに敗者の無惨さというものの悲しみをまざまざと感じるのは筆者だけだろうか。また、それから95年後の1963年、この寺は世の中を震撼させた事件に巻き込まれる。あの吉展ちゃん誘拐事件である。犯人の小原保が誘拐した吉展ちゃんを殺し、この寺の墓地に埋めたのである。彰義隊員の無惨な死と吉展ちゃんのやりきれない死と、この寺はひょっとすると世俗の不条理を抱え込み、それを救う仏寺の中の仏寺とさえ言えるのかもしれない。敷地内には吉展ちゃんの慰霊地蔵がある。　(宮)

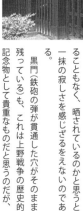

東京五大散歩のおりに寄りたい神社仏閣

神社仏閣の東京五大というと、どうしても超メジャー級をセレクトせざるをえなかったが、このコラムでは、それよりは小さいが一度は訪れてみる価値がある神社仏閣をご紹介したい。

さすがに大東京、前述したように神社仏閣の数の多さは半端ではない。その中でも特徴的なものを選んだが、まだまだ東京には興味深い神社仏閣は数知れずあり、散歩のおりにでも、ふらっと神社仏閣に寄ってみると、また新しい御縁がうまれるかもしれない。

それよりも大きいとか小さいとか、価値とか、御霊や仏に対して何と不謹慎な言葉を使っているのだろうか。バチあたりなものである。

まずは、小田急線の駅名になっているので聞いたことはあるが、訪れたことがある人は少ないだろう**【豪徳寺】**□。

▲重厚感がある三重塔（豪徳寺）

曹洞宗の寺院で山号は大谿山。

訪れてまず驚かされるのは、絵に描いたような日本の禅寺がそこに在るということである。京都や鎌倉では見かけるが、東京でこの様な徹底した様式美と厳格さを持ち、幽玄な世界が広がってきそうな禅寺空間に出会えるとは思ってもみなかった。参道から中に入ると、行き届いた塵一つない深みのある庭があり、まっすぐ行くと大きな本堂があり、左手には三重塔が、右手には延宝7（1679）年作の梵鐘があるのだが、またその位置取りが見事なのである。

ここで日がな一日、瞑想するのも忙しい現代社会の中でのひと時の息抜きになるかもしれない。彦根藩主の井伊家の菩提寺でも有名で、悪名高い井伊直弼の墓もある。また招き猫の発祥の地とする説があり、境内にはたくさんの招き猫の置物がある。猫好きには堪らないだろう。

次に日本人が大好きな忠臣蔵の志士たちに想いをはせる場所**【泉岳寺】**□。

ここも曹洞宗の寺院で山号は萬松山。中門から中へ入ると大石内蔵助良雄銅像、主税梅、謡池梅、血染め梅、血染め石（浅野内匠頭が田村右京太夫邸で切腹した際に、その血がかかったと伝えられる梅と石）、首洗い井戸（義士が本懐成就後、吉良上野介の首級をこの井戸水で洗い、主君の墓前に供え報告したところから「首洗い井戸」と呼ばれる）、赤穂義士墓地、赤穂義士記念館などがあり、忠臣蔵のテーマパークかと思わせるお寺さんである。まあ、日本人の忠臣蔵好きを鑑みると、その事件のド真ん中にあったのであるからこうなるのも肯けるが、本音をいえば駒沢大学の前身の学寮があり、東京の曹洞宗寺院ではかなりの力があるお寺としては、忠臣蔵の寺だけで注目されるのも、痛しかゆしのところがあるのではないだろうか。

次にTCUの一番推薦のスポット小塚原の**【回向院・延命寺】**□を紹介しよう。

前述の豪徳寺が井伊直弼の菩提寺なら、こちらは井伊に殺された志士（安政の大獄）たちの菩提寺でもある。

江戸から明治初期まで存在した江戸三大刑場（大和田刑場、鈴ヶ森刑場）の一つに建てられたのが回向院で、後に南千住回向院（両国回向院と区別）と呼ばれる（その後常磐線が敷地中央を通過するようになったため、線路を挟んで南側を延命寺という）ようになる。そして今でも、ここで刑を執行された20万人以上の霊魂の安らかな眠りを見届けている。筆者は何度もここを訪れているが、どうしても私たちは、この地を負の遺産として見てしまい語りたがらない、行きたがらないが、これこそ残さなければならない、語り継がなければいけない場所だと思うがいかがなものか。

回向院そのものはどこにでもある現代的なお寺で見るべきものはないが、大きな首切り地蔵と吉展ちゃん地蔵尊（1963年の世を震撼させた誘拐事件、吉展ちゃんの死体は回向院の近くの円通寺〈P021五大寺院ショートコラム参照〉の墓地で発見された）は拝礼する価値があるだろう。

ここで処刑されたり、墓所がある伝説の人や若き才能の名をあげよう。鼠小僧次郎吉、高橋お伝、橋本左内、吉田松陰、頼三樹三郎等。また、明和8（1771）年にターヘル・アナトミヤを手に入れた蘭学者杉田玄白、中川淳庵、前田良沢らが解剖図の正確性を確かめるために小塚原の刑死者の死体の解剖に立ち会い、「解体新書」の翻訳をなしとげたという、日本医学発展の場所でもある。すぐそばに鰻五大（P227）で紹介した「尾花」があり、日本で一番美味しいコーヒーを出す「バッハ」（P115五大珈琲店参照）、天丼の「土手の伊勢屋」（P205五大天丼参照）、この本では紹介できなかったが、頑固爺の時間が止まっている居酒屋「大林」、サワー発祥の「大坪」、いつか五大にあがってきそうな、今呑み助に一番注目されている居酒屋「丸千葉」（P150五大ハンバーグショートコラム参照）など、錚々たる名店が軒を連ねているのである。ここに行かずに死ねるかなのである。山谷があり開発が遅れ、社会か

COLUMN

らは見捨てられ感がある街だが、こういう場所ほど名店があるものなのである。

この五大の中では一番地味で小さな神社で、世間的には知られていないが、いったん中に入ると、神はまさにいるのだと実感させてくれる**【小野照崎神社】**□を紹介しよう。

百人一首にも歌が載る、平安前期の公卿、文人の小野篁《たかむら》を主祭神として、相殿に菅原道真を祀る仁寿2（852）年創建の神社と伝えられる。筆者、日暮里から浅草まで徒歩で向かっている時に、ひょんなことから、この神社に迷い込んでしまい、高い杉の木が生い茂り、急に空気感が変わり、その時少し凍りつくようにビビッと体が反応した。これは伊勢神宮に参詣した時にも似たような感じがあったのである。非合理なことを言うようだが、これほんとうなのである。また芸能の神様として、お忍びで多くの芸能関係の人間が参詣に来ることでも知られている。一番有名なのは俳優の渥美清。仕事がない時代、「なんでこんな才能のある人間なのに仕事がないのだろう」と悩んでいた渥美が、友人にこの神社を勧められて願掛けに行き、その友人から「全てを望んでは駄目、何かを得たかったら何かを捨てなければ」と言われ、好きな煙草を止めると、すぐに「男はつらいよ」の仕事が舞い込んできたという。また歌手でタレントの芸能界ではゴッドねえちゃんと言われて力を持っているＷＡが参詣に来た時、何と「お守り」を値切って買おうとしたらしく、マネージャーがすかさずと止めたという伝説がある。近くの氏子にも愛されており、小さな神社のお手本のような善き神社なのである。

蛇足だが、向かい側に、短歌絶叫コンサートで有名な歌人の福島泰樹氏が住職をしている法華宗本門流法昌寺があり、懐かしい「たこ八郎」を祀るたこ地蔵や作家の立松和平の墓所もある。この一角はなかなか侮れない場所なのである。

しんがりは、ここも忘れてはいけない場所だろう、幕末の歴史を見届けてきた**【愛宕神社】**□。言わずと知れた東京一高い山（低い山とも言われるがどちらなのだ?）・愛宕山の山頂にある神社で、慶長8（1603）年、徳川家康の命により創建された。江戸時代はここから、江戸じゅうが見渡され、東京湾から房総半島まで眺められたという。桜田門外の変を決行した水戸浪士たちが、ここを最初の集合場所にしたのは有名だが、やはり志士たちは愛宕神社にお参りしてから、山を下ったのだろうか。また、勝海舟は江戸攻めを決行しようとしていた官軍・西郷隆盛をこの山の頂上に連れていき、ここから江戸という土地を眺めさせ、江戸城の無血開城を説得したことはあまりにも有名である。そして時代は過ぎ大正になり、この山の頂上から日本初のラジオ放送発信が行われ、日本放送協会（ＮＨＫ）が開局される。現在はＮＨＫは渋谷に移っているが、その跡地はＮＨＫ放送博物館として放送の貴重な歴史資料を保存している。ここにある愛宕山から眺めた幕末江戸のパノラマ写真は見事なもので一見の価値がある。ぜひとも一度は愛宕山に登り、神社に参拝していただき、熱き幕末の時代に想いをはせていただきたい。帰りはＮＨＫ放送博物館に寄ってね。

（宮）

東京五大祭り

―神輿《みこし》深川、山車《だし》神田、だだっ広いのが山王様。それで三社祭りは？

いや、東京人（特に下町人）ほど祭り好きはいないのではないだろうかと思わせるほど、東京の一年は祭りの行事で埋まっている。神社、仏教寺院の五大が終われば、やはり次に続くのは東京人の大好きな「祭り」の五大だろう。

「まつり」は神への祈願、感謝の意思を伝える様式化した行為だったが、その後民俗学でいう「ハレとケ」の「ハレ（非日常）」の空間・時間を象徴するものとなり共同体の儀礼として機能しだした。しかし、現代のように共同体が崩壊し都市社会が現れると、宗教的意味が建前となり、市民は儀礼としてよりも統合的機能の強化のために祭りに参加するようになっている。

そして現代は、娯楽性追求のフェスティバル的感覚で祭りに参加している人がほとんどではないだろうか。

そんな中、東京五大祭りには、江戸時代に江戸三大祭りと称され、現代まで続いている深川、神田、山王（しかし、三社、山王、深川を江戸三大祭りと言う人もいる。後述するが、浅草《あさくさ》神社《じんじゃ》は江戸時代・浅草寺《せんそうじ》が支配しており、その点で三社ではなく神田である説をこちらでは採用した）をあげ、そして、現在最大の東京の祭りである三社祭りを紹介したあと、武蔵国の鎮守様に敬意をはらい、くらやみ祭りをしんがりにあげた。誰でも身びいきというものがあるので違うという読者が多く出そうな五大祭りである。（宮）

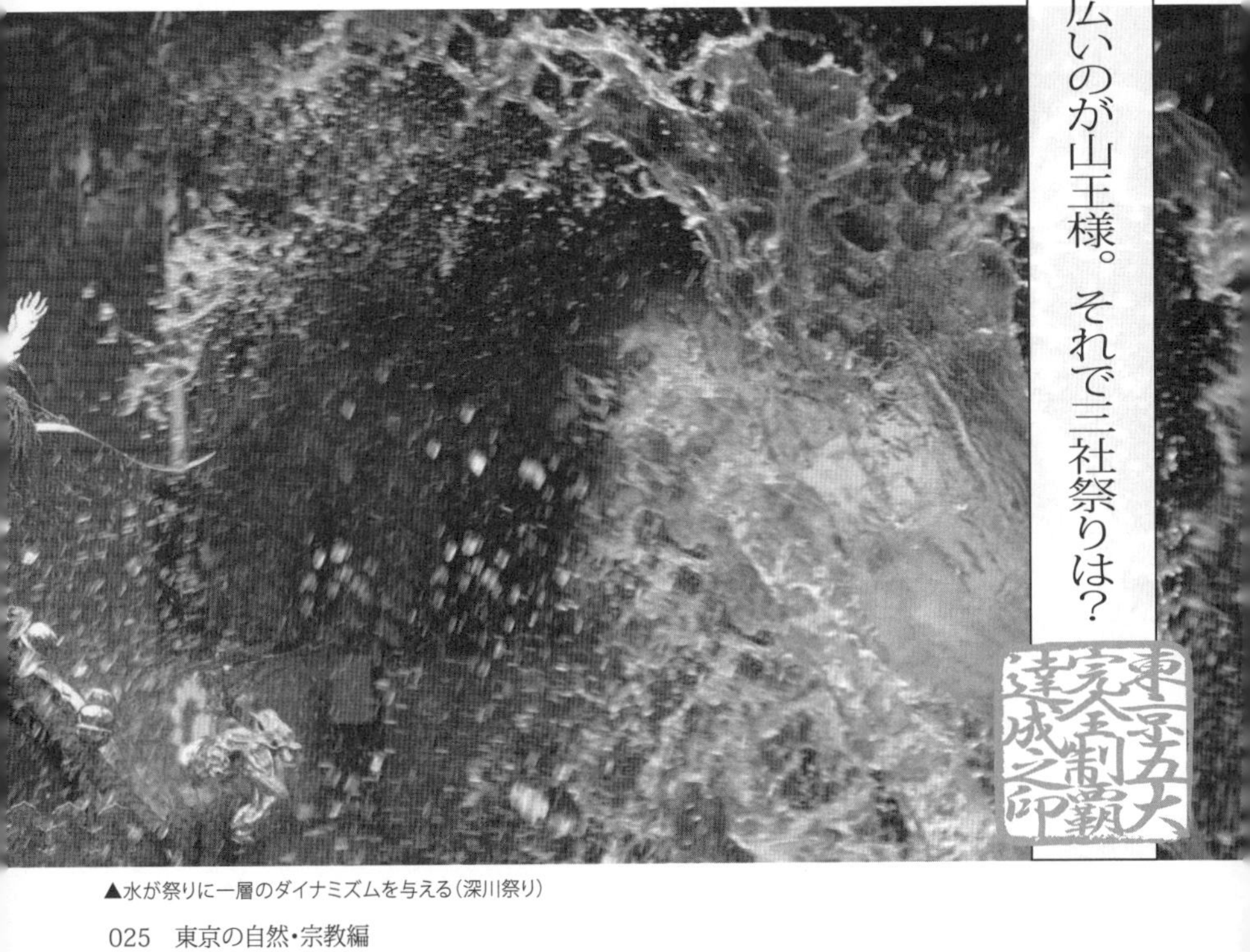

▲水が祭りに一層のダイナミズムを与える（深川祭り）

深川《ふかがわ》祭《まつ》り

check

家光公の命により行われた370年の歴史。江戸時代にはあまりの人気で見物人が橋を崩落させる。別名「水掛け祭り」。

3年に一度が本祭りで、その時に富岡八幡宮の御鳳香車が渡御を行う。宮入り・宮出しで各町の氏子が町神輿を担いで繰り出し、その内から大神輿ばかり54基が勢揃いして連合渡御する様は見事である。その祭りは江戸時代永代橋に多数の人が押し寄せ、永代橋を崩落させたほど人気であったそうである。深川祭りは、「ワッショイワッショイ」の掛け声が伝統的に用いられ、暑さ避けに担ぎ手に水を掛けることから別名「水掛け祭り」とも呼ばれ、「水掛け」は誰でも参加ができる。徳川家光公の命により祭りが行われたことが起源ということもあり、徳川幕府や江戸城跡の皇居にお住まいの天皇陛下に関連のある年には皇居前まで神輿を担ぐこともある。

▲8月ですので水でも掛けてなければ…(深川祭り)

本祭りの翌年には二の宮の神輿を担ぎ、本祭りと同じコースを巡る。平成15(2003)年には二の宮神輿で氏子108名が行幸通りを渡御して皇居の前で拝礼した。これは江戸開府400年記念、それに終戦間近深川を巡幸された昭和天皇への感謝をこめての意味と、昭和23(1948)年から皇居へ深川神輿を渡御して55年がたった記念で行われたもの。尚、日本一大きい黄金大神輿はあまりに大きく平成3(1991)年の初渡御以来使われていない。

(宮)

神田《かんだ》祭《まつ》り

check

今は山車は出ないが、江戸の華を象徴するかのような伝統祭りは今でも東京の風物詩。

徳川家康は会津征伐において上杉景勝との合戦に臨んだ時や、関ヶ原の合戦時にも神田大明神に戦勝の祈禱を命じた。神社では家康公の命によって毎日祈禱を行っていた。9月15日の神社祭礼の日に家康は合戦に勝利し天下統一を果たしたため家康の特に崇敬するところとなり、家康は社殿、神輿・祭器を寄進し、神田祭りは徳川家縁起の祭りとして以後盛大に執り行われることになったのである。「神輿深川、山車神田、ただっ広いが山王様」と謳われたように、神田祭りも元々は

▲祭りは神田の象徴です（神田祭り）

山車の出る祭りだったが、明治以降路面電車の開業や電信柱の敷設などが山車の通行に支障を来すようになり、次第に曳行しなくなった。さらに残念なことに関東大震災や戦災によって山車がすべて焼失したため現在町御輿が主流となっている。

神田祭りのメインの神事とされるのが「神幸祭」で、氏神様がお乗りになる一の宮鳳輦(だいこく様)、二の宮神輿(えびす様)、三の宮鳳輦(まさかど様)をはじめとした約500人あまりの豪華絢爛な行列が氏子108町会を巡るのが「天下祭り」とも称される神田祭りの最大の見どころとされる。16時頃に三越本店に到着、ここから御輿、山車、武者行列などの付け祭りが追加される。中央通り秋葉原電気街を巡行し19時頃に神田明神に戻る。

神田祭りのなかで最も大切な神事とされるのが、「例大祭」で氏子総代、氏子108町会代表者らが参列するなか、巫女による華やかな「巫女舞」の奉納がなされ、氏子の繁栄と日本の平和が祈念される。（宮）

山《さん》王《のう》祭《まつ》り

check

徳川家の保護のもと天下祭りが行われたが幕府滅亡とともに衰退。しかしどっこい今も健在です。

古くは「江戸山王大権現」と称された日枝神社の祭礼。山王祭りは徳川家康を神の祭礼とし、その規模は関東随一と称される。京都「祇園祭り」、大阪「天神祭り」とともに、日本三大祭りの一つとされ、江戸三大祭りの一つにも数えられる。

江戸城及び徳川将軍家の産土神と考えられて尊崇を集め、その祭礼にも保護が加えられるようになった。家康以来、江戸城内に入御した神輿を歴代将軍が上覧する「天下祭り」として隆盛を極めた。神輿の場内渡御は106回にも上った。また、江戸城の鎮守とされた山王社は祭礼にかかる費用を幕府から支出され、「御用祭」とも称された。祭礼は本来毎年行われていたが、天和元(1681)年以後には神田明神の神田祭りと交互に隔年制になる。これは各氏子町が全て自前で祭礼の諸費用を賄わなければならず、また当時日枝神社の氏子町の中には神田明神の氏子を兼ね神田祭りにも参加していた町があり、年に二度の出費となったので、各町への費用軽減の意味があったと言われる。

東京でいちばん広い氏子地域を持つとされる日枝神社の祭礼は広範囲にわたり、古式ゆかしい装束の行列とのコントラストは必見である。

そんな山王祭りも天保の改革の倹約令の対象となって以後衰微し、文久2(1862)年の祭りを最後に将軍(家茂・慶喜)が上方に滞在し続けたまま江戸幕府は滅亡を迎えたために天下祭りとしての意義を失った。また明治維新後、山車が山王祭りに引き出されることはなくなった。東京市電の架線敷設により背の高い山車の運行が出来なくなり、三社祭りのように神輿を中心とした祭礼に変わっていった。パトロンであった幕府の存在がなくなったこともあるだろう。(宮)

三《さん》社《じゃ》祭《まつ》り

check

現在の東京の祭りで、これを欠いたら、これがなければ夏が始まらない。東京下町で絶対的な人気を誇る祭り。

毎年5月に行われる台東区浅草《あさくさ》の浅草神社(神社は訓読みあさくさと読み、お寺は音読みでせんそうと読む)の例大祭である。

昔は、5月17・18日に行われていたが、交通事情や各町の社会情勢の変化により現在は5月17日、18日両日に近い金曜日から3日間行われる。

▲浅草はこの日一年で最高の盛り上がりをみせる(三社祭り)

正式名称は「浅草神社例大祭」。

江戸期には大祭前夜、神輿を観音堂の外陣に安置し、奉納される田楽「びんざさら舞」は観音本堂前の舞台で行われるなど、当時は浅草寺と一体となった祭りであった。明治の神仏分離によって一時廃絶したが、浅草寺と袂を分かつことで、浅草神社単体での祭りとなり発展した。現在の三社祭りは本社の神輿をかつぐことが中心となっているが、江戸期は氏子18カ町などから出される山車の豪華絢爛さを競い合う祭りだったようで祭礼の範囲も蔵前、浅草橋にまで及ぶものだったようだ。現在の祭礼は、氏子44カ町と浅草組合で構成される「浅草神社奉賛会」により運営されている。

三社祭りでは、たびたび問題となっていた神輿に担ぎ手が乗る「神輿乗り」が禁止されていたが、人が乗る例が後を絶たず。平成18（2006）年には本社神輿二之宮が毀損するに至り、平成19（2007）年1月に浅草神社と奉賛会の連名で改めて担ぎ手が「神輿乗り」を禁止する通達が出された。しかし平成19年においても神輿に乗る担ぎ手が確認され、3人が都迷惑防止条例により逮捕された。神社と奉賛会は平成20（2008）年の祭りでの本社神輿の「宮出し」を中止する決定をした。平成21（2009）年、「神輿に担ぎ手が乗るのを中止にする」ことを継続の条件としたうえで再開することにした。

そんな折、平成23（2011）年は東日本大震災（東北地方太平洋沖地震）の発生、それにともなう社会的影響を考慮して中止が決定。この時は、本社神輿渡御だけでなく、各町会の神輿渡御の巡行も見合わせられ、戦後初の巡行完全中止となった。

平成24（2012）年、開催700年の節目に当たり、「舟渡御」が昭和33（1958）年以来54年ぶりに行われ、三社祭りは再びもとに戻ったのである。（宮）

くらやみ祭《まつ》り check

「ちょうちん」「出会い」「けんか」という名称の壮大な祭りで神様は夜移動。

5月3日〜6日にかけて東京都府中市の大國魂神社（P013五大神社参照）で行われる例大祭。

武蔵国の「国府祭り」が起源で、東京都指定無形民俗文化財となっている。ゴールデンウイーク中に行われるため、期間中は約70万人ほどの人出ある西東京一の祭りである。

かつては街の明かりを消した深夜の暗闇の中で行われていたため「くらやみ祭り」と呼ばれるようになったが、多くの提灯が並ぶため「ちょうちん祭り」、また神輿が御旅所で出会うことから「出会い祭り」などと呼ばれる。以前は「けんか祭り」と呼ばれたこともあった。府中市の中心部を六張もの大

▲多くの人が祭りを盛り上げる（くらやみ祭り）

太鼓と八基の神輿が回るる壮大な祭りである。

祭りが暗闇に行われる理由は、貴いものを見る事は許されないという古来から存在する儀礼に起因する。くらやみ祭りのメインの神事とされるのが、5月5日に行われる「おいで」と称される御輿渡御。午後6時、花火を合図として本殿から8基の神輿が御旅所へと向かう。午後10時30分には、大國魂大神が当地に降臨した際野口家に一泊したという故事にちなみ、神職が野口家の仮家で接待を受けるという独特の儀式が行われる。

多くの神社の例大祭は時代とともに少しずつ変化していくが、大國魂神社は東京都にある主要な神社仏閣より遥かに古い歴史と格式を持ち、ここでは古式に則った行事が厳粛に行われ、まさに古の当時にタイムスリップした気分に浸れる。

東京、いや武蔵野の国のかつての中心地でのこの祭りは東京をディープに識る意味でも一度は観ておくべきである。（宮）

▲六張もの大太鼓が府中の中心部を回る（くらやみ祭り）

東京五大橋 ―まさに日本近代建築の粋《すい》を集めた芸術品。

江戸幕府が江戸を直轄地とした時代、江戸防衛の観点と架橋技術が未発達であった事情もあり多摩川には橋はなく、隅田川には千住大橋、両国橋以外の橋は架橋されず、物資の輸送や人の交通は舟に頼るのが基本であった。

しかし、江戸幕府の倒壊、明治維新を経て鉄道網の整備、自動車の登場により河川による流通は急速に衰退の一途をたどり、やがて経済発展による物資の大量輸送に耐えうる橋の必要性がやっと認識される。

また関東大震災時に橋が落ち、川を渡れずに逃げ遅れるなどの人的被害もありそれまでの木造の橋から近代的な鉄を用いた橋梁が架けられるようになった。

東京の隅田川に架かる橋梁は全部で18橋あり、その多くは重要文化財、東京都選定歴史的建造物に指定されていてこの中から五大を選ぶことは簡単だが、橋の持つ文化的価値、歴史的意義、地域に対する貢献、芸術的な価値、話題性などを総合的に評価して決めた。

異論もある方は、どんどん編集部にご意見をいただければとおもいます。

最終的に次の5橋を選んだ。

これ案外自信があるのだが、どんなものでしょう。

「日本橋」「聖橋」「千住大橋」「勝鬨橋」「レインボーブリッジ」（隆）

▲ここからわれます

▲昭和45年から跳開してません。開くとどうなるのでしょう（勝鬨橋）

日本橋《にほんばし》

check

日本の基点。この橋を知らずして東京いや日本を語れない。江戸・東京日本の象徴だが上空は？

あたり前だが、「橋」といったらこの日本橋がまず登場しておかしくないだろう。よく歴史の教科書に出ていた歌川広重筆「東海道五十三次」に描かれた日本橋を見たことがない日本人はいないのではないだろうか。

現在の橋は明治44（１９１１）年に架けられたもので19代目にあたる。最初の架橋は慶長8（１６０３）年でもちろん木製。翌年五街道の制が確立され基点となり日本・江戸の象徴的な存在となったのだが、その後火事によって何度も焼失を繰り返し、石造りになったのは明治になってからだった。

▲日本橋

▲日本橋麒麟像

昭和20年の3月10日の東京大空襲で被害を受けたものの平成11（１９９９）年には国の重要文化財に指定された。

中央区には町名のはじめに「日本橋」を冠して日本橋○○町と称するところが多い。これは太平洋戦争終結後の戦災復興の一環として旧日本橋区と旧京橋区が合併することとなり「新」日本橋区に移行するにあたり、旧日本橋区側から「日本橋」を新町名に冠することが希望されたことによるという。日本橋という区名が消えるわけでもないのにそこまで執着するのはとも思うが、単に橋としての愛着以上のものが区民にはあったのだろう。同じようなことが「神田」を冠する地域にも多く見られるが現存する町名表記は日本橋ほどには多くない。具体的象徴となるような建造物があるかないかの違いだろうか。

昭和38（１９６３）年に橋の真上を交差する首都高速道路が開通したことによって日本橋はその景観に様々な議論を巻き起こすことになった。近年では首都高速道路を日本橋川の地下に移設して日本橋の景観を取り戻そうという再開発構想が持ち上がったが試算で５０００億円という莫大な費用が必要とされることから当時の石原都知事は反対の意向を示しており、夢物語に終わったようだ(最近、東京五輪後の着工を目指し、財源の調整に入っているという報道もあり)。同様に首都高速建設のために外堀を埋め立てられて橋としての機能を失ってしまった数寄屋橋の悲運を思うと橋として機能を維持している日本橋はまだ恵まれていると思うべきであろうか。しかし、この日本のシンボル的場所にいくら便利になるからと言って平気で高速をのっけてしまうという日本人の感覚《センス》とまた当時誰も反対しなかった(?)その歴史と美観に対する鈍感さには驚かざるを得ない。（隆）

聖橋《ひじりばし》 □check

―センスのよい命名と美しいアーチで今や東京を代表する橋になる。湯島聖堂とニコライ堂の間にあります。

神田川には140もの橋があるそうだが聖橋はその中でも代表的な一つと言えるだろう。昭和2(1927)年に関東大震災後の震災復興橋の一つとして造られ、美しいアーチ橋として東京新名所になったという。名称は東京市(現東京都)の一般公募で、神田川の両岸にある二つの聖堂、ニコライ堂と湯島聖堂を結んでいることにちなんで「聖橋」と命名されたという。一般公募にして正解だったと思う。一見単純な命名に見えるがなかなかいいセンスではないだろうか。役人にでも付けさせたらもっとありふれた変哲もない名になっていただろう。

JR御茶ノ水駅を跨ぐ形で架けられたアーチ橋は決して雄大というほど長くもないが実に美しい弧を描いているのだが、残念なことに駅の入口がある駿河台側からだとほとんどその雄姿を拝むことが出来ない。聖橋のいちばんの観賞スポットは一つ上流のお茶の水橋。ここから見ると綺麗なアーチを描いている聖橋全体が余すところなく拝める。

次は御茶ノ水駅のホーム上で、もともと神田川の船上から見たときにいちばん美しくなるように設計されているそうだから確かにその視点に近いのかもしれない。夜になるとライトアップされてこれもまた一興。

聖橋の架かっている川が神田川。御茶ノ水駅付近は堀が深く渓谷ともいえる景観が見事の一言で、これも聖橋の美観を引き立てているわけだが、実は神田川は江戸時代初期に掘

▲JR御茶ノ水駅ホームから見た美しい聖橋

▲どちらに行っても聖堂です

られた人工の河川である。徳川家康が江戸に入府したころの神田川は現在の飯田橋付近から皇居の方向に向かって流れていたのだが、これが家康の考えていた街割には不都合だったので、神田川の流れを飯田橋から柳橋方面に変えて隅田川に合流させる堀を造った。これが現代に至る神田川となり、聖橋ができたのだから偶然とはいえ家康の功績は多大といえるか(?)。

(隆)

千《せん》住《じゅ》大《おお》橋《はし》 check

東京最古の橋は芭蕉の「奥の細道」の出発点であり、今でも鳥が鳴き魚の目は涙を流すかな。

▲旧橋は素直に自転車で行けます(千住大橋)

京成電鉄本線千住大橋駅から足立市場を挟んで目と鼻の先にある。橋の名称が駅名になっている駅は都内では珍しいが、それもそのはずで隅田川に架橋された橋としては最古の橋である。都内にありながら開発が遅れ気味でやや寂れた印象のある街にあってこの千住大橋だけは存在感を示している。

家康入府から間もない文禄3(1594)年に日光街道を整備するために架橋されたが、江戸防衛の観点から隅田川にはこれ以外の橋は長く架けられなかった。そのため当時は単に「大橋」と称され、両国橋が架橋されて以降、区別するために千住大橋と呼称されたようだ。

昭和2(1927)年に関東大震災後の復興事業の一環として、それまでの木製の橋から鉄橋として200メートル下流の現地に架け替えられた。

昭和48(1973)年に交通量の増大からすぐ横に新橋が架橋され、旧橋が下り方面用、新橋が上り方面用として使用されている。千住大橋駅から向かって右側にあるのが旧橋で歩行者・自転車用の側道もゆったりと取られていて安心して利用できる。海からけっこう遠いのに潮の香りがほのかに感じられるのは意外。新道の方は徒歩の場合螺旋状の階段を上らなければならないため自転車は通行できない。障害物がないため見晴らしは良いが階段昇降がネックになって人の姿はほとんど見られない。しかし、これはこれでいいような気がする。

千住大橋近辺は上野から電車で15分程度の距離にあるにもかかわらずお世辞にも綺麗に整備された街という印象ではなかったが、最近隅田川沿いにあった工場跡地利用からはじまった再開発でにわかに地域が盛り上がりをみせており、駅付近には大型ショッピングセンターがオープンし、マンションが続々建ち始めている。近年減少傾向にあった千住大橋駅の乗降客数が増加に転じているのもその影響とみられる。ここは、芭蕉の「奥の細道」の出発地点としても有名です。（隆）

勝《かち》鬨《どき》橋《ばし》 check

跳開はしないが、このアーチの美しさは他の追随を許さない。いつの日か跳開の勇姿をもう一度。

▲ポンポン船？がよく似合う（勝鬨橋）

隅田川下流には名のある橋が多く存在していてどれも興味をそそられるのだが、どこか一つと言われたらやはり勝鬨橋を挙げたい。永代橋・清洲橋と並んで国の重要文化財に指定された勝鬨橋は昭和15年に開催が予定されていた「日本万国博覧会」会場となる月島への凱旋門として建設されたのだが、日中戦争激化に伴い参加国の減少と軍部の反対によって博覧会が中止になるという波乱のなかで誕生となった。

建設当時は船舶の航行が多く、陸上交通よりも重要とされたため大型船の航行のために中央部で橋が70度まで跳開する可動橋として架橋された。

勝鬨橋の命名は日露戦争中の旅順陥落を祝い「勝鬨の渡し」がここに設置されていたことに由来しているそうでこれも時代を反映している。

勝鬨橋が開くことは知っているが実際に見たことがある人は少ないようだ。なにしろ最後に実用として跳開したのが昭和42（1967）年ということですでに50年可動していないのだから無理もない。（試験的な可動は昭和45年が最後）

その後に行われた調査で現在でも可動に影響はないことが確認されているそうで、一部の市民団体が再び跳開させようという要望を出しているらしいが、可動のための復旧費用と交通量の膨大さがネックになって実現していないそうだ。（隆）

レインボーブリッジ check

最新の橋はどこも外国のマネのような、しょうがないのかな。

古典的な名建築物の橋ばかりでは偏りがあるかもしれないので比較的新しい橋からレインボーブリッジを選んだ。

1990年代からはじまった東京臨海副都心地域（レインボータウン）開発の都心からのアクセスとして東京都港区芝浦

▲東京は何処へ向かっているのかを考えさせられる橋(レインボーブリッジ)

から東京港第一航路を跨ぎ、港区台場を繋ぐ吊り橋として平成5(1993)年に開通した首都高速11号台場線で、その別名がレインボーブリッジとも言える。名称は一般公募で選ばれたが正式名称は「東京港連絡橋」である。

　海面から橋までの高さは50メートル以上あるため(クインエリザベス号が通れる高さで設計)地上から橋までの道路はループ状に建設されており、最大270度ループ(回転)している。吊り橋部分は二重構造で上層部が首都高速、下層部が臨海道路と新交通システム「ゆりかもめ」になっている。

　江戸時代後期、開国を迫って接近する外国船を打ち払うために江戸湾上に建設された砲台が「お台場」だった。

　昭和の頃から徐々に埋め立てが始まりお台場の幾つかは消えたが、地名としては残ったばかりか全国区になった。

　平成の世になると臨海副都心開発とそれに伴う臨海部道路の混雑解消のためにいよいよレインボーブリッジの登場となるわけである。皮肉なことに混雑解消のために建設されたのが今ではレインボーブリッジからの景観見たさのために渋滞が起きているという。

　この橋は渡るよりも遠望しての良さを楽しむ橋だと思う。個人的な意見ですが、ゆりかもめに乗って豊洲の近く(築地から市場が移転してくる付近です)から見える夕刻のレインボーブリッジがいちばん綺麗だと思う。何も邪魔するものが出来てないから全体がそっくり拝める。

　橋の下層部には「レインボープロムナード」という遊歩道があって歩いて渡ることができる。

　それが1.7キロだからどうということはないが途中で地震があったら怖いかも。

　「踊る大捜査線THE MOVIE2レインボーブリッジを封鎖せよ！」では「レインボーブリッジ封鎖できません」のセリフが有名だが、強風のため封鎖されることはよくあるので気をつけて下さい。

（隆）

東京五大坂道

―タモリもお墨つき？江戸情緒を感じる名坂。

地図上で観る限りだと東京というところはどこまでも平坦な土地がただ続いているように見えるかもしれないが、実は山あり谷ありでかなり起伏の激しい都市なのだ。東京の地名に「谷」「橋」の字が付くところが多いのがその証拠であり、それに伴い坂道の数も半端ないくらいに多い。

「日本坂道学会」副会長のタレント、タモリが坂道を観賞する際のポイントの一つに「周囲に江戸時代からの歴史、景色、風情を醸しだすものがあるかどうか」を挙げていて大いに賛同出来る。

東京が江戸であった頃から人々に親しまれ今なお生活道路として愛される情緒があるかの視点を加えて坂道の五大を選んでみた。

江戸情緒のある生活道路としての側面を重視したので、主要駅に近く交通の要衝でもあったために開発されてしまった「道玄坂」「宮益坂」「権之助坂」「神楽坂」などは名称にも風情があって捨て難いのだが今回は選外とした。

「行人坂」「三分坂」「暗闇坂」「菊坂」「三崎坂」を選択したが、ご不満がある方はご連絡下さい。

今回、東京の坂をいろいろ調べてみると変わったところでは階段のある坂を発見。日枝神社の山王男坂がそれで表参道にあたるようだが神域なので選外にした。

（隆）

▲お江戸・東京は坂で成る（行人坂）

行《ぎょう》人《にん》坂《ざか》

check

東京の指折りの名坂には、悲運がまとわり付いているが
それはこの坂の情緒を一層浮かび上がらせるのです。

その名前には威厳があって近寄りがたい雰囲気があるかもしれない。急峻な坂でもあるのだが、実際に歩いてみると江戸情緒が偲ばれる東京でも指折りの名坂である。

江戸時代には坂下の目黒不動に続く参詣路として賑わい、坂上からは富士山がよく見えて茶屋なども出るのどかな富士見の名所でもあったという。坂下の目黒川に架かる太鼓橋は歌川広重「名所江戸百景」にも選ばれ、急勾配の行人坂もその中に描かれているから結構な観光地でもあったようだ。

▲この坂の由来はこのお寺（大円寺）

坂の中腹にあるのが「行人坂」の由来となった大円寺。江戸初期寛永年間の頃、この地の住民を苦しめていた悪人共を放逐するために幕府が奥州湯殿山から招いた高僧行人・大海法印が大日如来の堂を建てたことがもとになり寺のはじまりとなった。悪人を追い払った功績により大円寺の寺号が与えられると、やがて多くの行者が付近に住み着いて修行を行ったことから「行人坂」と呼ばれるようになった。

と、ここまでだったらめでたしめでたしなのだが、そうともいかなかった。

この大円寺は１７７２年の明和の大火（行人坂大火とも呼ばれる）の火元になってしまったことでも有名。無宿僧の付け火で大円寺も被害者だったのだが日本橋、上野まで焼いてしまった大火の責任を問われ寺の再建がゆるされたのは70年も後だったというから厳しい。寺に残る５２０体の石造りの五百羅漢像はこの明和の大火の犠牲者供養のため50年かけて作られたという。一面を覆い尽くす石像は息を呑む迫力。一度は観ておくべき貴重な江戸遺産だ。

行人坂は目黒付近の農産物を運ぶ交通の要衝であったそうだが、とにかく勾配がきつく荷車での運搬は困難を極めたようだ。後に元禄の頃、土地の名主であった菅沼権之助が行人坂の不自由さを見かねて私費を投じて権之助坂を造ったものの、幕府の許しを得ない工事だったため処刑されてしまったのは悲運。

なぜだかこの両坂に深く関わった人たちは皆に感謝されな

がら不運に見舞われている。（隆）

三《さん》分《ぷん》坂《ざか》 check

注意：プチ登山をする気持ちで、到達地点に行くには体調をととのえ、よほどの決心をしないと登れません。

▲日光いろは坂より凄いかも（三分坂）

「さんぶ」ではなく「さんぷん」と読む。

TBS放送センターの南側にある急勾配の坂道。港区が立てたのだろうか坂の案内板があり、それによると急坂だったため荷を運ぶ車屋が車賃を銀3分（さんぷん―現在の価値で100円）ほど増したことからこの坂の名が付いたとされる。「さんぶ」では四分の三両になるから誤りなのだと御丁寧に記されている。要は昔から荷を運搬する人にとって難所だったのだろう。

地下鉄千代田線が走る赤坂通りの派出所から見上げると急斜面を無理に坂道にこさえた感がありありと窺える。一直線には出来ずほぼ90度に屈曲してTBSに登っていく。アスファルトの輝きが銀嶺を想わせてプチ登山の心境になること間違いなしの名坂だ。

個人的な話になるが、三分坂との出会いは今から10年近く前のこと。ある仕事で近所のビルに案内されたが担当者が不在。1時間ほどたったら戻ってくるのでその時間になったら来てくれと言われ、仕方なくビルを出た。1時間もどうやって待とうかとブラブラ歩き出したところでこの三分坂に出てしまった。凄い坂があるものだなと思ったが坂上だったからどうということなく下りてしまったが、いざ戻ろうと思ったらきついことときついこと。たいした荷物がなくてもこれだから昔の人は仕事とはいえたいへんだったろう。自分だったら100円増しでも引き受けない。（隆）

暗《くら》闇《やみ》坂《ざか》 check

今は、暗闇坂は蝉時雨、黒マントにギラギラ光る目で真昼間っから妖怪変化（松本隆）坂ではないです。

東京や関東近県には同名の「暗闇坂」が幾つか存在している。ここで紹介するのは麻布十番から元麻布に抜ける暗闇坂である。元の地名が麻布宮村町だったことから「宮村坂」とも呼ばれたそうだが、一方で「くらがり坂」とも呼ばれ「暗坂」とも表記されていたという説もあるという俗称の多い坂のよう

▲今はそんなに暗くはございません（暗闇坂）

だ。

関東に多数ある暗闇坂だが、いずれもその由来は樹木が鬱蒼と生い茂った昼でも暗い狭い坂道であったことのようでこちらの麻布「暗闇坂」もそのとおりだ。車は登りの一方通行の左に屈曲した坂で、坂の右側は切り立った崖。ガードレールはあるものの人ひとりが通るのがやっとという狭さなので上下から出会ってしまうとどちらかが止まって譲らざるを得ない。土地柄か外国人が多くもっぱら日本人が譲る方になることが多いのは癪のタネ。あくまで私観だが、麻布十番から元麻布に向かう車が何台も連なって急カーブを疾駆する姿を坂上から見ると芸術的な美しさのモナコのレースコースを思い出してしまう。この狭さと傾斜角度、屈曲具合が絶妙だと思うのだが…どうでしょうか。

坂下の「暗闇坂」を店名に冠した飲食店は都内に支店を増やしていて誰もがその名を一度は耳にしているのでは。

筆者の世代だと、どうしてもはっぴいえんどの「暗闇坂むささび変化」という歌を憶い出してしまうのだが、読者の方はいかがですか。（隆）

菊《きく》坂《ざか》 □check

多くの作家、芸術家が上り下りした名坂は今でもその面影を残します。樋口一葉の使った井戸も残っています。

川柳の「本郷もかねやすまでは江戸の内」で知られる、江戸の北限とされた現在の本郷三丁目の交差点を過ぎたすぐのところからはじまる。その昔付近には菊を栽培する菊畑が多かったことからこの名が付いたと言うが、現在でも鄙《ひな》びたおっとりとした風情が感じられる癒し効果抜群の緩やかな坂である。

本郷通りから分かれて下りはじめるが途中でほぼフラットになる。ここだけ見たら坂にはまず見えないがしばらく進むとまた徐々に緩く下りはじめて坂下の白山通りの春日駅に出る。急峻な坂が多い城南に較べてこの文京区や台東区付近にはこのような傾斜の緩い坂が多いのだが、それが独特な風情を醸し出しているのが良いところである。

東京大学にも近いところなので後に文名の上がった作家たちが菊坂近辺に住んでいたことでも良く知られている。「菊坂」に平行して数メートル低い位置に延びる「菊坂下道」からさらに奥に入った露地には樋口一葉の旧宅があったが現在は一葉も使ったという手動ポンプ式の井戸だけが残っている。

そこから「菊坂下道」を少し行ったところには宮沢賢治旧居跡の案内板がある。もちろん当時の建物はないが、ここに居住していたころに「注文の多い料理店」収録作品を執筆していたそうである。

▲緩やかな坂で楽チンです（菊坂）

生前は恵まれず後世の高い評価を知らず若くして世を去った樋口一葉、宮沢賢治が偶然この地に寓居していたことは物悲しい。

（隆）

三《さん》崎《さき》坂《ざか》 □check

今は多くの観光客で賑わって霊も恐がって出て来ませんが、夜はお墓だらけで恐いかもしれません。

地下鉄千代田線の走る不忍通りから谷中霊園方面に登る比較的緩やかで寺町情緒のある坂である。不忍通りで団子坂と向き合うかたちになっている。駒込・田端・谷中の三つの高台に向かうことからこの名が付いたとされている。

この「三崎坂」が著名な坂として歴史上に名を残したのは名人初代三遊亭円朝が自作の怪談「牡丹燈籠」の舞台として選んだことが大きいだろう。浪人新三郎に恋したあげくに死んだ旗本の娘、お露は亡霊となったあとも毎夜毎夜墓場から、後を追って死んだ下女お米とともに、根津にあった新三郎宅に夜な夜な牡丹燈籠を持って三崎坂を下り通うようになる。やがて、新三郎はお露がこの世のものでないことに気付き裏切られ…と続くわけなのだが、後が気になる向きは夏場になると行われる落語会の怪談特集に足を運んでいただきたい。

円朝がこの坂を牡丹燈籠の舞台に選んだころの付近はおそらく寺院と墓場ばかりで、夜にともなればいやが上にも盛り上がる雰囲気だったのだろうが、現在は寺院の間に住宅が立て込んで怪談の舞台としての風情は失われた。

坂の中腹にある「全生庵」は山岡鉄舟の開基による臨済宗の寺院。鉄舟をはじめとして三遊亭円朝もここで眠っている。

円朝の命日である8月11日頃には円朝まつりが開催され多くの人で賑わいをみせる。

▲お露も逃げだす坂になりました（三崎坂）

谷根千ブームで観光客の賑わいはすごく、坂の両側には民家を改装したカフェや土産物屋がたくさん出来、商魂のたくましさに幽霊も逃げだしたのかもしれません。

（隆）

COLUMN

東京五大河川ー東京は水の都なのです。

▲スカイツリーと小名木川が新たな被写体に（小名木川）

東京の西の大部分を占める武蔵野台地は古くから多数の湧水地を持ち、それを源とする中小の河川が東に向かって都市部を流れる。住宅地やビル群ばかりでは景観にメリハリがなくてつまらないが、川があることで潤いも生まれるというものだ。水と川の恵みに感謝しつつ東京都内を流れる河川の中から次の五つを選んだ。東京都内ではあっても他の県と境界を接する河川は省いた。

「隅田川」「神田川」「石神井川」「野川」「小名木川」

▲勝鬨橋から築地市場を望む（隅田川）

まずは東京一有名な**【隅田川】**□から。

東京都北区の新岩淵水門から荒川と分岐して新河岸川と合流し東京湾へと注ぐ全長23.5キロメートルの一級河川。昭和40（1965）年の河川法施工で「隅田川」が正式名称となったが、それまでは荒川の支流の位置付けでしかなかった。江戸時代には「大川」という俗称で庶民に親しまれた川で「文七元結」や「たがや」など多くの古典落語にもこの名で登場している。

その当時から隅田川は物流拠点として江戸市民の生活や経済を支え、また文化、芸術の発信地として貢献した。現在は毎年春には隅田公園が桜の名所として賑わい、夏には恒例のビッグイベントとなった隅田川花火大会が行われる東京の河川の中ではいちばんの憩いの場所となっている。昭和の高度成長期には生活排水や工場排水で水質汚染が進み、魚の棲めない川になってしまった時期があったが、水質改善が進んだ現在は鯉、鮒などの淡水魚やスズキ、ボラ、マハゼなどの汽水魚が生息するようになっている。

次は何と言ってもかぐや姫で有名になった**【神田川】**□。

三鷹市井の頭公園の井の頭池を源流として東に向かい途中で善福寺川、妙正寺川と合流し両国橋付近で隅田川に合流する全長24・6キロメートルの一級河川。かつて昭和48(1973)年にフォークグループ南こうせつとかぐや姫が歌って大ヒットした「神田川」で全国区の知名度になった。徳川家康入府まで「平川」と称される川で、現在の飯田橋あたりから南下して丸の内、日比谷へ向かう流れであったのを飲料水確保のため改修され「神田上水」として取水されたり、天然の要害とするため東へ水路を変えられたりしたため上流と下流では雰囲気が異なる。

中央線の御茶ノ水駅付近の景観は渓谷と言っていいほどの深さで絶景だが、実はこの辺りは山を切り開いて造られた人造河川。当時、普請に当たった仙台藩伊達家にちなんで「仙台堀」や「伊達堀」と称される。

▲もう三畳下宿はなくなっただろうな(神田川)

近年、たびたび発生するゲリラ豪雨で神田川上流の中野区付近では冠水被害を引き起こすこともある。

次は西東京の代表にふさわしい【石神井川】□。

小金井市の小金井カントリー倶楽部付近を源流として西東京市、練馬区、板橋区、北区を経て北区堀船で隅田川に注ぐ全長25・2キロメートルの一級河川。練馬区の石神井公園を源流とするように思われがちだが、石神井公園の三宝寺池とは接していない。石神井川中流にあたる板橋区中板橋では護岸に約1000本の桜が植樹されて桜の名所となり観光資源の少ない板橋区には貴重な存在になっている。江戸期まで下流域にあたる現在の北区王子駅付近は石神井川が崖地から低地帯に落ち込むため王子七滝と呼ばれたほど滝が多く名所として知られていたが名主の滝以外は埋め立てられ現存しない。

▲桜の名所も多くあります(石神井川)

昭和33(1958)年に発生した狩野川台風では王子駅付近で洪水となり被害が出たため、石神井川は飛鳥山の下の分水路を通るよう流路変更され、旧水路の音無渓谷は音無親水公園として整備された。音無渓谷は汲み上げた地下水で賄われているが、飛鳥山公園とともに北区民の憩いの場として親しまれている。

次は東京一長閑《のどか》な【野川】□。

国分寺市東恋ヶ窪の日立製作所中央研究所内を源流として、名水百選にも選ばれた「お鷹の道・真姿の池湧水群」からの湧水を集めて小金井市、三鷹市、調布市、世田谷区を流れ多摩川に合流する全長20・5キロメートルの多摩川水系の一級河川。調布市内で入間川と合流する。先史時代、多摩川本流が流れを変え、国分寺寺崖線

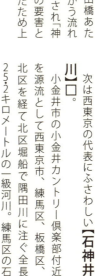

COLUMN

▲ここはもう東京の香りがしません(野川)

の湧水を集めて旧河道を流れた川が野川とされる。湧水に恵まれた武蔵野台地の中心部は古くから水利が良く東京都内には珍しい緑に恵まれ豊かな自然が国分寺崖線に現在でも多く残されている。

　野川はその象徴のような存在であり、流域の調布・小金井・三鷹の3市にまたがる都立野川公園は園内に湧水も見られる。

最後は今注目の【小名木川】□。

江東区内の旧中川から隅田川を東西に結ぶ人口の河川。徳川家康が入府の後、千葉行徳方面からの物資の運搬に浅瀬が多く不便なことから小名木四郎兵衛に命じて開削させた運河で、開削者にちなんでこの名が付けられた。

　江戸初期には輸送量の増大により拡幅され重要河川として船番所も置かれるようになり、幕府や江戸市民の経済を支える川となった。それに伴い付近の埋め立てが進み、運河がさらに多く造られ、明治期になると工業地帯として成長を見るに到り、江東区の現在の発展にも大きく貢献した川である。

　江東区は運河等の水域利用とその周辺における街づくりが一体となって地域の賑わいや魅力を創出することを目的とした「運河ルネサンス」の試みも進めている。

（隆）

▲人工運河だがどことなく情緒がある(小名木川)

東京五大庭園

―東京の庭園は、徳川家の権力の象徴の残滓です。

徳川幕府から明治新政府へと政権が移譲されるにあたって幕府直轄の建造物、幕政に関与していた大名の屋敷や庭園は薩長の要人たちから目の敵《かたき》にされ、そのほとんどが取り壊されてしまった。幕府の象徴であった江戸城は百歩譲って仕方ないにしても無粋な話だと思わざるを得ない。豊臣家を滅ぼした後で大阪城を再建した徳川幕府のような懐の深さを薩長の田舎侍に求めるほうが無理ということであろうか。

今回は江戸時代から、明治・大正・昭和・平成の時代を生き抜いてきた庭園から五大を選んでみたい。いずれも都の文化財として指定を受けている次の五庭園を推薦する。

「浜離宮恩賜庭園」「旧芝離宮恩賜庭園」「小石川後楽園」「六義園」「清澄庭園」

当初、苑内に日本庭園を有する新宿の「新宿御苑」を選ぼうかと思っていたが、他の庭園と違い環境省が管理する国民公園という性質上どうしても中途半端な印象で選外とした。故に五大公園にいれさせていただいた。

庭園のお勧めスポットをどのように書こうかと考えたが、庭園を観て何をどう感じるか感じないかは人それぞれで評価は難しいだろう。価値観は千差万別でせっかく観に行ったとしても「あぁ綺麗だったね」で終わったからといってそれを責められるものでもない。

ここは激動の時代をこれらの五庭園がいかにして乗り越えて生き抜いてきたか、その歴史を知ることでまずその有り難さを感じ、またこれらの庭園を守るために尽力してきた名も無い人たちの努力に感謝することを提案したい。（隆）

▲ビルとの対比が独得の景色を作りだす（旧芝離宮恩賜庭園）

浜離宮恩賜庭園《はまりきゅうおんしていえん》

check

汐留高層ビル群と日本庭園の対比が壮観。徳川家の出城の役目だった。

現在庭園になっているこの地は、もともとは将軍家の鷹狩りの場所だったのが三代将軍家光の子、徳川綱重が拝領して海を埋め立て、別邸を建造したことに始まる。綱重の所領であった甲斐甲府にちなみ「甲府殿浜屋敷」または「海手屋敷」と呼ばれたそうだ。この綱重の兄が四代将軍家綱で弟が五代将軍綱吉である。弟にも先を越されていたことになるが綱重は母の出自にハンデでもあったのだろうか、何故か終生将軍には縁がなかった。

▲まさにお城の石積み

普通に考えると浜離宮はこのまま徳川一門の別邸として終わった可能性が高かったのだが、綱重の子綱豊のとき事態が一変する出来事が起こる。男子のなかった五代将軍綱吉が死去し、綱豊が後継将軍に決まり、六代将軍徳川家宣となり江戸城に移ることになったのだ。父綱重の無念を息子綱豊が払拭したことになる。

これにより、これまで甲府殿の別邸だったこの地が「浜御殿」と名を変えて大改修が行われ景観を一変することになった。茶屋・鴨場が設けられ将軍家の行楽・接待の場として整えられ、このときはじめて庭園らしい格付けがなされたようだ。同じ徳川一門であっても将軍の庭園ともなれば扱いが変わるのも当然で、このおかげで現在まで浜離宮庭園が存続しているわけであるから感慨深いとも言える。

江戸期に造られた大名庭園の特徴の一つとして挙げられるのが池を庭園の中心に据えた「回遊式築山泉水庭園」と呼ばれる様式なのだが、ここ浜離宮では地の利を活かして海水を庭内に引き込み、潮の干満によって池の景観の変化を楽しもうという凝った試みがなされていて、「潮入の池」にはボラやハゼ、ウナギなどが生息している。

庭園内には何故か掘割が設けられていたり、入口の石垣が重厚だったりして不自然に感じていたが、どうやら江戸城の出城としての役目も持っていたようだ。

明治維新後、徳川家から宮内省所管となり浜離宮と正式に改称され、太平洋戦争終結後に東京都に下賜され現在に至る。庭園西側にそびえる汐留高層ビル群と日本庭園との対

比が壮大な奇観を呈していて園内いちばんのビュースポットと言えるだろう。（隆）

旧《きゅう》芝《しば》離《り》宮《きゅう》恩《おん》賜《し》庭《てい》園《えん》

check

「浜離宮」と混同されがちだが、潮風を感じる穴場スポットです。

幕府老中であった小田原藩主大久保忠朝が拝領した芝金杉の上屋敷に庭園を造ったのが始まりとされる。園内の根府川山は小田原領内の根府川から石を運びこんで造ったことに由来しているのだが、その後大久保家は屋敷ごと庭園を返上。堀田家から御三卿清水家、紀州徳川家と持ち主がコロコロと変わり、明治に至ってからやっと皇室所有に落ち着いた。大正13年、昭和天皇御成婚を記念して東京市に下賜され「旧芝離宮恩賜庭園」として開園した。

「浜離宮恩賜庭園」と同じように海水を庭内の池に導いた回遊式築山泉水庭園の様式を持つ名庭園なのだが、海側をビルに取り囲まれてしまい、現在は海水の引き込みは行われていない。JR浜松町駅のすぐ東側でアクセス抜群なのに「浜離宮恩賜庭園」と名称がよく似ているせいか混同されがちで、港区在住の人ですら存在を知らなかったりするのは残念だ。確かに浜離宮のミニチュア版的な庭園だがその分見所が凝縮された感があり、団体客なども多くはないのでゆっくり楽しめる。

池の畔を砂浜に模した「州浜」は大名庭園としての芸術性の高さをうかがい知ることが出来る逸品。「小石川後楽園」にもある中国杭州の西湖を模した「西湖の堤」がこちらではより立体的に造られている。どちらが上とも言えないが「小石川後楽園」のそれが絵画的な美しさならば、芝離宮のそれは彫刻のようなリアリズムに溢れているというべきか。こればかりは実際見比べるしかないだろう。（隆）

▲庭園とビルのコントラストも東京の風景に

小《こ》石《いし》川《かわ》後《こう》楽《らく》園《えん》

check

東京のど真中にある名園なのに入園した人は少ないのではないか。

水戸徳川家の藩祖である徳川頼房により水戸藩上屋敷として造営され、二代目光圀の代に大改修が行われ完成をみた庭園である。さすがは徳川御三家という贅を尽くした感が今でも存分に味わえる庭園で、樹木と水はあまり綺麗ではないが泉水の豊富さは他を圧倒するほど見事だ。

小石川後楽園の造営に関しては、光圀が明の遺臣朱舜水《しゅしゅんすい》の意見により中国趣味を豊富に取り入れたとされる。

この朱舜水という人物だが明が滅んだ後、その再興を企て軍資金調達のため日本に貿易に来ていたのだが果たせず、流浪の身になっていたところに手を差し伸べたのが光圀であった。教えを乞いたいという光圀の誘いによって江戸に下向し、終生光圀の側近くに仕えたとされる。光圀の敬愛によく応え一大事業ともなった「大日本史」の編纂にも係わったことからもその存在感がうかがえる。所謂後年の「水戸学」といわれる尊皇論の根拠ともなる「大日本史」の方向付けに一役買っていて、幕末の水戸藩に大きな影響を与えるきっかけになっていたといえるだろう。

▲円月橋

何だか庭園というより歴史の話になってしまったが、朱舜水が光圀に用いられていなければここまで凝った庭園にはなっていなかったはずで、その存続も危うかったのではと思う。

後楽園という名も朱舜水の命名によるもので「天下の憂いに先立って憂い、天下の楽しみに遅れて楽しむ」という中国の「岳陽楼記」から取ったものだという。光圀の政治思想とも重なるものであることがうかがえるが、その一方でこれらのな事業が水戸藩の財政を大きく圧迫していたのも事実である。

現在の後楽園付近はすぐそばに東京ドームシティや場外馬券売場（ウインズ後楽園）があり、天下の楽しみに遅れて楽しむような御仁を見つけるのは難しいようだ。

（隆）

六義園《りくぎえん》 check

将軍（綱吉）と下臣（柳沢吉保）の愛の結晶？ 7年の歳月をかけた和歌庭園は花見には大賑わいのスポット。

武州川越藩主柳沢吉保の下屋敷・庭園として造営された。ストレートに「りくぎえん」と読める人はあまりいないのではないだろうか？ 五代将軍徳川綱吉に仕え異例の大出世を遂げた寵臣柳沢吉保が紀貫之「古今和歌集」序文の六義（むくさ）という和歌の六つの基調を表す語に由来して命名したという。

元々この地は加賀藩下屋敷跡だったのを綱吉が柳沢に与えたことに始まる。柳沢は7年の歳月を掛けて平坦な土地を造成して丘を盛り、千川上水から水を引いて池を掘るなどして漸く完成させた。「本郷もかねやすまでは江戸の内」と呼ばれた時分の駒込付近は江戸からはかなり遠方という認識の土地であった。恐らく綱吉からも相当の援助もあっての完成だったのではないだろうか。

　綱吉と吉保の関係は今でいうところのホモセクシャルにあたるが、これは当時の武士階級とくに主君と家臣の間ではさほど珍しいことではなく、当たり前の慣習であった。しかしわずか150石取りの藩士であった吉保が15万石の大老格にまで栄進したことはその寵愛振りが普通ではなかった証しであろう。六義園完成後の綱吉の訪問は記録が残っているだけでも58回を数えている。将軍が臣下の屋敷を訪ねることなどなかった時代にしては異例のことであった。

▲土橋

▲池畔には様々の木々が

　綱吉の死後、吉保は急速に衰え、大和郡山に転封されて幕閣から姿を消し、六義園も時代とともに荒廃したようだが、明治維新後、三菱財閥の岩崎弥太郎が購入して再建した。赤煉瓦の塀はそのときに造られたそうである。　（隆）

清《きよ》澄《すみ》庭《てい》園《えん》 check

三菱財閥・岩崎弥太郎が購入した全国から名石を取り寄せて作った「回遊式林泉庭園」。

江戸期の豪商・紀伊國屋文左衛門の屋敷跡と伝えられている。庭園の基礎が形成されたのは享保年間、下総関宿藩主久世大和守の下屋敷になってからだという。想像でしかないが、久世家は4万石ほどの譜代の小藩で池付きの庭園が造れるほどの財力があったとは思えない。おそらくその当時の庭園はごく質素なものだったのではないかと考えられる。

　明治11（1878）年になって三菱財閥の岩崎弥太郎がまた「六義園」同様に「清澄庭園」を購入し、本格的に造成を始めた。これが現在の庭園のもとで明治13年に「深川親睦園」

として開園された。三菱社員の慰安施設や貴賓招待の場として利用されたもので一般公開はずっと後のことだ。その後は隅田川の水を引き込んだ池が造られ、全国から取り寄せた名石を配した「回遊式林泉庭園」が完成。ほぼ今の形になったようだ。

大正12(1923)年に起きた関東大震災で図らずも庭園は近隣住民の避難所となり、そのために翌年東京都に寄付され、整備がなされて昭和7(1932)年に一般公開される運びとなった。

▲涼亭

池の畔には石の回廊が配置され「磯渡り」が出来るが、手摺も何もないから一歩間違えれば池に転落もあり得る。あくまで自己責任だから、バランスに自信のない人は止めておいたほうがいいだろう。

池に突き出るように建てられた「涼亭」は明治42(1909)年に国賓として来日した英国の元帥をもてなすために岩崎家が建てたもの。その後、戦災に遭わず無事に残ったのは幸運というべきか。池には鯉や亀が多数生息している。

ここの売店では珍しいことに鯉の餌として麩を販売している。ときにはその鯉の餌を横取りしてついばむアオサギの姿を観ることも出来る。

（隆）

▲磯渡りは歩を進める度に景観が変化します

東京の生活・文化編

東京五大商店街 ―活きてます。シャッターなんて下りてません。

平成27年の東京都の人口は約1348万人で5年前の平成22年に比べると約32万人も増加したことになる。地方に住む若者が職を求めて上京するのをはじめとして東京への人口の一極集中は止まることがない。その分地方の人口減少は加速するばかりで、その象徴としてシャッター商店街と揶揄される衰退した商店街の姿が浮き彫りになってしまうのは悲しい現実だ。

それとは反比例するように人口増加で東京の商店街は活況を呈しているように見えるが、実際は少子高齢化が進み、格差拡大も進む一方で消費行動は先細りする傾向にあり、未来は必ずしも安泰ではないことが残念ながら明らかとなっている。

しかし、そのような不安をかき消すかのように各商店街の商店主たちは様々なイベントを催し、マスメディアを駆使して集客に努力を重ねている。いまなお昭和の香りがする地元に密着した商店街の五大を挙げる。

「戸越銀座商店街」「砂町銀座商店街」「ハッピーロード大山商店街」「阿佐谷パールセンター」「十条銀座商店街」

東京でも黄昏てしまった商店街があるのになぜこれらの商店街はこんなに元気なのか？　そんなことを考えながら読んでいただきたい。

それにしても商店街は自転車のオバチャンが強いから轢かれないように注意しよう。

（隆）

▲とにかく長い商店街です（戸越銀座商店街）

戸《と》越《ごし》銀《ぎん》座《ざ》商《しょう》店《てん》街《がい》

check

区画整理でピンチだがこの雰囲気は絶対に永続させて下さい。

活気がありながらどこかのどかな雰囲気が漂い、下町というよりも地方の商店街を思わせる佇まい。アーケードはないが商店街入口にアーチがある。商店ばかりが連続しているわけではなく普通の人家やマンション、事務所等が入り混じった生活感のある風景が続く。中原街道を挟んで隣接する武蔵小山商店街(パルム)が大手チェーンの店ばかりの妙にキラキラした商店街になって面白味がないのとは対照的な風景だ。

▲アーケードはないですよ

東急戸越銀座駅付近がいちばん賑やかで踏切りでちょっとした自転車渋滞も起きる。途中第二京浜(国道1号)で遮られるが違和感はない。なぜか唐揚げで有名になった戸越銀座だが、その唐揚げ専門店は大分県からの進出。行列が出来るほどで目のつけどころがいいというほかないが、地元の商店が発祥でないのはちょっと残念。

「百番」を名乗る中華料理店が戸越銀座には2軒ある。一つは赤色のファザードと黄色の暖簾のコントラストが目を惹くが店は小さく汚くかなりオンボロ。もう一軒は間口も広く清潔な大店。汚い「百番」はとんねるずの某番組でも取材された名物店だが元々はこちらが本家だったようだ。地元では「汚い方」で通るらしい。

品川区戸越地区は住宅密集地で震災時のもしもに備えるための大規模区画整理が計画されていて、戸越銀座商店街はピンチを迎えている。新たな幹線道路が商店街を分断するルートになっていて地元は大反発。戸越銀座の道路はあちこちがかなりデコボコになっていて隅々まで綺麗に整備されている武蔵小山とは金の掛け方がだいぶ違うなという印象なのはそのせいだろう。

(隆)

砂《すな》町《まち》銀《ぎん》座《ざ》商《しょう》店《てん》街《がい》

check

陸の孤島の商店街。だが、ここが東京いや日本一の商店街と呼ばれる所以は何。

最寄り駅は都営新宿線の西大島か東京メトロ東西線の南砂町なのだが、どちらからでもまだかなり遠く、交通の便は極めて悪いと感じた。いずれからもバスを使うのが一般的だがこれが超満員。これだけ乗ってくれればさぞやドル箱路線なのではと一瞬考えたが、よく周りを見回してみるとシルバーパス利用の高齢者がほとんどだった。正直、陸の孤島とはこういうところを言うのだなと思ったが(失礼!)、だからここの商店街は生き残ったのだし、存在価値があると言えるのではないかとも思う。

丸八通りと明治通りを結ぶように細い通りが砂町銀座のメインストリート。その細い路地のような通りをオバチャリが自由気儘に走り抜けるからよそ者は注意して歩かないと危ない。郷に入っては郷に従えの最たるところかも。

肉や魚の惣菜を扱う店が多く、地元民のおやつ代わり、食卓代わりを務める超庶民的商店街だろう。おそらく平成の世になってからもほとんど変わっていないのではないだろうか。いい意味で昭和の香りがそのまま残っているというより、昭和そのまま。テレビ取材でよく取り上げられる商店街で、この日もある鮮魚店が取材を受けていたが、アメ横みたいに遠くから訪れるところではなく、本当は地域住民のためにそっとしておいてやりたい隠れ家的な場所ではないかと思う。

▲何でもあります

そういえば近くにあった貨物専門の小名木川駅が廃止になり、跡地に進出したアリオ北砂がランドマーク的存在に取って替わったようだが、商店街にはやっぱり影響が出ているのだろうか。

(隆)

ハッピーロード大山商店街《おおやましょうてんがい》

check

街の団結力と自治意識が見事な優良商店街。

東武東上線大山駅から川越街道に至る商店街はアーケードで守られ、しっかり整備されている印象だ。

しかし、(本当か嘘かわからないが)実は商店街を通るある道路の拡幅計画を阻止するためにあえてアーケード化したのだという噂がある。

都市計画阻止作戦のことは別にして、ハッピーロード大山の団結力と自治意識は確かに高いように感じる。商店街の通りではプラカードを持った人が自転車は降りて進むように指導していて、戸越銀座や巣鴨で見た商店街を疾走する自転車を目にすることはなく、安心して歩くことが出来るのはありがたい。

▲地方都市にあるようなアーケードです

ハッピーロードの中ほどにある昭和11(1936)年創業のアライ精肉店は和牛、国産SPF豚専門店で店頭ではトンカツ・メンチ・コロッケ等の揚げ物惣菜が充実していてメディアへの露出も多い。買い物客が列を成すから相当美味しいのだろう。

大山駅の反対側の商店街「遊座大山」はアーケードもないのだが、なぜかハッピーロード大山よりあか抜けた雰囲気を感じる。アーケードで守られない分、商店の流行り廃りもストレートに現れ、移り変わりも早かったのだろう。結果として新陳代謝も高まったようだ。

池袋から電車でわずか5分。大山は都心へのアクセスも良く、住むには便利で魅力的だが、居住者の出入りも多そうだ。商店街の自転車マナーは守られているが、その一方で駅前の銀行には放置自転車が見られる。大山駅には当然ロータリーもなく車両の出入りは難しい状態にある。だからこそこの商店街が活性化しているのだろうが、地域のマーケットとしての価値が高まりつつあるなかで、商店街が旧態依然としているかのように見られてかえって地域から孤立する恐れはないのだろうか?

再開発はいずれ避けて通れない課題ではないだろうか。でも、このまま保たれていくならば凄いことだが。（隆）

阿《あ》佐《さが》谷《や》パールセンター

check

文豪たちも住んだ大人の知的アトモスフィアを醸し出す商店街。


パールセンター命名の由来は「真珠の首飾りのように結びあって繁栄していこう」という地域の願いからだとのこと。かつて「阿佐ヶ谷文士村」と言われ、井伏鱒二や太宰治らが暮らした土地らしい謙虚ながら秀逸なセンスが光る命名だ。

まず、小さなことだが阿佐ヶ谷駅には「ケ」が付くが、地名には付かない。商店街もこの表示。ちなみにブレイクしそうでしなかった、お笑いコンビ阿佐ヶ谷姉妹には付いている。

さて、阿佐ヶ谷姉妹が訪れたかは判然としないが、阿佐ヶ谷駅の南口から始まる阿佐谷パールセンターは実は何かと苔むした歴史がある。そもそもこの商店街の通りからして、いざ鎌倉の際にと造られた800年前の「いくさ道」の一つ旧鎌倉街道だったというから意外や意外。駅前のアーケードの始まる地点に「鉢の木」という小奇麗な和菓子屋さんがあるのだが、きっと鎌倉時代の北条時頼の伝説に取った能からの命名だろう。これまた秀逸なネーミングだ。

▲高円寺より大人っぽい人がいます

平行する中杉通りの開通で昭和27(1952)年に歩行者専用道路になり、都内で歩行者天国1号の道路となった。緩やかに曲線を描く通りが良い風情を醸しだす。昭和の頃に比べると店はだいぶ入れ替わったらしく駅近くにはチェーン店もチラホラ見えるが、店先でおでんを商う練り物屋や、手作りを謳う団子屋、鰻と焼鳥を店頭売りする牛込「稲毛屋本店」の暖簾分け店など、むかしながらの商売の数々が健在で喜ばしい。作家ねじめ正一がオーナーの民芸品店が商店街の中ほどにあって、昭和カラーに彩りを添えている。難を言えば、どこの繁華街でもよく見かける週貸しの擬似閉店セールがここでも行われているのが興を削がれ残念。（隆）

十条《じゅうじょう》銀《ぎん》座《ざ》商《しょう》店《てん》街《がい》 □check

北区一番の商店街。オヤジにはオアシスのような飲食店が立ち並ぶ。

十条の地名が文献に登場するのは文安5（1448）年と古く、土地の領主であった豊島氏が、紀州熊野にあった地名（十条峠）から移したという説にちなんだものだが、北区は古代の条里制に由来する説を唱えるらしい。むかしは赤羽線といった埼京線の電車からは、小ぶりのアーケード街が見えるのだが、ほとんど気に留めたことがなく途中下車したこともなかった。訪れてみると、近くには大衆演劇で知られる篠原演芸場があり、自衛隊の駐屯地も近く、女子大まであるバラエティに富んだ地域であることがわかった。

▲大山と似ているが少し違うのだなこれが…

東京23区で最も高齢化が進んでいるとされる北区だが、ここ十条商店街はその象徴みたいなところである。開店前の居酒屋の行列も商店街の見回りもオッチャンばかりで買い物客はオバチャンばかりと吉幾三の歌みたいな光景が続く。ホントに若いモンはどこ行った。大衆酒場と兼用みたいな中華料理店やら和食店らが集まる駅前は地元のオヤジのオアシスのような感じ。

最初は地味に見えるが、一歩中に入るとアーケードは北側に一直線に伸びて結構な規模。電車の中から見るのとは大違いの明るさで、徐々に若者というか子供の姿も見られるようになって安心した。子供が来られない商店街では先が見えないからね。

アーケードの途中から埼京線の踏切に向かう広めの路地が開けて、そのすぐ先ではまたしても行列が出来ていて何かと思うと鳥料理の専門店。美味しそうな鳥モモ肉の照焼きを店頭販売していてなるほどと思ったら、なんと隣が鳥専門のペットショップ。どちらが先に商売を始めたのかわからないが、これはまずい組み合わせだなと思って見ていたらペットショップの店主らしきオヤジが咥え煙草で店先に現れた。所在なさげに行列を眺めるとそのままくるりと踵《きびす》を返して奥にひっこんでしまった。（隆）

東京五大高級住宅街 ―嫉みですが、ほんとうに住みやすいですか？

いつの時代であっても庶民が憧れ、目指すものと言えば居住環境の整った立派な家に住むことであったが、格差社会が当たり前のこの現代にあってはいくら働いても給料は上がらず、儲かっているのは一部の優良企業ばかり。普通のサラリーマンでは持ち家など元から無理とあきらめざるを得ない世に成り下がった感がある。

そんなご時世にあって夢を現実のものとした成功者が暮らす街とはどんなところなのであろうか？

親類か友達に成功者でもいない限り著名な高級住宅街に足を踏み入れることすらないので、わからないことばかりなのだが、僭越ながらも東京の閑静な住宅街から「田園調布」「松濤」「成城」「番町」「青葉台」を五大高級住宅街として選んだ。

シロガネーゼで有名な「白金」や「白金台」はマスメディアの侵食を受け過ぎているような気がして選外。「六本木」「西麻布」などの旧麻布区界隈は裏通りの風情は悪くないが、歓楽街の影響で住宅街としての環境はとても厳しいものになった気がしてやはり選外とした。庶民から見ると憧れの高級住宅街だが、最近やや異変が起きている。あえて、これらの住宅街を離れて郊外へ移り住む人が多くなっているそうだ。理由はごく明快。商店街やコンビニがないため、日常の生活が不便だからだそうで、時代とともにお金持ちの質も変わったようだ。（隆）

▲駅前もお金持ち風でゴミ一つ落ちてない（田園調布）

田園調布《でんえんちょうふ》 check

住めないならせめて住人に迷惑をかけないように一度は見に行ってみよう、と思わせる高級住宅街。

誰が何と言おうと東京でいちばんのネームバリューを誇る高級住宅街である。懐かしの漫才コンビ、セント・ルイスの一世を風靡したギャグ「田園調布に家が建つ」が思い出されるが、これがわかると年齢が知れるというものだろう。田園調布に居住する有名人にはミスタージャイアンツ長嶋茂雄や元都知事石原慎太郎、俳優中井貴一、宇宙人鳩山由紀夫元総理に五木ひろしなどがよく知られている。また、かつてはホテルニュージャパンの故横井英樹氏やダイエー創業者の故中内功氏やあまりグッドではなかったグッドウィル・グループ代表の折口雅博元会長なども居住していたことがあり、悲喜こもごもの人々が並ぶ。

▲瀟洒な佇まいとそのセンスに圧倒されます

田園調布の成り立ちは大正7年、実業家の渋沢栄一らが中心となり設立された『理想的な住宅地「田園都市」の開発』を目的とする企業「田園都市」によって開発・分譲が始められたことから。東急田園調布駅を中心とした西側地域に同心円状のイチョウ並木の街路が続く街並みは英国のレッチワースや米国サンフランシスコ郊外の遷都・フランシス・ウッドの住宅街を模倣して街全体を庭園とすることを目的とするという理念に基づいている。さすがに庶民感覚とはかけ離れた高貴な考えに圧倒される思いだ。

田園調布駅西側の企業開発地域に対して駅東側は地元の地主たちによって開発された地域。こちらは高級感もありながらどこか昭和が色濃く残る庶民的な街並みが続き、妙な緊張感を感じずに歩ける。一歩裏手に入ると意外なことに一部にはアパートも存在するが、いずれも○○ハイツを名乗るなどしてプライドを覗かせているのが面白くもある。

より高級感の高い西側を歩いてみると確かに街路はゆったりと取られ、何か決まりがあるのか知らないが、必要以上に外壁が厳重には造られてはいないことで余裕の開放感が演出されているように感じる。一戸一戸の邸宅の造りにしても、いわゆる成金趣味に該当するような奇抜な演出が成されているものはなく、ありふれた表現だが調和のとれた、気品のある瀟洒な佇まいの邸宅街であることが見てとれる。

その調和を乱さないためであろうが、駅西側エリアには商店街と言えるものはなく、駅前にはカフェや美容室、銀行などの必要最低限の店舗が数軒あるのみで、それ以外は駅ビルに集約されている。その駅ビル自体も避暑地のホテルか別荘を思わせる瀟洒な低層建築で、入居している店舗もあまり商売っ気がないから雰囲気がゆったりしている。どうやら住宅街見物の観光客も多いらしく、その客目当ての営業を主にしているのかもしれない。田園調布の住民は電車など使わないだろうからそれも当然だろう。

こちらの駅ビルには、他ではまず見られないある大手警備会社の支店があり、そういえばこの警備会社のステッカーを門に貼ってある御宅が多く見られた。伝統と調和を守るための開放感とはいえ、やっぱり防犯意識は高く持たざるを得ないのが高級住宅街の常なのだろう。ぜひともスイッチは切らないで「セ○ム」していただきたいと切に思う。ちなみに取材時に元ジャイアンツの張本勲氏が精悍な顔つきで歩いていた。やはり凄い住宅地です。（隆）

松濤《しょうとう》 check

渋谷に近い土地柄賢固なつくりで近寄りがたく、また成り上がり者には住めない空気感アリアリの風格。

東京の山の手を代表する高級住宅街である。渋谷東急百貨店本店裏手の地域が松涛にあたり、江戸時代は紀州徳川家の下屋敷があったそうだ。東急百貨店あたりから富ヶ谷方面の通りを見ると、ここから左側が登り勾配になっているのがわかるように、松濤一帯が小高い山になっていて、江戸期には大山という地名でもあったという。明治になって旧佐賀藩鍋島家に所有者が移り、鍋島家は当地で狭山茶の栽培を始め茶園を営んだ際に「松濤園」と命名。そこから「松濤」の地名が付いたという。茶園業で一時は繁盛したようだが、東海道線の開通で静岡茶が流通するようになり茶園は経営不振で廃業。その後は果樹園兼牧場のようになったものの税金のせいだろうか次第に分譲されるようになり、高級住宅街に変貌していったという。往くあてもないような若者たちが右往左往する渋谷・道玄坂界隈からごくわずかの距離にこのような高級住宅街が存在することは奇跡という他ない。

▲この住宅街の静けさは何なのか

田園調布同様に閑静な住宅街だが、一戸一戸がまるで城郭のように堅固な造りで、街全体で庭園を模したという田園調布の開放感とは明らかに異質なものが伝わってくる。これも渋谷という繁華街を身近に控えた仕方のない防御の表れなのだろうか。

　そういえば松濤には高級住宅地にありがちな、いわゆる著名人というものが居住していないように感じる。まさかとは思うが元が大名家の敷地だから筋目を見られたりするのだろうか。警備員が表で睨みを利かせる豪邸があれば、以前は都知事公邸もあったりして、成り上がり者では近づくことが出来ない空気感がありありだ。本物と認められた一部の人にしか縁のない高級住宅街であろう。二丁目にある「鍋島松濤公園」は広大な鍋島侯爵家の邸宅があった一部であり、往時の面影を偲ぶことが出来る絶好の景勝地である。（隆）

成城《せいじょう》 ☐ check

「成城学園城下町」だったが今は、有名人が多く住む閑静な住宅地。一軒一軒デザイン性に富んだ家が並びます。


　小田急線の「成城学園前駅」から北西にかけて広がる武蔵野の面影が残る世田谷きっての高級住宅街。地名の由来も大正14（1925）年、牛込区（現新宿区）にあった成城学校（現成城中・高校）から分離・独立した成城学園が移転してきたことによる。

　今の姿からは想像もつかないが、それまでは北多摩群砧村喜多見の一地域で家一軒どころか雑木林すらない原野であったという。後に小田急線が開通することを知った成城学園高校の校長となる小原《おばら》國芳《くによし》なる教育学者が、学園建設資金捻出のため当地2万坪を購入して区画整理をして分譲したことが高級住宅街の始まり。

　分譲当初の購入者は成城学園の父兄だったというから、全てが成城学園あっての地域であった言わば「成城学園城下町」であることが見てとれるが、教育学者といいながら開発業者に近い働きを見せた小原國芳という人はただ者ではなさそうだ。小田急線の駅を造るように尽力し実現させたのも彼であったし、同じ小田急線沿線にある玉川学園も同じ手法で彼が創設したものである。教育者というよりは不動産系の実業家か政治家に近い素養と手腕に恵まれた人物だったの

▲たまに俳優さんとすれ違う

▲一番の高級地は学園周辺

であろう（学校経営者にはそういう人が多いですが）。

　成城学園前駅の付近はいたって普通の商店街だが、碁盤の目状に綺麗に整えられ、真っ直ぐに伸びた街路は、年代物の桜並木が整備され桜の開花時は実に美しい。一戸一戸が特徴を活かしたきめ細やかなデザイン性に富んだ造りで、いかにも洗練された住宅地の趣きがあるが、かといって他所から訪れた者を威嚇するようなものものしさはなく、これも成城憲章なる住民協定による環境保全に対する努力の表れと思われる。

　当初は柳田國男や大江健三郎、大岡昇平、水上勉ら文筆業に携わる者が多く居住していたが、駅南側の一丁目に東宝撮影所が出来たころから映画関係者が多く居住するようになる。黒澤明、三船敏郎、加山雄三、石原裕次郎、宇津井健などそうそうたる顔ぶれであり、現在も俳優の居住者が多い。30年以上前の話になるが、石原裕次郎邸建設予定地から縄文時代の遺跡が発見され、調査のため建設が先送りにされたことがあった。工事が先送りになったばかりか調査費用も当時は負担させられたようだが、本人はいたって暢気で「そんな昔から人が住んでいたのだからいいところなのだと思う」とケロッとしていたのを記憶している。スターだったら話のネタになっていいが、一般人だったら踏んだり蹴ったりだ。（隆）

番《ばん》町《ちょう》 □check

豪華一戸建てより、高級億ションが建ち並ぶ住宅側は住民憲章を記した看板が掲げられる。バブルも終わったのだから投機対象にするのはご法度ですよ。

　まさに首都東京のど真ん中、畏れ多くも皇居からも近い千代田区きっての高級住宅街とされるのが「番町」だが、いま現在の千代田区内には正式な地名としての「番町」は実は残っていない。現在の一番町、二番町、三番町、四番町、五番町、

▲人に貸さないでね…

六番町を地域の総称として「番町」と呼んでいると考えるのが適切だろう。同様のケースとして港区の「麻布」が挙げられるが、麻布の範囲が麻布台から西麻布、南麻布、麻布十番までとてつもない規模に拡がって果てしなく、さらに高級住宅街と庶民的な住宅街が混在しているのに較べると、「番町」は同じ質感でコンパクトに集約された高級感がある。

▲マンションも作りがこってます（番町）

徳川家康が入府し江戸城を築いた後に将軍警固のために旗本から大番組という組織を作り、その住居があったことから「番町」という地名が付いたとされるが、怪談「番町皿屋敷」の舞台となった地と言った方が、通りが良いかもしれない。日本テレビが汐留に移るまで二番町に本社を置いていたが、現在ではスタジオ（麴町分室）だけを置いている。余談だが、番町皿屋敷のあったとされる土地が日本テレビのスタジオの一部にあたるそうで、怪異があるとかないとかで話題になったことがあるようだ。

東側の千鳥ヶ淵と西側の皇居外濠に靖国通り、新宿通りに挟まれた地域が当地にあたり、割と起伏が激しく坂道が多いためか、高級感のある大規模集合住宅が非常に多く一戸建ての住宅は少ない。恐らく東京一の高級マンション住宅街と言えるだろう。

その中でも番町の最高峰として特筆すべきなのが六番町。JR四ツ谷駅の近くながら信じられないほどに落ち着いた環境にあり、良家の子女が通うことで知られる有名女学園がシンボル的な存在となっている。六番町は東京の住宅地で最も地価の高いところで、1平方メートルあたりの価格は278万円にもなり、住民の六番町の価値保全に関する意識は極めて高い。街路には住民憲章を記した看板が掲げられ、六番町の住宅環境を守り、投機の対象とはせず長く住居として住み続けることを宣言しているわけだが、裏を返せばそのような危機に見舞われたことがあった証しなのかもしれない。持つ人には持つ人なりの大変さがあるのだろう。（隆）

青葉台《あおばだい》 □check

昔ひばりで、今タモリ。キムタク、海老蔵などなど芸能人に好かれる代官山の超高級住宅地です。

一般的に青葉台と言うと横浜市内の田園都市線「青葉台駅」の方がメジャーな存在のようだが、ここで紹介するのは目黒区の青葉台。東京では古くから知られた高級住宅街でかつては美空ひばりが住んだ「ひばり御殿」があることでも有名であった。確かなことはわからないが「ひばり御殿」が出来たことで青葉台は高級住宅街に成長したとも言われていて、昭和の大スターの影響力を窺い知ることが出来る。現在の青葉台1平方メートルあたりの地価は159万円で目黒区でトップ。

渋谷区との境界線にある高台の旧山手通りから目黒川沿いの山手通りまでが「青葉台」の地番にあたるのだが、高級住宅街として認知されているのは代官山寄りの高台地域のみ。いま人気スポットとして脚光を浴びている目黒川流域は、工場などもチラホラ存在する見た通りの庶民的街並みで、お世辞にも高級とは言えない。桜の咲く季節になると勝手に駐車場を使って商売を始める輩もいるというから青葉台の名が廃る。

▲何ともゆるやかな贅沢感の青葉台

代官山の小洒落た飲食店が軒を連ねる旧山手通りから結構急な下り坂が何本か続くが、この坂道沿いにある高級そうな住宅が青葉台を象徴する邸宅の集まり。急勾配を苦にしない巧みな造りの贅を尽くした感のある住宅が目を惹く。

明治の頃、西郷隆盛の弟西郷従道が邸宅を構えていたのが現在の「西郷山公園」で、ここからは現在でも富士山を拝めるというから邸宅の立地としては最高のはずである。いまでもこの付近が青葉台の中心地だが、坂を下るごとに庶民的な街並みになり、目黒川に至るという感じ。桜の咲く季節になると西郷山公園でも桜を愛でることが出来るが、下界に較べるとこちらは落ち着いた花見が愉しめるのではないだろうか。

（隆）

▲ここから富士山が見えることも（西郷山公園）

▲この階段案外キツイです（西郷山公園）

東京五大デパート―百貨店でなくデパートと呼ぶのが東京です。

▲2店舗しかないが、このこざっぱりしたところがまさに東京風デパート(松屋)

まだ、日本全体が必ずしも裕福ではなく、高度成長期にさしかかるころの昭和の時代、デパートに出かけて買い物をしたりレストランで食事をするということは、どこか特別な「ハレ」の日の出来事であり、レジャーそのものであった。しかしその後のバブル崩壊と価値観の多様化からデパートは受難の時代を迎えている。

ある評論家の唱える説によると今後20年間において、通信販売のさらなる発展によってデパートは消滅するとも言われている。

さて、どうなるのだろう。

最初は老舗デパートの象徴**【三越日本橋本店】**□。

三越本店のある日本橋界隈や銀座線三越前駅付近を歩いていると品の良い身なりをした老夫婦を多く見かけるように、中高年層に圧倒的な支持を得ている日本のデパートの先駆けであり、日本橋のランドマーク的な存在である。三井家の呉服商「越後屋」をルーツとして、明治37(1904)年に「株式会社三越呉服店」としてスタートするにあたって、今後の方針を述べた「デパートメントストア宣言」をしたことで日本の百貨店の歴史が始まったとされる。帝国劇場のパンフレットに載せた広告の「今日は帝劇、明日は三越」というキャッチフレーズが流行語になるほど山の

手の客の心を摑んだという。

　4階まで吹き抜けの中央ホールは豪勢な造りだが、細部の装飾の一つ一つには丁寧さと奥ゆかしさが見える。デパート食堂の名物「お子様ランチ」は三越本店がルーツとされる。しかし、上野松坂屋説もある。

　現在のキャッチフレーズは「飾る日も飾らない日も三越と」。


新宿と言えば**【伊勢丹新宿店】**□。

　新宿駅という巨大ターミナルに隣接しないにもかかわらず、京王・小田急の鉄道系デパートのライバルを向こうに回しながら、ファッション性の高い衣料品で中高年層はもとより比較的若い層にも高い支持を得るデパートとして知られ、新宿の象徴的な存在になっている。

　昭和5(1930)年、それまであった神田店を廃して新宿に出店したのが始まり。本店本館に隣接する「伊勢丹メンズ館」の成功により、デパートでは紳士服は売れないという業界の定説を打ち破った功績が語り継がれている。
　○の中に「伊」の筆文字が入ったロゴマークは今でも新宿店本館の屋上看板に使用されている。

　現在は「三越伊勢丹ホールディングス」傘下の株式会社「三越伊勢丹」の百貨店となっている。

　バブル時は凄かった**【西武池袋本店】**□。

　西武鉄道創業者堤康次郎の死後、流通グループを継承した堤清二をトップとして拡大したかつての西武百貨店の本店。

　日本のデパートの中でどこよりもブランド力の高い百貨店として知られ、国内高級ブランドのホールセールをほぼ独占するなどファッションの総合商社と呼ばれたデパートであり、当時まだ無名であったデザイナーやブランドを後押しして育て上げた功績が高く評価されている。

　またイメージ戦略を駆使し、糸井重里による名キャッチコピー「おいしい生活」も話題になった。

　池袋本店の年間来客数は7000万人を数えデパート第1位を記録し、売上高とともに国

COLUMN

内屈指の数値を誇る。

現在はセブン&アイ・ホールディングス傘下の株式会社「そごう・西武」が運営するデパート。


東京らしいスマートさがある**【松屋銀座本店】**□。

明治2(1869)年に横浜で創業した呉服店「鶴屋」の流れを汲むデパート。銀座進出は大正14(1925)年からと古い。

同じ中央通りにあった松坂屋銀座店が閉鎖になったように、デパートと言えど生き残りが難しい銀座において、あらゆる世代の女性から広く支持を集めている。

松屋のストアコンセプトとして挙げられている「スマートな美意識」を見事に体現したシンプルながらモダンな店造りが、ライバルである三越銀座店のゴージャス感との差別化につながっている。
1階中央ホールの吹き抜けは7階まで25メートルに及び、開店当時の優雅さの名残を伝える。1970年代のオイルショック以降拡大路線に終止符を打ち、銀座本店、浅草の2店舗体制をとっている。

渋谷文化を作りあげた**【東急百貨店本店】**□。
昭和9(1934)年、東京横浜電鉄(現東急電鉄)が渋谷駅に開業した「東横百貨店」が呉服店系老舗百貨店「白木屋」と合併して「東急百貨店」となった。
現在の東急百貨店本店は渋谷駅から離れた道玄坂にあるが、若者の街渋谷においてはさしもの東急も分が悪いらしく、いま一つデパートらしい活気が感じられない。

しかし、1日315万人の乗降客数がある渋谷駅の東横店はやや手狭な感はあるが老舗らしさも感じられるうえルーツの地とも言え、売り上げの面からも実際の本店格と言える。山の手らしい上質感を残しながら若者文化も融合されたところが幅広い層に支持されている。
昭和26年に日本初の名店街としてスタートした「東横のれん街」はリニューアルを経て平成25(2013)年に渋谷マークシティ地下1階に移った。

(隆)

東京五大専門店街

―興味のある人は何度も通い、ない人は一度も訪れない街？

専門店が軒を連ねる商店街が形成される要因とはひとえに業者や購買者がその商品を購入するのにそのエリアが万事に都合が良いことが挙げられるだろう。

販売側にとって輸送に便が良く、購買者側にも通い良く、商売が無駄なくスムーズに行われる条件が整えば専門店街が形成される。

今都心部に形成されている専門店街の多くは高度成長期に発達したところだが、地域によっては取り扱う商品に変化が見られたり、地域そのものが変容したりと見ていて面白い。

一般的に専門店街というと現在では近年の再開発などでオープンした大型ショッピングモールや駅ビルの店舗街を指して言う傾向が強いようだが、ここでは古くから知られる東京の専門店街に注目して次の五つを紹介してみたいと思う。

「秋葉原電気街」「神保町古書店街」「かっぱ橋道具街」「日暮里繊維街」「高田馬場ラーメン店激戦区」

他にも「上野仏壇神具通り」「京橋古美術店街」「馬喰町問屋街」も候補に挙げたが、より日常生活に接点のあるところを優先し見送りとした。

専門店ではないが茅場町の証券会社街や上野のパチンコ業界の本社などよく見ると同業者の集積地はチラホラ存在するようだ。

（隆）

▲ファッションブランド「EDWIN」の本拠地もここにあります（日暮里繊維街）

秋《あき》葉《は》原《ばら》電《でん》気《き》街《がい》

check

家電の街からオタクの聖地へ日本一いや世界一有名で元気な専門店街。

「尾張名古屋は城でもつ」というが「東京のアキバはオタクでもつ」というのが残念ながら現在の秋葉原電気街の正しい認識だろう。

第二次大戦後の須田町闇市で電機大学（現在の東京電機大学）の学生相手に電子部品やラジオ部品などを販売し始めた店が総武線のガード下まで進出したのが秋葉原電気街の始まりらしい。

昭和の終わり頃までは駅前北側の現在、秋葉原UDXやダイビルがあるところには青果や生花を扱う「神田青果市場」が広がっていて、都心なのに「やっちゃば」感が漂う街という印象で現在のような観光地然とした雰囲気は皆無だった。

総武線ガード下の「ラジオセンター」は小規模小売店が密集し闇市然とした佇まいで、30年来ほとんど変わらぬまま現在も存在し続けている。電気街としての原形をとどめていて一見の価値はあるかもしれない。

高度成長時代には冷蔵庫、洗濯機をはじめとする白物家電製品が飛ぶように売れて潤ったようだが、その後消費が冷え込み、家電量販大手が地方に進出すると元々規模の小さい秋葉原の家電量販店は軒並み縮小・廃業が相次いだ。「ヤマギワ」「石丸電気」「サトームセン」等の中堅家電量販店も姿を消した。

その後は時代の流行に押されるようにパソコン、携帯電話、ゲーム関連、音楽・映像ソフトの量販と販売主力品が目まぐるしく変わりながらも辛うじて電気街らしい体裁は保っていたものの、現在の秋葉原の主力は電気からサブカルチャーへと移行。

「アキバ系」と称されるリュックサックを背負って闊歩するオタク男子なしには成り立たない「オタクの聖地」に変貌を遂げた。

何にしてもこれで命脈を保っているのだからオタク様々だ。彼らいわく「秋葉原は僕らが唯一羽を伸ばして息抜きする場所だから女の子を連れているような人は来ないでほしい」とのことであった。

彼ら自身、自らがアキバの担い手だという自負からきた発言なのであろうか？

（隆）

神《じん》保《ぼう》町《ちょう》古《こ》書《しょ》店《てん》街《がい》

check

日本の出版文化を支えつづけた街は出版不況と言いながらも健在。

▲若い人が少なくなっているのが残念です

神田古書店街という言われ方もされるがJR神田駅から歩くと20分くらいはかかる。最寄り駅は「神保町」だが古書店街的な風情を楽しむならJR水道橋駅から白山通りを歩くほうをお勧めしたい。

秋葉原と同様に(次元は異なるが)時代とともに変貌するサブカルチャー発信基地だと思うが、秋葉原がオタク文化をはじめとした果てしないサブカルチャーの氾濫地点という位置付けならば、神保町は知的文化に根差した伝統的なカルチャーの集積地点だと考えている。神保町の路地裏にひっそりと佇む喫茶店群がその証しだと思う。

古くから明治大学・日本大学・専修大学などの文教施設があったことから書籍を扱う店が集中していたことは周知の通りだが、先鞭を付けたのは岩波書店であったらしい。

現在でも130軒を越える古書店が和書・洋書・医学・美術・映画・演劇・漫画などそれぞれジャンルを分けて共存しているが、何故か最近は学生らしい若者の姿をみることは稀だ。

古書店は神保町の交差点から靖国通りに沿った東西200メートルぐらいに多く、10坪にも満たないような小店が中心で、その昔は堆《うずたか》く積まれた本が地震でもあったら崩れやしないかと思うような店もあった。

この靖国通りに沿った古書店のほとんどが通りの南側にあり北向きに建っているのは太陽に当たって本が日に焼けないようにしているためだそうで、上野仏壇通りの仏具店なども同様に南側にしか店はない。

あまり商売熱心とは言えないような佇まいの店が多そうに見えるが、わりとそういうことは意識しているのだなと妙に感心した覚えがある。

かつて靖国通りの一本裏手にあたる「すずらん通り」には、いわゆるエロ本の品揃えを中心にした古書店が多く存在していた。かつてというのは、ここ10年くらいでそれらの古書店のほとんどが廃業して飲食店に変わったからだ。

今でも残るのは、アイドル物の中古写真集やDVDを中心に販売する「荒《あら》魂《たま》書房」くらいで多分、在庫数では東京で右に出る店はないだろう。希少価値のある商品になると2万円から3万円の売り値がつくというから驚きだ。　(隆)

かっぱ橋《ばし》道《どう》具《ぐ》街《がい》

check

道具の他に珍品目白押し、ひやかしでもOKの優しい商店街。

▲デカイ顔

上野と浅草の中間地点に位置する飲食業用品の専門店街。

「かっぱ」と聞くと「河童」を連想しそうだが、江戸文化年間に湿地帯だったこの地に掘割を整備した合羽屋喜八を称え合羽橋としたとの説が有力。その合羽屋喜八の姿に感銘した地域の河童たちが夜な夜な作業を手伝ったという江戸っ子が好きそうなエピソードまで付いている。

このあたり元は古道具街だったが戦災で全焼。戦後になって徐々に商店が集まり現在のようになったという。

飲食業に必要な厨房機材、調理器具、食器、包材、消耗品、調理衣装、食品サンプルなどを扱う店がおよそ170軒も揃い、あらゆる物が調達できることで知られている。

浅草通りの菊屋橋交差点の角地に建つ「ニイミ洋食器店」屋上の白のコック帽に黒髭のジャンボコック像はメディアにも取り上げられて目にした人も多いことだろう。

飲食業を営む人ばかりでなく一般客も出入り自由なのが受けているところで、最近は食品サンプルを扱う店に外国人客が多く見られ賑わっているが、小さい物でも結構なお値段なので彼等の財布の紐は堅そうだ。

毎年秋口から年明けにかけて合羽橋には若者の姿が多く見られるようになるが、これは調理師学校の作品展示会がだいたいこの時期に重なることに由来している。展示に使う食器等は自腹になるため、少しでも安く購入しようと合羽橋にこぞって集結となるのである。これに参加していないと卒業を認めてくれない学校もあるため、道具街を行ったり来たりしながら真剣な表情で品物を選ぶ今の若者らしからぬ姿はある意味一見の価値があるかも？まさに猫の手ならぬ河童の手でも借りたい心境ではないか。

▲カッパも金粉ショーですか

かっぱ橋は商店がメインなので飲食店はほとんどない。食事なら浅草側の国際通りが意外と至近距離で便利。ひと休みなら道具街の北側、言問通りに近い「合羽橋珈琲」がおすすめ。合羽橋らしからぬお洒落な喫茶店は近隣の人にも好評のようである。

（隆）

日暮里繊維街《にっぽりせんいがい》

check

桃桜鯛より酒の肴には見所多しひぐらしの里(十返舎一九)にある知る人ぞ知る専門店街。

数年前に開業した「日暮里・舎人ライナー」の起点でもあり、成田空港への玄関口として知られる日暮里だが平成21(2009)年に駅前再開発により高層マンションが建設されて、駅前はサンマークシティと呼ばれる地域へと変貌を遂げた。この再開発によって駅前に古くから存在していた「日暮里菓子玩具問屋街」はそれまでに全て消滅、跡地は高層マンションになった。闇市的な風情すら漂う(?)問屋街が駅前に10年前まで存続していたが消滅してしまったのは惜しい(完全に再開発は失敗しているため)。

そんな日暮里にはもう一つ問屋街が存在する。

こちらは庶民の生活に密着してまだまだ前途有望な「日暮里繊維街」。日暮里駅の東側から三河島駅に向けて生地、服地、既製衣料品はもとより服飾小物、革製品、靴等を販売する商店が約70店も揃う。街路には「布の街・布の道」とプリントされたフラッグが掲げられ、地元の荒川区も力を入れている様子だ。既製衣料品は主に女性用と子供用で99円から198円が当たり前という安さ。中古衣料品を扱う業者もあるようだが概して安く商品が手に入ることから人気を集めている。

日暮里駅付近は中高層のマンションも多いが、ここ繊維街は、総じてゆったりした感じで商品を探す人が多く、ざわつくことがないので安心して歩ける。服飾関係の専門学校生らしいお洒落な男子の姿もチラホラと見られる。(隆)

高田馬場《たかだのばば》ラーメン激戦区《げきせんく》

check

東京進出の足がかりは早稲田の学生の心を掴むことか。

高田馬場にラーメン屋が多いというのはご存じだろうか。高田馬場駅から早稲田通りを早稲田大学方面に向かうと間口の狭い商店が軒を連ねて続いているが、ラーメン屋比率が異様に高い。高田馬場駅から500メートル圏内で50軒はあるだろうし早稲田エリアにも相当数ある。よほど早稲田の学生にラーメン好きが多いのだろうかとも思ったが、地方出身者の多さがいちばんの要因だろう。地方のチェーン店が東京進出の足がかりとしている点や気概あるラーメン店経営者が勝負場所として進出してくるらしい。

一方でラーメン業界ほど出入りの激しい商売はないともいわれる。都内では一日に2店が廃業して2店が開業している計算になるというから生き残りは熾烈だが、その分居抜きで出店しやすいという魅力にもなっているから複雑だ。

ラーメン業界は飲食業界の中では比較的開業がしやすいジャンルとされ、かつては特に修行らしいことをしていなくても開業資金さえあれば出店可能というハードルの低さが仇になるケース目立ったが、さすがに最近はそういうことは減ったようだ。出入りの激しさは、ラーメンフリークといわれる人たちの移り気がいちばんの原因かもしれないが、これればかりは仕方がないだろう。（隆）

▲小池さんも大喜びの街です

東京五大歴史的建造物 ― 新しいばかりが価値ではないと再認識しよう。

激動と繁栄の歴史を象徴する東京の歴史的建造物から五大を選定してみよう。

東京スカイツリー、東京タワー、六本木ヒルズ、東京都庁など新旧の高層建造物は多数あり、まだ続々と御目見えするだろうが、もういい加減高層建築物は勘弁してよという気もする。「古い奴こそ新しいものを欲しがるもんでございます」という昔の著名俳優の歌の台詞でもないが、確かに人類は新しい物、特に高層建造物が大好きなようである。しかし、高さや見栄えばかりでは能がない。ここでは建設からおよそ一世紀を数えた歴史的に価値が高い木造ではない建造物に焦点を当ててみたい。

東京都は都の景観条例に基づき「東京都選定歴史的建造物」を選定しているが、この項目では独自の視点から考えた次の歴史的建造物を推薦したい。

本文にも述べるが、それにしても明治大正期の建築家や財閥は先見の明があったと言うべきか、人間の出来がそもそも違うような気がする。

特に安田財閥の祖安田善次郎の建設界における支援、功績は果てしなく大きいだろう。

余談だが、横浜市にある「安善駅」は鶴見線の前身である鶴見臨港鉄道を支援した安田の功績から名付けられた駅である。

（隆）

▲学生に破壊しつくされた講堂は平成３年から使用が可能になった（安田講堂）

日本《にほん》銀《ぎん》行《こう》本《ほん》店《てん》本《ほん》館《かん》

check

お札を刷っている銀行の銀行です。見学する価値大。

中央区日本橋は江戸幕政の時代より五街道の起点となり、両替商が軒を連ねていて政治・経済の中核を成す地域として発展してきただけに、歴史的に重要なスポットが多い。その中でも、言わずと知れた「銀行の銀行」日本銀行の存在感はただでも重みがある。秩序と威厳を表現して建造されたという「ネオ・バロック建築」の本館（旧館）は国の重要文化財に指定された歴史的建造物の代表的存在だ。

▲近寄りがたい重圧感

日本銀行本館は明治29（1896）年に工科大学（現東京大学工学部）教授、辰野金吾博士の設計により竣工。高橋是清の指示もあり明治24年に発生した濃尾地震の教訓をもとに総石造りの工法を断念して煉瓦の上に外装材として石を積み上げるという軽量化を図ったため関東大震災では被害を免れたという。明治期の西洋風建築物としては赤坂迎賓館に並ぶ傑作とされる。

日本銀行のホームページはたいへん小まめで丁寧。バーチャルツアーとして本店内部が解説されていて国保有の施設のホームページとしては出色の出来栄えだ。要予約だが実際の見学ツアーも実施されている。（隆）

安《やす》田《だ》講《こう》堂《どう》

check

最高学府の頂点としての威厳とをかねそなえた名建築。このシンメトリー堪らないのです。

▲有形文化財第１号

正式名称は東京大学大講堂という。建築家であり東京大学工学部教授や日本建築学会会長をも務め、後に東大総長にもなった内田祥三とその弟子である岸田日出刀の設計によって大正14（1925）年に竣工。内田ゴシックと称される共通した特徴を持つデザインの建物の代表的な一つとして平成8(1996)年、登録有形文化財第1号にもなった。有名な話ではあるが「安田」の名称で呼ばれるようになったのはこの講堂が安田財閥の祖安田善次郎の寄付によって建設されたから。もっとも安田の生前は世間には知らされておらず、「名声を得るために寄付をするのではなく、陰徳でなくてはならない」という安田のポリシーから匿名の寄付とされていた。寄付額は当時の100万円(現在の10億円)とされる。

正門から続く銀杏並木を軸線とした先に鎮座する赤煉瓦の建物は東京大学本郷キャンパスにおいては赤門と共に東大のシンボルとして広く認知されているが、赤門が本郷通りに面していて嫌でも目立つ存在なのに対して、安田講堂は三四郎池の北側の敷地内ではかなり奥まったところにあるおかげで実際に目にしたことのある人は東大生以外では案外に少ないのではないだろうか。昭和44(1969)年に起きた東大紛争で安田講堂は全学共闘会議によって一時占拠されたが機動隊による強制排除を受けた。その後長期にわたり荒廃したまま閉鎖されていたが、旧安田財閥系企業の後押しもあり改修され平成3(1991)年から使用が再開されている。(隆)

日《ひ》比《び》谷《や》公《こう》会《かい》堂《どう》 □check

東京市長・後藤新平が建設を計画。コンサートで一度は行ったのでは?

日比谷公園の南端にあり、あまり目立たないが時計塔と茶褐色のタイル貼りの外観が歴史を感じさせる重厚な建造物だ。「日比谷公会堂」が建物北側部分、残りの会館部分が「市政会館」となっている一つの建物である。昭和35(1960)年、日本社会党の浅沼稲次郎委員長が演説中に17歳の右翼少年に刺殺される衝撃的な事件現場となった場所としても知られる。

▲歴史を刻んできた風格の建造物

東京市長であった後藤新平がニューヨーク市政調査会を模範として地方自治の調査・自治を行う公平な独立公正機関の新設を目指し、日比谷公園内に本拠を置いて東京市政調査会及び公会堂の建設を計画。この会の設置に共鳴した安田善次郎(安田財閥の祖)から350万円の寄付を受けて昭和4(1929)年に竣工したが、東大安田講堂と同じく、当時としては破格の寄付をした安田が売名と受け取られるのを嫌ったらしく、このことは生前ほぼ世間には知られていなかったようだ。

日比谷公会堂は東京最古といってもよいコンサートホールとして広くクラシックをはじめとした演奏会に利用されていたが近年は、最近の設備を整えたホールも増えたこともあって様々なイベントや講演会での利用が中心になっている。現在は老朽化による耐震強度不足もあり改修が行われていて休館中である。設計は佐藤功一。（隆）

泰《たい》明《めい》小《しょう》学《がっ》校《こう》 □check

銀座のシンボル的存在でもある。銀ブラの途中に一度は目にした名門小学校。

数寄屋橋交差点に近い銀座みゆき通りの一角。蔦の絡まる瀟洒な外壁の校舎とカーブを描く塀が何とも言えずお洒落で、こういう小学校に通っていたらもう少しまともな大人になっていたかもしれないのにと羨んでしまう銀座のシンボルとされる美形の小学校である。

中央区立泰明小学校は明治11（1878）年に東京府立泰明小学校として創立。その後大正12（1923）年の関東大震災によって焼失し、昭和4（1929）年に「震災復興小学校」として現在の鉄筋コンクリート3階建ての校舎に建て替えられた。

▲名門校らしい佇まい

太平洋戦争の焼夷弾で被災したものの建物は構造的には問題がなく、復旧工事によって済んだのは元から震災復興のため頑丈に造られていたためだろう。

卒業生は1万人あまりを数え島崎藤村、北村透谷、近衛文麿、殿山泰司、朝丘雪路、中山千夏などバラエティに富んで多士済々。

みゆき通りに面した門扉は南フランスの貴族の館で使用していたものだそうだが、通りを挟んだ向かいにはフレンチ風カフェ「オーバカナル銀座」のオープンスペースで寛ぐ人々でいっぱい。場所柄、外国人の客も多く異国風情もただようが、泰明小学校が借景として上手く利用されているようにも見えて複雑な心境にもなる。考えようによっては、これはすばらしいことなのかもしれない。設計は原田俊之助。（隆）

東《とう》京《きょう》駅《えき》

check

復元工事も終わり、東京駅はまさに日本の駅舎の象徴的な存在に。すべての玄関口はここになりました。

日本を代表するターミナル駅「東京駅」は2014年で開業からちょうど100年目を迎えた。東海道新幹線・東北上越新幹線などのドル箱路線をはじめとして、東海道線・横須賀線・中央線などの主要路線を抱えてとどまるところを知らない発展ぶりである。

開業当時既に繁華街だった今の八重洲側ではなく原野に近い状態だった現在の丸の内に建設されたのも丸の内を日本のビジネスセンターとして開発するという計画とともに国家の象徴的な意味合いがあったからだとされる。実際のところ現在の八重洲口が開設されたのは開業から15年も経ってからだった。

▲ライトアップで一際映える

ドーム状の屋根と赤レンガで有名な丸の内口駅舎の設計は日銀本館などと同じ工科大学（現東京大学工学部）の辰野金吾博士。その後、太平洋戦争末期の空襲で丸の内口の一部は焼け落ち、戦後にとりあえず修復はされたが本格的な復元工事が始まったのが平成19（2007）年になってからだった（5年後の平成24年に完成）。この復元工事の費用500億円はJR東日本などが丸の内口に隣接する丸ビル・新丸ビル建設に伴う「空中権の売買」によって捻出したと報じられた。

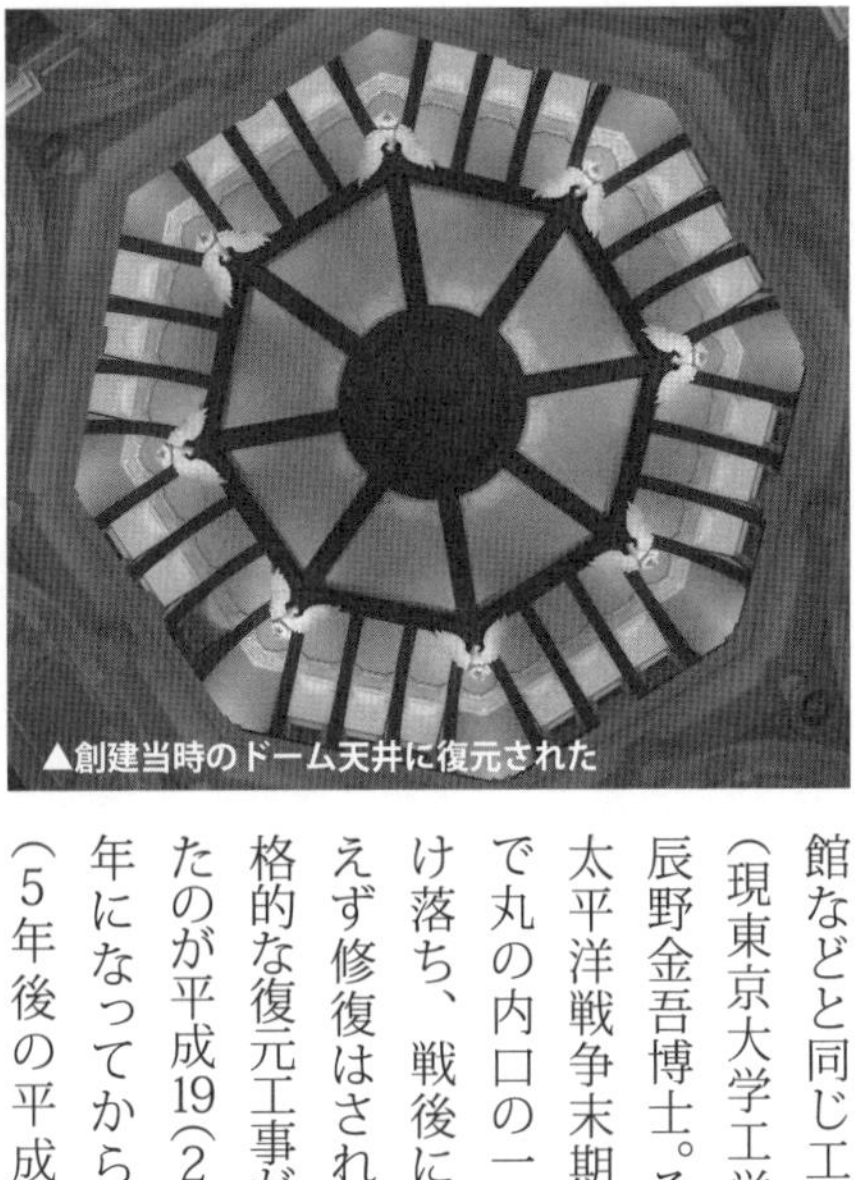
▲創建当時のドーム天井に復元された

平成27（2015）年、東京・上野間に「上野東京ライン」が建設されそれまで上野止まりだった、高崎線・宇都宮線・常磐線が直通運転されることになり東海道線内まで直通運転するようになった。また浜松町止まりとなっている東京モノレールを新橋・東京まで延伸する案もあるようだが、工費が莫大となる見込みでこちらの実現はもう少し先になりそうだ。

とにかく日本の象徴的な建築物であるのは確かである。（隆）

COLUMN

東京五大珍百景（話）―大都会に現れる悲喜こもごもの風景。

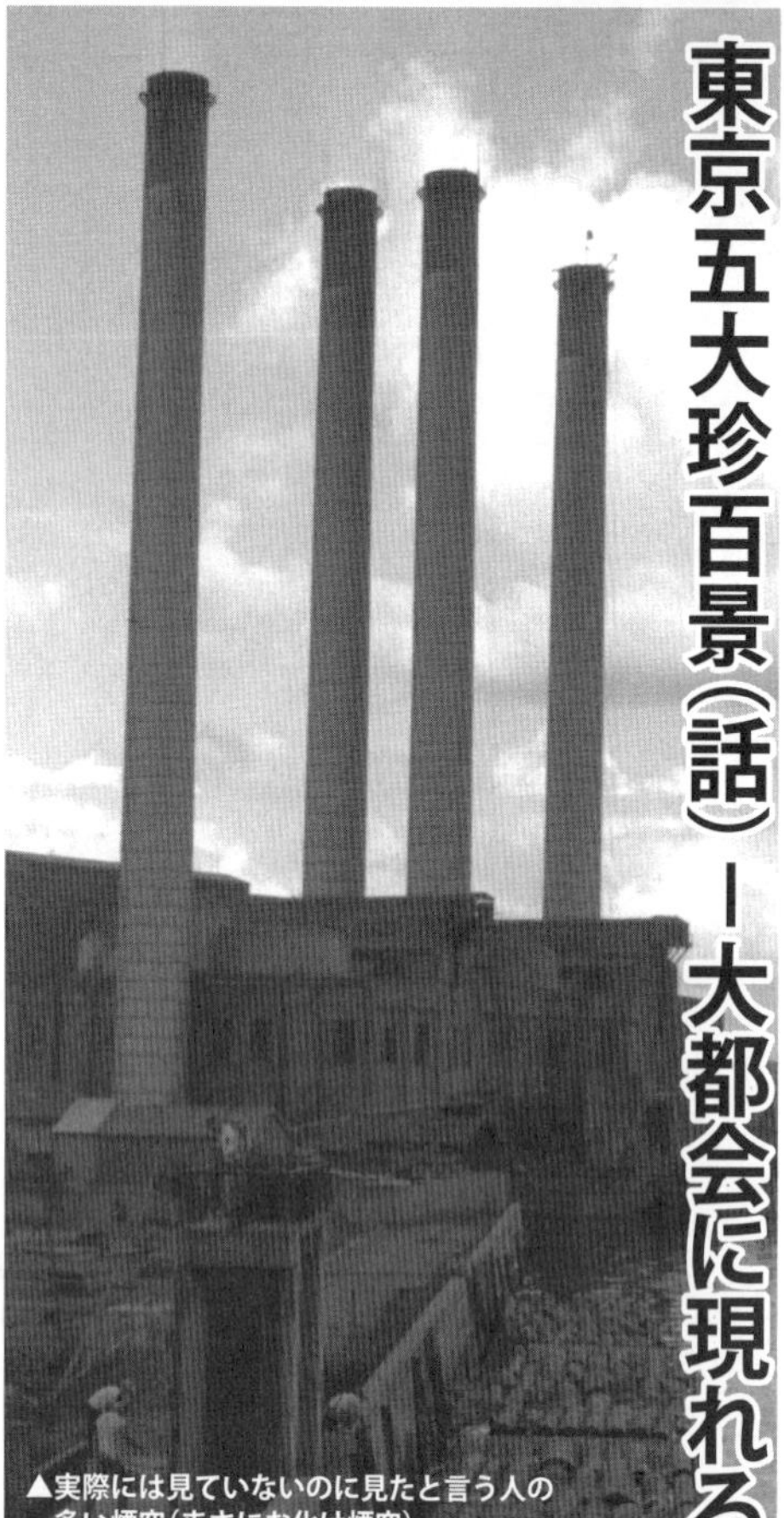

▲実際には見ていないのに見たと言う人の多い煙突（まさにお化け煙突）

大東京、珍百景など探せばいくらでもあるだろうと思われるかもしれませんが、なかなかどうして「う～ん」と納得するような凄いものはそう簡単にはないものである。

ここでは、珍百景かな？　と首を傾げる方もいらっしゃるだろうが、紹介して面白いのではと思われるものをあげてみた。

まずは、筆者の世代（50代）では堪らないだろう、あの日本テレビ系のドラマ「傷だらけの天使」で木暮修《おさむ》（萩原健一）と乾亨《いぬいあきら》（水谷豊）が暮らしていたペントハウスが今も残る

【代々木会館】□をあげたい。

あの頃、ドラマとともに二人が暮らすペントハウスがどうにも気にならなかっただろうか。あんな屋上暮らしがしてみたいと誰でも憧れたのではないだろうか。

そのペントハウスがあったビルが今でも健在しているのである（あの頃でも随分古いビルの印象だったが）。

▲あの雰囲気が残っていませんか（代々木会館屋上）

今では一発地震でもあろうものならすべてが崩壊しそうな建物であるが、かろうじて生き残っているのは快挙である。それも代々木駅から1分もかからない場所にである。筆者は屋上に行こうと階段を上ったが、3階で中国書籍輸入販売をしているオヤジにつれなく「行けないよ」と言われ引き返さざるをえなかった。ペントハウスが見たくて上がろうとする輩がそれこそ現在まで引っ切りなしに訪れるのだろう。

これだけ古くなったビルがいまだに取り壊されないで残っているのは、権利関係が複雑に絡んでいるためだろうが、消滅してしまうカウントダウンも差し迫っているような気がする。見学に行くのも今のうちである。

次は、何とまあ、珍百景だったのに、時がたつと風景に馴染んでしまい何の違和感もなくなった例として**【アサヒビール本社ビル】**□をあげたい。

現在のアサヒビール本社ビルが出来てもう何年たつのであろう。

出来た当初、ビルにのっかっているオブジェが、ビールの泡を表現しているなど誰がわかっただろうか。ビルの設計に賛否両論おおいに議論が沸き起こり、みんな見上げるたびに、「○○こビル」「○○こビル」っと嘲り笑っていたものである。

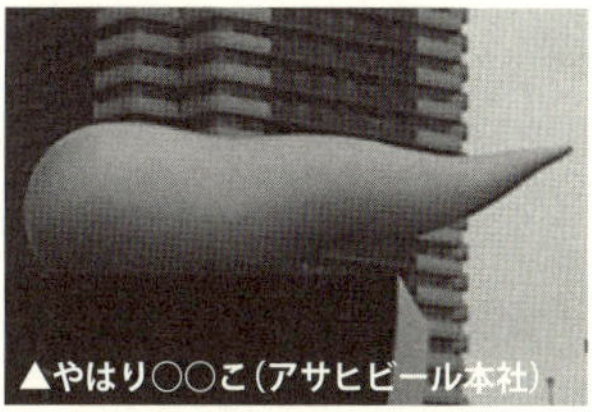

▲やはり○○こ（アサヒビール本社）

そして時が過ぎ、全ては解決されてしまった。今では「○○こビル」いや失礼、そんなことを口にする人はいなくなったと同時に、浅草のシンボル（ビル自体は墨田区で浅草とは何も関係ない。東京スカイツリーもそうだが浅草は抜け目なく自分とは関係のないものを借景にしてしまうのがウマイのである）として周りの風景と溶け込むように象徴的存在としてそこに在る。

珍という風景も面白いもので、時がたち見慣れてしまうと、珍でなくなり、一番保守的な風景に変貌していくのだということを知った。

故に楳図かずおさん（吉祥寺の自宅が、町内の雰囲気に合わないと訴えられる）大丈夫ですよ全ては時が解決してくれますと言っておこう。

またまた浅草で恐縮ですが、次は人間風景をご紹介したい、その名も**【だるまさんがころんだオジサンとボンレスハムオジサン】**□。

日本の芸能、エンターテインメントの街として栄え、町に他では味わえない独特の個性を醸しだしてる浅草は、人間もまた他では味わえない色香を漂わせている。

路地でひとり電柱に寄りかかり「だるまさんがころんだ」と叫ぶ中年オヤジ。

誰と遊んでいるわけでもなく、ただひとり「だるまさんがころんだ」と戯れている。たまに子供が興味本位で近づき、彼に付き合うのだが、彼自身「だるまさんがころんだ」のルールを知らないらしく、子供の動きなど見ることもなく、ただ電柱に向かって「だるまさんがころんだ」と叫んでいる。いやはやもう言葉はないですが、最近では浅草に行きこの「だるませんがころんだオジサン」に出会うと良いことがあると、観音様顔負けな伝説が流布しているというのだから浅草は面白い。「だるまさんがころんだオジサン」と肩を並べ人気なのが「ボンレスハムオジサン」である。肩にショルダーバッグをかけ、ひとりブラブラと所在なげに歩いている、と突然立ち止り、バッグに手をやり、何か取り出す。取り出したものは何と伊藤ハムのあの太いボンレスハム。それを口に入れムシャムシャと食らいつく。食らいついたと思ったら、すぐに止め、そのままの状態でそのボンレスハムをバッグに戻す。後は読者の皆さまの想像にお任せします。これがただただ凄い東京の浅草の人間風景なのである。

次に紹介するのは、新宿にある**【副都心の高層ビル】**□の一つが空っぽなのだが、

▲このビル群の中にほんとうに空っぽビルが？

空っぽに見せないよう毎日電気をつけ、人の出入りがあるように見せているという、俄かに信じがたい怖いような話を最近耳にした。現在新宿副都心には16ほどの高層ビルが建っているが（都庁を含めず）、その一つがもぬけの殻だというのである。そして周辺にはちゃんとビルが稼働しているように見せているという。理由は老朽化のため危険なので使用してはいけないということと、ビルを建て直すための資金が集まらないということらしい。老朽化というならば、そのビルも特定されやすいが、それはそれ、ちゃんと分からないように装っているという。何とまあ、もし、それが本当ならば、現在はまた高層ビルの建設ラッシュであるが、今後の高層ビルの在り方が問われるだろう。そのまま何十年も放置しておくつもりなのか。読者の皆さん、明日からの副都心ビルの見方が変わったのではないですか。これぞミステリーレジェンド。

最後に、これは、今や現存しないが、50歳以上の人なら皆ご存じだろう。東京珍百景の元祖といっても過言ではない千住の**【お化け煙突】**□を紹介したい。

東京電力の千住火力発電所の4本の煙突が、見る方向によって1本に見えたり、3本に見えたりするため付けられたという説と、建設当時（明治）は、予備発電所と想定されていたことから、滅多に稼働することがなく、時たましか煙を吐き出すことがなかった。その煙が「お化け」のようで、火葬場を連想させたためという説がある。「お化け煙突」を知るほとんどの人が前者説をとるだろうが、筆者も前者説しか知らなかった。しかしこの「お化け煙突」、なぜこんなに人々の記憶に残るようになったのか、大空に聳《そび》える煙突というものに、私たちは根源的何かを抱くのか、私たちより上の世代の東京ネイティブで、この煙突が印象深く心に残ってないなどという人はいないのではないだろうか。私事で申し訳ないが、筆者は昭和36（1961）年生まれで昭和42（1967）年に渋谷から足立区に引っ越したのだが、二つ上の兄も私も引っ越しの際に、「お化け煙突」を見て大喜びをしたという話を成長し、大きくなってよくしたものだ。しかし、資料を調べてみると「お化け煙突」は昭和39（1964）年の3月には全て撤去されたと記されていた。それでは私たち兄弟が見た「お化け煙突」はなんだったのだろうかと（同年代の友人たちでも見たという人が多くいたが嘘言えなのである）。まるで「お化けのような話」に首を傾げたが、それほど「お化け煙突」というものは東京の人にとって象徴的な建造物であり、風景だったのである。（宮）

東京五大寄席 ― 落語だけでなく色々な寄席芸能が楽しめます。

落語は正月だけ観るものではない。

現在東京には定席《じょうせき》と呼ばれる一年を通して落語を観ることのできる寄席が4カ所（鈴本、新宿末廣、浅草、池袋）と、定席ではないがほぼ通年で落語中心の公演が行われる「国立演芸場」が千代田区隼町にある。

定席の寄席では基本「落語協会」（会長・柳亭市馬）と「落語芸術協会」（会長・桂歌丸）の二会派が10日間ずつ交替で一日に昼、夜二回の興行を行う（鈴本は落語協会のみの興業）。それ以外の会派である立川流、円楽一門は過去の協会脱会の経緯で寄席には出演できない決まりになっている。「国立演芸場」は定席の寄席とはされていないが月の20日は「落語協会」「落語芸術協会」で交互に公演が行われ、ほぼ寄席の形式を整えている。

今回は「協会」と名の付く団体が興行を行っている「鈴本演芸場」「新宿末廣亭」「浅草演芸ホール」「池袋演芸場」「国立演芸場」の五つを「寄席」として選んだ。

最近、寄席のない渋谷で「渋谷らくご」なる落語会が人気を博している。イケメン若手落語家の高座が女性のハートをつかんでいるようだが、芸人の器量は顔ではないぞとやっかみを含めて一言もの申したい。（隆）

▲落語界の大立て者・小三治師匠は今や人間国宝でもある

鈴《すず》本《もと》演《えん》芸《げい》場《じょう》

check

落語界の歌舞伎座は近代的な空間で他を圧倒。でも芸術協会の落語は聞けません。

開場は江戸安政年間の1857年。初代経営者が軍談本牧亭として創業したという。軍談とは今でいう講談のようなものだろう。しかし、すぐに落語・色物を中心とした寄席に転換して、その後もずっと一族によって引き継がれている。「鈴本」のネーミングは経営者の「鈴木」姓と「本牧亭」から頭の一文字ずつをとってつけられたそうだ。

鈴本演芸場は上野公園不忍池にも近い上野の目抜き通り、中央通りに面した一等地にある。地域のランドマーク的な存在だと思うが、今の若い世代には馴染みが薄いだろう。劇場としての規模とか設備の豪華さだけではない存在の大きさは入ってみればわかるはず。落語界にとっては武道館か歌舞伎座のようなものだ。

こちらの演芸場は東京の寄席の慣例とは違い興行を行っているのは落語協会だけだ。今から30年前までは通例通りに落語協会、落語芸術協会による興行だったのが、結果として芸術協会の撤退という形で落語協会単独による興行が行われる寄席になった。何があってそのような状態に至ったのか。現落語芸術協会会長の桂歌丸が平成18(2006)年に出版した『極上 歌丸ばなし』(うなぎ書房刊)でその経緯を語っているのでそちらを参照していただきたいが、客観的には明らかな締め出しだろう。

結局芸術協会側で総会を開き、当時の桂米丸会長の下、全員の総意で昭和59年9月中席に鈴本から撤退ということになり、その後30年そのままということになっている。

寄席の席亭という人は芸人に対しての見方が厳しい。経営という観点から仕方のないことなのだが、鈴本の席亭の場合はちょっと辛辣《しんらつ》すぎないだろうか。結果として鈴本を落語協会が独占することになったわけだが、当時の落語協会会長先代柳家小さんの画策とは思えない。

時代も大きく変わった現在、業界で小さくまとまっても仕方がない。鈴本には大きな変革と英断を期待したいところである。

(隆)

新《しん》宿《じゅく》末《すえ》廣《ひろ》亭《てい》

check

変わることのない建物と空気で伝統芸能という古くて新しい芸を観賞する。

元は浪曲専門の小屋だったが戦災で焼失。昭和21(1946)年に初代席亭となる北村銀太郎によって寄席として再建され、その後も一族で経営されている。現在は北村の孫にあたる四代目が席亭。創設以来、二階席を増設したり客席やトイレの改装は行っているが、基本的にはほぼそのままのはずで、文化財的な価値も高いはずである。上野の鈴本に比べればずっとコンパクトだが、その分高座との距離も近い。表でチケットを買い、数歩進めばもう芸人の姿が拝めるという近さだ。客席の両側は桟敷になっていて、脱いだ靴をビニールの袋に入れて上がるシステムになっている。特に席が指定されるわけでもないから自由に上がれるが、わさわさするので芸人の下がる合間に入るのがエチケット。二階席もあるが通常は閉じている。1月の初席とか団体があるときだけ開場するようだ。

昔の「新宿末廣亭」を語るのに欠かせないのが初代席亭、北村銀太郎。寄席の組合長で芸人たちは敬意をこめて大旦那と称したそうだ。昭和53(1978)年、三遊亭円生の起こした落語界再編を狙ったクーデターともいえる「三遊協会騒動」で円生一門以外を翻意させ、未然に防いだ手腕は伝説となっている(詳しくは元円生一門の川柳川柳《かわやなぎせんりゅう》著『天下御免の極落語』(彩流社)を参照されたい。)

その後、円生の急死により事態は一変。円生の弟子たちは協会に復帰を許されたが、総領弟子円楽とその弟子たちは「円楽一門」として独立。以後寄席には出演できなくなった。

しかし先代円楽死後、現円楽(元の楽太郎)襲名披露興行に、限って特例として芸術協会の興業と合同にすることで席亭は末廣亭への出演を許した。

円楽の歌丸との関係の深さもあるだろうが、鈴本では絶対無理だったろう。余談になるが、当時落語協会会長だった鈴々舎馬風は同様の案を楽太郎に相談され落語協会の理事会に諮ったそうだが、一部協会員の反対に遭い実現しなかったという。鈴本の威光をどこかで気にしていた人もあったのかもしれない。(隆)

浅《あさ》草《くさ》演《えん》芸《げい》ホール

check

浅草六区も人が戻りつつあり、六区の象徴だけにいつまでも続けていてほしい。

戦後長く寄席のなかった浅草に昭和39（1964）年になって開場した。浅草なのに異例の遅さといえるだろう。浅草にはストリップ劇場のほうが多く幅をきかしていたようだ。そういえば同じ建物の中には有名なストリップ劇場「浅草フランス座」もあり、系列の東洋劇場からは渥美清、萩本欽一、ビートたけしらが輩出している。「世界の北野」が若き日に同じビルのエレベーターボーイをしていたのは有名な事実。ホールは同じ建物の4階・5階にあったが、昭和46年、1階にあった東洋劇場の閉館により現在の1階に移った。その後フランス座は上階にあったが平成になって閉館した。

良くいえば庶民的だが、記憶している限りではこれといった改装もされていないのでは。外を走る車の音がよく聞こえてしまい気にしている演者もチラホラ。さすがに多少くたびれてきたように感じる。2階席もあり結構な規模なのだが傾斜がきつく高齢者には危険ではないか。2階の端っこにはほんの少しの桟敷があるが、たいがい酔っ払いが占領している。現在、浅草六区興行街にあった映画館は全て閉鎖になり、昔から続いているのはストリップのロック座とこの浅草演芸ホールだけになった。何とか頑張ってほしい。

浅草という土地柄、正月、ゴールデンウイークの人出はもの凄い。大昔のことで本当か嘘か判らないが客席がいっぱいで高座に縄を張ってそこまで客を座らせていたことまであったそうだ。商魂の凄まじさには唖然（新宿末廣亭で小三治が言ってました）。

（隆）

池《いけ》袋《ぶくろ》演《えん》芸《げい》場《じょう》

check

今は寝ころんでは観れませんがオオトリの出演者が緊急の病のため休むのは同じです。

寄席を多少知っている人は「池袋伝説」という言葉を聞いたことがあるかもしれない。今は表通りに移転・改装されて立派な寄席になったが、大昔の池袋演芸場は畳席だけの寄席でとにかく客が入らないことで有名だった。そのころの池袋演芸場の不評の逸話が「池袋伝説」となって今でも哀切を込めて語り伝えられている。ただでも少ない客がひそひそと語り合うさまが、高座から見るとよからぬ秘密の会合を連想させることから「池袋秘密倶楽部」の異名すら取った。

池袋演芸場は昭和26(1951)年に現地より裏手に開場された。当時池袋がまだ新興の土地だったこともあり、長く不振が続き一時芸術協会が音《ね》を上げて撤退。席亭も閉めたいと通告してきたが円生会長がなだめて落語協会だけで何とか存続させた。平成5(1993)年に現在の地で再開。芸術協会も戻って興行するようになった。今でも演者がマクラで池袋伝説を語ることが多く、出る噺家が立て続けに池袋伝説ばかり話すので演芸批評家からやり過ぎだとの批判まででる始末だが、当時を知らない世代にはあれこれ想像できて笑えるので二つだけ紹介する。

三遊亭円丈の池袋伝説。ある夏の夜、やっぱり客が入らず5人か6人だけの客席。みんな落語聞きに来ているような客じゃなかった。反省しに来ているような客ばかり。「こんなんじゃ電気代も出せやしない」。席亭は怒ってクーラーのスイッチを切ってしまった。クーラーを切っても大丈夫だった。客席は充分すぎるぐらい寒かったから。

柳家小三治の池袋伝説。あるとき高座で喋っていたら腹具合が悪くなってどうにも耐えられなくなった。3人しか客がいなかったので「ちょっと失礼いたします」と言ってはばかり(御手洗い)に下りた。これじゃみんな帰っただろうと思いながら用をたして高座に戻ったら客が二人増えて5人になっていた。当然、小三治がいない間は座布団に羽織が乗っかっていただけなのに、途中で入ってきた客は事情が判らないまま黙ってそれを観ていたわけだ。座布団と羽織で客を増やしたと語り草になった。　(隆)

国《こく》立《りつ》演《えん》芸《げい》場《じょう》 □check

お上の運営する劇場だから何とも余裕があるが、何だかお堅いイメージが…。

　昭和54(1979)年、国立劇場の一部として開場した。開設にあたっては噺家たちの間で否定的な意見もあったと聞く。国家権力に対して距離を置くべき存在である立場の芸人が、お上の手先みたいになるようで好ましくないのではということだ。その意見に対して、ちゃんと税金を払っているのだから税金で建てられるものを堂々と使う権利もあるはずだという意見もあり、結局容認することに落ち着いた(色々ものは言いようである)。

　国立演芸場は定席の寄席とは違い、通年で公演があるわけではない。ひと月のうちで上席(1日~10日)と中席(11日~20日)は落語協会、落語芸術協会がどちらかで公演するが基本昼のみの公演。残りの10日は様々なジャンルの特別公演が催されるシステムになっている。過去の経緯で寄席に出演出来ない立川流や円楽一門もお呼びがかかれば国立演芸場には出演出来るので、その意味では存在の意義は大きいと言えるだろう。

　場内は赤色の絨毯が敷き詰められ歩きやすい。全体的な雰囲気は鈴本演芸場に似ている。一人の芸人の持ち時間は多めでゆったりとしたスケジュールが組まれているので、一般の寄席ではトリでもない限りあまりできないような長講でも取り組みやすいようになっている。月1回開催される「国立名人会」は芸人にとってはステータスかもしれない。

　2階の売店は結構な品揃えで公設の演芸場にしては商売熱心なのかも。一般の寄席では出来ない著名落語家の独演会が多く組まれる傾向にある。裕福そうな高齢者の客が多いのも特徴。毎年一度でよいから全流派を集めたお祭りのような落語イベントを開催すると面白いと思うのだが無理でしょうか(また独演会の企画をどんどん出していただき、一流の落語家の芸をもっともっと私たちに聞かせていただきたいものである)

(隆)

参考文献：三遊亭圓楽『圓楽 芸談 しゃれ噺』白夜書房
桂歌丸『極上 歌丸ばなし』山本進(編)うなぎ書房
川柳川柳『天下御免の極落語』彩流社

東京五大古書店 ― 街で古書店に出会うとホッとするその感覚ってなんでだろう。

チェーン展開の古書店の伸長で、昔からあるいわゆる古本屋が、めっきり少なくなってしまった。よく知られた老舗が、知らないうちに姿を消していたりする。

他の業種だと、あまり感慨はないが、これが古本屋だと、なんだか気が騒ぐ。第一、あの古書群はいったい誰が、どう処理したのだろうかと。こういう心配は、古本屋ならでは、である。

行き付けの古書店は、一種の生活の句読点で、馴染みの酒場や居酒屋、喫茶店に通じるものがある。気脈を通じる、という言葉が相応しく、向こうもそうだと、これは嬉しい。

親父さん、かわらないね、という挨拶が出来るのは心和むものだ。昔は町に必ず1軒は古本屋があったから、こういうことがあり得たのである。今はどうだろう。そういうお互い通じるものを共有できる古本屋を近所に持っている人は、だからひじょうにシアワセだと思う。

しょっちゅう通っていると、あの棚の、あの本はまだ売れないであるだろうか、と気に掛かることがある。結構値が張ったりするものの場合は、いつか競馬で当てたらとか、ボーナスが入ったらとか、いろいろ考えるのだ。そしてそういうことを考えるのが、古本好きの楽しみなのである。

それが売れていたりすると、ひそかに想っていた異性が結婚した、と聞かされた時のような気分になる。

（馬）

▲入口前の100円コーナー。掘り出し物がでてくることが…？（花鳥風月）

花《か》鳥《ちょう》風《ふう》月《げつ》 check

学生街には古本屋がよく似合う、しかし現在は先生御用達。大丈夫でしょうか日本は。

東京の西の外れ、かの東京女子大の近くに在するキレイな書店である。かつて近くには名店と呼ばれた老舗の古書店があったが、シャッターが下りていた。代わりに、開業20年ほどのこの店が、大いにその存在感を示している。一番街女子大通りという道に面しており、女子大近くということもあるのだろうが、明るい。女主人のキャラもあるかもしれない。フツーの奥さんが店番をしている感じなのだ。

東女《とんじょ》の学生が来るのですか、と聞くと、むしろ先生が多いとの答え。名門女子大生も昨今は、あまり本を読まなくなってしまったのであろうか。代わりに、各地から講師で教えに来る先生方が姿を見せるらしい。

気分の良い店で、昔のいかめしい古書店の雰囲気より気楽さの勝ったアトモスフィアが大いに好ましい。藤沢周平の全集をバラで安く売っていたので、買って宅配にしてもらった。江戸の東にある茨城の住人が東京の西の外れの店で本を買うのも、またおもしろい。

西荻北口のこの地域に限らないが、かつて古書店のメッカ、集中エリアとして鳴らした中央線沿線も、最近はめっきりその数が減り、まことに残念な状況である。

だが50代以上の、まだ読書や古書に興味を持ち続けている世代は確実に存在する。これは神田神保町の盛況ぶりを目にすれば、わかる。要するに店のコンセプトを、今日の読書好きに合わせたものにすればいいのだ。

（馬）

巽《たつみ》堂《どう》書《しょ》店《てん》 check

山本夏彦そっくりな主人の面構えが店に信用を作りだす。本に対する熱い愛情が漲る店。

オーセンティックな古書店として堂々の存在感を示すのが、渋谷と青山の中間といった場所にある巽堂。ルート246すなわち青山通りを、青山学院を挟んだ向かいにある。

昔は青学の並びにも一軒あったが、こんなファッショナブルな土地で古本屋はないだろうとばかりに姿を消した。それでも巽堂の並びにはもう一軒古本屋がある。だが好みは断然こちらである。理由は山本夏彦そっくりの主人の面構えと、清潔な店内にある。

古本屋の店主は頑固親父そのものであるべきで、神田神保町には、そういうのが揃っている。うかつなことを尋ねたら鼻先であしらわれてしまいそうな、そういう気概と迫力が大事なのだ。この店の美点は昭和9年創業という年式の古さにもあるが、なにより家業としての古本屋の則を頑固に守っているからだろう。歴史の古さに負けず店内はきちんと整頓され、商品としての古書も丁寧な並べ方で、愛情さえ感じさせる。どこか老舗の骨董屋みたいな品の良いたたずまい。それが、ここを東京随一の古書店とする威厳に繋がっている。

何人もの人の手を経た古書は、本来的には決して清潔とは言えない存在である。それを、悪い印象を与えずに人に売るのであるから、それなりの企業努力が必要だろう。だから古本屋の帰りには必ず洗面所で手を洗う。そうすると古本を買ってきたと実感するのだ。（馬）

西《にし》村《むら》文《ぶん》生《せい》堂《どう》 check

地元民の要望に応えるオシャレな古本屋。お子様連れのご婦人も夢中で本探索中。

自由が丘の名店である。土地柄かビジュアル系の雑誌やムックが多いが、ミステリーなどにも大いに力を入れているのがわかる。

これからの古書店の生き方の一つを現すものとして洋書の、それも雑誌や芸能系のが揃えてあり、目を惹く。女性たちを大いに意識しているのだ。自由が丘ならでは。すなわちビジュアル系、ファッション系、そしてミステリーとショウビジネスの洋書、といったものが、おじさん以外の顧客にとっては大事なのだ。だから間違っても芥川龍之介全集なんぞはありません。

ブルータスとハナコの創刊号を買った。繁盛している証拠に、月に二度くらいのペースで通っても、ちゃんと本が補充されている。自由が丘はまだ立派に古本屋の商売が成り立つと

知って安心する。（馬）

澤《さわ》口《ぐち》書《しょ》店《てん》 check

日本一の古書店街神保町で常に努力をおこたらない、右総代。あらゆるジャンルを網羅している王道店。

名店の揃った神田神保町の数百といわれる古本屋から唯一五大古書店に推すのは、この澤口書店だけである。

それは神保町エリアが、広い意味で一つの巨大な古書店として機能している、と考えるからだ。さらには各店が各々得意ジャンルを有し、利用者はそれをよく把握して通っていると断じるからである。

世界中を見渡しても神田神保町のように古書店の集まった町はない。そしてそれが多面的に機能し、大作家のレファレンスとして使われる一方で、中学生や高校生が好奇心丸出しで物珍しそうに店を覗いたりする。神田神保町とはそういう存在だ。

そういう中で澤口書店を神田の右総代として挙げるのは、ここが色々と企業努力をしていると思えるからで、昨今の読書人口の低落傾向を見据えて危機感を持っているゆえだと、大いに評価するからである。

まず3軒あるうちの1軒では、500円以上お買い上げの客に、2階のコーヒースタンドでセルフサービスのコーヒーを振る舞っている。アメリカには無料のコーヒーを出す本屋はいくらもあるが、日本では珍しい。それと向こうは新刊書店が多い。

それと買い上げ金額に拠って、次回の買物代金を割り引く制度を採っていること。他でもやっているかもしれないが、こういう目にあったのは、ここだけだ。以前長谷川伸全集を求めた時、それを知った。不思議なもので、こういう仕掛けがあると、高いものならまたここで買おうという気になる。人情であろう。

神田神保町という町を存立させているのは日本人の知識好きと本に対する一種の尊敬である。こういう民族は少ない。だが今日それは危急存亡の秋《とき》を迎えている。大学で学生に読書の話題を向けても、乗ってくる学生は実に少ない。なんとかしなくてはいけない、と神田に来るたびに思うのである。（馬）

稲《いな》垣《がき》書《しょ》店《てん》 check

三河島にひっそりと店を構える佳店。知る人ぞ知るこの店のご主人は映画・芸能関係の生き字引き。

ところは三河島である。常磐線沿線で、かつて大きな鉄道事故があったことで、その名は全国区になった。しかし常磐線を利用している人でも、三河島に下りたことのある人は少数であろう。そういう町だ。

稲垣書店は映画・芸能文献の本を揃えていることで知られる。神保町には矢口書店という、その手の書籍の代表的な専門店があるが、もっと小さくて、そしてもっと個人的趣味を感じさせる。五大古書店として様々なタイプを紹介したが、今後の行き方として、こういう専門化した古書店、趣味に特化した古本屋というのは、大いにアリだと思うので加えた。

店頭にガラスケースがあり、月刊平凡の昭和29年だかの12冊を、なんと16万円で売っていた。美品とはいえ、大変な価格である。だが、値段はいくらでも構わないからゼッタイ欲しい、という客がいるのだろう。凄いことである。

三河島の駅を出て目の前の通りを渡り、左に行きすぐのところにある。こんなところにと思うような店である。だが地図で見ると日暮里などには近いことがわかる。目下有卦《うけ》に入っている谷中などから散歩かたがた足を伸ばせば、行けなくない距離だ。常磐線が品川と繋がった現在、東京の北西地域は面白い発展を遂げるのではという予感がある。それはとにかく、稲垣書店は小振りだが、きちんと整理整頓された上質の古書店として、また映画・芸能関係の本を探す向きにはひじょうに重宝であろう。

ここに挙げた古書店以外にも東京中の何十という店を廻ったが、若い連中が店内にいるのを見ることは少なかった。オッサンがやはり目に付くのだ。かつての盆栽作りみたいな感じに、古書巡りはなってしまったのか。 （馬）

東京五大銭湯 ― 絶滅危機を回避し、現在大復活のキザシあり。

東京の銭湯は、昭和43（1968）年のピーク時の2687軒から現在では640軒（2015年8月現在）に減少してしまったそうである。

この数字が示すように、以前からずーっと絶滅危惧種などと揶揄され続けていたが、どっこいここへ来て、数こそ増えはしないが、生き残りをかけた銭湯側の懸命な努力と、ここ数年の癒しブームに乗っかり、大風呂の快適さに気づく人が多くなり、回復の兆しが見えている。銭湯好きの筆者も5年前より湯めぐりマップとお遍路巡礼スタンプノート（東京都公衆浴場業生活衛生同業組合発刊写真参照）をバッグに入れ仕事のない日は銭湯で日頃の体の癒しならぬ、心の癒しに励んでいる。そう言えばここ1年家風呂には入っていないほど、銭湯の魅力にとり憑かれてしまったのである。

筆者の銭湯お遍路旅の体験から、拙《つたな》い知識を開示させていただくと、現在銭湯は1.戦後から建物も変わらず（入口「唐破風」、「破風」がつく宮型建築）、頑固に昔のままの状態。さすがにフロント式になっていて男女の脱衣場が見渡せる番台が残っているのは数が少ない。2.昔ながらの銭湯を壊し、マンションにしてしまい1〜2階で銭湯を営業する複合経営型銭湯。3.豪華にスパならぬ「スーパー銭湯」「デザイナーズ銭湯」として様変わりしているところ。おおよそ三つのタイプに分かれるのではないだろうか。

TCUでは昔ながらの風情を残しながらまた新しい試みに挑戦している努力型銭湯を五大として選択した。現在東京で一番の注目で店側の努力もうかがわれる武蔵小山の清水湯は、もう銭湯の域を越えていると思いあえて除外した。（宮）

●東京都公衆浴場業生活衛生同業組合発刊

▲筆者宮田はもうすぐ銭湯評論家町田忍を越えるか？

タカラ湯《ゆ》

check

銭湯の聖地・足立区の中で泰然として営業し続ける湯屋の中の湯屋。中庭が見事です。

まずは、これぞ頑固に旧態依然とした、富士のペンキ絵もある（ペンキ絵は関東特有のもので、浴層が真ん中にある関西ではペンキ絵はない）銭湯中の銭湯が足立区千住にある。

千住には、もう一軒、キングオブ銭湯と称される有名な「大黒湯」があるのだが、今回はタカラ湯をセレクトさせてもらった。理由は甲乙付けがたいのだが、タカラ湯の清潔さにシャッポをぬがざるをえなかったためである。何と言っても湯屋は、湯の豊富さ（風呂屋なのだから湯が豊富なのは当たり前だと言われるかもしれませんが、表現するのが難しいのですが、決して湯量のことでなく、湯が豊富に感じるところと感じないところがある〈わかる方にはわかっていただけるのでは〉と清潔さがなければ話にならないのではないか。決して大黒湯が不潔だということではなく、タカラ湯がズバぬけているということである。

▲建物だけでも貴重です

▲中庭に癒されます

そして何より、タカラ湯の名物は縁側にある庭の見事さにある。風呂から上がったあとにゆっくり縁側のベンチに座り、物思いにふけりながら、寛ぐ、こんな至福の時が味わえるのがタカラ湯です。湯の種類は気泡湯、赤外線湯、超音波湯、バスクリン湯、薬湯とゲルマニューム温泉。サウナはなし。タカラ湯にはスローな時間が流れている。ぜひ一度散歩がてらにひと風呂浴びに行って下さい。

（宮）

改《かい》正《せい》湯《ゆ》

check

今や温泉地として箱根を越えた？大田区の魚がいるお風呂屋さんで有名。黒湯炭酸泉はさすが強烈。

前述した足立区は、銭湯が残存している地区で、タカラ湯、大黒湯の他にも、一浴の価値がある銭湯が多くあるが、今、足立区や下町の銭湯より勢いがある銭湯地区は大田区と言って過言ではない。筆者などは、日常的に大田区の銭湯に入りたいために、大田区引っ越し計画を考えているのだが、資金がたりず計画が頓挫している状態である。

大田区の銭湯の何が凄いか、これ今や箱根を越えたのではないかという、豊富な温泉地だということをご存じだろうか。掘れば黒湯温泉が湧き出る土地。黒湯とは火山性の温泉ではなく、古生代に埋もれた草や木の葉の成分が地下水に溶け込むことによりできた冷鉱泉で、東京湾岸に沿って温泉脈が分布しているもので、大田区に特に湧き出ている。その大田区の中でもトップクラスの温泉の濃さを誇るのが平成23(2011)年12月にリニューアルオープンした改正湯である。

昭和4(1928)年創業で、「魚のいるお風呂屋さん」(湯船の横に大きな水槽があり、魚が泳いでいる)として蒲田では親しまれている。この凄いのは、黒湯の濃度だけでなく、そのうえ炭酸泉であるということである(銭湯では黒湯と炭酸泉のセットはここだけだろう)。この風呂の効能は血液の循環がよくなり、循環器系疾患の症状緩和、糖尿病、神経痛、リウマチ、冷え性、高血圧、血行障害の改善など多岐にわたり、脊椎管狭窄症と糖尿病の筆者には絶好の湯なのである。最初は余りの湯の強烈さに、湯から出ると頭がフラフラしたが、体はポカポカ状態で、眠りの浅い筆者が、一度も目を覚まさずグッスリ眠れたのには驚きだった。ここはまさに東京の湯治場銭湯なのである。その他に白湯(シルク風呂もある)。珍しいのは毛染めスペースやドライヤーが無料なのもこの湯屋の特徴である。お勧めですよ。サウナなし。

（宮）

▲大田区はバンバン温泉がでます

新《しん》生《せい》湯《ゆ》

check

老人に優しい銭湯で、湯屋内全てバリアフリー。お風呂もバリエーションに富んでいて何時間いても飽きない銭湯ここにあり。

大井町線・池上線旗の台駅徒歩10分。住宅地の中にある静かな銭湯である。

何といっても、バリエーションに富んだお風呂は、東京の湯屋の中でも出色である。それもそのはず全国初の健康増進型銭湯1号店として、国からのお墨付きをもらっているほどである。まずはお湯は地下23メートルから汲あげた100パーセント天然地下水。風呂の種類は、白湯、流水歩行風呂、露天岩風呂、洞窟風呂、天然冷水風呂、薬湯、高濃度人工炭酸泉風呂と挙げると切りがないのでこのへんにするが、岩塩

▲見た目昔の湯屋、中は現代《いま》風です

遠赤コンフォートサウナも備えていて、どれに入るか目移りしてしまうほどである。それだけ揃いながらちゃんと見事な富士のペンキ絵も健在し、昔の銭湯の趣は残している。また、銭湯内のバリアフリーが行き届いていると思ったら、隣で総合介護センター「ガーディアン・プレイス旗の台」も経営しており、銭湯を使ったデイサービス「湯～亀」も行っている。今後未来の銭湯のモデルとなる湯屋であり、まったく頭の下がる銭湯である。皆さまも一度社会科見学をかねて行ってみてはどうですか。（宮）

清水湯《しみずゆ》 check

—東京で一番いや日本で一番オシャレな表参道の湯屋。なんとBGMはジャズが流れ、お客の平均年齢が低い。

何といっても、南青山という地価が高いところで、銭湯など経営できるのかと思いきや、ここもマンション経営と銭湯の複合型銭湯。歴史は100年以上。そして何と連日大盛況の銭湯。表参道の交差点を赤坂方面に歩き元和菓子屋の「紅谷」（現在は4階）で現在「蕎麦きり みよた」があるビルを右に曲がってすぐのマンションの2階にある。下足場で靴を脱いでいると耳に入るのが「演歌」ならぬ、これぞ場所柄ジャズのBGM。お客も下町と違い若干年齢層が若いような感じがする。自動販売機でサウナチケット1000円（入浴料460円とサウナ代540円〈ちっと高い〉）を買い、受付へ。横へ目をやると、狭く細長い空間にテーブル五つ、風呂から上がって来たのか、生ビールを飲みながら寛いでいる人がチラホラ。最近のデザイナー型の銭湯はお酒があるところも増えてきた。浴場に入ると、右にかけ湯、左に水風呂にサウナがある。正面右に湯船（リラックスジェットとハイパージェット）。洗い場は仕切り型（これは

▲銭湯も時代とともに進化します

本当に他人を気にせずに洗えるのでグッドである）。右奥にドアで仕切られて、高濃度炭酸泉風呂とシルク風呂。ちなみにサウナはフィンランド式ロッキーサウナ。ここまであると完全にスパで、銭湯五大から除外かと考えたが、武蔵小山「清水湯」とは違い微妙に昔ながらの銭湯臭さが残っているので五大にセレクトさせていただいた。サウナはちと熱いが、何といっても高濃度炭酸泉は抜群に温まり、浴場は清潔で、湯も豊富で、ジャズのBGMが耳ざわりでなく浴層全体の雰囲気に良くマッチしている。銭湯の看板絵はないが、炭酸泉風呂の正面を見上げた先のガラス絵の女性が、何ということもない絵なのだが、妙に艶めかしかった。（宮）

蛇《じゃ》骨《こつ》湯《ゆ》 check

最後に銭湯といえば下町、下町といえば浅草、浅草の銭湯といえば蛇骨湯と相場は決まってます。

浅草寺から歩いて5分、すしや通りから路地に入ったわかりにくい場所にあるが、江戸時代からの歴史を誇り、名前の由来は、江戸時代にこの付近は職人が住んでいてその長屋が蛇骨長屋という名前だったからだという。台東区では「六龍鉱泉」（池之端）とここだけが、大田区のように黒湯の温泉が湧き出ている。浴場には大きな富士山のタイル絵があり、浴槽は小さいが、泡風呂、電気風呂、ジェットなどがある（大田区より色薄の黒湯）。お湯は黒褐色だが、それほど濃くはない。浴場に小さな庭園があり、それを眺められるように石組み浴槽がある。隣に源泉浴槽があり、非常に冷たい。この源泉浴槽がサウナの水風呂がわりなのだが、難点はサウナから遠いため、出るとすぐ水風呂に飛び込む習慣があるサウナ好きには少し不満の向きもあるだろう。

▲浅草とともに歩む湯屋

観音さまにお参りして、蛇骨湯でひと風呂浴びて、神谷バーで一杯。至福の時間を楽しめます。

あなたもどうですか。（宮）

東京五大公園 ― 近代都市の定義の一つは公園があることです。

東京の公園の五大をセレクトしようと思ったら皆様なら何をあげますか。公園と言ってもここでは児童公園のようなものではなく、都や国が管理する比較的規模の大きな都市公園を対象とする。日本に最初の公園が出来たのは明治6（1873）年のこと。それまでの徳川家が支配・統治する日本には「公の園」という概念は存在せず、社寺や馬場が公園に代わってその役割を果たし、庶民の唯一の憩いの場になっていたようだ。

はじめに「上野公園」「浅草公園」「深川公園」「芝公園」「飛鳥山公園」の五つが太政官布告によって公園として定められたが、江戸期に徳川吉宗によって造られた飛鳥山を除いてはいずれも廃仏毀釈運動に便乗するような格好で境内のみを残し、社寺の領地を接収して公園地に造営したもの。時の政府による西洋の文化に追い着け追い越せという焦りがこのような形を取らせたのだろうが、やや強引な手法に見えなくもない。深川公園にあった永代寺は廃寺になってしまったのだからお気の毒というほかない。

公園の東京五大は次の五つでどうだろうか？

「上野公園」「新宿御苑」「日比谷公園」「代々木公園」「等々力渓谷公園」

若いカップルに人気の「井の頭公園」とか「石神井公園」がないのは、やっかみではありません。いやでも、ちょっとした嫉妬です。（隆）

▲花で囲まれた池は、まさに都会のオアシス（上野公園）

上《うえ》野《の》公《こう》園《えん》

check

江戸・東京の歴史舞台にのぼり、博物館、美術館が多いので日本人で行ったことのない人はいないのでは。

通称「上野の山」と呼ばれる上野台に位置していて正式には「上野恩賜公園」という。

上野駅前から見てもわかるように小高い台地状の地形と不忍池からなる対照的な自然を上手く残して設計され、桜の名所として知られる忍ケ岡や複数の文化施設を有して歴史的・文化的にも価値の高い憩いの場として親しまれている。

江戸期の初めに寛永寺が建立され、幕府の墓所として権勢を振るったが幕末の戊辰戦争のさなかで起きた「上野戦争」で寛永寺に幕府方が立て篭もったために荒廃してしまう。

▲正面国立博物館

その後政府は上野の山に医学校と病院を建設することにしていたが視察に訪れたオランダ人医師ボードウィンの勧めにより公園にすることとなったという。ボードウィンは紛れもなく上野公園の生みの親であり、その功績を称え昭和48年（1973年）の公園100周年にはボードウィン銅像を建立したのだが、参考にした写真に手違いがあったのだろうか、弟の顔で作るという失態を演じてしまう。ようやく平成18（2008）年に正しいボードウィンの顔に作り直されたが、そういえば同じ公園内の西郷隆盛像も除幕式で対面した西郷夫人曰く「うちの人こんな顔の人じゃなか」だったそうだが、西郷の像は直す予定はないのだろうか。まあ、これはこれで味わいがあるが…。

（隆）

新《しん》宿《じゅく》御《ぎょ》苑《えん》

check

色々やりすぎなところもあるが、さすが皇室の御料地だっただけはあるお見事な公園。

新宿駅から歩いて10分程度と繁華街に近いにもかかわらず、これだけの緑地が保持されていることは貴重だろう。「新宿御苑」が存在することで新宿・歌舞伎町界隈がだいぶ浄化されているような気がするといったら言い過ぎか？

土日・祝日ともなると家族連れで賑わい、ディズニーランド並みの混雑だが入園料も200円と格安だし、疲れたら芝生で寝られるし、アトラクション待ちのストレスがない分リフレッシュできるのではないだろうか。

▲日本庭園

元は信州高遠藩内藤家の屋敷だったものを明治政府が農業振興を目的とした試験場として改良。後に宮内庁所管の「新宿植物御苑」となり皇室の御料地・農園として運営されていたが、戦後の昭和24年に一般公開されるようになった。玉藻池を中心に据えた「回遊式日本庭園」と、広大な芝生と巨樹が織り成す「イギリス風景式庭園」、プラタナス並木の「フランス式整形庭園」が共存するのは詰め込みすぎとも思えるが、これも歴史の積み重ねの証拠か。

現在でも苑内の4分の1の植物は絶滅の恐れがある環境省のレッドリストに記載されており、その植物の栽培、種子保存に取り組んでいるという。そのせいもあるのか田舎でもなかなか見られなくなったヘビイチゴが道端に多数あったのには驚いた。

原生林に近い森林があって春先でも蚊が多く見られたが、新宿御苑でデング熱の感染者が出なかったのがかえって不思議だ。

（隆）

日《ひ》比《び》谷《や》公《こう》園《えん》 check

昔よくテレビドラマで恋人同士が歩いていた。サラリーマンのオアシスです。

サラリーマンでいっぱいになるランチの人気スポットである。また、毎年夏場になると今年の最高気温を記録したというニュース映像のたいていは日比谷公園のベンチで横になって寝ているサラリーマンが映し出されるが、その映像で季節を実感したものである。筆者などの年齢では山田太一脚本のドラマ「3人家族」（TBS系）でいつも恋人同士二人（竹脇無我と栗原小巻）が歩いていた公園として懐かしいのである。

季節の風物詩ともいえる公園は平和なことこの上ないように見えるが、都心の一等地で官庁街にあるため過去様々な出来事・事件の現場となった公園でもある。

いくつかを簡単に記すと、

明治38（1905）年、日露講和条約締結を巡って「日比谷焼き打ち事件」発生。

大正13（1923）年、関東大震災で仮設住宅や救護施設が設置される。

▲松本楼外観

戦時中の軍用地化、戦後のGHQ接収を経て昭和35(1960)年、浅沼稲次郎日本社会党委員長刺殺事件(日比谷公会堂で)。

昭和46(1971)年、沖縄返還協定反対デモで松本楼が放火され焼失。

平成20(2008)年、派遣切りによる大量失業者が発生し「年越し派遣村」が設置される。

様々な社会的・政治的な運動がくり広げられ、こんなに多くの歴史的瞬間に立ち合った公園は他にないだろう。

ちなみに暴動の際放火にあって焼失した松本楼だったが、全国から再建資金が寄せられ、2年後には再開にこぎつた。毎年9月25日に行われる松本楼の10円カレーはこれに対する感謝から始まっているそうだ。（宮）

代《よ》々《よ》木《ぎ》公《こう》園《えん》

check

明治神宮というパワースポットに守られた、いつの時代にも若者たちが群がる集合場所。

大学の陸上部もしくは駅伝の選手だろうか、暗くなるまでストイックに練習にいそしむ若者やジョギング中の中高年が多く見られて他の公園とはまたひと味違うところだ。

原宿に近いこともあって来園者の平均年齢はかなり若いような気がするが、そのわりに公園内がそんなに荒れたようにも感じないから、このエリアに来る若年層はお行儀が良いのだろうか。住みたい街ランキング上位の吉祥寺にある「井の頭公園」が違法駐輪やゴミの問題で荒れているのとは対照的だが、そもそも引き寄せられる層が違うということか。

▲もう竹の子族はいません。現在は…

それとも隣接する明治神宮が若者の大好きな人気のパワースポットだからここで悪行をすると運気が下がるぞという警告でも発しているように感じているのだ

ろうか？

元々は代々木の練兵場だったのが戦後に進駐軍宿舎（ワシントンハイツ）が置かれ、昭和39（1964）年の東京オリンピックで代々木選手村として一部が使用された。昭和42（1967）年に開設された比較的新しい公園なのと、空間が広くて見通しが良いところが若々しさと清々しい雰囲気を醸し出す。

平成26（2014）年は代々木公園で蚊に刺されデング熱を発症する人が多数出て話題になった。東京都は蚊からウィルスが検出されなくなるまで公園を閉鎖し、その期間は2カ月に及んだ。（隆）

等《と》々《ど》力《ろき》渓《けい》谷《こく》公《こう》園《えん》 □check

ほんとうに、ここ東京ですか？

アルファ波満載の散歩道です。


東京23区内で唯一渓谷がある公園として知られている。世田谷区内を源流とする谷沢川が多摩川に注ぐ侵食が等々力渓谷となったもので、等々力駅に近いゴルフ橋から川沿いに1キロメートル続く場所が公園になっている。まさに秘境と呼ぶに相応しい自然環境がそっくり残されている公園だ。

谷沢川に沿う遊歩道を進むと環八通りが上を跨いでいたりするのだが、周辺の騒音が全く聞こえないほど渓谷が深く静寂につつまれている。環八通りの地上から渓谷を見下ろしてみると侵食角度の鋭さが良くわかる。

▲歌の一つでも作りたくなります

環境悪化を恐れているのか区の方では積極的には話題にしないようだが、ある希少生物の生息地として区や地域の人々が環境保全に尽力している。訪れる人は心に留めてもらいたい。
公園の中程には800年にわたり流れるという「不動の瀧」があり、この瀧の流れる音がとどろくというところから一帯の地名が「等々力」になったとされている。古来は瀧に打たれる修験行者があったとされるが、現在では立ち入り禁止になっていて打たれるほどの瀧は落ちていない。
瀧があるくらいだから湧水が多く、遊歩道も所々水浸しになっているので歩行に難がある場合は注意が必要だろう。
しかしながらぜひとも、一度は訪れてほしい公園である。心落ち着きますよ （隆）

東京五大遊園地ーコーヒーカップやメリーゴーランドとお化け屋敷がなければ…。

▲こういう遊園地が残っているところに、東京の奥深さを感じる(あらかわ遊園)

東京の遊園地から五大を選ぼうと思うが、当然のことながら東京と名乗りながら千葉県浦安市にあるディズニー関連は選外。というかあの規模のものはもはや遊園地ではなく完全なテーマパーク。遊園地というどこか懐かしい言葉の響きから、あまり大それたものでなく、安っぽいイメージがほのかに残ってほしいという思いから次の五つを選んだ。

「浅草花やしき」「としまえん」「あらかわ遊園」「よみうりランド」「東京ドームシティアトラクションズ」

まずは日本最古の遊園地**【浅草花やしき】**□から。

嘉永6(1853)年、植物園「花屋敷」として開園した。開園当時は一部の上流階級の人のみが憩いの場として利用したようで、一般に開かれたのはだいぶ後になってから。

古典的なものが多い浅草の中でもひと際レトロな雰囲気がいっぱいの遊園地。昭和28(1953)年に日本最古のジェットコースター(ローラーコースター)が出来るが、「今にも壊れそうなジェットコースターが名物」と自らホームページで宣伝するくらいだからその自虐性とブラックさが笑える。ビートたけしが「花やしき」のジェットコースターは敷地から飛び出して外を走っていると言っていたが、あの狭さでは確かにそう感じるかも。

▲切れないですか?(花やしき)

練馬区にあっても**【としまえん】**□。

よく言われることだが、「としまえん」の所在地は豊島区ではなく練馬区。敷地内に室町時代に築城された豊島氏の練馬城があったことが由来となっている。西武鉄道100パー

東京五大完全制覇達成之印

セント出資により西武グループの株式会社豊島園が運営している。お堅い親会社の影響下にあり、ホームページからも至極真面目な企業イメージが伝わるが、テレビCMや広告だけはなぜかとてもシュールなことで知られ、ただセミが鳴くだけのCMや「プール冷えてます」のキャッチコピーが話題を呼んだこともある。そう言えば同じ系列の西武デパートのキャッチコピーも一世を風靡した。

　平成23(2011)年、東京都がとしまえんを買収して公園として整備する計画であることが報道されたが、西武側は売却する予定はないとコメントしている。

▲プールの方が有名ですが(としまえん)

日本一ゆるい遊園地【あらかわ遊園】□。

東京23区内で唯一の公営遊園地。歴史は古く大正11(1922)年に工場経営者が私立遊園地として開園した。遊園地というものの当時は温泉浴場、演芸場、料亭が主な施設で大人が中心になって楽しむためのものだった。その後、経営難による売却を経て、戦時中は陸軍の高射砲陣地になるなど散々な目に遭いながら、戦後に区立遊園地となった。

　お金がなくて子供をテーマパーク的なゴージャスなところには連れて行けない親にとって、「あらかわ遊園」で誤魔化せるという非常に遣い勝手が良い遊園地。東京都の公園ホームページを見ても「小さい子は十分満足できると思います」とか「日本一遅いジェットコースターがあるんです」など非常に消極的なコメントが並び微笑ましい。なくなってほしくない場所だ。

▲人気の機関車ポッポ(あらかわ遊園)

ギリギリ都内の遊園地【よみうりランド】□。

　昭和39(1964)年の開園で、かつては昭和天皇も来園した。多摩丘陵の南部、東京都稲城市と神奈川県川崎市多摩区にまたがっているが、敷地のほとんどは神奈川県にあり本社事務所だけは東京都側にある。バンデットの名で知られるローラーコースターは営業開始当時、最高時速110キロメートルの世界最速を記録するなど話題を集め、現在も主力アトラクションとして人気を集めている。「多摩テック」なきあと東京では唯一と言っていい郊外型遊園地だが、（期間限定ながら）大学生も子供料金にするなど集客に必死の様子。

電車利用の場合、京王線の「よみうりランド駅」、小田急線の「読売ランド前駅」のどちらの駅から来園するにしてもバスに乗る必要があり、アクセスにかなりの難がある。

【東京ドームシティアトラクションズ】

□（旧後楽園ゆうえんち）

その名の通り「東京ドーム」や商業施設「ラクーア」、「東京ドームホテル」がある「東京ドームシティ」の遊園地部門。昭和30（1955）年に開業した「後楽園ゆうえんち」が前身で、名称は変わったが一貫して遊園地として存続している。かつての後楽園は野球場、競輪場が先に開業。加えて場外馬券売場まであり、どことなくオヤジ臭の漂うところで後発の遊園地は肩身の狭い存在だったが、平成15（2003）年、後楽園球場跡を再開発してして営業を開始した。都心の地の利を活かした温泉施設（ラクーア）もある遊園地として好評を博している。（隆）

▲東京では一番の迫力です（東京ドーム）

東京の出会い編

東京五大待ち合わせ場所

― 会えないこともあった、そのスリルがたまらなかった。

男同士でも女同士でも、そして勿論男と女でも、待ち合わせるという行為は心躍るものだ。相手が誰であれ、あらかじめ決められた一つの場所に日時を決めて会う、というのは期待が高まる。人生は出会いの連続であるとするなら、待ち合わせも、あらかじめ決められているとは言え、出会いの一種であろう。だから待ち合わせる場所というのが大事になる。

東京は日本一人口の多い街だから、待ち合わせをするのも一苦労である。閑散とした地方の都市だと、こういう苦労はない。人が多いからこそ、待ち合わせに苦労するのだと地方に住むとわかるだろう。だから人気の待ち合わせ場所にはおそらく、数え切れないドラマが繰り広げられたことだろうと想像する。いくら携帯電話の時代と言っても、どちらかが携帯を自宅や会社に忘れてきたとしたら、これは悲劇である。かつての「君の名は」の真知子と春樹のすれ違いも、他人事でなくなってしまうのだ。それにしても世の移り変わりはまことに激しい。ここに挙げた現在の待ち合わせ場所も、時が移れば、また違った様相を呈するやも知れぬ。さらには、全く新たな待ち合わせ場所も、出現するかもしれない。一つの鍵が2020年の東京オリンピックだ。50年前のオリンピックで、東京が大変化を遂げたように。

そういうことを考えながら、人は今日も個々の待ち合わせ場所で、相手を待つのである。

（馬）

▲忠犬ハチ公、現在の世相を眺め何を思う（渋谷ハチ公前）

銀《ぎん》座《ざ》和《わ》光《こう》前《まえ》 check

超有名な待ち合わせ場所だが、和光の中に入ったことのある人は何人いるのだろうか?

なんと言っても銀座である。なんと言っても和光である。戦災で生き残ったビルだ。同じく生き残ったと言っても、マッカーサーがいた第一生命ビルの前で待ち合わせる人はいない。ここは断然和光。服部時計店のランドマーク・ビルであり、銀座のランドマークで、そして日本のランドマークだ。

男同士で待ち合わせる場所ではない。これはやはり男女が待ち合わせる場所。もしくは女性同士が待ち合わせに使う。もっともOLたちも、オフィスで使っているプリンターのエプソンが、この服部時計店つまり和光の関係会社だということに気付いているかどうか。

▲和光の時計の精度は週に 0.02 秒以内

戦後すぐは進駐軍のPXすなわち購買部だったが、高級将校の専用だったという。だから当時でも内部はゴージャスだったという。そういう出自を知ってか知らずか、ブランド志向の女性たちに今も愛されている。今日でも店内で売られている商品は折り紙つき。三越がかつての栄光を失った現在、和光の威光はあらたかである。もっとも待ち合わせだけに使う善男善女には関係がないかもしれない。

ソニービル前も、いっとき銀座の待ち合わせに使われたが、ソニーのパワーがかつてほどでなくなった今日、ここで待ち合わせる人は少なくなった。これで待ち合わせ場所も色々事情があるのである。

和光は銀座の待ち合わせ場所として、これからも永遠に使われ続けることだろう。同じ銀座でも、そして地面の価値では日本一という鳩居堂ではちと渋すぎるかもしれない。（馬）

新《しん》宿《じゅく》紀《き》伊《の》國《くに》屋《や》書《しょ》店《てん》前《まえ》 check

60年代新宿文化の象徴といえばココですね。

新宿は栄枯盛衰を経た土地で、かつては若者の街の右総代であった。しかし現在ではその地位を渋谷に奪われてしまった。だから今、新宿で、それも紀伊國屋書店前で待ち合わせをするのは、相当の年齢の人間である。男女共に、かつて新宿で青春を過ごした人々が、ここで集い、歌舞伎町やゴー

▲現在、待ち合わせは中年だらけ？

ルデン街に散っていく。

その最大の理由は紀伊國屋書店が本を売る店だったという事に尽きる。すなわち若者は本を買わなくなってしまったのだ。

昔の若者たちは紀伊國屋で待ち合わせる時、必ず二階の雑誌売り場を覗き、その階上の新刊書籍売り場を見て回って、待ち合わせに臨んだのだ。同じように売り場を巡る相手とばったり会ったりするというのが、紀伊國屋で待ち合わせる時にしばしばあったのだ。新宿紀伊國屋書店とは、そういう場所であった。（馬）

渋《しぶ》谷《や》ハチ公《こう》前《まえ》 □check

東京、いや日本の待ち合わせ場所の象徴も今や騒がしいだけになりつつある。

伝説的な場所であり、古くから待ち合わせの場所の定番であった。驚くべきことに、現在もそれは変わっていない。なぜなら日本中の若者のメッカである渋谷センター街の、目と鼻の先にあるからで、いわば仕方なく若者たちはハチ公前で待ち合わせるのだ。だってセンター街には待ち合わせに相応しい場所なんてありませんからね。

▲混雑して目当の人みつからず？

渋谷のハチ公前は、何十年の歳月を経てもなお、変わらぬ知名度と安定感がある。それは多くの高校・大学が渋谷を一種のターミナルとして存在し、加えて東急東横線や井の頭線といった、若者が多く利用する私鉄がここを起点としているからだ。

余りに多くの人々が待ち合わせ場所に利用するので物凄く混雑し、なかなか目指す相手と巡り逢えなかったりするのも、ハチ公前の特徴で、そのためナンパに利用されたりもする。そしてそのことが一層ここの利用価値を高めている。

おじさんたちも、仕方なく渋谷で待ち合わせというとハチ公前で、それはそれで往時の青春を思い出す、よすがとなっている。周囲の風景は相当変化しているのだが、目の前の地下街へ通じる入口とか東横デパートとかは基本的に同じなので安心する。バス通りを渡った渋谷マークシティなど著しい変貌を遂げている個所もあるのだがハチ公前は、余計な緑の電車はあるが、気にならない。ハチ公はこれからもずっと馬鹿な(?)若者たちを見守り続けていくことだろう。（馬）

六《ろっ》本《ぽん》木《ぎ》アマンド前《まえ》

check

東京人の3割がアマンドを何屋か知らなかったのである。

▲改装されて雰囲気が変わりました

大きく様変わりした六本木であるが、しかしやはり待ち合わせは今もアマンドである。

アマンドは実に不思議な喫茶店で、本店は霞町つまり西麻布にあった。アフリカ小国の大使館の群がるビルの手前の小さな喫茶店だったが、ここが本店だった。しかし、平成24(2012)年に閉店した。あと、赤坂のアマンドはかつてのTBSの前にあって、芸能人御用達の喫茶店として大いに名を売った。出店が上手に考えられた、一つの時代を象徴する喫茶店チェーンだったのだ。経営者は時代を見る目を持っていたのですね。

で、凄いのは、六本木のアマンドは今日もなおランドマークとして、その地位を保っていること。例えば赤坂店は、TBSが訳のわからないビルになってしまったことで、かつての威光をまるで失ってしまったのを考えると、エライ。ロッポンギ店は今も現役なのだ。

ちなみに銀座和光と同じように実際に六本木アマンドに入ったことのある人は、全盛時であれ今日であれ、少ないのではないか。ここは要するに待ち合わせをするためだけの、その店の前を利用するだけの場所であり、今もそうなのだ。こういう店は珍しい。

ひっそりと静まり返っていた時代の六本木を覚えている人も、もう少なくなった。当時めぼしい場所といえば、交差点角になぜが一軒ずつある誠志堂という新刊と古書両方の本屋。ゴトウの花屋。そして伝説的なハンバーガー・イン。などなど今や古老の昔語りみたいな店しかなかった時代。そして都電が走っていた。

そういう時代の少し後に、六本木のアマンドは、まるでシテイガイドのためのようにポツンと立っていた。で、言うところの六本木族の後を追うように、若者が続々とここに詰め掛けたのである。バタ臭いという表現は今や死語であるが、そういう形容詞がぴったりの、不思議な街が若者の好みに合ったのだ。

六本木のアマンドで今日も善男善女は待ち合わせをする。(馬)

原《はら》宿《じゅく》表《おもて》参《さん》道《どう》の交《こう》番《ばん》

check

東京で一番オシャレな待ち合わせ場所かも。

日本中の娘たちが原宿を目指す。そういう彼女たちが待ち合わせるのは、地下鉄千代田線と銀座線の表参道駅を出たところにある交番である。本当ならちょっと脇の老舗の本屋さん(山陽堂書店)などで待てばいいのに、今や本屋は彼女たちの得意科目ではないので、交番前で待ち合わせるのですね。お巡りさんもいい迷惑だ。

原宿の表参道がオシャレなストリートになって久しい。かつてはコープオリンピアとキデイランド、それに忘れてはいけないセントラルアパートくらいしかなかった表参道が、今や世界に冠たるファッションストリートである。竹下通りで竹の子族が踊り狂った時代も、今の若い娘たちは知らないだろう。母親たちの世代になるのだろうか?

原宿の、どこかバタ臭い雰囲気は、かつてここがワシントンハイツと呼ばれる進駐軍の居住区だったことに起因する。それが64年の東京オリンピックで再開発され、今日の原型が出来た。出来たといっても、広い表参道が残されただけで、誰もここが後に若者たちの群がる街になるとは思っていなかった。

▲ほとんどが地方の人だったりして

結局、日本の若者が豊かになって、自分たちが着たいものを自由に選ぼうという時代が来たからだ。あのVANヂャケットが日本橋から青山に本社を移した60年代に、原宿もその余波で変身を遂げたのである。

日本中の娘たちが、貯金をはたいて原宿を目指してやってくる。その待ち合わせ場所が交番である。昔で言うなら駐在さん。駐在さんなら、うちの村にもある。もしかして日本人は、まるで変わっていないのかもしれない。(馬)

COLUMN

東京五大交差点—人間がすれ違う場所にはドラマがある。

▲3000人が渡ってもぶつからない。こういうことにかけては日本人はお見事です

「交差点」をある辞書でひいてみると「線や道路が交差する点」と出ていた。実に素っ気ない表現だが確かにそのとおり。他に「交差点」というとなぜか漫画家弘兼憲史の作品「人間交差点」が浮かぶ。それに掛けたわけではないが、単に道路が交差する地点としてだけではなく、良くも悪くも人間ドラマを思い起こさせてくれそうな交差点から五大を選んでみた。

「渋谷駅前交差点」「銀座四丁目交差点」「秋葉原中央通り交差点」「神保町交差点」「泪橋交差点」

写真パチパチ世界の人々の注目のスポット**【渋谷駅前交差点】□。**

言わずと知れた待ち合わせのメッカ渋谷「ハチ公前」の交差点のことだ。「渋谷スクランブル交差点」と言った方がわかりやすいかもしれない。

一度に3000人が交差するのになぜぶつからないのかと外国人が驚くスポットとして注目をあびる。

サッカー日本代表のワールドカップ出場が決定したその日の夜になると、お祝いついでに乱痴気騒ぎをしにくるサポーターと称した迷惑な連中が集まるところとしても知られる。彼らのおかげでDJポリスなるニューヒーローが脚光を浴びることになったが、警察官にとってはなくていい仕事であるし、付近で商売をしている人にとってはいい迷惑だろう。

この交差点知らずして日本人とは言えず**【銀座四丁目交差点】□。**

中央通りと晴海通りが交わる、銀座のみならず日本の交差点の代表と言える交差点。銀座を紹介する書籍やネットには必ずと言っていいほどこの交差点の四丁目側にあるデパート「三越銀座店」か「和光本店」の画像が使用されている。

また五丁目側角の「三愛」の隣には皇室御用達の書画・香の老舗「鳩居堂」がある。中央

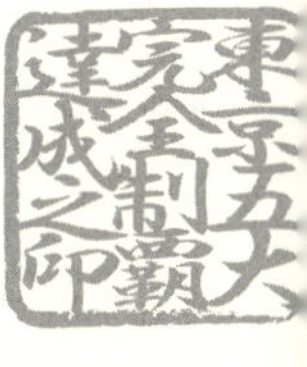

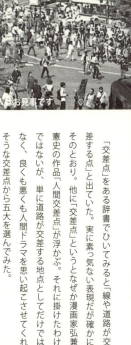

COLUMN

通りに面したこの鳩居堂前の路線価が日本一というのはつとに有名な話だが、ということはこの交差点も日本一地価の高い交差点ということになるのだろうか。なるよね。

案外オタク色薄めの交差点**【秋葉原中央通り交差点】**□。

実は「秋葉原中央通り」という正式な名称はないらしく一般には「中央通り神田明神通りの交差点」とされているようだ。こちらの交差点も秋葉原を紹介する書籍やネットで背景に高架の総武線が映った画像や写真がよく使われている。オタクの聖地としての秋葉原は、中央通りから一歩裏手に入った通称「裏秋葉原」と呼ばれる地域が神髄を発揮しているが、こちらの交差点付近は割とオタク色は薄め。

平成20年に起きた男女7人が死亡、10人が負傷した「秋葉原通り魔事件」の現場となったことでも知られる。

学生と書籍マニアの集う街の中心地にあるインテリ交差点**【神保町交差点】**□。

千代田区神田神保町古書店街の中央に位置し、白山通りと靖国通りが交わる交差点。この交差点の地下に都営・東京メトロの3路線の地下鉄が交差する「神保町駅」があり地上・地下ともに交通の要衝となっている。

神保町から駿河台付近は大学が多く、交差点を中心に一般書店・古書店が多数存在し、古くから営業する飲食店も多いことから昼間から交差点付近は人通りが絶えない。

交差点の二丁目側のミニシアター「岩波ホール」は、大手の映画会社が配給しないような商業ベースには乗らない陽の当たらない名画を上映することを目的に創設された極めて文化度の高い施設である。

「あしたのジョー」の舞台となった。マニアックナンバーワンの交差点**【泪橋交差点】**□。

「泪橋」の地名の謂《いわ》れは江戸時代現在の南千住にあった小塚原処刑場で処刑される罪人の家族が最後に付き添いを許された場所が思川に架かった橋で、そこから「泪橋」の俗称が付いたとされる。現在、川は暗渠化されている。

明治通りと吉野通りが交わる「泪橋交差点」は通称「山谷」と呼ばれる日雇い労働者の町にあり、付近は簡易宿泊所が軒を連ねる「ドヤ街」と言われる地域でもあったが、最近は外国人バックパッカー向けの宿泊所に変わりつつある。

梶原一騎原作、ちばてつや画による「あしたのジョー」の舞台となったことでも広く知られるようになった。かつては交差点付近は、昼間から酒を飲むホームレス同然の労働者がいたり、喧嘩が絶えなかったりして、治安は良くなかったが、最近は随分少なくなったらしい。交差点周辺も今後どう変貌していくのだろうか。（隆）

東京五大珈琲店 ―TCU自信度90パーセント。世界にも通用する東京珈琲の超名店。

　美味しいコーヒーを飲ませる店が沢山あるという意味で、東京は世界で最も卓越した街であろう。世界中の都市でコーヒーを飲んだが、東京ほど種類と、それをささえる技術への思い入れの強い店の揃った土地はない。

　カクテルにも共通することだが、手先が器用で味覚嗅覚に長けた日本人は、コーヒーというアラビア原産の飲料を、この150年すなわち明治の文明開化以来、自家薬籠中のものとすることに成功したのだった。こういう民族は他にない。

　欧州で飲むコーヒーは夫々に美味しく、スイーツとの相性などで、コーヒー通でなくとも大いに楽しめる。しかしウィンナコーヒーであれ、フレンチ・ローストのこってりしたパリのコーヒーであれ、バールで飲むイタリアンコーヒーであれ、その種類は土地の好みの味に限られており、ワイドなセレクションとは行かない。アメリカに到っては例のスターバックスが登場するまで、異なった種類のコーヒーをチョイスする自由など、クスリにしたくてもなかったのだ。これらの国々ではコーヒーは我国における番茶みたいな感じで、日本とはまた違う意味で、しっかりと定着していたのである。

　世界中のコーヒー豆を揃え、それを、これ以上ないという繊細さで淹れる日本のコーヒー店の技術、これは世界に並ぶもののないものである。そしてそれらの店は東京に集中しているのだ。凄いことである。（馬）

▲東京一、いや日本一のコーヒー揃い踏み

堀口《ほりぐち》珈琲《こーひー》狛江《こまえ》店《てん》

check

店内のアロマの香り、従業員の明るさ、珈琲のクオリティー、これは一筋縄ではいかない珈琲工房。

店に入るとそのアロマの香りに驚かされる。ここまで香りが凄い珈琲屋の店内ははじめてである。千歳船橋にある世田谷店に伺った時があるが、店内はここまでの香りを放っていなかった。

やはり奥に焙煎(ロースト)工場があるため、店内がより一層香りに包まれているのだろうか。

明るくて、感じのよい店員に、ちょうどクリスマス前で、クリスマスブレンド(708円)なるものがあったので、それを注文。店内を見渡すと時間が早かったからであろうかお客さんは3~4名だったが、近所の方だとおぼしき奥様方がひっきりなしに珈琲豆を購入していく。

1990年堀口俊英氏が東京世田谷で創業。それ以来、珈琲のあらゆる可能性を追究し、日々進化していく珈琲屋さんと言っても過言ではないだろう。生豆を安定して供給できるように、直接中南米の生産者と取引をするばかりでなく、シングルオリジン―常に新しい香味を求めて、新たな産地(エチオピア、ケニア、タンザニア、インドネシア等)の個性的な豆も追い求めている。またここの焙煎工場を見れば分かるように、焙煎への細かな心使い、その味とスキルは今では世田谷地区だけでなく、東京中にその名を轟かせているのである。クリスマスブレンドは、器はイッタラのカップと皿。珈琲はハイシティロースト(焙煎)で、酸味が少なく、まろやかな苦みとコクで流石と思わせるクオリティーだった。

狛江店は焙煎工場も気軽に見ることができ、従業員の方が真剣な眼差しでローストをしていた。その姿に珈琲に取り憑かれたランブルの関口一郎翁の姿が重なった。100歳を過ぎた今も焙煎をしている姿を現実に目の当たりにした時「これは一筋縄ではいかない、奥の深いものなのだな」というのが切実に感じられたが、堀口の従業員にもそれに似たようなものを感じた。たかが珈琲、されど珈琲。ここは〈ほんもの〉に出会える場所です、ぜひ一度訪れてみて下さい。

世田谷店、狛江店の他に、上原店(テイスティングと豆売りだけ)がある。

(宮)

カフェ・バッハ

check

沖縄サミットで各国プレジデントにも飲まれた日本一のコーヒーは山谷にあり。

▲看板も味わい深げ

東京一と推される堂々の名店。東京一とは、つまり日本一の珈琲店ということである。

南千住の駅から交番三箇所を訪ね歩いて辿り着いた。つまりはそういう僻地にある。お巡りさんが全員この店を知っていたのがエライ。店も、お巡りさんも。

泪橋《なみだ》という印象的な地名表示を見ながら明治通りを歩くと、ここはかつて山谷と呼ばれた地域で、ドヤ街と通称されていたのに気付いた。

だから小さいホテルや旅館が密集している。低賃金労働者用である。

さらにその昔は吉原の客を当て込んだ場所だったのだ。「とむらいを山谷と聞いて親父行き」という句を落語の吉原噺のマクラで聞いた覚えがある。しかしれも今は昔。昨今まず普通の人間は足を踏み込まない土地であったが、安い簡易ホテルが外国人バックパッカー旅行者向けのホテルにリニューアルし、街も変わりつつある。

そういう場所に、日本一と目される珈琲店があるのが、浮世の面白いところだろう。

美味しい。

店の名はヨハン・セバスチャン・バッハの「コーヒー・カンタータ」に由来すると言う。だがいわゆる名曲珈琲ではない。土地に密着した、どこにでもありそうな、上品な喫茶店だ。

それが、全国からここのコーヒー目当てに客が押し掛ける大名店となった。ご主人田口護氏の御力のたまものである。

水準に達しない珈琲豆は手で取り除かれ、ムラなく適正な焙煎が施される。

ちなみにここでは、普通の家庭と同じペーパードリップで淹れられる。つまりは真っ当な淹れ方をしているだけ。それが、昭和43(1968)年創業のカフェ・バッハを日本一の店にした。何か、教えられるところの多い店。今回の種々の探訪で得た確信の一つは、交通至便でない立地の店に名店あり、ということであった。

死ぬまでに一度は行ってみなければならない店とはここのことを言うのだろう。

ブレンドコーヒー各種あるが450円。

(馬)

カフェ・ド・ランブル

□check

コーヒー好きなら一度は経験しなければならないランブル詣で。

逆のJ字型カウンターと、テーブルが二つ三つ。世に名高いランブルの店内は、その高名振りとは裏腹な、普通の珈琲店のたたずまいである。看板に「珈琲だけの店」とある。

前世中村勘三郎の「やっぱり役者」を読んでいたら、この店をひじょうに気に入っていたと書いてあった。歌舞伎座に出る時は、必ずここに寄ったという。アイスコーヒーを魔法瓶で所望したとも。こういうお客を持ったことが、ランブルの名前にどれほど寄与したか、はかり知れない。

▲ほんとうに珈琲だけです

複数の琺瑯《ほうろう》のポットをガスにかけ、熱さの具合を確かめながら、小さな、銅のミルクパンに被せた厚いネル地に、挽いたコーヒーを放り込む。適正温度になったお湯をポットから注ぎ、ムレ具合を見ながら、仕上がりを待つ。あとはお前の仕事だよ、とばかりに。親方の目はコーヒーに注いだままである。

カウンターに座った客には、逐一それが手に取るように、わかる。だから家でもやれそうだと錯覚する。だがそれが大きな間違いだと、常連の客は知っている。どうしたって、あの味は出ないのだな。ブレンド730円。

（馬）

カフェーパウリスタ

□check

創業明治44年。ジョン・レノンが愛した珠玉の一杯とは。

▲このドアは銀座にしか似合わない

銀座中央通りに面した大きな喫茶店。1階と2階とで100席もあるという。パウリスタの名前は全国に鳴り響いている。創業明治43(1910)年。その名は、明治から大正、昭和にかけての、いわゆるカフェーブーム時代に大いに広まった。この時代には女給さんのサービスで知られたのだが、現在は純然たるコーヒーの店。名店である。昭和45年に現在の場所に再開した。ジョン・レノンとオノ・ヨーコ夫妻は三日三晩通ったという。

カフェーパウリスタは、まことに素直な、美味しいコーヒーを、ひじょうな安価で提供している。銀座でブレンドコーヒーが510円というのは破格と評すべきだろう。

ちなみにパウリスタとはブラジルの都市サンパウロの住民という意味。リオデジャネイロのそれは、キャリオカと呼ばれる。どちらの名前も古くから日本人に親しまれてきた。移民が多くいたからだろう。（馬）

珈《こー》琲《ひー》道《どう》場《じょう》 侍《さむらい》 □check

道場とはいかにも厳《いかめ》しいが、味にウルサイ下町人に愛され続ける素直な珈琲。

亀戸は昨今大いに開けた街として、東京の東にある繁華街の代表格の一つとなっている。用のない人間にはまことに不案内であるが、錦糸町同様、今後益々の発展が見込まれるし、それに伴って興味深い店が増えて行くに違いない。

珈琲道場 侍はJR亀戸駅東口のまん前という素晴らしい立地の名店。筋の良いコーヒーを飲ませてくれる。創業は昭和53（1978）年創業。多くの名店がコーヒーをネルドリップで飲ませるが、ここはペーパードリップ。それぞれ流儀と作法があるが、家庭用にはペーパーが圧倒的という事実を考えると、より一般的なのだと覚えておく。

▲侍、道場で、コーヒー？

店主が合気道を専らにしていたところから、珈琲道場と名づけたという。道場と名の付く珈琲店は、ここくらいだろう。長いカウンターにロッキングチェアの取り合わせもユニークである。味は素直な、さっぱりとした、それでいて奥の深さを感じさせるもの。毎日飲んでも飽きないだろう。コーヒーはお酒特にカクテルと違って、たまに飲むものではなく日課と化している場合が多い。だから、こういう味の配合が重要なのだ。濃い味であれ、普通の味であれ、飲む人に、次の日もまた飲みたいと思わせるのがコーヒー店繁盛のコツであろうし、客もまた、それを望むのだ。

好ましいアトモスフィアが印象に残った。（馬）

東京五大喫茶店 ―合理便用喫茶店などくそくらえ。（ほんものの）喫茶店ここにあり。

もう何十年も使っているようなソファが真ん中にあったり、明らかに開店当時からあったと思しき植木が、入口の脇に置かれていたりする。そういう心安い喫茶店には、町のオアシスという言葉が相応しい。

当然店の主人は年を食っていて、普段は古女房や息子の嫁がレジの所にいたりする。大昔のテレビのドラマには、こういう店がよく登場したものだ。いや、今でも時々見かける。まだ使っているのかしらと思うような臙脂《えんじ》色の大きな焙煎機がデンとあったりして。

人々の暮らしにゼッタイ必要なものではないが、ないと寂しい。それが町の喫茶店である。コーヒーの味はまずまずで、親父さんのオリジナルのブレンドだったりする。しかし珈琲専門店のように蘊蓄は述べません。ちゃんと分を知っている。かつて、そういう店で働いていた、という人も多いね。

地域と言う言葉はいかめしいが、要するに町の一つのランドマーク、つまり名所で、そういう存在になっていることが多く、常連の客がジロリと、初めての客の値踏みをしたりする。コミュニティが出来ているのだ。それでも評判を聞きつけて遠方から来たりもする。これでお客も色々である。コーヒーを飲むのが普通だが、頑なにレモンティ一本槍、という常連さんもいたりする。砂糖は器に入っている。スプーンも、かなり使い込まれている。そしてミルクは小さなステンレスの容器で出てくるのである。

（馬）

▲お菓子が有名だが、喫茶店も銀座一の呼び声（ウエスト）

アンヂェラス □check

ここの水出し珈琲はひょっとすると東京一、いや日本一かも！　ぜひご賞味あれ。

入るとベートーベンの「ロマンス」がいきなり聴こえて来た。バイオリンの小品として有名な曲である。プルーストではないが、それだけで青春時代の思いが甦ってきた。しばし昔を懐かしむ。名曲喫茶ではないが、BGMがクラシックであるのは老舗の喫茶店の条件だろう。

その間も、お客さんがひっきりなし。昔ながらの喫茶店が、今もそのまま残っていることに感じ入っている熟年の二人連れ、といった人たちが多い。それが、近所の馴染みと両方相まって、一つの気分を作り上げている。洋菓子目当ての家族連れも目につく。

ブルーマウンテンをお願いすると、陶器のコーヒーメーカーのようなものが出てきた。一杯ずつ客にこうして供するのである。すっかり出来上がるまで数分かかる。待つ間が楽しいのである。770円税込みで、ブルマンがこの値段でいただけるのも、浅草ならでは、だろう。

アンヂェラスの名を有名にしたのはダッチコーヒー。水出しのコーヒーである。かつてはここでしか飲めなかったが、今はそこそこ出すところがある。しかしこの味にはかなわない。

浅草の公会堂のすぐそば、銀座なら並木通りの凮月堂のような場所にある。（馬）

さぼうる □check

学生は少なくなったが〝学生街の喫茶店〟な今だ健在。授業を抜け出して〝さぼうる〟へは昔も今も変わらない？

東京メトロ神保町駅でA7番の出口を上るとすぐ近くにある。まことに重宝な立地である。隣には2（2号店）もあり、これで結構繁昌している。なにしろコーヒー400円だからね。

スペイン語で「味」を意味する創業60年の老舗。なに、あれは「さぼる」から来ているのだと解釈する向きもあるが、どこか青春とか放埒とかを感じさせながら、芯のところでお行儀の良さが顔を覗かせる、東京を代表する喫茶店である。

近所にラドリオとミロンガのご同業2店が、まるで三銃士のアラミスとポルトスのように存在し、鷹揚にお客を待って

いる。こういう喫茶店が昔は沢山あったのに、と感慨深げな表情の善男善女と、近くの古書店で得た収穫を広げる客、そして馴染みの近所の常連、といった三様の顧客が広い店内を一杯にしているのがこの店である。

とくに古書と美味しいコーヒーというのは実に相性が良く、前記2店以外にも神保町にはコーヒーの名店が名を連ねている。またそれらが何とか生き延びて、人々に美味しいコーヒーを供しているのである。これは東京という街の数少ない美点だろう。ジャズ喫茶や名曲喫茶は、オーディオの発展とレコードの求めやすさから退潮してしまったが、旨いコーヒーを飲ませる店は厳然として生き残り、人々に愛されているのだ。こういう存在は少ない。

それはとにかく、店を見渡すと、開業当時に植えられ樹齢60年を誇るヒマラヤ杉が天井を越え、屋根の上にまで達しているのが目に入る。こういう店もまた、他にないだろう。狛犬めいたトーテムポールが威容を誇り、檜皮《ひわだ》とおぼしき天井が歴史の古さを伝えている。良く見ると、これだって異様である。そういう思いを知ってか知らずか、1階、中2階、そして半地下と増殖を重ねたお店は、隣に姉妹店を2と名づけて生み出すまでになった。

珈琲と洋酒の店と銘打ってあり、お酒も飲める。だが喫茶店の分をきっちり守り、400円で美味しいコーヒーを飲ませてくれる。（馬）

銀《ぎん》座《ざ》ウエスト

check

週末は行列を作るまさに銀座らしい大人たちが集う一等地にある喫茶店。

今は汐留に移ってしまった広告代理店電通が、当時は銀座を本拠地としていたことから電通通り、と呼ばれる外堀通りに面した名店。説明が長いが、企業の所在で大きな通りの名前が決められる例は、東京でもあまりない。JR田町駅前の第一京浜に面していても大企業である森永製菓や三菱自動車が、その名を付けられることはなかった。どうでもいいことだが。

ウエストは正式には、洋菓子舗ウエスト銀座本店と呼ぶらし

い。名曲喫茶として昭和22（1947）年に創業した。今でもレコードの棚が見え、ベートーベンの胸像が鎮座しているのが、当時の面影を残している。コーヒー972円。お代わりが出来るらしい。文字通り東京を代表する喫茶店だから52席もあるのに、週末は近郷近在からのお客で一杯、立って待つ始末である。列を作って喫茶店の席に並ぶとは凄いことである。銀座本店の他に青山と横浜でも喫茶店として営業している。（馬）

カフェ・ド・ラペ □check

土地柄、山手のご婦人が午後のひととき、優雅に寛いでいます。

地下鉄千代田線乃木坂駅を出て直ぐの店。青山墓地寄りでなく、赤坂側の出口から出ないと、ひじょうに遠回りになる。有名なブライダルサロンがある方だ。

かつて近所には、カフェ・グレコという、世に広く知られた喫茶店があった。だが消えた。乃木坂とは日露戦争で勇名を馳せた乃木将軍を祭る乃木神社にちなんだ地名である。六本木から一歩の場所でありながら喧騒とは程遠く、付近には瀟洒な店が目に付く。

学校を出てすぐの頃、近くに住んだことがあった。遊ぶには最高の土地だった。40年ほども前のことだが、基本的には様子は変わらない。健保会館がすぐ近くに建て替えられたくらいか。

カフェ・ド・ラペとは「平和の喫茶店」といった意味である。平屋の店だが、かなりの面積があり、広い。50席くらいあるだろう。テラスもあり、その名の通りヨーロッパ風のたたずまいだ。昭和56（1981）年創業。

広いから、結婚式の披露宴などしたら洒落ているだろう。店の人に水を向ける。だがまだ一度もしたことはないという。おそらくは集合住宅の一角を借りての営業だからで、他の住民たちに気を遣っているのだ。テラスでシガーを一服、などもご法度らしい。残念である。それでも、両切りのピースなどをふかすと、まことに気分がよろしい。オープンエアならではの開放感が煙草を美味しくするのだ。もちろんコーヒーも旨い。850円。
　ここで和んでいると、広さも喫茶店の味わいの一つだと思う。逆に、狭い店にも独特の気分があるのだが。コーヒーを飲むという行為には、どちらの趣きも似合うのだ。不思議である。（馬）

友路有《トゥモロー》赤羽《あかばね》店《てん》 check

地域に密着した、庶民による庶民のための懐かしい昭和の喫茶店。

　前述のカフェ・ド・ラペが外出用のオシャレな喫茶店ならこちらは気取らない普段着の喫茶店、店名は友に路が有ると書いてトゥモローと読む。このネーミングセンスだけでこの店がどういう店なのか察しがつきませんか。この店、今不思議な注目の当たり方をしている場所、赤羽にある。朝は和洋のモーニング（自称日本一）を、昼はボリュームたっぷりのランチを提供しながら、地域住民の憩いの場として、小体の店内はいつも賑わっている。そういえば昔は必ずこのような喫茶店が、街に一つや二つはあったものだ。

　店内は、私のような薹《とう》が立つ世代なら感じるだろう、少し背伸びをして、未成年なのに煙草を燻らせて粋がっていた当時の気恥ずかしい甘酸っぱい想い出が甦ってきそうな空気感を醸し出している。
　チェーンの喫茶店には、どんなことをしても作りだせない空気感と言えばわかっていただけるのではないだろうか。
　筆者、赤羽に行く（当然酒を飲みに行く）機会がある時は必ず立ち寄り、座席の後ろにある本棚から一冊本をとり、何気に本を眺めながら、一杯のコーヒーを啜った後に出動態勢に入ることにしている。東京、いや日本でこのような喫茶店が、合理便用珈琲屋にいくつ潰されてきたことか、いつまでも残ってほしい喫茶店である。ちなみに浅草店があり最近赤羽岩淵に2号店が出来た。勝手ながら余り店を増やしてほしくない佳店である。赤羽店は何と朝5時30分から開店。
　さすが飲み屋も朝が早いが赤羽は何と健康的な街なのであろうか？（宮）

COLUMN

東京五大甘味処ーいつまでも続いてほしい和スイーツの象徴。

いり江　紀の善　紀の善

みはし上野本店　竹むら　梅園浅草本店

元来、甘味処のような甘いもの屋は女性が好むものという定義がなされ、男子禁制的な雰囲気が強かった。しかし強面俳優、的場浩司やプロレスラー真壁刀義などに代表される意外な「スイーツ男子」の昨今の活躍によって、それまで男一人では入りづらかったスイーツ専門店や甘味処のハードルが幾分低くなってくれたように思える。甘党男子には願ってもない好機到来。これも規制緩和(?)の一つとして大いに享受しよう。ここでは和風甘味処に絞って五大を見てみよう。

「紀の善」「竹むら」「いり江」「梅園浅草本店」「みはし上野本店」

まずは神楽坂の**【紀の善】**□から。

神楽坂の坂下でいつも行列が出来る人気甘味処。創業は古く江戸末期、明治維新後は寿司屋だったが、昭和23(1948)年戦後の混乱で寿司職人が集められずやむなく甘味処に転換した。元が甘味処ではないからとの自由な発想から和洋折衷の看板商品「抹茶ババロア」を思いついたという。抹茶は京都・宇治の上質品を使い、小豆は丹波の大納言、餡子には水飴は使わないなど素材の旨さにこだわる。丁寧な接客と綺麗な店舗は神楽坂散策のシメには最適。並ぶ時間がないときはテイクアウトも可能。

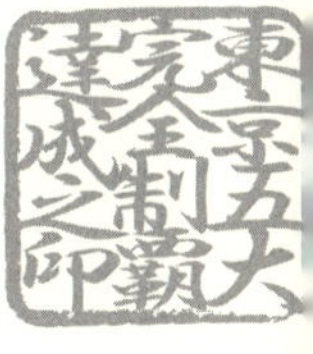

次は池波正太郎も御用達だった**【竹むら】**□。

神田須田町の甘味処「竹むら」は昭和5(1930)年創業の老舗。この付近は東京のど真ん中にありながら奇跡的に戦災を免れた地域で、店舗は「いせ源」「ぼたん」と並び東京都選定歴史的建造物に選定されている。店内は素朴そのものだが、あんみつ、ぜんざい、

揚げ饅頭など甘味全般が揃い櫻茶があるあたりに個性を感じる。淡路町の夏目漱石ゆかりの洋食「松栄亭」や火災から復活した「かんだやぶそば」の後に寄るのがベターな使い方。

深川参詣の後に利用したい【いり江】□。

富岡八幡宮や深川不動尊に近い路地裏の老舗甘味処。元はこんにゃくや寒天の製造業を営んでいたが昭和45(1970)年に甘味処をはじめたという。寒天製造のノウハウを活かした自家製寒天のあんみつメニューの豊富さが特徴で、白玉、豆かんの人気も高い。「いり江」の屋号は沖に出た船が戻ってきたときにホッとひと息つけるような店にしたいという願いからだという。門前町の性質ゆえに一見客が多く、常連は少ないと思われるだろうが、じつは地元客が多い人気店。

いろいろあるけど…【梅園浅草本店】□。

甘味処の多い浅草の中でも老舗として知られる「梅園」。安政元(1854)年、浅草寺別院梅園院《ばいおんいん》に茶屋を開いたのがはじまりで屋号もそれにちなんでいる。本店とわざわざ名乗るのは甘味処だけでなく和菓子販売などで手広く商売を展開しているから。初代が「あわぜんざい」で当てた経緯から今でも看板商品として押している。「あわぜんざい」といいながら「あわ」ではなく「餅キビ」を使うのが秘訣。いつも思うことだが、女性店員が素っ気ない対応。この店だけでなく浅草の流儀なのか、ちょっと考えてほしい。

もはや上野名物です、【みはし上野本店】□。

上野あたりでは知らない人のないくらい「あんみつ」で有名な甘味処。戦後すぐの昭和23(1948)年に開業。店名の由来は上野広小路一帯が寛永寺の領地で、参道の途中には不忍池から川が横切り三つの橋が架かっていて周囲が三橋(みはし)と呼ばれていたことにちなむという。甘すぎないサッパリとした蜜と角のある新鮮な寒天がこだわりだが、みかんは缶詰使用だと正直なところがかえって好印象。行列の可能性大だが、近くの松坂屋や上野アトレにも支店があるので、混んでいる時はそちら利用しては。

(隆)

▲上野といったらみはしです

東京五大銘菓―やはりこれで逆らうことはできない。東京伝統和菓子の芸術。

何か気の利いたお菓子の手土産をと思ってデパートの地下へ行くことはよくあるが、やたら品数はあるものの、いまひとつ決め手にかけるなと思うことが多い。チェーン展開している菓子店が幅を利かしているせいだろうが、嗜好の変化の影響によるのか最近は和菓子店より洋菓子店の新規出店の方が圧倒的に多そうだ。しかし、昨今のスイーツブームと重なり様々な洋菓子が次々に発売されて一時は行列が出来るほど流行するものの、サッとブームが過ぎ去ると閑古鳥が鳴くということが繰り返されているような気がする。あるタレントが仕掛けて一時は行列が出来るほど盛況を博したキャラメルのブームがその好例だろう。日本人だからやっぱりお茶に合う和の銘菓を食べようじゃないか。

「ナボナ」「東京ばな奈」「ごまたまご」など東京土産の定番に君臨するほどに定着した洋菓子の銘菓には敬意を払いたいと思うが、ここでは既に100年にわたって歴史を刻んできた和の「銘菓」から五大を選定した。一度は食したことがあると思う。ないという人はそりゃマズイですよ。

「虎屋の羊羹」「うさぎやのどらやき」「岡埜栄泉の豆大福」「銀座木村屋のあんぱん」「淡平の煎餅」

名物に旨いものなしと言うが、東京の名物に限って言えば、そんなことはない。

いずれも自信を持って推薦できる逸品である。（隆）

▲さすが名品を売る老舗、店構にも味がある

銀座《ぎんざ》木村屋《きむらや》のあんぱん

check

菓子パンというのだからお菓子なのです。だからあんぱん元祖ははずせない。

言わずと知れた「あんぱん」の元祖。「あんぱん」が銘菓と言えるかどうか疑問かもしれないが「あんぱん」を食べるときに合うとしたらコーヒーよりもお茶に落ち着くだろうからやはり和菓子に近いと考えた。

デパートやスーパー、コンビニなどでよく目にする「キムラヤ」ブランドのパンはつとに有名であり、誰でも一度は口にしたことがあるだろう。

明治2（1869）年創業でグループ企業はパン・和菓子・洋菓子の製造・販売からレストランの経営と果てしなく存在していて、とてもひと口では説明できないくらい。

「あんぱん」で知られる銀座木村屋は直営店の本店という位置付けらしいが、こちらでもカフェ・洋食・フレンチの店が同じビル内に存在していて木村屋のフード事業を全て見ることができる。

明治8（1875）年に明治天皇に「酒種あんぱん」を献上したことで宮中御用商に加わり、その後もジャムパンを考案し人気商品にしたことでも知られる。銀座四丁目の好立地ながら店内は手狭で、いつ行っても老若男女で溢れ買うのにひと苦労することも。最近のヒット商品はバターを加えてひと工夫を施した「あんバター」なる一品。

（隆）

うさぎやのどらやき

check

どんなことをしても、他がたちうち出来ないどらやき。待望の喫茶室も出来ました。

店の地番は上野ではあるが駅は御徒町の方が近い。中央通りを挟んで松坂屋の斜め前にあたる。「うさぎや」は大正2（1913）年に現在地に和菓子屋として開店というから既に100年にもなる。富山県出身の初代が卯年の生まれであったことからこの店名になったという。

「どらやき」でつとに知られる店ではあるが、最中や羊羹に「喜作」と付くのは創業者が谷口喜作という名前であったから。その初代創業者が菓子折りに入れていたという「うさぎやは素人の菓子屋也」との口上の通り、「素人ゆえに材料は最上の物を、価格は廉価に」の精神を守って現在も営業を続けているとホームページにもあり、謙虚な姿勢がうかがえる。

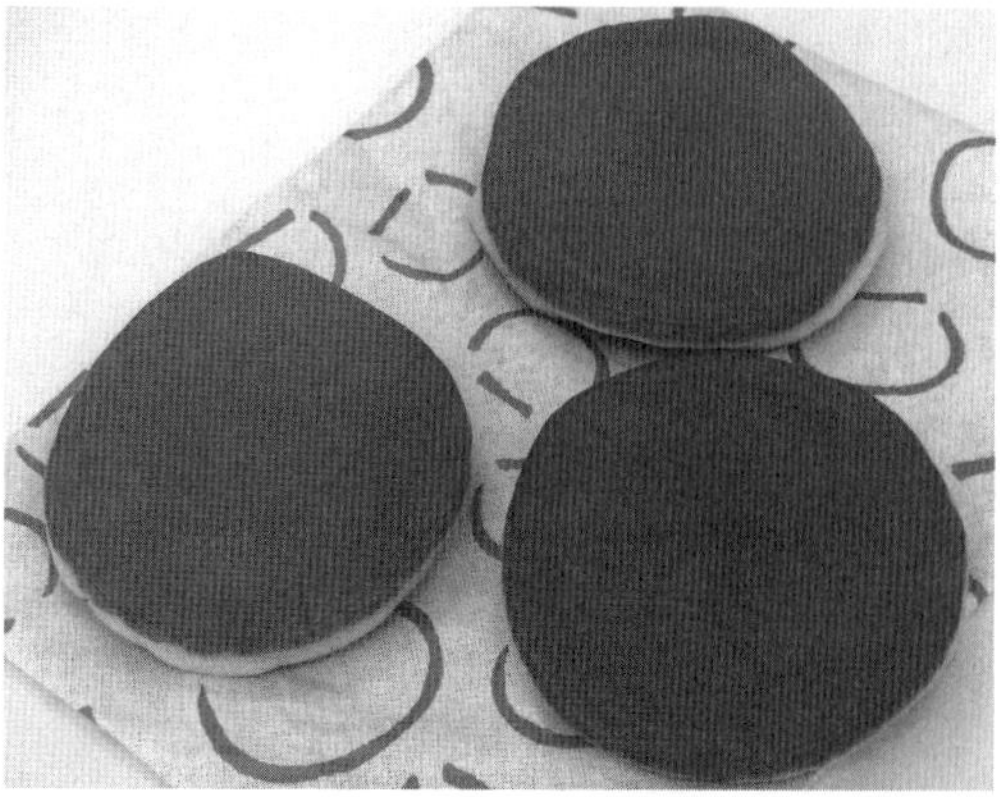

　この「うさぎや」のどらやき(1個205円)以上に美味しいどらやきに出合ったことがないという人が多い。

　レンゲの蜂蜜を使ったという皮のサクッとした食感と十勝産の小豆の餡の相性が抜群。消費期限は2日とされているが温かいうちに包装するので傷みやすいため出来たてをお召し上がり下さいとホームページにもあり、その場で食べるのがいちばんのお奨めのようだ。

　16時以降の来店は予約が必要なので注意。こういう店こそ甘味処のような喫茶室があったら最適なように思っていたら昨年(平成27年)、店の裏手に「うさぎやCAFÉ」という和風喫茶をオープンさせていた。好機到来とみたようですなぁ。

（隆）

岡《おか》埜《の》栄《えい》泉《せん》の豆《まめ》大《だい》福《ふく》 □check

ただ1軒、生き残った老舗岡埜栄泉総本家。他の岡埜とは関係ありません。

　創業は明治6(1873)年。上野の地にて既に140年を迎えようとしている老舗中の老舗。店の正式な名称は「上野駅前　岡埜栄泉総本家」。明治初期に「浅草駒形岡埜栄泉」から親戚筋5軒に暖簾分けされたうちの1軒で現存するのはこの上野駅前のみだそうだ。上野駅が出来る10年前には当地で開業していたという。

　現在の代表取締役(5代目)が国際オリンピック委員でサッカーワールドカップ日韓共催時のサッカー協会会長を務めた岡野俊一郎氏だというのは有名な話。

　上野駅の真正面にあるビル1階という商売をするには絶好の立地なのだが、マルイ上野のすぐ横でヤング層が多いせいか店舗外はやや忙《せわ》しない雰囲気。不動の一番人気と店が押すように、豆大福を買い求める客が次々と訪れる。国産のもち米でしっかり搗《つ》きあげら

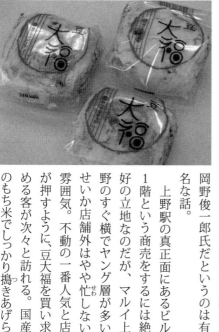

れた餅生地に甘さ控えめな餡の豆大福は1個220円。生地の塩加減が絶妙で餡の甘味との対比効果が良くあらわれている名品。振りかけられた粉が多くほろほろこぼれるのはご愛嬌か。

他にも「黒豆きんつば」「抹茶どらやき」「栗蒸し羊羹」など人気商品がたくさんある。そんな中でかわっているのが「うさぎくんクッキー」なるお菓子。和菓子屋さんだから、焼き菓子のクッキーがあったとしてもまぁ、許容範囲か。ただ「うさぎ」というネーミングが同じ上野のどらやきの「うさぎや」に対して何かあるのかなと勘ぐりを入れたくなってしまった。東京駅の大丸東京店の地下にも店舗がある。　（隆）

虎《とら》屋《や》の羊《よう》羹《かん》 □check

——西欧にも通ずるキングオブザ羊羹。味オンチなアメリカ人にはわからないらしい。

虎屋本店は港区赤坂にあるが創業は遠く室町時代の京都。後陽成天皇在位時から御所の御用を承る皇室御用達の菓子司となっていた。明治になってから東京に移転したのはやっぱり皇室との係わりからであろうか。昭和にはパリに、平成になってからはニューヨークに出店した。ニューヨークは10年後に撤退したがパリ店は現在も健在である。アメリカ人にはわからないだろうなこの繊細な味は。しかし、フランス人には賞味されているようで一安心。

さすが室町時代からの老舗、横書きになっても「や・ら・と」と印された白地の暖簾は行ったことがない人でも知っているだろう。その瀟洒な佇まいは不埒な輩を近付けない（?）威厳に満ち溢れていて、ちょっと覗いてみようでは入れる雰囲気ではない。都内近県のデパートや空港にも出店していてフランクではあるがそちらでも雰囲気は同じ。羊羹は大小いくつもの種類があるが、単なる甘味とは違うしつこさのない上品な奥行きの深さを感じさせる。大事な相手への贈り物としては最上級の逸品とされるのがよくわかる。

本店地下には「虎屋菓寮 赤坂本店」なる高級感のある甘味処を併設しているが、平成27（2015）年10月をもって本社ビル建て替えのため本店を含め一時休業となる。

平成30（2018）年再開の予定。　（隆）

神田《かんだ》淡平《あわへい》の煎餅《せんべい》 check

激辛だけが自慢ではない、一度食べれば違いがわかる淡平の煎餅。

神田駅に近い神田西口商店街にある煎餅、あられの老舗専門店「神田淡平」の煎餅を推奨したい。「淡平」の店名は今から500年以上前、葛飾郡淡之須(現在の葛飾区青戸あたり)に落ち着いた先祖鈴木平左衛門が訳あって武士を捨て、自ら「淡平」と名乗ったことからという。煎餅を商売としてからは今の店主で5代目になり、今でも工場は青戸にあるそうだ。

淡平の煎餅はコンビニやスーパーで売っているような一般メーカー品に比べるとかなり手間が掛かるためやや割高で、いちばん安い煎餅でも1枚155円はするが、違いのわかる根強いファンに支持されている。スタンダードな醤油や胡麻から、わさび、辛子、にんにく、山椒、琉球ザラメなどの変わりダネまでが食材の色がらにちなんで(例えば辛子だったら黄色というように)1枚ごとに色分けされて包装されている。食べてみるとそれぞれに風味が良く、煎餅とサブレーの間のような意外な歯応えが心地良い食感を与えてくれて素直に美味いと感じる。色々取り揃えて贈答用にすると喜ばれそうだ。

また、余談になるが淡平は「激辛煎餅」の製造・販売でも有名で「激辛」という単語の発祥の地となり、昭和61(1986)年には「激辛」が現代用語の基礎知識・新語部門で銀賞を受賞するに到ったというおまけも付いている。健康状態についての保証は出来ないが(?)、辛いものには目がないという人はぜひお試しいただきたい。浜松町にも支店がある。

(隆)

東京の食編

東京五大カレー —何だかまた食べたくなるんだな〜このカレー。

日本人はなぜこんなにカレーが好きなのだろうかと考えたことがある。筆者なりの結論は、どんな家庭でも必ず1週間に1度はカレーの日があったのではないだろうか。

これは、お母さんが家庭で作る時に、こんなに失敗の少ない料理はないからである。肉と野菜を炒めて、煮込み、市販の好みのルーを入れれば、ハイ、出来上がりである。子どもたちは、毎週これを食べさせられるのだから、幼少期の体にカレーの味の記憶が刷りこまれても当然で、大人になっても、体がカレーを欲してしまう。

そして子供の時と同じで、仕事をしても1週間に1度はランチでカレーを食べざるをえなくなる。幼少期から思春期の刷りこみは絶大なのである。

しかし、カレーも筆者の子供の頃から較べると、大変な進化をとげている。幼い頃食べた日本の甘いカレーから、本格インドカレーや欧風カレー、最近ではスープカレーまで、それこそ豊富なバリエーションのカレーが楽しめる。こんな国は日本だけではないだろうか。

そこで今回は中村屋（初発でありこの店はつべこべ言わずに入れるべき）以外は癖になるというのをコンセプトに選択した。

一度食べると、何だかまた訪れたくなる、喩えは悪いが、麻薬のようなカレーを紹介したい。

（宮）

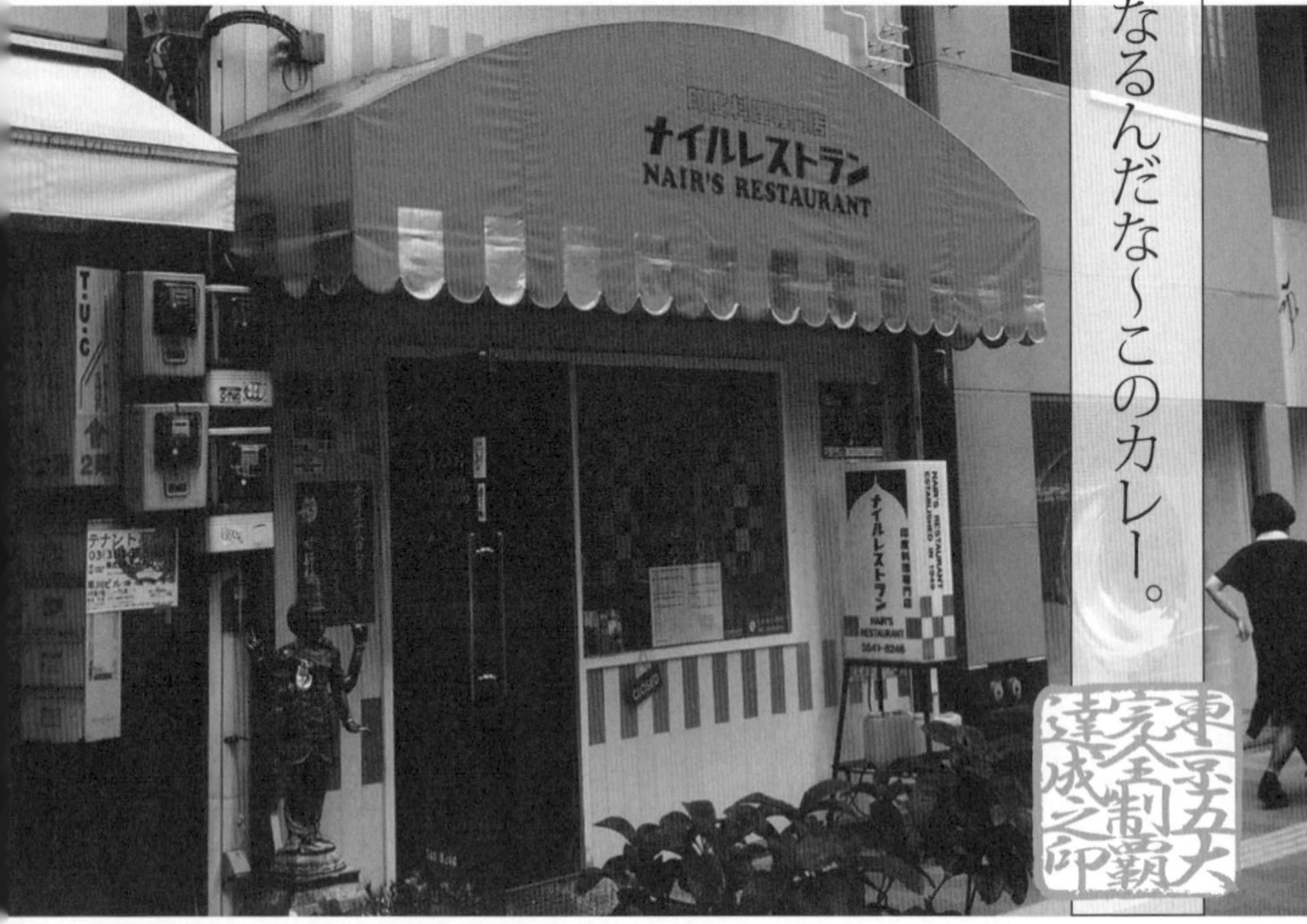

▲現在は三代目ナイル善己氏が引き継いでいる（ナイルレストラン）

デリー上野店《うえのてん》

check

まずは、これぞ東京のカレーの最高峰。食べられない人はカレーを話す資格なし。

小体な店に入って驚くのは、そのスパイスの香りである。そして周りを覗くと、黙々と一心にカレーを食べている。その中でも一番の人気が辛さ星五つのカシミールカレー。ルーは黒くてサラサラでスープカレーのよう。具材は鳥肉とおイモだけで潔よい。一口食べると、舌がヒリヒリして、体中が熱くなり、額から汗がでる。しかし、旨いのである。スパイスの芳香が際立っているが、嫌味がなくその洗練された味は、筆舌につくしがたい。どうしたらこのようなカレーは作れるのだろうか。他では味わったことのないカレーである。

▲汗が額からじわり

創業は昭和31(1956)年。商社マンの田中敏夫氏が、インド駐在中味わったカレーを再現して日本にと研究に研究を重ね出来上がったのがデリーのカレーである。しかし、筆者は、本場インドのカレーを様々食べているが、こんな繊細なインドカレーを食べたことがない。ひょっとするとこの東京のインドカレーは本場インドをすでに超えているのではないかと思う。他にも辛さ星一つ「デリーカレー」やトロミのある「コルマカレー」、他では味わえない深みのある「ドライカレー」などあるがどれも旨い。付け合わせの「オニオンのからし漬け」と「ピクルス」もまたイケる。またここのタンドーリーチキンは日本一、いや世界一旨いかもしれない。お試しあれ。

（宮）

ボンディ神保町本店《じんぼうちょうほんてん》

check

今や東京のカレー店の最大の激戦区になった神保町で30年、老舗の欧風日本式カレー。

食べると、辛さと独特の甘みがバランスよく、まろやかで上品で、インドカレーのように尖ったところはないが、香り高くてスパイシー。まさに欧風という言葉(欧風とは何なのか、ほんとうにはわかっていませんが、ただイメージだけです)がぴったりのカレーである。蒸《ふ》かしジャガイモにバターが前菜代わりに運ばれ、カレーポットにカレー、ライスにはチーズ、これも欧風？を思わせる。あまりジャガイモが好きではない筆者でも、ここではなぜだかぱくついてしまう。誰でも一度食べると、忘れられない味になること請け合いである。メニューは普通のビーフ、ポーク、チキンや魚介等あるが

1300円以上でちょっと高め。しかし、それだけを払う価値がある。日本一の書店街にあるだけに、客層も何だかインテリっぽい人が目立つと思うのは筆者の思いすごしだろうか。もう一つ、「カヴィアル」という欧風カレーの店が、神保町の交差点近くにあるが（神田駅近くにあったのが、こちらに移転）、かつてボンディで修業した人が経営しているようでこちらも甲乙つけがたく旨いが今回は、先輩格を立てた。　（宮）

▲海鮮カレー
▲もうおなじみの看板です
▲バターと塩とコショウで

▲ビルも改築されて、今は地下２階で食べられます

新《しん》宿《じゅく》中《なか》村《むら》屋《や》 □check

東京いや日本のカレーの歴史上、絶対外せないの記念物的な純印度カリー。

新宿中村屋創業者・相場愛蔵とインド独立運動の志士ラス・ビハリ・ボース（P137ショートコラム参照）の関係は有名ですが昭和2（1927）年新宿中村屋は日本で初めて本格的なインドカレーを提供したことで知られている。当時は小麦粉を使った欧風カレーが主流だったが、ボースの指導のもと完成した強烈なスパイスの香りと骨付きの大きな鳥肉の入ったインドカレーを見た日本人は、驚きで戸惑いを隠せなかったらしい。その後改良を重ねると、飛ぶように売れるようになったそうである。

筆者の個人的なことで恐縮だが、山形で育った母親（現在87歳）が戦後上京する時に、東京で一番したいことは中村屋のカレーを食べることだったというのを昔聞いたことがあった、同じような気持ちの地方の方がたくさんいらっしゃったのではないだろうか。その当時もそれほど中村屋の印度カレーは世に轟いていたのである。現在は新宿の中村屋ビルの地下2階「レストラン&カフェManna」でその伝統の味に舌鼓みを打つことが出来る(1620円)。大きい鳥肉が入り、ルーはまさにスパイシーで、芳香な味わいである。今では高級ホテルのレストランでこのようなカレーが出されているように感じるが、ここが元祖なのである。(宮)

ナイルレストラン □check

ムルギーランチと派手な服装の二代目G・M・ナイル氏で有名な最古のインドレストラ

昭和24(1949)年創業。中村屋が純印度カレーを提供した店であるのならば、こちらは、東京いや日本最古のインドレストランである。筆者は昼時に行ったが、なんだか奇妙なピンクの内装にテーブルが10卓。70人ぐらい入れる店内は一杯で、案の定ほとんどがムルギーランチを食べている。地鶏のもも肉にターメリックライス、それにマッシュポテトにボイルしたキャベツがのっかっている。

テーブルにムルギーランチが到着すると、すばやく従業員が「鶏ほぐすよ。混ぜると美味しいから」という。

▲「鶏ほぐすよ。混ぜると美味しいから」

筆者、目一杯混ぜて、口に頬張る。オツな味。鶏はしっかりした味がつき、マッシュポテトとキャベツが絶妙にカレーと絡み、味をマイルドにしてくれる。これが日本最古のインドレストランの味かと妙に感心する。お客が皆ムルギーランチを注文するが、他のメニューもあるのだろうかとテーブルのメニューを覗く。色々なものがある。今度は夕食時に訪れて、本格的にムルギーの味を堪能しようと思い、店を出る。

ちなみに二代目ナイル氏の父である創業者のA・M・ナイルは前述ボースとともに日本でインドの独立のために活躍した人で、彼ら二人が日本に伝えたインドカレーが、日本のカレー文化に与えた影響は絶大であり日本人は決してそれを忘れてはいけないのである。(宮)

キッチン南《なん》海《かい》神《じん》保《ぼう》町《ちょう》店《てん》

check

元はカレー専門店。定食屋の黒カレー。

え、キッチン南海は定食屋じゃないのという声が聞こえますが、何を隠そう、カレー専門店が定食屋になったそうである。なんだか納得。だからこれほどまでに人を惹きつけるカレーが…。

前述の4店とは少し趣が違いますが、ここのカレーを食べたなら、五大に入れてもいいかもしれないと思う方がいると筆者は確信しております。そして非常に粋な方だと。

色はまさにまっ黒けですが、その色が食欲をそそり。一口食べると、すぐに定食屋なのに侮れないと心の声を発するはずである。何も奇を衒《てら》っているわけでなく、まずはよく煮込んである。繰り返し煮込んであるということがすぐわかる。辛さは普通ですが、後から香ばしい味が残り、また何日か後に妙にこの香ばしい味が懐かしくなってくる。まさに絶妙な味とはこのことを言うのではないかという一品なのである。

▲この黒が食欲をそそるのです

▲キャベツも新鮮

ちなみにとんかつ（カツカレー）に合うルーとしては、このルー、東京一、いや日本一ではないかと思うのは筆者だけだろうか（カレーライス550円、カツカレー750円）。定食類も白飯も旨いです。付け合わせに、大きな容器にあの赤い福神漬けがいくらでも食べてくれとたくさん入っているのもまた良い。

蛇足ですが、かつてマイルドカレーとは何かと店員のお母さんに聞いたら「ただ生卵のせているだけ」という素っ気ない返事。確かにマイルドになるわな。

（宮）

付記：かつて神保町に食べ放題のキャベツの浅漬けがおいてあるカレー屋さんがあった。記憶に間違いがなければ、ドライカレーの様なルーがかかっており、少し辛いが独特の風味のカレーが出て来て、そのキャベツと絡ませて食べると、良い塩梅の味だった。癖になり何度も通ったが、店名さえも憶えようとしなかった（そりゃいかん）。そして、何時の間にか記憶だけを残してお店が消滅してしまった。あのカレー屋さんが妙に懐かしい。

▲ラサムスープも極旨（デリー）

ナイルレストラン前置物

東京五大カレーショートコラム

ボースと新宿中村屋

ボースは明治19（1886）年、インドベンガル地方に生まれました。16歳の時親元を離れインドの独立運動に身を投じますが、英国政府から懸賞金をかけられ追われる身となり、大正4（1915）年、日本に亡命します。

一方、日本では、アジア解放運動の志士を守ろうという動きが民間で高まっていました。しかし、日英同盟を結んでいた日本政府は、ボースに国外退去を命じます。このような日本の外交に反発したのが頭山満、犬養毅、寺尾亨、中村弼などそうそうたるメンバーでした。また、中村屋の創業者 相馬夫妻もこれを新聞で知り、ボースの身の上を気の毒に思い、ある日店に立ち寄った弼に、相馬愛蔵は「店の裏の洋館なら彼を匿えるかもしれない」ともらします。この一言が頭山に伝わり、中村屋のアトリエでボースを匿うこととなりました。

その後ボースは3カ月半中村屋のアトリエに潜伏。大正5（1916）年3月に中村屋を出て逃亡生活を続けますが、その連絡役を務めたのが相馬夫妻の娘俊子でした。二人は後に結婚し、ボースは相馬家とのつながりをさらに深めることになります。

大正8（1919）年、第一次世界大戦後の講和会議で、ボースは自由の身となります。翌年日本に帰化、また中村屋の役員になりましたが、平和な日々は長くは続きませんでした。大正14（1925）年、逃亡生活の心労がたたり、26歳で俊子が亡くなってしまいます。自分を支えてくれた人を幸せに出来なかった…。ボースの無念は計り知れないものだったに違いありません。

大正末、百貨店の新宿進出に中村屋は少なからず脅威を感じていました。それを聞いたボースは、祖国インドの味を日本に伝えるため、純印度式カリーを名物料理にした喫茶部をつくろうと提案します。そして昭和2（1927）年6月12日、喫茶部（レストラン）を開設。同時に、純印度式カリーが発売されました。

〈中村屋ホームページより抜粋〉

東京五大ハヤシライス ―東京でしか味わえない苦味・酸味・深いコクそして旨み。

ライスが最後に付く洋食メニューの代表格と言えばやはりカレーライスで、その次に来るのがオムライス。ハヤシライスはその下の扱いになり、普段わざわざ食べに行く機会はあまりないが、実はハッシュドビーフをヒントにした日本が発祥の洋食メニューとされ、諸説あるがおおよその起源は明治初年ごろにたどり着く。

宮内庁で考案されたものを上野精養軒の林という料理人が賄い食として供したことから広まったとする説と、後述する丸善創業者の早矢仕《はやし》氏が作った牛肉と野菜のごった煮説が有力とされるのだが、大体このころに流行った料理の中で発祥がおおまかにでもたどれるのはカレーライスくらいのもので、ほぼ日本料理である「肉じゃが」ですらその起源は諸説ありはっきりとはいかない。

双方に同じ姓の人が絡むのが興味深いが真相は藪の中ならぬ林の中であろうか。

ハヤシライスの五大は次の5店。

「マルゼンカフェ日本橋店」「横濱屋」「シャンポール」「キッチン・ボン」「グリルエフ」

カレーのように辛くなく、酸味とデミグラの苦味を楽しむ大人の料理だが、店によって個々の進化があるのも特徴だろう。

（隆）

▲諸説があるが、元祖はやはりココ（マルゼンカフェ）

マルゼンカフェ日本橋店《にほんばしてん》 □check

元祖ハヤシライスは創業者早矢仕氏が考案。

基本はカフェだがハヤシライスが有名。日本橋店とは付くが、あの丸善日本橋店創業の地にあり、こちらが本店だろうと思っていたら丸の内のオアゾの方が今は本店らしい。どんな理由があってのことか知らないが、創業の地をないがしろにしてないか、ちょっと残念だなと思ったが余計なお世話か。

明治2(1869)年に早矢仕有的《はやしゆうてき》氏によって丸善は商社として誕生したと店内にある小冊子「丸善はじめ物語」に記されている。その早矢仕さんが外国人の友人をもてなすために、あり合わせの肉や野菜を煮合わせてライスを添えて出していた料理が評判を取り「ハヤシライス」になったのだという。なんとここ日本橋店がハヤシライスの元祖だったのだ(諸説ある一つですが)。

数種類あるハヤシライスの中から、いちばん安価でスタンダードなポークハヤシライス(1030円)をオーダー。ドリンクも結構強気の価格設定なので簡単に2000円近くいってしまいそう。リッチそうな女性の一人客が多いわけだ。

俵型のライスにソースも少量で上品な盛りのハヤシライスはトマトピューレの酸味がはっきりと感じられ苦味はない。玉ネギ、マッシュルームは確認出来たがポークの姿は見えず、みんな溶けてしまったか。ライスにまぶしたパセリパウダーの緑色が鮮やかで美しい。

デミグラのコクよりもトマト特有の目の覚めるような酸味と辛味が追いかけてくるタイプだから、洋食屋だったらちょっとデミグラの追求不足を指摘されそうだが、ここが書店のカフェであることを考えるのがミソ。唸るような大人の苦味を追求したハヤシライスだったら重過ぎてここでは受けないだろう。

カフェは3階の隅だが窓は大きく取られ開放感たっぷり。木目調の落ち着いた店内はいかにもという感じの知的空間。夕方だったせいか、割と広くて一人でもゆったり過ごせると思ったが、ランチ時は混み合うらしいから要注意。ハヤシだけだったら丸善店内でもレトルトの缶入りを売っているのでそちらを利用するのもありか。

(隆)

横《よこ》濱《はま》屋《や》 check

神谷町のビジネス街にひっそりと存在する珈琲専門店で食す究極のハヤシライスは高コストパフォーマンス。

創業から31年を迎えた基本は珈琲専門店。地下鉄神谷町駅から坂を登った飯倉の交差点の角。東京タワーは目の前だが観光客とは無縁の立地だろう。

店頭に掛けられた看板には「只今おいしい珈琲を焙てております」と書かれた張り紙があり、声高に主張するわけではないところにかえって自信のほどがうかがえる。となりには自家製ハヤシライスの写真も貼られていてこちらにも「創業からハヤシライスのみを提供し続けています」とあり、さらに期待が高まる。

昼でも薄暗い店内は昭和レトロというよりはクラシックなバーというような雰囲気。カウンター席に促がされると「ハヤシライスでよろしいですか」とマスターから問われる。ハヤシライス目当てで訪れる客がやはり多いようだ。

ランチタイムのみ提供のハヤシライスは珈琲・デザート付きで950円。白の丸皿にソースも並々とそそがれておりコストパフォーマンス度高し。トマトの酸味は薄く抑えられ、薄切りの牛バラ肉に玉ネギの甘みがデミグラスソースに加わり、上品で旨みの深い仕上がりで抜群に美味しい。牛バラ肉を使うところがプロで特有の脂の旨さを存分に活かしている。ライスも硬めに炊かれておりサラサラいけるのが心地良い。デザートの洋梨の甘露煮シロップかけも美味しいが、器が平らだから若干スプーンだと拾いにくい。

それにしてもこのマスターはただ者ではないと実感させられる一品。おそらくフレンチか洋食の経験がある人なのではと感じた。

香りと旨さを満喫できる珈琲も一級品で、ぜひ訪れてほしいと思う名店。　（隆）

シャポー・ルージュ check

吉祥寺人気レトロ洋食屋の大人の渋いハヤシライス。

近年は住みたい街として大人気の街、吉祥寺で昭和36(1961)年より続く老舗洋食店。東急デパートすぐ裏、まだ

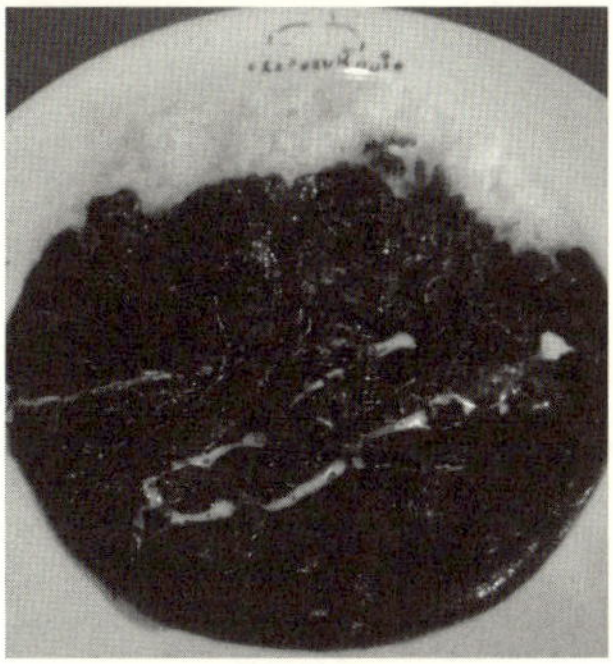

雑踏の賑わいが止まない路地の小体なビルでレトロな外観が目を惹く。表の店名を記した下に「旧バンビ」とあるように平成の初めまでの店名は「バンビ」であった。店内に行列が出来ているのが外からもわかるほど混むが、ランチが16時までと余裕があるのと、1階から3階までが店舗で席数が結構あるので回転が良くそれほど待たないで済む。

昨今の洋食店の流行を踏まえたデミグラスソースで食べるオムライスやビーフシチューとロールキャベツが店のお勧めだが、このデミグラスソースが直に活かされるはずとハヤシライスを頂いた。ハヤシライスセット(1188円)は先にサラダとボルシチ風のスープが提供される。サラダは特に何の変哲もないが、ボルシチ風のスープが具沢山で美味しい。店のお勧めにロールキャベツがあるようにどこかロシア料理の流れを汲んでいる感じがする。ハヤシライスは漆黒のソースが威風堂々といった感じがするが案外に苦味や酸味は主張せず、赤ワインだろうか良い風味が香る。ずっしりとしたコクがあるというタイプではないが、喫茶店や街場の洋食店のハヤシライスとはひと味違う上品さがうかがえる。

店内の至るところには画家織田廣喜氏の作品が飾られ、さながら画廊レストランの雰囲気があり、若い女性スタッフの接客も丁寧で昭和の温もりを感じる。1階の店内に入ったすぐにある作品「赤い帽子の少女」は店名の由来になったとされる作品。　(隆)

キッチン・ボン

check　少し高いのが難だが、著名人ご用達の上質なハヤシライスは秀逸。

一言で言うと毀誉褒貶の激しい店である。一方では褒めそやす人が沢山ながら一方では二度と行かないと言う人ありで、その点では吾妻橋の「レストラン吾妻」と双璧だが、吾妻の料理人がサービス精神旺盛過ぎて色々賑やかなのに較べれば、こちらの店主は「ありがとうございました」くらいしか口を開かないから、ゆっくり落ち着いて食事に集中したい人には断然こちらを推す。ただしどちらもインフレ価格が売りだからその点は財布の中身と相談して臨むべし（けして批判ではありません）。

かつて美空ひばり、黒澤明、長嶋茂雄などの著名人がこぞって訪れた恵比寿の老舗洋食店であり、名物はロシア料理の定番ボルシチ（1470円）だが、もう一つの名物料理がハヤシライス（2100円）。随分高いなという印象ながら評判は良く「一度は試しておきたかった。ちなみにランチならこの価格だがディナーだと3000円になる。

てっきり別盛りで出されると思いきやテンコ盛りのライスに鮮やかな朱色のソースもたっぷりで登場。グリーンピースの緑とのコントラストが綺麗。確かに量的には価格とのギャップは感じない。さて味はどうかと食べてみると、酸味をあまり感じないオーソドックスな味ながら苦味は薄く、コクがあってまろやかな旨さが後を引く上質な味で飽きが来ない。小麦粉を振ってソテーした豚肉に玉ネギ・マッシュルームはシャキシャキ加減がちょうど良く、丁寧な仕事が良く判る。強気の価格設定も頷ける見事な仕上がりだった。

カウンターから店主を見るともなく見ると始終苦虫噛み潰した表情でテキパキと仕事をこなす様子は噂通り。使ったフライパンを勢いよく置くドン、ガチャンがもう一つの名物（？）として知られている。今度はこれも評判のシャリアピンステーキでも食べてみようかな、8400円もするけれど。（隆）

グリルエフ check

レトロ感横溢の店内。ボリュームの異次元ハヤシ。薬味の充実がウレシイ老舗店。

グルメの通う街というよりは風俗通の街として有名な東京の南の聖地（性地）五反田。ダウンタウン松本人志が結婚した際、相方の浜田が、「これでもう五反田には通えませんね」

とコメントしたことで余計有名になってしまった感があるが、けしてそちらばかりではなく食のグルメにも見所が多数ある街として進化している。

昨今注目を集めるフレッシュ黒毛和牛ステーキ＆ハンバーグの「ミート矢澤」（コラム五大行列P169参照）にほぼガード下の行列店讃岐うどんの「おにやんま」、五反田駅前路地裏の串焼き居酒屋「日南」が知られた存在だが、その「日南」の向かいにある「グリルエフ」を御紹介したい。

風俗色の強い五反田東口のさらに裏路地。なぜかその通りだけ人工芝が敷き詰められていて、察するにこの僅か数十メートルの路地は公道ではなく私有地なのだろう。路地の右側が前述した「日南」で左側が「グリルエフ」である。お世辞にも綺麗とは言えない路地で昼はまだいいが夜に女性一人では躊躇するだろう。そのための人工芝なのだろうけど。

看板には「フランス料理グリルエフ」としてあるが正確には洋食店。1950年の創業だからほぼ戦後すぐの創業でそのころはフレンチも洋食も境目がなかったのだろう。やや古ぼけた印象の建物で店内も同様にレトロ感が横溢。

名物がメニューには載ってないことで知られるハヤシライス（1300円）だが、入口の立て看板には表示されるようになった。ランチではほとんどの客が注文しているから人気は高いはずで店側もやっと折れたようだ。

専用のグレービーボートにごっそりと盛られた玉ネギと牛肉の細切りにソースは少なめ。酸味は全くなく、苦味の強いコクのあるデミグラスソースが主張するタイプ。ライスの盛りが良く、もう少しソースを多めにしてほしいという声が多いのが頷ける。頼んだら多めにして貰えるのだろうか。

ラッキョウに福神漬け、紅生姜と薬味が充実していてまさかライスが余ったらこれで食べてというわけでもないだろうね。

（隆）

東京五大ハンバーグ ―石井ではない（ほんとうの）ハンバーグを教えてくれた場所。

ハンバーグといえば、よほど料理のヘタな主婦でもない限りどの家庭でも作る定番料理の一つ。味の決め手はソースとケチャップをミックスした即席のデミグラスソース。チープだが懐かしい味だろう。都内の洋食店を調べ直して今更ながらに気が付いたのだが、ハンバーグはほとんどの店でメニューにあるものの「うちの看板メニューです!」というような店はかなり少ない。

ファミレスやチェーンのステーキハウスでも気軽に食べられ、味は普通だが洋食店に比べれば安い。コンビニに行けば出来合いもあるし、あえて洋食店も手間ひま掛かる割にそんなに強気な価格設定も出来ないハンバーグにそれほど執着しないのもわかる。女性に人気のオムライスで集客に走るのは当然の帰結かもしれない。

忙しいランチは作り置きして煮込みハンバーグという手になるのも仕方ないこと。今回は最低でもしっかりフライパンで焼いているハンバーグから選んだ。

ちなみにハンバーグの元祖が何処なのか調べてみたが不明であった。おそらく明治初期、外国人居留地だった横浜のレストランに違いないと思うが確証はない。ハンバーグの五大は次の5店。

「煉瓦亭新富本店」「せきぐち亭」「キッチンたか」「キッチンパンチ」「カフェテラス ポンヌフ」

スタンダードな洋食メニューのため異論が出そうな気がする。どうか長い目で見て下さい。ｂｙ小松政夫

（隆）

▲目玉焼きをゴハンにのせ醤油を少したらして食べるのがグー（キッチンたか）

煉《れん》瓦《が》亭《てい》新《しん》富《とみ》本《ほん》店《てん》

check

中年オヤジに親しまれて50年、デミはやっぱり老舗の味です。

暖簾分けだが、本店を名乗る。本家である銀座の煉瓦亭と区別するためだろうが、店内に置かれた名刺サイズのパンフやファザードには「洋食元祖煉瓦亭」とあり、こちらはキャッチコピーの位置づけだろう。

本家銀座の煉瓦亭から暖簾分けで新富町に開業したのが昭和38(1963)年のことで3年前50周年を迎えたばかり。静かな路地にあるがランチ時になるとどこからともなく客が詰め掛ける。日替わりのAランチ(950円)を頼む人が多いが、これが最安値だから比較的強気な価格設定といえるかもしれない。そういえば客はほとんど男、しかも40~50代のオヤジばかりで常連が多いようだが、みな品が良くて落ち着いている。

メンチカツにもトッピングされるデミソースが美味しそうだったのと、本家煉瓦亭では注文する人も少ないハンバーグが健在なので何度か訪れていた。

その中でもチーズハンバーグセット(1550円)がお勧め。目玉焼きがトッピングされライス、ポタージュスープが付く。街場の洋食店によくある味噌汁ではないところが老舗のプライドか。ハンバーグはよく練り込まれ滑らかで牛肉の味が濃厚、コーヒーを思わせる程よい苦さのデミグラスソースが美味い。チーズはたっぷりで粘りはあるものの香りには乏しいのが残念だがこれもデミソースに助けられてセーフ。

▲本店に負けずおとらずのデミがいい。

付け合わせのミックスベジタブルが冷凍食品の流用なのは値段的に仕方ないとも思えるが、理想から言えばせめて人参のグラッセ、インゲンのソテーぐらいは備えてほしい。これでビジュアルが最強になるのに。鰻の寝床状の店内は昼間でも照明が暗め。女性客が少ないのはそのせいかもしれない。

(隆)

せきぐち亭《てい》

check

素材の良さと丁寧な作り、堺正章も認める巨匠のハンバーグは星三つなのです。

岸朝子監修「東京五つ星の肉料理」（東京書籍）に掲載されているのを見てこの店を知った。TBS系「チューボーですよ！」でも街の巨匠でよく出ているそうだが訪問時は番組未見で知らなかった。

最初はオムライスが美味しそうだなと思って土曜日の昼にトライすると、何とランチにはオムライスの提供はなく、ステーキ、ハンバーグ、カツレツ等の４種類のみの提供と聞いてガックリ。この点はちょっと残念。でもせっかくここまで来たのだからと気を取り直して注文したのがハンバーグステーキ２００g（１１００円）。だがこれが美味しかった。真ん丸に太ったハンバーグはかなりじっくり挽いた感のある滑らかな食感にほんのりニンニクの香りが絡む。こういうのもありかなという新しい発見を感じるハンバーグで食が進む。

▲肉汁ジューシーです

「日本人の口にあう洋食」をコンセプトに、味噌・醤油を隠し味に使っているようだがあまりそれは感じなかった。後で判ったが牛豚ともに銘柄物を使用しているそうで、シェフの意図とは違って素材の良さの方が前面に出ているようだ。いずれにしても仕事の丁寧さがよく出ていて満足度は高い。

高級住宅地富ケ谷にありながら、店の外観はパスタかピザの美味しいイタリアンのようで若者が好みそうだが、値段が値段なので客の年齢層は高め。ギンガムチェックのテーブルクロスがレトロ感たっぷりで郷愁を誘うが、カウンター席だったので無愛想な店主と弟子（息子？）と差し向かいになった。確かに巨匠っぽくて納得だが、これほど店主と店のカラーがアンマッチなのも珍しい。代わりといっては何だがサービスにあたる奥さんが快活なうえ親切なので助かった。これも街の洋食屋の醍醐味だと楽しむべきか。（隆）

キッチンたか

□check

車力門通りにある東京ハンバーグ1位の味は、飽きのこないスタンダードな味。

四谷しんみち通りにあった「エリーゼ」という店を御存知だろうか？ 名物ビーフトマトで知られ、40年近く続く老舗洋食店だったが5年前に閉店。同地にオープンしたオーナーシェフの手による「かつれつ四谷たけだ」と荒木町「キッチンたか」の2店に分かれてしまった。

人形町「洋食キラク」と「そよいち」（五大洋食P180参照）による因縁の分裂構造がここでもかと思いそうだが、こちらはちょっと違うようでひと安心。オーナーの「かつれつ四谷たけだ」は揚げ物専門、「キッチンたか」は焼き物、炒め物のフライパン料理とジャンルを分けて独立したうえ、無用なトラブルを避けるためか旧店名をあっさり捨ててしまうという潔さで両者の顔を立てたのである。両店ともに盛況だ。

さてこの「キッチンたか」だが、四谷から丸ノ内線で一駅の四谷三丁目。花柳界で知られた荒木町車力門通り下り坂の中腹にある。おそらくバーか何かの居抜きを利用したらしいカウンター6席だけの小体な店なのでいつも行列状態だ。

あるネットランキングで東京ハンバーグ1位を獲得したハンバーグに注目。トマトとチーズのハンバーグ（1000円）を並んでいるうちに注文。

▲デミが最高

6席しかないから先にオーダーを取って着席したらすぐ提供のスタイルでテンポ良くさばく。

ハンバーグはとてもジューシー。箸を入れると透明な肉汁が溢れ出す。焼き付けた部分のカリカリとした食感が香ばしくてとても美味しい。細かくザク切りにしたトマトのソースとコクの深いデミグラスソース、ハンバーグの下に敷かれたチーズの調和が素晴らしく、パンがあったらすぐくって食べたいと思ったら、パンはないがちゃんとスプーンが用意されていた。

付け合わせのポテトサラダも塩気がちょうど良く美味だが、キャベツの千切りがやや太めで水切りが不充分。皿の中に水が出てしまいソースが薄まりそうで不安になるからここだけは改善してほしい。店頭には隣の店の入口を行列で塞がないように張り紙で注意喚起している。新顔で人気者だとさぞ辛いだろう。（隆）

キッチンパンチ □check

店名の通りその味は、中目黒にあるのにパンチがあって下町風。


パンチといったらパンチ佐藤か平凡パンチ。どちらもすっかり御無沙汰だからこれが両方判る人は相当古い人だ。若者との会話には不要なワードだから要注意。

昭和41（1966）年の創業というからこちらのパンチは50年になろうという中目黒の老舗洋食店だ。山の手のはずなのにどこか下町チックな中目黒駅近くの飲食店密集地にあり、遠方からわざわざ来店する客も多そうだ。

メニューのトップに出ている自家製デミグラスソースハンバーグ目玉焼き付き（1050円）を注文する。ライス、味噌汁、漬物付き。ビッグサイズだと300円増し。メンチカツ、

▲まさにパンチがきいてるハンバーグ

唐揚げ、エビフライなどを単品でトッピング出来るのっけ盛りが好評でエビフライを付けてもらったらビッグサイズで700円増しとなった。
自家製を謳うだけあってデミグラスソースは独特で濃厚。ひと口目はほんのり甘めの下町風を感じたが、序々に苦味が追いかけてくる。パテはしっかり練り込まれていて滑らかな舌触りが心地良い。見た目以上に本格派のハンバーグで揚げ物のレベルも高い。ナイフ＆フォークではなく箸なのがやっぱり下町風。
30年ほど前まで目黒川沿いで営業していたそうだ

が移転していて良かったようだ。お洒落なイタリアンかバルなんぞで盛況な目黒川沿いだが、今でもあんなところにあったら競合に巻き込まれて存続していなかっただろう。何が幸いするか判らないものだ。一つ一つ手作りなので状況によっては待つこともあり、時間がないときは使いづらいかも。（隆）

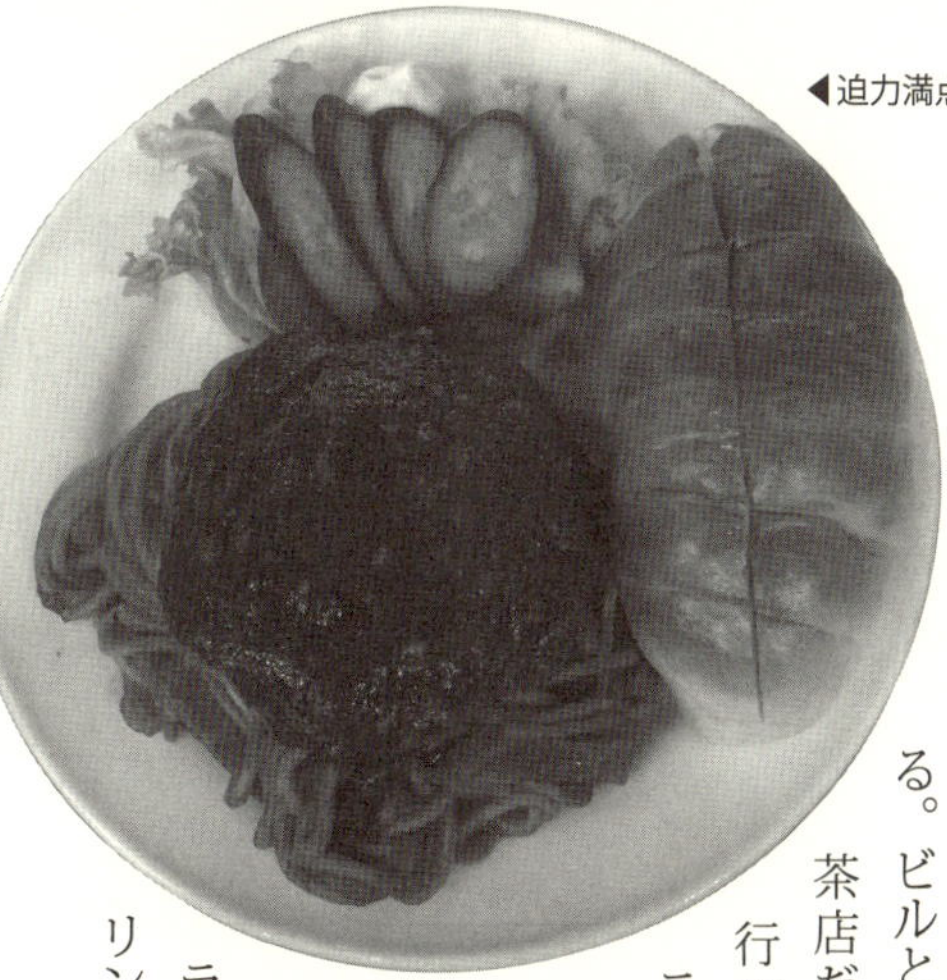
◀迫力満点の懐かしバーグ

カフェテラス ポンヌフ □check

この懐かしいハンバーグ、好きな人にはたまらないよね。

ポンヌフというのはフランス語で「新しい橋」という意味だそうだ。名のとおり新橋駅東口の新橋駅前ビル1号館にある。ビルと同様に年季の入った喫茶店だがランチには長蛇の行列が出来る。人気メニューはポンヌフバーグ（780円）。ハンバーグにナポリタン、バターロール、サラダが一緒盛りになったワンプレートランチでバランスが良さそう。ドリンクは別料金となるのでセットにすると結構高価なランチになる。

12時ちょうどに店に着くと行列にはサラリーマンが3人だけ。その後どんどん人が増えて10人以上になるが、いい具合に帰る客がいるのでそれほどは待たされないで済む。ポンヌフバーグを注文したが、並んでいるうちにオーダーを取るので着席してからは早い。

入口から厨房が間近で二人の男性が必死にフライパンを振ってナポリタンとハンバーグを調理中。焦げたようなケチャップの香りが店前から漂い食欲をそそる。こちらも名物(!?)だった白衣のお爺ちゃん店長。2年前に来たときは盛り付け担当だったけど今は会計係に回っているようだ。

シルバーのプレートにのったポンヌフバーグは大量のトマト

ケチャップとホールトマトで煮込まれた懐かしい昭和の香りが漂うハンバーグ。おそらく豚挽肉だけで玉ねぎと混ぜたハンバーグはしっとりと柔らかく、濃い目のトマト味とマッチしている。

いわゆる専門店の一流ハンバーグではないし、毎日食べるような料理でもないが、素人感たっぷりながら（失礼！）きっちり作られた料理で、そういうところが受けているのだと感じた。

ハンバーグは良いが、一方のナポリタンは茹で置きの太麺使用だからクタクタの上に調味料も濃い味なので後で喉が渇いて仕方がない。これがまた昭和の下町風で受けるのだろうが、食べきれずに残して帰るOLもいるし好みは分かれるのだろうと感じた。

ただ最近妙に薄味が貴ばれるが、皆さん、（ほんとう）は濃い味が美味しいのだが、薄味を旨いと言って通ぶっていないかと心配になってます。

新橋駅前ビル1号館にはこの他にもとんかつの「まるや」、稲庭うどんの「七蔵」と行列店が同居しており、昼も夜もサラリーマンの聖地と化している。ニュー新橋ビルがなくなってしまうと聞いたが、この新橋駅前ビルは頑固に残っていてもらいたいものである。

（隆）

五大ハンバーグ
ショートコラム

名居酒屋「丸千葉」の幻？のハンバーグ

散歩の折りに寄りたい神社仏閣の回向院のところで、少し紹介した南千住、正確に言えば日本堤は、吉原ソープ街と簡易宿泊所が集まった俗称山谷地区と言って、よそ者には近寄りがたい街なのだが、この地区には粒ぞろいの名店が揃っているのをご存じだろうか。

天丼「土手の伊勢屋」（P207五大天丼参照）、馬鍋「中江」、珈琲専門店「バッハ」（P115五大珈琲店参照）、居酒屋「大林」、カツサンド「キングステーブル」など凄みさえ感じる名店が揃った場所なのである。その中でも今呑み助に注目されているのが居酒屋「丸千葉」。五大居酒屋にセレクトしようと思ったのですが、何せ他も盤石で、おしくも次点ということに、しかし、ここは酒も料理もまた接客も（やっちゃんという愛称のご主人の弟さんが絶妙の間合いでお客に接する）素晴らしく、近くにあったら毎日でも顔を出したくなるような店なのである。そこに裏メニューなるものがある。メンチカツとハンバーグ（土日限定）がそれだ。特にハンバーグは、デミグラスソースが独特で、醤油が隠し味のソース、酒のツマミにも合う。付け合わせの山芋の千切りも何だか妙な具合で良いのである。

居酒屋に入れられないなら五大ハンバーグにと考えていたのですが、何と先日訪問したらこのハンバーグ、しばらくの間出さないということで、また五大に入れられないという結末を迎えたのです。こちらの想像だが、あまりの注文の多さに店側も辟易したのではないかと。このハンバーグ幻？になってしまうのだろうか。

（宮）

東京五大オムライス
ーめんどくさくてお母さんが作ってくれなかった。

オムライスには大きく分けて二つのタイプがある。一つは薄皮の卵に包まれた綺麗なラグビーボール型をした伝統的な洋食屋スタイル。もう一つは最近の流行りのトロトロの卵に全体が覆われたタイプ。確率的にはほぼ半々といったところで老舗と言われるようなお店は伝統的なラグビーボール型オムライスが多いようにみえる。

ケチャップで炒めたチキンライスを、バターでからめた卵で包むというシンプルながら料理人のセンスと技術がはっきり現れる一品は如実にお店の品格を体現するだろう。

オムライスは、先にチキンライスを作らなければならず手間がかかるため、なかなか一般家庭ではお目にかかれない料理。それゆえに外食メニューの定番として思い出の一品にもなるだろう。

オムライスの五大は次の五店。

「黒船亭」「津々井」「EDOYA」「天将」「ランチョン」

ここで疑問に思われる人が出るかもしれない。あのタンポポオムライスで有名な「たいめいけん」が入っていないではないかと。そう確かに料理だけなら選ぶつもりだったが、あまりに多店舗展開が過ぎるうえ、あの出たがりガングロオーナーシェフにやや食傷ぎみのため選外とした。一生懸命なのはわかるが老舗なりの品格は保ってほしい。

（隆）

▲十条商店街に入るとすぐ左にある堂々とした店構え（天将）

黒《くろ》船《ふね》亭《てい》

check

卵の中身チキンライスがほど良く炒められている。ボリュームたっぷりの下町オムライスの逸品。

大正5（1916）年創業の上野きっての老舗洋食店。上野不忍池に近いビルの4階。1階の小さなショーケースがノスタルジックで郷愁を誘う。車の通りが激しい繁華街ながらいかにも老舗という雰囲気が漂う。エレベーターで4階へ向かうと昼でも夜でもたいてい待ちの行列が出来ているが案外回転は早い。

▲大きいので食べ残しにご注意

オムライス（1400円）と並んでハヤシライス（1570円）も人気メニューの一つ。どちらで推奨しようか迷ったが、オムライスに決めたのはそのボリュームとチキンライスの美味しさが際立っているから。

老舗系のオムライスの場合、チキンライスを炒める際のケチャップもしくはトマトピューレの分量が多めでライスが水っぽいことがある。チキンライスにしっかり味付けするためなので悪くないのだが好みが分かれる点ではある。こちらはチキンライスがしっとりしながらパラパラになるように良い加減で炒められていて美味。トマトの風味も主張し過ぎないほどに香って、通常の洋食店の倍近いボリュームながら飽きずに食べられる。ちなみにハーフサイズもあるので少しだけ味わいたい時にも対応可。

二十数年前に初めて来たときと同じで女性従業員がみんなにこやかなのに男性従業員がなぜか強面というか杓子定規な対応なのが現在も同じ。こんなところも老舗らしいというべきか。（隆）

津《つ》々《つ》井《い》

check

姿の美しいラグビーボール型の王道スタイルのオムライスが食べられる店。主人は街の巨匠です。

赤坂の親戚筋の同名店と区別するために「新川 津々井」と表記されることが多いようだ。1階の店舗外壁にも「新川」と付けられているが、元々はこちらの方が本家筋らしい。

こちらの主人はTBS系の某番組で街の巨匠として知られた人物。1階のすぐ左側が厨房になっているので外の通りからでもその顔を拝見することができる。知人がこの近所に住んでおり、朝5時頃に店の前を通るともう仕込みを始めている

▲サラダ！量が多くてビックリ!!スープは、コクのある香りの良いクラムチャウダー風スープ。この2点は別注文だがおすすめ

のが見えるというから老舗といえどもたいへんだと思う。2階の席に通されてハムオムライス（1080円）を注文すると5分とかからず出てきたのは姿の美しいスリムなラグビーボール型。端からすくって食べるとバターの味はあまり主張せず卵の美味しさが良く活かされた仕上がり。酸っぱめなトマトケチャップと相まって伝統の王道スタイルのオムライスが味わえる。

ランチのオムライスはセットにするとクラムチャウダー風のスープとサラダがつく。税込で1620円と値段は跳ね上がるが、魚貝の香り高いスープは老舗らしい素敵なサイドメニュー。また、オーソドックスなタイプとは異なるトロトロオムライスと呼ばれる卵かけご飯をオムライスにしたような変わりダネもある。

（隆）

EDOYA ☐check

これほど完成度が高いデミグラスソースがかかったふわトロタイプのオムライスはない。

フレンチイタリアンの有名店が多いちょっとお洒落な街、麻布十番でしっかり根付いた老舗洋食店。ふわトロタイプのオムライスが食べられる店ではここがイチ押しだ。

エドヤ風オムライス（1620円）はふっくらとしてルックスが素晴らしい。バターの香りは抑えめで卵とチキンライス、デミグラスソースのそれぞれの美味しさが際立ちながら一体感を

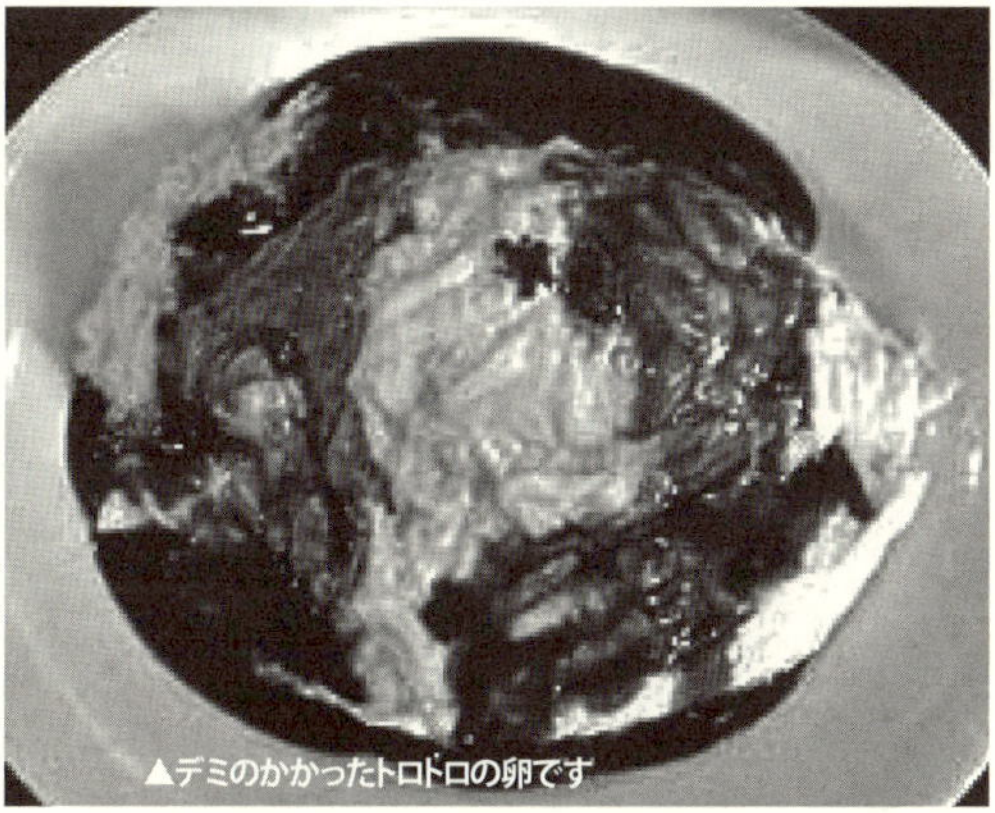

▲デミのかかったトロトロの卵です

保っている。結構なボリュームながら全くしつこさを感じないのはデミグラスソースが甘口で主張しすぎていないからだろう。これほど完成度が高いオムライスにはなかなかお目にかかれないとあらためて感心するばかり。

付け合わせもラッキョウと福神漬け、口直しに野沢菜まであって充実している。酒を飲まないからチップ代わりに頼んだアイスティにはレモンも添えられ、既製品のはずなのにとても美味しいから不思議だ。

以前うかがったときの厨房は店主の他は若手中心の陣容だったが、その後はベテラン揃いに変わり現在は店主が孤軍奮闘中。改めて見てみると店主が中華の鉄人陳健一に似ていて意外。（隆）

天将《てんしょう》 check

無骨な型だが食堂だからと侮れない奥深い味。酒のツマミとしてもいける。商店街で絶大な人気の一品。

どうみても不釣合いに見えるだろう。十条銀座商店街の名物大衆食堂兼居酒屋である天将がなぜオムライスの五大なのかと。正直なところ最初は「東京五大大衆食堂」の項で選ぼうと思ったのだが、念のため行ってみると予想外にオムライスが美味しく、自分の舌に忠実に従おうと決意した次第である。

▲この素人クサイ包み方がいいのです

中休みを取らないから少し客足が遠のいたと思われる15時過ぎに赴いてみると既にテーブル席では赤ウインナーを炒めたのとかアジフライやらをつまみに一人飲みする初老の男性客が数人。そういえば北区は東京23区でいちばん老齢人口比率が高い区だったと思い出す。奥には座敷もあるのだがなぜか誰もそちらには座らないため、こちらも郷に入っては郷に従えで長いテーブル席の真ん中の1席に座る。店先のサンプルケースであたりを付けていたアジフライ（400円）と、急にご飯物が欲しくなりオムライス（730円）を注文するとこれがどちらも大当たりの大ヒット。アジフライの良さは大衆食堂のお約束だが、オムライスが美味しいところは初めて。やや無骨な俵型ながら卵の黄色は鮮やかに、中身のケチャップライスはしっかり酸味が効きながら酸っぱ過ぎはせず、ご飯そのものの美味しさまで感じる秀逸な出来栄え。そこいらのファミレスや町場の洋食店のオムライスをはるかに凌駕する。隣でカレーライスとアジフライを食べていた客がこのオムライスを見た瞬間に追加でオムライスを注文していたくらいだ。おそらくちらっと見えた調理担当の店主は若き日は名のある洋食店で修行を積んだ御仁に違いないと勝手に推測している。（隆）

ランチョン □check

ビールとツマミでホロ酔いになった後にはオーソドックスなオムライスの〆が良い。

日本有数の古書店街、神田神保町の老舗ビアホール兼洋食レストラン。

明治42（1909）年、駿河台下で西洋料理店として開業。当時のことだからライバル店もなく店名なしでも「洋食屋」で通っていたが、常連の芸大（音楽大学）関係者からランチョンにしたらと言われ、店主はその意味も判らぬまま店名にしたとある。ランチョンとは英語。ちょっと気取った昼食のことを意味しているそうだが、てっきりランチョンマットそのものから取った店名だと思っていた。

ビアホールなので昼間からジョッキを二つ三つ本抱えた店員が右往左往しているのは当たり前の光景だが、洋食のレベルも高い。老舗が多いものの洋食屋のレベルが今一歩の神保町では肉料理・魚料理ともに外さないので使い勝手が良い優良店だ。

オムライス（900円）は見ためはオーソドックスながら卵にチーズが溶かされていてこれが美味。バターの味には慣れているから意表をつかれた感じで食が進む。中身のチキンライスもケチャップの酸味のバランスが良く丁寧に作られているのがよくわかる。

千切りのキャベツもたっぷり添えられ、卓上のオレンジ色のドレッシングも美味しい。オムライスだけではさびしいかと思い、一緒に注文したエビクリームコロッケ（1100円）がまた大当たり。エビの旨みがたっぷりで大満足のランチとなった。

▲まさにオーソドックとはこれのこと

古くからの決まりでビアホールだからかコーヒーは置いていない。メニューにもしっかり「ない」と記してある。

同じビルの地下にはこれまた老舗のスマトラカレー「共栄堂」もあっていつもどちらにしようか迷うことしきりなのである。（隆）

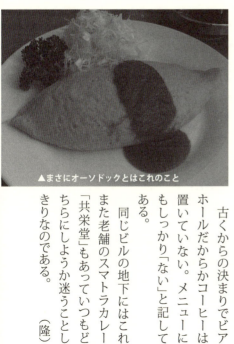

東京五大ナポリタン ーケチャップベトベトスパゲティ、この味が堪らない。

ナポリタンというパスタをケチャップで炒めた料理は日本人が勝手にこしらえたもので、イタリアのパスタ料理にはないということは広く知られていることだろう。日本での起源は諸説あり。大正時代にまで溯れるが当時は高級品で庶民に食べられるものではなく広く巷に知られるようになったのは戦後になってから。昭和21（1946）年開業の横浜、野毛の洋食店「センターグリル」を日本のナポリタンの元祖だとする説が有力だ。

最近、40代以上の中年オヤジ族を中心にナポリタンスパゲティがブームになっている。私たち中年世代にとってははじめに出会った洋食はナポリタンなのではないか。給食の人気メニューでもあった。過ぎ去りし昭和を懐かしむ思いが、若かりし日に食べたケチャップで炒めただけのシンプルなスパゲティに向かったのだろうか。

ロメスパと呼ばれる、見るからにB級のパスタ専門店の隆盛がそれを物語っているが、ここでは伝統的なナポリタンの有名店から5店を御紹介しようと思う。

「むさしや」「ロビン」「ロッジ赤石」「喫茶アンデス」「洋食屋大越」

軽食メニューの王道として知られるように、ナポリタンが美味しい店は喫茶店や洋食店に多く、少し安心した。（隆）

▲このお好み食堂風が食欲をそそるのだ（ロビン）

むさしや

check

ビックリしまくりの洋食店の最後の〆のビックリは山盛りたっぷりのナポリタン。癖になりますよ。

◀旨いですが、量が多いです

サラリーマンの聖地新橋で行列ができる評判の有名店。以前から長蛇の列をよく目にしてはいたが平日は時間に余裕がなくて並べず、ずっと未食のままであった。ならばと、土曜日の正午にニュー新橋ビルを訪ねてみると数えられる程度の人数しか並んでなくて、しめしめと8番目に並んだがその後続々と行列が伸びはじめた。並んで数分すると店主らしき人物がキッチンから首を出して行列の注文を聞き始める。この店主が元ライブドア社長のホリエモンこと堀江貴文氏にそっくりなうえに、そんなに覚えられるのかと思うほどの注文を一気に聞くので二重にビックリ。ナポリタンとオムライスがお店のおすすめと壁に貼り紙があるように客の注文もこの2品が多く、一人で2品とも注文する女性がいてさらにビックリ。結局30分ほど待って無事に着席。先に注文が通っているから着席すれば提供は早い。見るとはなしに店主を見ていると客の食べ終わるころを見計らって次の分を作り始めて、席に着くと同時に提供するという絶妙のタイミングを守っているようで、地味なことだが長年の経験から習得したものなのだろうと感心することしきり。

ナポリタン(650円)はたっぷりの山盛りサイズ。価格以上のコストパフォーマンスがある。ベーコン、玉ネギ、ピーマンの具にしっかりしたケチャップの濃い味付けにバターの香りが食欲をそそる。癖になる美味しさという表現がぴったりとはまり、大満足のナポリタンが食べられる明治18(1885)年創業の超老舗洋食店である。一つ気がかりなのが、新橋駅前再開発によってニュー新橋ビルが消滅する予定であること。ビルともどもこの風情はなくしたくないが。

(隆)

◀濃厚なスタンダードナポリ

ロビン

check

笹塚の小さなショッピングモールにある何げない洋食店は、界隈で超有名な名物店。味に自信ありです。

正直これといったグルメの見どころには薄い京王線笹塚にあって昭和レトロに溢れた唯一の名物店である。駅から線路沿いに新宿方面に戻るとやや年季が入った感じのショッピングセンターが見えてくる。私鉄沿線の駅には昔からよくあるタイプの中規模商業ビルは笹塚ショッピングモール21といい、このビルの2階にあるのが「ロビン」。ロケーションからいったら喫茶店という雰囲気だが、店の入口両側にはこれでもかというほどにショーウィンドーが広がりそのサンプルメニューの多さには料理人の気概を感じて期待感が膨らむ。揚げ物・パスタ・ライスがワンプレートになったメニューでも1000円未満という安さと、その昭和テイストが受けて人気を博している。

ナポリタン(590円)はボンレスハム・玉ネギ・ピーマンが入ってバジルが気持ちだけ振りかけられている。量は普通サイズだがケチャップの味が濃厚で食べ応えがある。一緒に頼んだコーヒーはなぜか薄くて味気がなく物足りない。このあたりが喫茶店ではない証明なのだろうが、この点だけはもう少し改善してほしい。

（隆）

ロッジ赤《あか》石《いし》

check

喫茶店というより自由度の高い食堂とも言える浅草地元民の憩いの場。朝の6時までやってます。

知る人ぞ知る浅草観音裏のレトロな喫茶店兼洋食店。言問通りから一本裏手に入った路地に「珈琲ロッジ赤石」の巨大な緑色の看板を掲げる。元々有名ではあったが、カメラを固定して撮影するNHKのドキュメンタリー番組「ドキュメント72時間」の取材でまた知名度が上がった。月曜は休むが平日と土曜は朝9時から翌日朝6

▲これぞ下町ナポリ

時までの終夜営業を敢行中。
　ナポリタンの評判が高く、土曜の午後に初訪問してみると客は数人でほとんどは一人客。テレビは競馬中継を放送中でそれをカウンターで食い入るように見つめるオジサンがいて、いかにも浅草らしい風景が、と思えば片隅には読書にいそしむ中年女性がいたりして皆が思い思いに寛いでいる。窓が大きいのでそれほど広くない店内でも窮屈さを感じず開放感があるのが好印象。常連らしい初老の女性客が入店すると、いきなり備え付けのテーブル麻雀ゲームに没頭。すると何も注文しないのにアイスコーヒーが自動で運ばれて来る。このように古くからの常連の方とは、あうんの呼吸が成立しているようだ。
　渡されたメニューを見ると喫茶店とは思えないすごい数のレパートリーが並ぶ。洋食メニューが半端なく、ハンバーグ、ピラフ、パスタ類からビーフシチューまで揃い、カツ丼まである。人気のナポリタン（800円）はハム、マッシュルーム、玉ネギ、ピーマンの具材が濃厚なケチャップで炒められ、バターの香りが食欲をそそるいい出来具合。「72時間」でも紹介されていたが、こちらの調理担当の男性はある有名ホテルレストラン出身。実力を遺憾なく発揮して貰える地元民は恵まれている。（隆）

喫《きっ》茶《さ》アンデス check

練馬駅前にある老舗喫茶店は、街の図書館としても、またナポリタンでも超有名。

「タッチ」でお馴染みの人気漫画家あだち充が足繁く通ったことで知られる練馬駅前にある40年越えの老舗喫茶店。あだち充は今でもたまに訪れるらしいが、有名なのはそのせいばかりではなく、昔懐かしい昭和の喫茶店ならではのナポリタンが頂けるから。
　ある祝日の昼下がりに入店し、ナポリタン（600円）とホット珈琲（400円）を頼むと、「今の時間は鉄板ではありませんけど、よろしいですか?」と聞かれた。鉄板にのせられて熱々で登場するナポリタンが名物なのだが、忙しい昼時はそこまで余裕がないらしい。まぁいいかと了承して待つと千切りキャベツとコーンの小さなサラダが運ばれてくる。後でわかったがナポリタンと飲み物を一緒に注文するとセットになってサラダが付いて900円になるようだ。混雑具合から少し待つかと思ったがわずか数分でナポリタンが登場。鉄板ではなく白地の普通の皿だが、こんもりと立体的に盛り付けられ、なぜか半分のゆで卵が添えられる。ナポリタンを名物とする喫茶店でよく見られる、茹でて寝かされた太麺ではなく、細目の麺を使用。独特なモチモチ感は少ないが、ホールトマトも使用しているようでケチャップの酸味は程よく中和されて甘めで食べやすい仕上がり。並の喫茶店レベルは楽に越える。玉ネギ、マッシュルームになぜかここにもコーンが混ざるがハムやベーコンの肉類の姿は見えない。そのための補完でゆで卵が添えられているのだろうか？この辺ややチープな感じは否めないがそのあたりが古き良き昭和の良さと思って許しを請いたい。

◀正統喫茶店のナポリタン

店内の壁は年代物の漫画やコミック誌、文庫本が1000冊以上で埋め尽くされおよそ暇つぶしにはことかかない。ランチはハンバーグ、焼肉などの定食も揃い食事利用も多いが、ザワザワした感じはなくいつまでもゆっくり寛げる。入口のドアや窓枠は木製で山小屋風の造り。このあたりが店名アンデスの由来なのだろうか。（隆）

洋《よう》食《しょく》屋《や》大《おお》越《こし》

check

お洒落になった街の大衆洋食屋は、麻布十番にぴったり。夜は居酒屋に変身？

山の手にありながら何処か下町風でのどかな雰囲気の麻布十番。ここがそんな人気スポットになるずっと前から地道に営業を続けている庶民派洋食店が「大越」。

はじめてその存在を知ったのはテレビ朝日系の深夜番組でのこと。お笑いコンビ、オードリーとイタリアンシェフ川越達也氏が地域の名物店を訪ねて食事をしては点数をつけてランキングするという恐れ多い企画の麻布十番編でこちらを訪ねていたのを見てからだ。あの自信たっぷりの川越が、無名とはいえベテランの料理人たちを前に時に腰が引けながら食評をしているのが面白くてよく見ていた番組だった。

そのとき彼等が何を食べたのか全く覚えていないが、老舗とはいえ堅苦しさのない清潔な店構えに興味を持ち、すぐに訪問した。そのときはハンバーグとパスタが一緒盛りになったその名のとおりのハンバーグつきスパゲティ(730円)を食べた。ハンバーグは普通だったが、太麺で塩味のスパゲティが新鮮な美味しさ。スパゲティが充実しているようだし注文する客が多かったナポリタンに興味を持って再度訪問することにした。

▲洋食屋が手掛ける
ちょっと高級なナポリタン

ナポリタン(830円)はそれほどの盛りではないが、むっちり太麺で具がたくさん。ソーセージに玉ネギ、マッシュルーム、ピーマンになぜかコンビーフの姿もたくさん見えて賑やかな彩り。ケチャップ風味の王道スタイルは飽きの来ない味だが、これにサラダでも付いたらもっと満足度は高いだろう。もっともサイドメニューとしてポテトサラダ(150円)やコールスローサラダ(250円)が用意されているからそちらから選んでということか。いつまであるかわからないが、「おたすけマンマ」なる500円のワンプレートメニューもあり数量限定ながら若者の強い味方。オニオンスライス、お新香など100円のものからあり、つまみで儲けない姿勢は大手チェーンには真似できないだろう。

夜は近くのサラリーマンが居酒屋として利用している。酒に合う料理メニューも充実している。

(隆)

東京五大ミートソース

―昭和の二大日式スパゲティですが、ナポリに負けないで。

ロメスパ全盛の世にあってひとつだけ忘れられそうな存在にあるのがミートソースだ。ミートソースはメニューの脇にひっそりと載る程度。ナポリタンよりミートソースというミート派も少なからずいるはずなのにである。このようにミートソースが肩身の狭い存在になる原因を勝手に推測してみると、

①そもそもナポリタンのような炒め系スパゲッティほど注文が多くない。

②にもかかわらず、ミートソースの場合はソースを煮込むという作り置きの手間が掛かる。

③調理の工程が地味（茹でてソースを盛るだけ）なためシズル感の演出が難しい。

④かといってそれほど高額な価格設定は出来ないため非効率。

という理由が考えられるのだが、それでもあえて最近はミートソース専門店なるものがちらほらお出ましになってきた。どれも進化したミートソースパスタで、筆者が食べていた、懐かしいミートとは似て非なるものばかりのため今回は五大には入れなかった。楽屋話で恐縮だが、ミートソースのセレクトはどの項目よりも困難を極めました。あの郷愁のミートソーススパゲッチに出会うために、各店舗に足を運びましたが、裏切られることが多く、店を後にしました。そんな中からこれは近いのでは、というものを今回五大に選ばせていただきました。（隆）

▲浅草で人気の大衆食堂の珠玉の一品揃いぶみ（水口食堂）

ミスターハングリー　check

焼きだからミートソースはかかっていません。でもあの頃の味か。

高度経済成長の象徴・霞が関ビルの1階の入口に鎮座している。ロメ(路面)スパ(スパゲッティ)で有名な店である。何とワンコイン(500円)でコールスロー付きで食べられるということで日夜近所のサラリーマンで大賑わいのスパゲッチ(これじゃなくちゃ)屋さんである。ロメスパというとナポリタンが定番だが、ここは、醤油・塩バジリコ、イタリアン、タラコ、きのこバター醤油、ミート、キーマー、日替わりスパ等バリエーションに富んでいて、一概にナポリが人気とは限らない店である。ミートは、ちょっと風変わりで、ソースがあらかじめ極太麺と絡まって焼いてあり、一見するとナポリかと思ってしまうが、口に入れると、あの懐かしいミートソースの味がする。具材は玉ねぎとマッシュルームで、このシンプルさが(安っぽさというのか)また良いのである。テーブルの前には普通よりビッグなタバスコ、そして粉チーズ、胡椒が置いてあり、後は何とでもしてくれというC級感がまた堪らなく良いのである。だんだんこういった昭和のスパゲッチの味も、イタリアンパスタに駆逐され少なくなってしまったが、ぜひとも長く続けてほしい店である。(宮)

▲たっぷりの粉チーズをかけて召し上がれ

ハシヤ代々木《よよぎ》八幡本店《はちまんほんてん》　check

次は高級住宅地の代表。近所の住人に大人気スパゲティ。

スパゲティ専門店としては老舗といってもいい有名店。この店出身の著名なパスタ専門店経営者も多い。ほとんどのメニューは炒めるタイプのパスタでミートソースは2品のみなの

▲少し変化をつけてみるのもアリか

だが、そのうちの一品「納豆入りミートソース」に固定ファンがいるようでここで取り上げることにした。納豆とパスタの組み合わせは昔からあるにはあるが、ミートソースとの絡みは、はじめてだったので訪ねてみた。

代々木八幡駅前にある商店街の一角にとけ込むように佇む。余分な装飾は一切なく質素そのものの外見は、下町の上品な洋食屋のようでむしろ好感が持てる。全体的に価格は高めだが、閉店間際でも引っ切りなしに客が訪れ、人気の高さが窺える。

一見変わりダネにしか見えない納豆入りミートソース（1350円）だが、ひきわり納豆とトマトベースのミートソースが絶妙に絡み合い想像以上の美味。納豆の臭みが気になる向きには無理だろうが、納豆好きにはお勧めだ。欲を言えば水菜くらいでいいから緑がトッピングで少し欲しい感じ。粉チーズを入れている容器に蓋がなく、少しパサパサで乾燥気味。あまり気にしている人もないようなのでそれはそれでいいのかもしれないが。西新宿の野村ビルにも支店あり。（隆）

とすかーな武蔵《むさし》小山《こやま》総本店《そうほんてん》

check

ハラペーニョソースで美味しくなる日本一のミートソース。

武蔵小山パルム商店街で有名な駅前にあり、イタリア料理店を称するがロケーションから言ったら街場のパスタ屋さん。吉祥寺や代々木にも支店を持つが、カウンター主体のこぢんまりしたこちらが本店。この本店だけが店

▲まさにオーソドックスなミート

名をひらがな表記にしているが、他の店は「トスカーナ」を使用している。店舗の置かれた環境によってコンセプトを変えているということの表れなのだろう。既に20年を数え地元民に愛される存在だ。

ミートソース専門店ではないが、こちらはメニューに日本一のミートソース（970円）を謳っていて、ならばぜひとばかりに伺ってみた。店のホームページを見ても、ソースにはオーガニックの赤ワインを使用し、茹で上げからバターとチーズを絡めていて日本一美味しいと自信のコメントが踊り、さらに期待が膨らむ。

いざ食してみるとそれほどガツンとくるインパクトは感じられないものの、ソースは程好い甘味があって結構な分量があったが粉チーズも使わずあっさり食べ切っていた。食後感もサッパリしていて胸焼けするようなこともない。周囲を見渡すと、お客が皆、調味料らしきものを盛んにふりかけているので、自分の目の前に置いてある調味料を見ると、ハラペーニョソースなるものだった。店員に聞いてみると、どのスパゲティにもOKで、味に変化が出て、一度で二度美味しくなるそうだ。次回訪れた時には使ってみよう。ついでに頼んだハーフサイズのサラダの自家製ドレッシングがかかったトマトも抜群に美味しく、さらに納得した一夜であった。（隆）

レストラン日勝亭 check

創業90年の老舗がリニューアルオープン。さてお味は？

安産・子授けの神として信仰を集める水天宮に近い日本橋蛎殻町の中小ビル群に隠れるように佇む創業90年を迎える老舗洋食店。昭和モダンを体現した老舗であったが、ここ1年以上改装のために休業中であった。長引く休業に、もしかしたらこの

▲デミは改装前とは変わらず大人の味

まま閉店などということにでもなるのではとやきもきしていたが、平成28(2016)年1月末にめでたくフレンチビストロ風のスタイリッシュな店舗でリニューアルオープンの運びとなった。めでたし、めでたし。

長年、この店の苦味とコクが濃厚なデミグラスソースに特徴がある味わい深いハヤシライスのファンであったが、改装後に2階が厨房となり客席が1階だけとなったためメニューの幅がグッと狭まり消滅してしまった。これだけは残念だが、その個性的な濃厚なデミグラスソースを活かしたミートソーススパゲティがランチで食べられる。

ランチは11時からと早く、いかにも身分がありそうな年輩のサラリーマンが集まる。全席禁煙ということもあり非常に品が良い。ミートソース(750円)は改装前のハヤシライスのデミグラスより若干マイルドになり、苦味は薄くなったがコクがありながらサッパリしていてより旨味が感じられるようになった。粉チーズを加えるとさらにマイルドになるが、そのままのほうが大人の味わいが感じられる。喫茶店レベルの出来合いのミートソースとは雲泥の差がある。ランチには必ず付くコンソメスープが老舗らしくて良い出来栄えでホッとする。

（隆）

水《みず》口《ぐち》食《しょく》堂《どう》

check

前述4店に比べると異色だが、最後に浅草の有名大衆食堂のスパゲティミートソースをご紹介しよう。

実はこの店、大衆食堂五大に堂々入選していたのだが、ここのスパゲティミートソースが、あまりにも五大ミートソースのコンセプトにはまりすぎたので、水口さんにはこちらに登場願った。そもそもが、五大ミートはナポリと同じく、筆者たち世

▲決してソフト麺ではございません

代（40歳以上）が食べていた懐かしのスパゲティの五大をセレクトするという主旨ではじまったのである。しかしミートに限って言えば、昔の純喫茶などにはその主旨のミートがあるにはあるのだが、あまりにも味が粗雑すぎて紹介するには忍びなく、またちらほらミートソース専門スパゲティ屋なるものが出来ているが、そちらは、あまりにも現代風に洗練され過ぎていて主旨とかけ離れてしまうため選択できないという二重苦に苛まれてしまっていた。そんな悲しい現実の中、突如として現れたのがここのミートスパゲティなのである。麺は、懐かしの給食のソフト麺風でうどんに近く（あれよりは全然腰はあるが）、ソースはデミとトマトソースの中間ぐらいの味に、ひき肉がたっぷり入り、粉チーズを多めに、タバスコを少々かけ、一気にかき混ぜて食すと、ああ走馬灯のように、懐かしい過去の記憶が甦ってくるような（大げさか）オツな味なのである。この食堂の名物はマグロ刺し（1200円）と炒り豚（650円、少しカレー味がするのが特徴）で、ツマミになるようなものは和洋数多くあるため、筆者の他ミートソーススパゲティを注文しているのを見たことがないが、そこは怖いものみたさ（失礼）、絶対癖になりますし、酒のツマミにもなります、ぜひ一度お試しあれ。因みに、競馬が好きではない方は、土日に1階は避けるべし。場所柄場外馬券場の休憩室状態。平日はゆっくりとして、まさに時が止まったような至福の時間が味わえる。（宮）

▲昭和の食堂です

東京五大行列店ーこれはまさに行列する甲斐がある名店。

▲六厘舎は朝から大行列

昼夜を問わず、いつ行っても行列ができている人気の行列店から五大をチョイスしてみよう。旨い店だから行列ができるというのが一般的な認識だが、さにあらず、レアなケースだがあまりの不味さに口コミが広がり、週刊誌にまで掲載されて行列ができたラーメン屋が千駄木にあったが(その後さすがに閉店)、ここで紹介する店にはそのようなことはないので御安心いただきたい。

「六厘舎」「ジャポネ」「ミート矢澤」「うどん丸香」「寿司大」

モーニングならぬ朝つけ麺の**【六厘舎】**□。

御存知つけ麺界の超有名店。以前は大崎に本店があったが、あまりの行列に近隣から苦情が出てしまい、やむなく一時休業状態に。現在は駅前に移転オープンしたが、行列ではこちら東京駅の店舗が上をいく。

名の知れた人気店がしのぎを削る東京駅地下街の東京ラーメンストリートでもいちばん長い行列ができている。ぐるりと店を囲むようにできる行列は曜日にもよるが30人でおよそ1時間待ちといったところか。太い麺に魚介の濃厚なスープがからむ深い味わいがくせになる旨さ。ラーメン好きでない人でもこれならお勧めできる。

時間がなくて並べない人には朝7時半から10時まで営業の朝つけ麺という手もある。出勤前からでもラーメンOKという人ならだけど…。

ロメスパの元祖的存在**【ジャポネ】**□。

ロメスパなる路面店のスパゲティ屋が好評を博する以前から密かに営業を続け(?)、いつしか行列のできるようになった炒めるパスタ屋の元祖みたいな店。すでに35年になるというから凄い。昔は男ばっかりだったが女性の姿もチラホラ見られるようになった。

醤油ベースで炒めた店名と同じ「ジャポネ」、塩味ベースの「バジリコ」、その名のとおりの「明太子」が人気メニュー。レギュラーなら500円~600円で食べられるが、ランチタイムの行列は半端ではないので時間に余裕のある人は15時、16時あたりが狙い目。

小松菜のシャキシャキ具合は心地良いが、ときによって肉が冷凍焼けしているのが残念。仕入れと在庫管理の問題だろうが、この値段では文句も言えないか。メニューにはあるが誰も頼まないカレーは本当に用意されているのかファンならずとも気になるところ。

▲15時から16時が狙い目

品質管理抜群の**【ミート矢澤】**□。

あらゆるジャンルを越えて五反田でいちばんの行列店。黒毛和牛の精肉卸業を営むヤザワミートの直営店の一つで、こちらの他にも恵比寿のハンバーガー専門店「ブラッカウズ」や東京駅大丸地下街のテイクアウト専門店などを展開しているのはつとに有名。

▲道をはさんで並びます

新鮮な和牛100パーセントで作るレアハンバーグが人気の一品。中を割ってみると本当に真っ赤だが「そのままで大丈夫ですが、気になる場合は鉄板で焼きつけてお召しあがり下さい」とのこと。鮮度管理に自信のある肉のプロでなければできない仕事だろう。

昼夜問わず店前だけでは並びきれず向かい側の目黒川端に列ができるほど。ラブホテル街にも近く、けして環境がいいとも言えないところだが、幼い子を連れたファミリーや女性グループも見えてディープな五反田のイメージアップにも貢献か?

名物ゲソ天と一緒に**【うどん丸香】**□。

言わずと知れた学生街の讃岐うどんの名店。カレー、ラーメンが多い神保町で、今の若者ってこんなにうどん好きだったっけ? と思うほどだが、うどんはもちろん天ぷらも美味しいし、財布にも優しい。回転はいいからそんなに待った記憶はないので一度は並ぶ価値あり。土曜になるとわざわざ遠方から訪れたとおぼしき家族連れも見られる。

店主は本場・香川の高松出身。一見地味な外観の店だが「う・ど・ん」と手書きで(?)大書された暖簾が目じるしになる。この字がたいへん個性的でいわゆる下手ウマの字にあてはまるというべきかな。目立つように意図したものかどうかわからないけど…。勇気ある人は聞いてみて下さい。ちなみに最近ゲソ天がないのが残念。

▲行列だけど回転は早い

COLUMN

▲朝5時から大賑わい

夜明けまで待つのだ【寿司大】□。

行列店が目白押しの築地場内市場でも脅威の行列店。午前5時の開店をめざして2時から並ぶ人が出る。2〜3時間待ちは当たり前なので特に寿司に対して思い入れがない人は並ぶ必要なし。現に状況を知らずに並んで後から時間を聞かされ脱落する人もチラホラ。

「店長おまかせセット4000円」を注文すると握り10貫に巻物二つ、玉子焼き、お椀が付いてサービスに好きなものを一つ頼める。築地ならではの鮮度の良さとコストパフォーマンスの高さは頭が下がる思いがした。外国人の客も多く、従業員は英会話もマスターしているほど。最近は寿司職人もグローバルでたいへんだ。

近所の「築地すし大本館」という店は過去に袂を分かった別経営の店。お間違えなく。(隆)

その他の行列店ご紹介

レッドロック(ローストビーフ丼・高田馬場)
そば処港屋(そば・虎ノ門)
大黒屋本店(天丼・浅草)
Japanese Soba Noodles 蔦(ラーメン・巣鴨)
玉ひで(親子丼・人形町)
Cafekaila(パンケーキ・表参道)
麺屋一燈(つけ麺・東新小岩)
タカノフルーツパーラー本店(フルーツバイキング・新宿)
ハングリータイガー(スパゲティー・虎ノ門)
おか田(牛かつ・新橋)
金子半の助(天丼・日本橋)
ファイヤーハウス(ハンバーガー・本郷三丁目)
七蔵(うどん・新橋)
丸一(とんかつ・丸一)
割烹斉藤(海鮮丼・入谷)
梅ヶ丘寿司の美登利寿司総本店渋谷店(寿司・渋谷)
喜楽(ラーメン・渋谷)
さとう(メンチカツ・吉祥寺)
ひみつ堂(かき氷・千駄木)
ギャレットポップコーンショップ(ポップコーン・原宿)
麺壱吉兆(ラーメン・大井町)
味久(定食・北千住)
タンタン(ラーメン・八王子)

東京五大とんかつ ―とんかつ発祥上野の老舗が入っていない理由。

まずは選出した五大を紹介しよう。
「とん太」「ゆたか」「成蔵」「丸五」「豚珍館」

とんかつ好きのみなさんには納得していただけるのではと思う。なぜ上野の老舗「ぽん多本家」や「蓬莱屋」が入っていないのだという方があるかもしれない。そもそも何で上野から一軒も選んでいないのかと? とんかつ発祥の地である上野で長く暖簾を守ってきた両店に敬意を表したいとは思うが、今回はこのようにさせて頂いた。何しろちょっと高級過ぎてとんかつ屋のレベルを超えちゃってるのが玉にキズ。場所柄、不埒な客を近付けないための方便だということはわかるが、普通のサラリーマンにはおいそれとは近付けない存在になってしまっているのは残念。

そうそう、もう一つ「井泉本店」もあった。伝統もあって、むしろかなり美味しい方なのだが、手広く商売をし過ぎの感があって惜しくも次点といった感じか。

上野の老舗御三家の一角を担っていた「双葉」がついに平成24(2012)年に閉店。古くからのとんかつファンには惜しまれる存在だろうが「双葉」は長いあいだ営業日数・営業時間を絞ったうえに、臨時休業&早じまいも多く使い勝手が悪すぎた。御主人の病気療養が原因のようだが、見方を変えれば役目を終えたとも思えなくもない。偉そうでスミマセン。

(隆)

▲食べ盛りの男子には堪えられない量、でも女子は少なめにしてくれます(豚珍館)

とん太《た》 check

今や東京一と言われるゆえんは、技に裏打ちされた店主の面構えにありと見た。一度はご賞味あれ。

最寄り駅は山手線の高田馬場だが、正式な住所は豊島区高田。

お奨めは特ロースかつ定食（2100円）、汁物と新香が付く。ランチにはサービスメニューもあるが、ロース好きだったらこれくらい出しても損はない。立体的に美しく盛り付けられた特ロースかつは思ったよりも薄目のロースだが、その分旨味は充実している。衣のサクサク加減が心地良く飽きが来ない。

▲肉、衣、ソース全てが半端ではない

ベトナム産の天然塩が用意されており、こだわりが垣間見える。これだけではない、小さなすり鉢に入った胡麻を摺って、添えられたレモンを絞り、店主手製のウスターソースも使ってと、食べる楽しみ方が半端ではない。汁物は、豚汁、シジミ汁、ワカメ汁、から選べる。豚汁を選んだが、これだけ選択肢の多い店は珍しい。新香は白菜、カブ、キュウリ、人参など盛り沢山のうえこちらもずば抜けて美味しい。

店内はいたって質素な造り。特に小上がりは街場の定食屋風で、これが残念だという評もあるが、こんなに美味しいとんかつなんだからそういうことには目を瞑れと言いたい。

そうそう、箸袋の裏には電話番号の0296をもじってオフクロと振り仮名がふってある。家庭的な雰囲気のなかでとんかつを楽しんで貰いたいという店主の心遣いだと思えば庶民的なしつらえも納得ではないか。店主は黙々ととんかつを揚げ続けていて、必要最小限のことしか口にしない。東京一と言われるプロの面構えは判る人には判るはずだ。

同じエリアには後述するニューフェイスの「成蔵」、駅前のビル地下に「とん久」とそれぞれに実力のある人気店が控えているが、「とん太」は地の利の悪さを覆《くつがえ》して名を広めてきた。「成蔵」の盛況振りを店主はどう見ているのだろうか？

人気店の常で行列はすごいが、夜は意外にすいているときもある。並びたくなければ夜をおすすめする。（隆）

ゆたか

check

故古今亭志ん朝が愛した浅草のとんかつ屋。客の年齢層も高く品があり、お奨めはロースカツ定食。

浅草のとんかつ屋というと寿町の「すぎ田」は知っているが「ゆたか」は知らなかったという人が結構いるようだ。実際知らなかったら入っていかないような路地裏にあるが、土日になると行列が出来るのでそれで気付く人もいるのでは。場所柄、隠れ家レストラン的な情緒のある落ち着いた雰囲気で客の年齢層もやや高めで品がある。遠方から観光がてらに立ち寄るという感じではないから、わざわざ食べに来る人も多いようだ。洋食屋やとんかつ屋の多い浅草だが、一定以上のレベルとなると限られる。「すぎ田」でカウンター越しに親子喧嘩ライブを観させられて辟易としたらぜひこちらをお奨めしたい。あれが好きだという方は止めないが、年輩の方は特にそうして頂きたい。食後感が断然に違うだろうから。さて「ゆたか」のお奨めはロースかつ定食（2000円）。

▲サクッと揚ってます

客を迎え入れる姿勢が清々しくて気持ちがいい。スタッフから厨房まで全員で「いらっしゃいませ。ありがとうございました」の声が掛かる。これだけでもう一回来てみようという気分になるというものだ。サクッとした揚げ上がりで脂身の美味しさまで充分堪能出来るのが嬉しい。

前述した「とん太」よりはやや厚めだが、揚げ上り具合も良くて似ているかも。付け合わせのキャベツの美味しさも特筆もの。最近偶然知ったが、故古今亭志ん朝師匠が「ゆたか」の常連だったそうだ。めったに寄席に出る志ん朝師匠ではなかったが、浅草演芸ホールに出演のときはこちらでロースかつ定食を食べて出掛けていたとのこと。惜しい方ほど早く召されるようでつくづく残念。

（隆）

成《なり》蔵《くら》

check

創業4年ではと思ったが、さすがに現在の注目度の凄さととんかつの旨さに脱帽。ただ客筋がちょっと…。

4年前のオープンだからとんかつ屋としてはニューフェース。話題になっていてぜひ訪問しなければと思い土曜の午後に向かうと予想通りの行列。お店は地下だが地上に20人以上は並んでいる。

13時に行列の最後に並び、カウンター席に着席したのが14時15分。とんかつ屋でこんなに待ったのは初めてのこと。さすがにちょっと待ちくたびれた。ちょうど揚げ手の店主の真ん前で正対することになった。並んでいる間に女性スタッフがクリアファイルに入ったメニューを手渡しながら地上の行列をチェック。近隣から苦情が来る心配も当然あるだろう。階段まで順番が近付いたところでオーダーを取られていたものの「特ロースは少しお時間を頂きます」と言われていたので着席してからさらに待たされるものと覚悟していたが、5分ほどで提供されてホッとした。

注文していたのは評判の高い特ロースかつ定食(2000円)。かなりしっかりとした厚みのあるロースでうっすら赤身が差している。最初に塩で頂くと肉質は驚くほど柔らかく、芳醇な旨味がぎっしり。ソースやカラシも試したが、やっぱり塩がベスト。東京一だと言う人が多いのも頷ける。

とんかつの美味しさには不満はない。ただ、やっぱりちょっと待たせ過ぎだ。並んでいる間にまわりの立ち話を嫌というほど聞かされたが、かなりお子ちゃまな若者の二人連れが多くカップルは少ない。総じてあまり客筋はよろしくないように感じた。どうでもいいことだが、とんかつ屋で男同士テーブルで向かい合うという画はどんなもんだろう。やっぱりサマにならないことこのうえない。

隣りに座った若い男、とんかつが提供されたばかりに携帯に着信。料理を目の前にして1階まで猛ダッシュで飛び出していった。ちょうど真向かいの店主はさすがに白けた表情。

オープンして4年だから宣伝期間と考えたら仕方ないかもしれないが、ある程度1000円のサービスメニューを限定数量にしてでも客層を絞り込んだほうが良いのではと思った。そういう意味では昼より夜に行ったほうが落ち着けるのかもしれない。

（隆）

丸五《まるご》

check

場所柄一人で黙々と食べている客が多いが、旨くて言葉が出ないだけ。オタクだからではありませんので。

その昔、ヤマギワのショールームがあったすぐ手前、まだ新しい清潔なビルの1階・2階にある。初めて訪れたときはロースかつ定食(1850円)を注文。秋葉原らしく(?)一人客の男ばかりが黙々ととんかつを食べているが、さすがにオタクっぽい若者はいなくてひと安心。

15分ほどしてロースかつが登場。その盛り付けの美しさに感心する。キャベツの上にチョこっと添えられた紫キャベツが視覚に訴えるいいアクセント。低温でじっくり揚げるカツは衣の色は薄く、かなり厚目のロースはほんのりピンク色で瑞々しい仕上がり。しっとりとして柔らかく格別の旨さ。後日、再訪して今度は特ロースカツにご飯・漬物・赤だしのセットを頼んで総額が2300円の注文。ロースの肉質は甘味がたっぷり、対比効果で塩との相性が抜群にいい。確かにいいお値段だが価格に見合うだけの満足感が得られる。

▲厚目のロースはほんのりピンク色

もう一品のお奨めがヒレかつ二切れに海老フライ二本が付く盛り合わせ(1900円)。ヒレかつは真ん中に包丁が入れられ食べやすくされている。ロース同様にしっとりと柔らかい。ここの常連客にヒレを推奨する人が多いのが納得出来る美味しさ。唯一の難点が、定食と表示されたメニュー以外はご飯・赤だしのセット(450円)が別料金なこと。スッキリと定食価格として表示したほうがベストだと思うが。それと大根おろし・ポン酢のセット(50円)が商売としてみみっちいこと。銀座「とん㐂」のようにサービスにしてほしい。

そうは言ったが、秋葉原では数少ない優良な飲食店。末永く美味しいとんかつを食べさせてもらいたい。(隆)

豚珍館《とんちんかん》

check

学生・サラリーマンにコスパの良いとんかつを提供する新宿の老舗とんかつ屋。肉の質も悪くない。

新宿西口、高速バスターミナルと家電商品専門店のあるビル群の路地にて少なくとも30年以上前から低価格のとんかつを提供している優良店。狭い路地の2階で広くはないながらも清潔な店舗で学生、サラリーマンに愛されてきた。実は25年前の学生時分は週3で通う常連だったのだが、卒業以来

とんとご無沙汰になり、10年振りに訪ねてみようと思ったらどうしても見つけられずてっきり閉店したものと早合点して諦めてしまっていた。それからさらに15年後、すっかりこの店のことは忘れていたのだが、ある用事でバスターミナルに近い西新宿のビルに赴き、裏口から出たところで豚珍館の行列に出くわしたのだった。なんてことはない、店が路地に面していたことをすっかり忘れていて裏通りをくまなく捜索していなかっただけだったのだ。学生時代の自分の記憶のいいかげんさに呆れるばかり。

かくして30年振りの訪問を果たしてみると昼も夜も2階入口の階段から路地まで行列が出来るのは今も同じ。階段に並ぶと間髪入れずに注文を聞かれるのでボードを見てすぐに決めなくてはいけないのも同じ。過去にミックスフライばかり頼んでいたので、はじめてロースカツ上（1050円）を注文すると10分も経たずにカウンターに運ばれた。ロースカツ上はこの値段とは思えないほど肉厚で食べ応えがある。さすがにこの値段だから肉質は上質とまではいかないが、十分に柔らかくとんかつとしては及第点。甘いとんかつソースと通常のソースの2種類があり両方試したが甘いソースの方がこのとんかつは引き立つ。ごはんはおかわり出来るようだが普通の食欲の持ち主だったら十分なボリュームだ。豚汁は化学調味料入りだが、その価格ならやむを得ないだろう。

ガイドブックを見て訪れる外国人客が多く、注文を聞きに来る店長に母国語で話そうとするが店長は「イングリッシュ、ノー！ ジャパニーズオンリーね」。店長、それだと日本人だけしか受け付けないという意味にもなっちゃうよ。

以前テーブル席でコリアンとおぼしき若い男性の二人組と合席になったが、二人ともそろって千切りキャベツにまったく手をつけず、丸々残して帰っていった。食べないならいらないと注文するときにお願いするのがマナー。低価格と言え料理人とお店に対する配慮が全くない客は来るなと言いたい。（隆）

東京五大洋食 ―訪れれば、洋食文化は東京で作られたと思わせる名店。

最近、様々な洋食店を訪ねるたびに古くは明治期から続く洋食の伝統を守り続けることの難しさを痛感している。

洋食の調理法は揚げる、焼く、煮るに代表されるシンプルなもの。下手をすると一般の主婦の腕前と大差ないものになりかねず、実際に近年話題に上らなくなった洋食店はそのような傾向にある。

フレンチ、イタリアンのニューオープンはよく目にするものの洋食店は皆無。徐々に数を減らしているのが実状だ。最近では、戸越銀座の「ブルドック」、浅草の「豚八」などが閉店。一見繁盛しているようだが、内情は苦しかったのだろう。創業ウン十年の知名度だけはあるのに、硬直したメニューばかりが並ぶから一度来れば充分と思われてしまうのかも。それではあまりにも寂しい。対照的に大入り満員の繁盛店なのに、どこかサービスが素っ気なく温かみを感じない大箱店や、多店舗展開に忙しく最近評判のパッとしない店もあり、本末転倒の感すらある。

ことのほか洋食界は毀誉褒貶が激しいジャンルだと感じた。そんな中で健闘している5店を紹介する。

「グリルグランド」「レストランカタヤマ」「そよいち」「七條」「煉瓦亭」

意図したわけではないが、いずれも皇居より東部の銀座から下町地域の店ばかりになった。東京の洋食は山の手より下町が似合う。（隆）

▲カキフライもここが元祖です（煉瓦亭）

グリルグランド

check

観光客があまり立ち寄らない浅草観音裏にある超有名洋食店。

▲カツカレーもまた推奨品

昭和16（1941）年の創業で当時は花街浅草の芸者衆や旦那衆が主な客層だったそうだから、あまり一般客とは馴染みがなかったのかもしれない（私観ですが）。

いわゆる観音裏と言われる浅草寺の北側、観光客はめったに立ち寄らない路地にひっそりと佇むが、あらゆるメディアで紹介されている名店である。あまり有名になり過ぎたのか、数年前に出版されたあるグルメ本では住所が伏せられていた。民進党枝野幸男氏に似た三代目はフレンチ、イタリアンなどでも修行を積んだという本格派。

人気メニューの一つがオムハヤシライス（2200円）。決して安くはないが、コク深いデミグラスソースはどちらかといったら甘みより苦味の勝った大人の味わい。上野「黒船亭」のような甘みの勝ったタイプとは対極的な位置にある。また、注文する人があまりないがランチメニューのカツカレー（2100円）もカツの美しさが際立って推奨品。

サービスは女性陣が担当。若いお嬢さんだったり、先代の女将さんだったりするが圧迫感を感じさせないフランクな対応。そこはかとなくプロを感じる。1階は洋食店然とした綺麗な造りながら2階は質素過ぎてちょっといただけないとの評もあるようだが2階に居た常連らしい壮年夫婦客が帰るときには女将さんが「今日はお2階で申し訳ありませんでした」と謝っていた。客の御夫婦は別に気にした様子もないし、むしろ浅草らしいお座敷洋食の風情が味わえて良いのかもしれない。

晩年、一日とあけず浅草に訪れていた永井荷風であったが、グランドとは終生縁がなかったようだ。荷風がもっぱら通った浅草の洋食店は「アリゾナキッチン」。グランドを贔屓にしていた旦那衆とは、やっぱりソリが合わなかったのだろう。（隆）

レストランカタヤマ

check

大川を越えると美味しい洋食が。それで白髭《しらひげ》橋を渡るのです。

ステーキ屋のイメージが強く意外に思う方も多いかもしれないが、揚げ物やオムライスがステーキ同様に美味しくて評判。最寄り駅は東武伊勢崎線の東向島駅。駅から歩いてたっぷり15分はかかると思うが、それでも行く価値がある優良店。見た目より店内は広いがそれでも行列が出来る。

まずはステーキから味わいたい。高級なテンダーロインやサーロインが美味しいのは当然だが、こちらのお店で特筆すべきはランプ肉で供されるステーキ。ランプというのは簡単に言うとモモ肉の一部だが、スジや繊維質の多い部位で、食べれば美味しいのだが加工が面倒で商品価値を上げるのが難しい。

それを店主の片山さんは試行錯誤を重ねたすえに固いスジを綺麗に除去する技法を開発し、何と「駄敏丁カット」(ダビンチョ)なるネーミングで特許まで取得したというのだから凄い。この特許を取得したカットを施したランプ肉が信じられないほどに柔らかく美味しい。熱い鉄板にのって供されるステーキとオムライスのコンビネーションが美しく、一番人気の商品名は「オムライスステーキ」として商標登録されているそうだ。

▲何とも食欲をそそられる鉄板ステーキ

行列店なのだが、店の配慮で隣に待機用のスペースを作ってくれているので待っているのもそんなに苦にならない。(隆)

そよいち

check

いろいろあったけど人形町名物のビーフカツレツは、二代目女性店主の「そよいち」でどうぞ。

今回紹介する中ではいちばんの新顔で平成20（2008）年の開店。御存知ない方はなんでそんな新店をと思われるかもしれないが、昭和21（1946）年から続く同じ人形町「キラク」の元店主とスタッフが開いた店で、こちらのほうに正統性があると判断させて頂いた。平成19（2007）年刊行、岸朝子監修「東京五つ星の肉料理」（東京書籍）「キラク」の項目で店主として紹介されている二代目女性が現在の「そよいち」店主。「そよいち」はオープン当初、初代（つまり父親）の名前から「そときち」を名乗っていたのだが訳あって「そよいち」と改名を余儀なくされた模様。

▲このぶ厚さがたまらないポークソテーもお奨め

さて、その「そよいち」の名物はと言えば店の代名詞にもなっているビーフカツレツ。レアに揚げられたビーフカツレツは重みがなく軽やかな仕上がり。これはカットしたランプを一定期間冷蔵して熟成させているから。牛肉というのはカットしたばかりが新鮮で美味しいように思えるが、実際にはしばらく寝かせて熟成させたものがいちばん旨い。最初はまず何もつけずにそのまま一口食べてみてほしい。塩・胡椒で下味がしてあるからこれだけでも美味しく頂ける。その後はソースや醤油、塩、マスタードもあるのでレアなビーフが苦手という人もいろいろ試してみるとよい。きっと好みの味が見つかるはず。

もう一つのお奨めはポークソテー。これも熟成した肩ロース肉に醤油ベースのソースが旨い。ニンニクを付けますかと事前に聞かれる。断然付けた方が美味しいからお願いするが、女性には辛いかも。でもそんなことを気にしていては旨いものを食べる資格なし。（隆）

七《しち》条《じょう》

check

洋食、フレンチ二刀流の味が食にウルサイ場所・内神田に引っ越しました。エビフライも変わらないままの味です。

以前は神保町に近い小学館ビルの地下に店を構えていたが、ビルの建て替えにともなって2年前に神田駅からかなり離れた内神田に移転してきた。開店当初には同様にランチは洋食・ディナーはフレンチの二刀流を貫く京橋の「レストラン・サカキ」から花輪が来ていた。この手の料理人同士が仲が良いのがなぜか意外に感じた。

神保町時代の「七條」と言えばエビフライが人気でランチは行列必死だったが、その行列は今も健在。駅から遠いながらも相変わらず行列が出来る人気ぶりだ。ランチの人気メニューはエビフライ2本にアジフライ、クリームコロッケが入ったミックスフライ（1340円）かデミグラスソースのハンバーグステーキ（1300円）。ミックスフライのアジはスズキだったり帆立が選べたりするようで、そのへんも人気の理由。

以前より若干広くなってカウンターもあるので並んでも回転は悪くない。奥にはパーティも出来そうな個室風の部屋が造られていた。全体的に前よりいい意味でカジュアルで使い勝手が良い店になった感じがする。やっぱり神田という土地柄を考慮してのことだろうが、夜のメニューは相変わらずフレンチ色が強く出ている模様で大きなお世話だが少し心配。フレンチビストロの名店「マルサンヌ」を閉店させた神田の客を甘く見てはいけない。（隆）

▲エビフライ食べてみて下さい

煉《れん》瓦《が》亭《てい》 check

—元祖洋食・元祖ポークカツ・元祖オムライス・元祖カキフライ。もう何も申しません。失礼いたしました。

明治28（1895）年創業。銀座三丁目の和光の裏手ガス灯通りに面して、近くに有名なキャバレー白いばらもあったりする。わざわざ言うまでもない日本の洋食の父とでも言うべき存在。ポークカツの元祖でもあるし、オムライス、カキフライも元祖だというから洋食の歴史館みたいなものだ。トン

▲元祖オムライス

▲元祖ポークカーツ

カツ屋で必ず供されるキャベツの千切りも元はといえば「煉瓦亭」から始まった。元々ポークカツの付け合わせといえばニンジンなどの温野菜だったのだが、日露戦争で料理人を兵隊に取られてしまい手間のかかる温野菜が出せなくなると、パッと発想を変えてキャベツの千切りにしてしまった。これが全国津々浦々のトンカツ屋にまで広まったのだから影響力は凄いものがあったのだろう。

名代の元祖ポークカツ（1700円）はパン粉は荒めだが、サクサクとした食感が良くロースの柔らかさ、旨味が存分に味わえる。ソースや辛子を使わずに食べてみると素材の良さがよりはっきりするだろう。夜8時過ぎに訪れると、一人でグラスのビールを飲みながらオムライスを食する女性がいれば、仕事帰りに寛ぐサラリーマンのグループもいたりと、使い勝手の良さもうかがえる。銀座の洋食店でありながら何を食べても一品あたりがほぼ1000円台に収まるというのが何より優れているし、ありがたい。

サービスの細やかさはもちろん、おつりに渡される1000円札が必ずピン札というのもホスピタリティに富んでいて温かい。

やや、元祖の料理にこだわり過ぎて洋食文化を切り開いたパイオニア精神が薄れたのではという心配をしている向きもあるようだが、明治からの洋食を現在に伝える生ける遺産の担い手とも言えるだろう。

最近やや料理の価格が上がり気味なのが気がかり。（隆）

東京五大大衆食堂 ―食堂の生き残りは自由度にアリ。

ここ数年の間に東京でいちばん多く姿を消した飲食業態は？それは一般的に定食屋と呼ばれる昔ながらの「食堂」だ。ラーメン屋はほぼ1日に2軒閉店して、同時に2軒がオープンしている計算らしいからプラスマイナスゼロだが、「食堂」は閉店したらそれきり。移転して他でやっているという話も聞かない。昭和レトロの静かなブームにのって古民家をリフォームしたカフェがあちこちにオープンするなかで「食堂」だけは蚊帳の外に置かれてしまったようで寂しい限りだ。代わりに「大戸屋」のような大手チェーンが勢力を伸ばしているから不便はないわけで、余計に「食堂」の先行きは危うくなるばかりだ。

こうしている間にも、なぎら健壱著「絶滅食堂で逢いましょう」（徳間書店刊）でも紹介されていた勝どきの「月よし食堂」が本当に絶滅していた。今や昔ながらの「大衆食堂」は絶滅寸前（失礼！）の危惧種であり、その意味では東京遺産の一つともいえるのではないだろうか。

そんな中、悪い心配を吹き飛ばしてくれる、元気いっぱいの五つの大衆食堂を紹介しよう。

ちなみに定食屋とは、ご飯に主菜、みそ汁、といった食事をおもに提供する店であり、大衆食堂とは、食事も頂けるうえにチョイ呑みもできる使い勝手の良い食堂を意味すると新しく定義してみた。もっともたいがいの客はチョイでは済まずに呑むのだが。（隆）

▲町屋のオアシスですが、食堂なのか居酒屋なのか（ときわ食堂は現在閉店中※2016 秋にはリニューアル予定）

七福《しちふく》

check

驚きの自由度で、地元の心を掴む「実用洋食」。実用とは町場で日常的に提供できる洋風定食を目指すということ。

▲有名人からのお祝いの花輪も多いです

江東区は白河、清洲橋通りと三つ目通りが交わる角地にある。この店がなかったらこのあたりには一生来ることがなかったであろう。交通量の激しい準工業地帯に古くからの住宅地が混在するという感じの町並みが続く一角に「実用洋食七福」の大看板を掲げている。入口の暖簾にも「実用洋食」、そして洋食屋の定番「とんかつ」の文字がある。看板の通り洋食をメインに扱う店だったのが地域の実状や客の要望に合わせてラーメンや五目ソバ、焼きソバ等の中華メニューも扱うようになったようだが、ルックスはどこまで行っても町の大衆食堂か会社の社員食堂風。濃い水色のパイプ椅子が何だか妙に懐かしい。昔のデパートの食堂にもこんなのあったような気がするけど、記憶違いかな？

「実用洋食」とは何ぞや？という疑問をぶつける人が妙に多いようだが、要は洒落た西洋風洋食ではなく、町場で日常的に提供できる洋風定食を目指すというニュアンスを「実用」に込めたということなのだろう。

夕刻の開始時間17時ピッタリに暖簾をくぐると既に2～3割の入り。仕事あがりの労働者の一人客が多い。壁に掲げられたメニューの短冊数が半端ではない。なかには並びからはみ出た手書きの紙も貼られていて選択に迷うこと迷うこと。まずは洋食メニューを試さねばと選んだのが七福ランチ(上)960円。ランチと名付けられているもののいつでもオーダー可能だ。内容は海老フライ・肉天・メンチボール・オムレツにハムが1枚でもちろんご飯が付く。メンチボールとはメンチのデミソース味ミートボールですな。洋食メニューの醍醐味がいっぱいの盛り合わせに心が躍る、カロリー満天の一皿。全体的に味付けは濃い目でオヤジの身には(体調によっては)さすがにキツイかもしれないが、これこそ江東区の肉体派食堂の看板メニューだと実感させられる。凄いのは何でもお客の要望に応じるという、店側の姿勢である。

いつごろ来店したのだろう、松嶋菜々子のサインが異彩を放つ存在感でややミスマッチ感もあるが彼女は何を召し上がったのでしょうか。

昨年より改装のため一時休業していたが平成28年3月リニューアルオープンした。

（隆）

萬金《まんきん》

check

今は少なくなってきた、懐かしの餃子が食べられる。何を食べても独得の旨さが光る珍しい日式中華料理屋。

メトロの新富町駅から真っ直ぐ佃大橋に続く通りを入った路地にある。この辺りには「入船」「湊」「鉄砲洲」などの江戸湾が開拓されはじめたころを偲ばせる地名・旧名が残り、墨東とはまた違う漁師町然とした独特な風情が感じられていい雰囲気だ。

入口の深紅の真新しい暖簾には「中華そば萬金」と大書されている。他に目立つ目標物のない地味な通りだから、まず見逃さないだろう。数年前に来たときにはなかったから新調したのだろうが、レトロな外観と店内には場違いに見えるくらい清新だが好感度は上昇しただろう。

暖簾に書かれている通りに中華そば(500円)をはじめタンメン(750円)などの麺類が充実していて美味しいが、この店を食堂たらしめているのが洋食系のご飯メニューの存在だ。一例をあげると鯵フライライス(500円)、ハムエッグライス(600円)、カツライス(750円)といったところ。いずれもお子様ランチよろしくご飯も一緒盛りのワンプレートスタイルで

▲これが昔の日式餃子　▲中華屋でハムポテトサラダが食べられますか

登場する。とびっきりの美味さというわけでもないが、安定した家庭的な味が楽しめる。それほどボリュームがあるわけではないので、大食漢は麺類とセットにするのが得策。餃子は今風のパリパリの餃子でなく、薄皮で粘りのある今は少なくなってしまった「ザ日式中華屋の餃子」で、これを求めて来店する人もかなりいるのではないだろうか。ちなみに夜はプレートではないので悪しからず。

平成8(1996)年にフジテレビで放送されていたキムタク・山口智子主演の「ロングバケーション」の撮影現場として「萬金」が登場していたことで知られている。二人が食事をするシーンを撮影していたとかで店内にサインも残っている。ただそれだけを見たさに来店するという野暮なことはしないこと。(隆)

町屋《まちや》ときわ食堂《しょくどう》 check

ただただ唖然、町屋の奇跡。呑み助には、もう中毒になる食堂です。

東京の下町を中心に同名の店で構成される「東京ときわ会」というグループがあるのをご存じだろうか。もとは明治・大正のころ浅草・上野で隆盛を誇った料亭「常盤花壇」から出た暖簾分け食堂グループで現在の総数は約20店舗。その中で知名度では「浅草ときわ食堂」が飛びぬけた存在だが、よりディープな下町食堂の世界を覗いてみたければ「町屋のときわ食堂」をぜひお勧めしたい。

京成・東京メトロ・都電荒川線いずれの町屋駅からもほど近いが、なぜか繁華街から離れた京成線沿いの藍染川通りという暗渠化された排水路が下を流れる寂しい通りにポツリと佇んでいる。

朝は何と7時からの営業。朝定食が380円からという安さで朝が早い地域住民の心強い味方となっているのかと思ったが、朝イチから食べるよりも朝呑みの客が出始めるというから驚く。昼は3種類の500円の日替わり定食や600円のさしみ定食を求めて近隣のサラリーマンなども訪れ、やっと食堂らしい雰囲気になる。手作りを謳うハンバーグエッグ定食(650円)は一流洋食店にも遜色ない上質な仕上がり。副菜も手抜きが一切なくプロの仕事が光る。一度行ったらやみつきになりますよ。

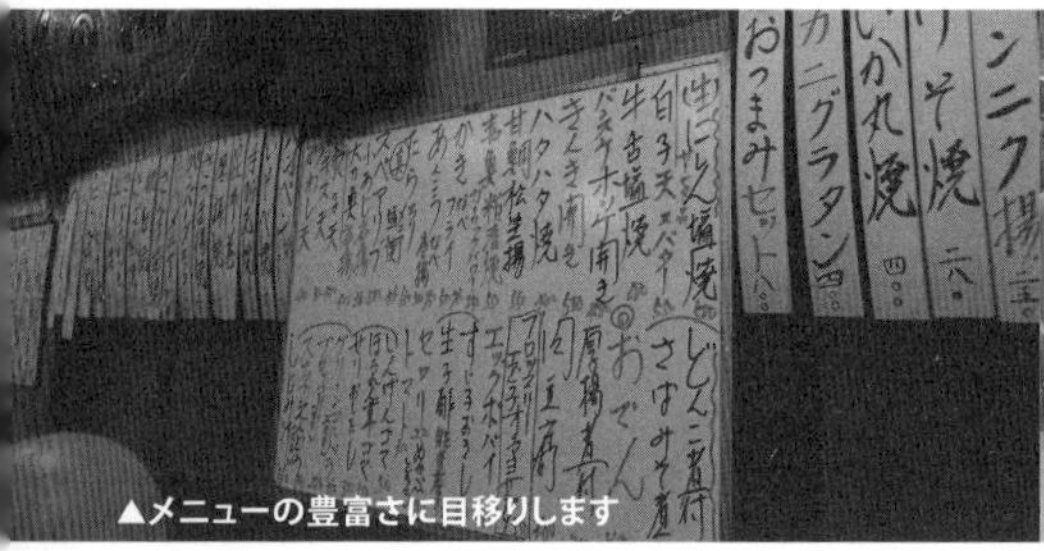

▲メニューの豊富さに目移りします

▲朝定食。それにビールとまぐろのぶつを付ける。(1260円)何とまあ豪華な朝食

夕方5時の開店前になると店の周辺の道路やら京成の高架下にはポツリポツリと人の姿が目立ちはじめ、開店と同時に客が雪崩れ込むと店先は客の乗ってきた自転車だらけになり(この取材でわかったことの一つに店の前に自転車が並んでいる店は8割がたの確率で名店が多いです)、30分としないうちに満員となる。この時分の客は全て酒を飲みに来た地元の客で風情は食堂ではなく完全に居酒屋。店側は拒否しないだろうが酒を飲まない食事利用は明らかにはばかられる状態になるからそのつもりで行くべき。店を仕切る50代の女将さんは噂どおりの美人。若い頃のアウン・サン・スー・チーさんにそっくりで女将さんを見にいくだけでも価値ありか。(現在2016年秋リニューアルに向けて閉店中)（隆）

北《きた》一《いち》食《しょく》堂《どう》 check

品川宿に残るまさにこれぞ一膳メシ屋という雰囲気を醸しだすほんとうの一膳メシ屋です。

実に判りやすいネーミングだ。店頭の看板には「おふくろの味 北一食堂」とあり、目指しているポジションがはっきりしていて支持を集めている。

旧東海道品川宿だった商店街の一角にある。由緒ある商店街だから店舗は多いが、このタイプの食堂は他には見当たらない。何の飾り気もない質素な店構えだが地元の人はよく知っている。サラリーマン、営業マン、建設作業員など様々な人がひっきりなしに訪れる。常連が多いせいか、牛丼大手吉野家の店舗を思わせるコの字型カウンター14席のみの店内はスムーズに埋まり捌けていく。

定食屋ではないのでメインのおかずとご飯とみそ汁のセット(280円)を選ぶのがオーソドックスなスタイルで、他には100円の小鉢もあるが、よっぽど頼まなければ1000円を超えることはない。鯵フライ、牡蠣フライ、鯖塩焼き、金目鯛煮付け等が、およそ300円から500円という安さ。近くにあったら通いたくなる店だろう。オーダーしたおかずは一旦レンジでチンされてからの提供となる。この安さで客の回転を考えたら仕方ないと思わないといけないでしょうね。

ちなみに呑み助の方には、お酒は夜になってからビールのみの提供で8時には閉店するのでくれぐれもご注意を。

店主はずっとマスコミ取材を拒否していたそうだが、テレビ東京の「アド街ック天国」だけにはカメラ撮影を許していた。なんでも「アド街」のファンだそうでこれだけは断りたくなかったそうだ。

(隆)

▲人気のミックス定食

田《た》中《なか》食《しょく》堂《どう》 check

安部総理御用達？ 亡くなった父親や母親が突然現れそうな絵に描いたような昭和食堂。

もうレトロを通り越して戦前にタイムスリップした感満載となること間違いなしの名物大衆食堂。そのまま映画の撮影に使えそうな雰囲気で、建物そのものが地域のランドマークと言ってもおかしくない昭和遺産だ。創業が昭和初期というから築80年を超えるらしい。店内の神棚、ガラスのサンプルケース、テーブルの上に置かれたポットの一つをとっても失われた昭和の香りが色濃く残っている。

この付近は上野駅に近いものの奇跡的に戦災を免れた稀有な地域。寄席発祥の地、下谷神社のほぼ真裏の通りに位置しており、夜になるとほとんど人通りもないような寂しいロケーションながら客は入っている。中華はやらないのでラーメンはない。その分、客の年齢層は高めで酒を飲むグループが多いようだ。

▲食堂の定番鰺フライ定食

ある夜8時過ぎに伺うと、右端のテーブルではサラリーマンの4人組がビールで盛り上がっている最中だったので離れて左端のテーブルに着席。ホールは40歳過ぎの息子さん、厨房は70歳前後の父親が担当しているようだ。鰺フライ定食(550円)を注文すると間もなく厨房から鰺を揚げる軽やかな音色が聞こえてきた。全て注文が入ってから作るようでいつでも揚げたて、焼きたてが提供される丁寧な仕事がありがたい。小振りながら旨みが凝縮された見事な鰺フライにプロの仕事が遺憾なく発揮されている。揚げ置きで冷たくなっていた勝どきの「月よし食堂」が潰れたのも納得。

ちなみに、ある日の新聞の総理の一日に上野「田中食堂」と書いてあったとそうで、安倍総理も利用しているらしいのだが、SPを連れてここに首相が来るって、店には失礼だが、どう考えても絵面が合わないのだがほんとうなのか。この近くには「レストランベア本店」というやはり下町食堂然とした洋食店があり「田中食堂」と人気を二分している。（隆）

参考文献：なぎら健壱著『絶滅食堂で逢いましょう—なぎら健壱が行く東京の酒場・食堂・喫茶店』徳間書店刊

COLUMN

東京五大東京発祥料理―なぜ東京（関東）だけで愛されて、食されるのだろう。

▲秋田屋菓子店は閉店しましたが隣は常に長蛇の列（珍珍亭）

東京に発祥料理？ そんなものあるのかと首を傾げる方が多くいても当然でしょう。ここでご紹介するのは、東京発祥で、あまり全国に広まることなく、しかし長く東京で食べられている東京地域限定料理？と説明したほうがよいかもしれません。中にはもう絶滅危惧食になってしまいそうな、いやなっているそんな料理もありますが、筆者が、なくなってほしくないという熱い気持ちを込めてセレクトさせていただきました。

まずは、関東圏では、すでに普遍化し、専門店も数多く出来てきた**【油そば】**□。

別名汁なしラーメンと言われ、店独自に調合されたタレを丼ぶりに敷き、その上に熱い麺を、そしてチャーシュー、メンマ、ねぎ、ナルトなどのラーメンの定番具材（店により、様々な具材がある）を添え、それを一気にかき混ぜて食す。

お好みに合わせてラー油、酢などを入れると、また一味変化が出てオツなものになる。

そもそも、30年ぐらい前までは東京でも武蔵野地域以外では、ほとんど食べられることがなかった。しかし、現在では、チェーン展開する店が出るほど一般に普及している。特に若者は今やラーメンを食べるのと変らない日常食として親しんでいる。筆者も好きだが、全国展開している様子でもなく、熱く食べられているのは関東だけのような…。

COLUMN

武蔵境の「珍珍亭」が元祖といわれ、店は連日たくさんの人で賑わっている。近くに「丸善」という店もあり、この2軒によって油そば文化が形成されたと言われている。もともとはご近所の人と亜細亜大学の学生のためだけの店だったのかもしれない。きっと亜細亜大学のOBは、ほかで油そばを食べると「やっぱり油そばは珍珍か丸には敵わないな」と心の中で呟きながら、独り悦に入っているのではないだろうか（こりゃ失礼）。その他吉祥寺の「ぶぶか」は油そばを浸透させた貢献度大の店。ちなみに筆者は東小金井の「宝華」の宝そば（油そば）を贔屓にしている。32年前、この「宝華」で初めて油そばを食べた時の奇妙な驚きは今でも忘れられない。

次に、**【もんじゃ焼き】**□も今や知らない人はいないほど、名前だけは全国区になったが、あまり地方では食されていないように感じる（特に西日本ではほとんど食べられてないような気がするが、どうだろう）。

薄力粉に水とウスターソースを入れてかき混ぜ、キャベツ、あげたま、ベビースターラーメン（一番シンプルな具材、今では店様々に豪華な具材を入れます）を入れたものを、油を敷いた鉄板の上にのせ、焼いて小さなコテで食す（注：自宅でやっても全然旨くないから試さないこと）。何とまあこれ料理ですかね。

筆者は育ちが足立区なので、小さい頃は駄菓子屋へ100円を持って行き、小さな鉄板をみんなで囲んで、店のおばちゃんに怒られながら（ゴキブリを捕まえて来て鉄板の上にのせ、ゴキブリもんじゃなどといって悪戯《いたずら》をする下町の悪ガキどもがたくさんいた。さすが足立区ですね）ワイワイと食べたものである。故にもんじゃ焼きが現在のような姿に進化したことに隔世の感があるとともに、何だか昔の何も入ってないもんじゃ焼きのほ

うが旨かったように感じるのは郷愁のなせる業か。

東京ではもんじゃ焼きといえば月島（66軒のもんじゃストリート）が有名だが、発祥と言われる地区は、足立区から草加市までの旧日光街道沿い説（やばい毛長川を越えてしまえば埼玉発祥になってしまう）や荒川区町屋説、千住や浅草等、多々あるが、いまだに特定は出来ていない。

筆者だけの見解だが、ジャンクフードとしては、この食べ物最強の一品なのではないだろうか（びっくりするほど旨くもないが、かといって不味くもない）。

次はガラリと変わって、粋な江戸料理の逸品**【どじょう鍋】**□。

ちなみに読者の方で、どじょう鍋を食したことのある人はいかほどいるだろうか。筆者も40歳を過ぎて、下町に住むようになり頻繁に浅草へ行けるようになって、初めて食した料理である。というか現代人が普通に日常に食すものではないだろう。

どじょうというと柳川鍋は居酒屋にはよくあるが、どじょうをそのまま（丸はそのまま、裂きは背開きにしたもの）汁の入った浅い鍋に入れ、その上にねぎをたっぷりのせ、煮えたら、ねぎとどじょうに山椒を軽く振り食す。何とまあ風情があって粋な料理であるが、浅草や一部下町地区で食べるから美味しいのであって、これを別な場所や家庭で食してもダメなのではないか。いや京都や大阪の御堂筋界隈ならいけるかもしれない。

このように食べ物が場所を選び、場所が食べ物を選ぶということがある。沖縄料理を東京で食べても美味しくないと感じるのは筆者だけであろうか。あ、もう一つ浅草でよい例を見つけました。失礼なのですが神谷バーの「電気ブラン」（P291五大酒場参照）、神谷バーで飲むから旨いのですが、他の場所ではいかんのです。呑み助にはわかっていただけますよね。でも最近雷ハイボールがブレイクする予感あり。

これを紹介しなければ東京都（島）民に申し訳ないので**【くさや】**□をあげた。

東京都伊豆七島の名産品。これこそ東京が誇る極北の珍味かもしれない。東北関東の居酒屋にはたまにお出ましになることが

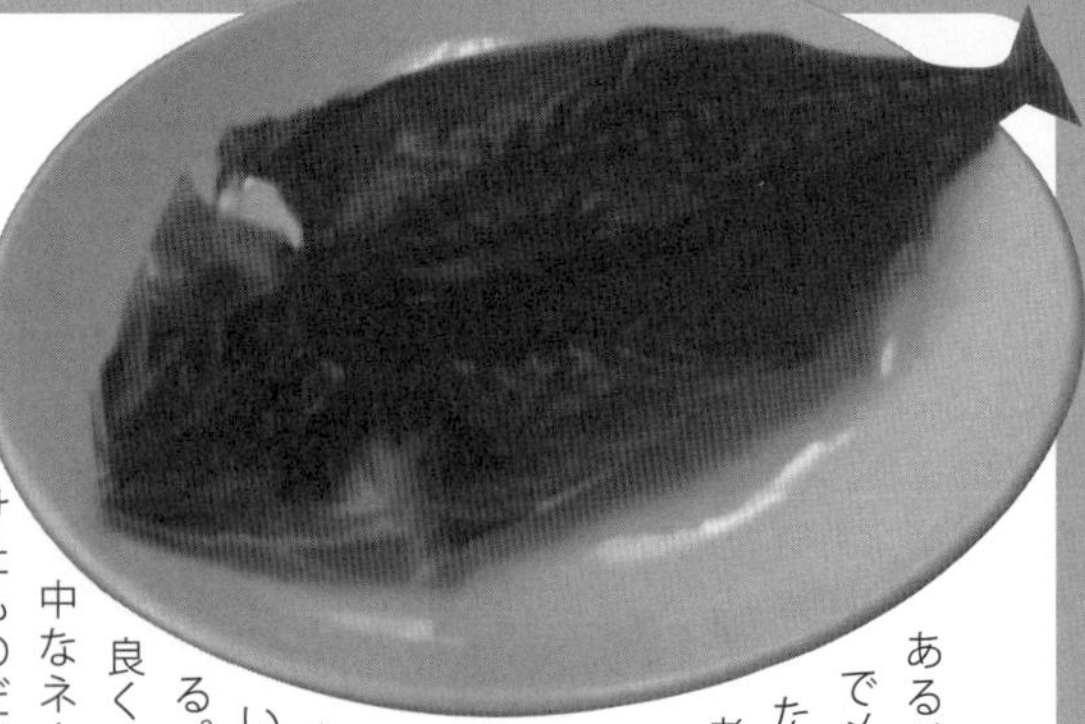

あるが、それ以外でメニューにあったことなど筆者の経験ではない。ひょっとすると特に西日本の方々はこの干物を知らないのではないかと思われる。くさやとは良くこんなど真ん中なネーミングをつけたものだが、ネーミング通り臭いのである。普通の家庭ではめったなことでは焼けないし、焼かない。経験した人はわかりますよね。それではくさやとはどんな食べ物なのか。簡単に言ってしまえばムロアジ、トビウオ、シイラ等の魚を「くさや液(汁)」と呼ばれる魚醤のような発酵液に漬け込んで、これを天日干しにした干物である。新島が原産で、八丈島、三宅島(2000年の三宅島噴火でくさや製造は壊滅したが、現在新島から「くさや液」をもらい、製造が再開)で生産されている。

食べられない人には一生お目にかかりたくないものだが、筆者のような呑み助で、臭いもの好きには、堪らない食べ物で、居酒屋メニューにある時は、必ずと言っていいほど注文する品である。日本酒、焼酎のアテには絶品。臭いが旨い、旨いが臭い。オヤジ泣かせですな。

今回の五大を書くにあたって絶対にとりこぼしてはいけないと思ったのが今や絶滅危惧食、いや絶滅してしまったかもしれない**【東京チャンポン】**□。

しかし東京ネイティブでも東京チャンポンをご存じの方が現在何人いるだろうか。

私の10代のころ、同じ団地に住む隣のオジサン(長崎出身)が、中華屋の出前で東京チャンポンをたのみ、出前された品が、自分がイメージしたチャンポンと明らかに違ったものなので激怒。出前のおにいさんに何十分もチャンポンの何たるかを教示したという筆者だけの伝説の東京チャンポンなのである。

東京チャンポンとは海鮮あんかけ(醤油味または塩味)をラーメンにかけた、いわば広東麺や横浜のサンマー麺に近いもの。その当時東京で本場の長崎チャンポンなどを食べられるのは限られた場所しかなかった。東京ではチャンポンといえばあんかけが主流のラーメンだったのである。オジサンは怒りで最後まで東京チャンポンを食べなかったが、この東京チャンポン、筆者にはオツな味で、いつのまにかこの味の記憶が刷りこまれてしまい、たまに食べたくなるのである。しかし今やどこの中華屋に行ってもそれらしき代物はなく(普通に本場の長崎チャンポンが食べられるのであるから、そんな紛らわしいものを提供するはずがないのは当然である)、数年前、葛飾区の中華屋に東京チャンポンを出している店が存在すると聞いて行ってみたが、その店自体が跡形もなく消えていた。読者の方でこの東京チャンポンを出している店をもしご存じでしたら、ぜひ編集部までご一報下さい。ああー愛しの東京チャンポンよ我の前に今一度現れたまえ。 (宮)

東京五大カツ丼 ーほんとうのカツ丼の旨さがこれです。

普通に考えるとトンカツの旨いトンカツ屋だったらカツ丼も美味しいはずだと思うのだが、そうはいかないのが悩ましい。そもそも名だたるトンカツの名店のなかにはカツ丼をやらないところが多い。昨今ブームのカツ丼は揚げたてのサックリ感を残した「煮込み過ぎない」タイプ。ヘルシー志向の現れかじっくり煮込んでこってり出汁の甘味を吸い込んだタイプは敬遠されがちだ。

この傾向が顕著に現れているのが人気の大手チェーン「かつや」のカツ丼だ。粗めのパン粉がさっくり軽やかで確かに美味しいし、何より安い。一流のトンカツ屋がこれに対抗すれば素晴らしいカツ丼が出来るだろうが、1000円以下では出せないだろう。

今回カツ丼の美味しい店を総ざらいした結果をみると、ある程度予想した通りトンカツ屋のカツ丼より町場の食堂のカツ丼に名品が多かった。価格では「かつや」には敵わないものの健闘している。

カツ丼五大に挙げるのは次の5店。

「坂本屋」「とん㐂」「二天門 やぶ」「豊ちゃん」「鈴新」

その昔、カツ丼が食べられるトンカツ屋や食堂などは、男性客ばかりだったが、最近は女性の一人客も普通に見られるようになった。1億総肉食化社会は目の前だ。（隆）

▲場所柄早朝から行列が出来るが狙い目は朝9時から11時（豊ちゃん）

◀昔、食堂で食べたカツ丼

坂《さか》本《もと》屋《や》

check

「見た目は地味だが、ベストカツ丼ここにあり。「坂本屋のかつ丼には東京の郷愁が詰まっている」(山本益博)

西荻窪駅に程近く、さしてランドマーク的なものがない地域にあってマスコミ露出頻度も高く、地元飲食店の代表格的な存在になりつつあるのではないだろうか。見た目は地味な街の中華食堂みたいな感じで元々はそのとおりの中華店だったらしい。客の催促に応じて色々メニューを増やしているうちに洋食・和食のメニューが加わり、カツ丼の評判が広まったようだ。店内は鰻の寝床状でかなり小さくカウンター含めて12席がいいところ。

土曜日の午後5時、開店直後に入店したが、ほぼ満席で町場の食堂のわりに女性客の姿が多いのが意外。外には待ちの行列がすぐに出来る。噂通りほとんどの客(9割は)がカツ丼(750円)を注文している。卓上のメニューを見ると中華系の定食類に麺類、和食の丼物が多く、この日の日替わりが茄子と豚肉の辛子煮定食(730円)だったが誰も注文していない。店主がカツを揚げるとそれを奥さんが煮て卵でとじるというコンビネーションで仕上げていく。カツを煮る時間は20秒程度ではないだろうか。一度に出来るのが3枚程度らしく、5時に入店したものの自分に出てくるまで30分かかったが、揚げたてのカツでサッと煮込んだカツ丼は半熟卵や硬めのご飯との相性が良く軽やかで美味しい。緑鮮やかなトッピングのグリーンピースが可愛らしくて好印象。ガッツリ系ではなくサッパリ系のくどさのない上品な仕上がりなので大食漢には物足りないだろうが、女性客が多いのには納得。わざわざ電車賃を使ってでも行くべき良店。

「坂本屋のかつ丼には東京の郷愁が詰まっている」(山本益博)

(隆)

◀銀座でこれが900円

とん㐂《き》

check

銀座の奇跡、千円札一枚でザックリ揚がったカツをあっさりと煮込んだカツ丼の名品が食せます。

トンカツ屋の少ない銀座にカツ丼の名店ありと初めて耳にしたのは10年近く前だった。和食、フレンチ、洋食といずれも高級店がひしめく銀座のなかにあって千円札一枚で美味しいカツ丼がいただける店は貴重な存在だ。さっそく行ってみると裏通りに面した地下、同じフロアーにはバーらしき店が入居する銀座らしい妖しげなロケーション。階段前の立て看板には当店自慢と銘打ったカツ丼の写真も飾られて自信のほどがうかがえる。

昼のカツ丼定食は900円という安さでサックリ揚がったカツをあっさりと煮込んだ名品。ひと口噛み締めるとカツと割下の甘みがじんわりと感じられ食欲をかき立てる。白出汁のとん汁も美味しく、トンカツ屋のカツ丼としては東京ではイチバンだろう。こちらのカツ丼のトッピングは渋く針海苔。ただあまり海苔の香りが効果を発揮しているとは思えない。

昼どきは1階まで行列が出来るが並んでいる間に注文を取るので提供は早い。土日も休みを取らず営業していて使い勝手が良いが店主は休めているのだろうか？　そちらがちょっと心配だ。（隆）

二《に》天《てん》門《もん》やぶ

check

モダンに生まれ変わっても味は昔のまま。浅草の蕎麦屋のホットするカツ丼。

その名のとおり浅草寺二天門の前にある。今回選んだなかでは唯一の蕎麦屋さん。つい最近まで2年間も改築のため休業していたが、モダンに生まれ変わった。てっきり閉店してしまったものと早合点していたのが恥ずかしい。浅草でカツ丼の美味しい蕎麦屋として知られていた「吾妻橋藪そば」が隅田川沿いに移転して以来、カツ丼の提供を止めてしまったので浅草ではイチバンのカツ丼名店になった。

カツ丼(1000円)はたっぷりの卵でとじられたいかにも蕎麦屋さんらしい姿の一品。ひと口食べると甘めの割下と煮込みの浅い玉ねぎの香りが下町情緒を感じさせホッとする味わい。煮込みの浅いカツのサクサク加減もいい感じ。

天丼も評判が高いから蕎麦よりご飯物が主力みたいになっているのかもしれない。日曜も営業しているが終わりが19時半と早いのが難点。浅草ではこの店に限ったことではないが…。

(隆)

▲蕎麦屋のカツ丼はタレが決め手

豊《とよ》ちゃん

check

場所柄朝6時から行列のできる人気洋食店のカツ丼は軽めでサクサク味付けも良し。

築地といえばテリー伊藤の実家が経営する玉子焼き店「丸武」が場外市場では名を馳せているが、場内の「豊ちゃん」も負けてはいない。大正8(1919)年創業の老舗洋食店は朝6時から行列の出来る人気店。

名物「あたまライス」はカツ丼の具(カツ煮)とライスの別盛りのこと。もちろん普通のカツ丼もあり、どちらも同値で1010円。着席してカツ丼を注文するとお茶と新香が出され、2分と経たないうちにカツ丼も出てきた。やや厚めの衣は出汁を吸ってしなったように見えたが軽快なサクサク感は残っていて及第点。出汁の味醂の甘味と豚肉の美味しさが良くマッチしていてボリュームのわりに軽めの仕上がり。トッピングの三つ葉が彩りを添え、シャキシャキしていて心地好い。味噌汁(100円)が別料金というのが商売として

▲旨くて目が覚めます

ちょっとショボイ。市場の宿命で午後2時には閉店するので注意。（隆）

鈴《すず》新《しん》 check

カツ丼3種。出汁に玉ねぎと卵を煮込んでカツの上にかけるスタイルの「かけかつ」はちょっと他では味わえない。

かつて花街として栄えた四谷荒木町では知られたトンカツ屋。昭和33（1958）年の開店以来トンカツ一筋に邁進《まいしん》して最近では様々なメディアに取り上げられるようになった。

▲かけかつ丼。何とも奇妙な風体

カツ丼が3種類、メニューに載っている順に「煮かつ丼」「かけかつ丼」「そうすかつかつ重」とあるが、かけかつ丼（1200円）が評判の品。丼に盛ったご飯にカツをのせ、そこに出汁に玉ねぎと卵を煮込んで上からかけるスタイルのカツ丼。カツの煮込みを全くしないカツ丼は東京広し、といえどもここだけだろう。出来上

がった「かけかつ丼」は煮汁少なめで当然つゆだくとは無縁の仕上がり。脂身の旨さは良いが肉質では若干他店に及ばず、カツ自体も少なめだがアイデアの勝利といった感じ。この「かけかつ丼」、なんでも、神田のある出版社の経営者が店主に依頼したことがきっかけで出来たそうだ。何度もダメ出しされて、1カ月もかけて完成したとのこと。最初はいい迷惑だったのではないかと思うが、今は看板商品に成長。何が幸いするかわからないものだ。とん汁の角切り里芋がいい食感で美味しいが、新香の胡瓜は少ししょっぱい。

ここまで来たらついでに徳川家康が乗馬用のムチを洗ったという「津の守弁財天」の「策《むち》の池」と旧花街を散策することをぜひお勧めしたい。

店主は地元荒木町の飲食店街を石だたみの街に改良して残すため、「荒木町石だたみの会」なる募金活動にも尽力している努力家。（隆）

東京五大親子丼 ―ただの鶏肉が入った玉子めしとは違うのです。

「カツ丼」「天丼」がボリュームもあって見栄えも良いのに対して「親子丼」は食材も調理工程もシンプルで地味に映ることが商品価値を上げられない理由だろう。それ故にほとんどの鶏料理店の「親子丼」はランチタイムのみの提供だ。

また、人によっては卵が半熟に近い状態で供されることに抵抗感を持つ向きもあるようで、これも「カツ丼」「天丼」に比べ市井に拡がりを見せない一因に挙げられる。

しかし、近年女性を中心としたヘルシー志向が一層の浸透をみせたことで油を使わない「親子丼」は「カツ丼」「天丼」よりはるかにヘルシーで、肉類では低カロリーの鶏肉なら肉食の罪悪感も少ないことが注目された。とんかつや天ぷら店にはない女性客の多さがそれを証明している。

親子丼の名店はいずれも堅実かつ誠実な店ばかりで嬉しい限りだった。

今回選出したのは以下の5店。

「鳥ふじ」「鳥つね自然洞」「鳥めし鳥藤分店」「末げん」「鳥茶屋別亭」

日本食もずいぶんとグローバル化し、あらゆる飲食店に外国人客の姿を見かけるようになった。

しかし、半熟の玉子が決め手の親子丼には生玉子NGの彼等は腰が引けている様子。まぁ仕方ないか。（隆）

▲ランチには「かま」はあるが「お鍋」はありません、悪しからず（末げん）

鳥《とり》ふじ

check

限定10食の名古屋コーチン使用「特上親子丼」には中々お目にかかれないが、まずスタンダードの親子丼を。

▶自信の一品

メディアへの露出も多いわりに質素な佇まいなのが意外。サラリーマンの多い茅場町で行列のできる店として有名だ。

小体なビルの2階にあり、1階には巨大な写真入りで「究極の親子丼」と題した立て看板が置かれ、店主の自信のほどがうかがえる。

その「親子丼」(950円)を注文。同価格で「モツ入り親子丼」、その上には限定10食の名古屋コーチン使用の「特上親子丼」(1400円)がある。一つ変わったところでは「カツ丼」(950円)があり、これは店主が修行した「鳥つね自然洞」と同じ。もちろん鶏肉使用のカツ丼だ。

出来上がりを待つこと10分ほどで到着。他に小鉢の鶏団子、鶏スープ、柴漬けが付く。鶏肉はほとんどがムネ肉だが粒が大きいわりにパサパサ感もなく旨みが凝縮している。ムネ肉でこの旨さだからモモ肉だとかえってしつこくなるだろう。なるほどと納得する味。ご飯も硬めに炊かれ親子丼によく合う。卵の黄身も鮮やかで美味しいが、真ん中の三つ葉が卵でとじる前に置かれるのでせっかくの緑とシャキシャキ感が台無しになってしまう。色取りとはいえ、使うのならばここをしっかり生かしてあげてほしい。

▲小さなビルの二階です

鶏団子は普通の出来、柴漬けは市販品だろうが、鶏スープは透明感のある薄味でアッサリとして最後まで飽きない上品な仕上がり。京橋「伊勢廣」みたいな濃厚な鶏スープとは対照的なタイプでお店の品格がよく出ている。

1階の階段周りには特上親子丼に使用する食材の産地について細かに紹介しているが、何しろ限定10食なので中々お目にかかれない。ビジネス街で土曜日は客数も少ないので、案外ねらいめかもしれない。

茅場町には鶏料理の有名店がなぜか密集して3店もある。混み合うランチ時に「鳥ふじ」が親子丼なら、「鳥徳」は焼鳥の弁当仕立て、「宮川」は唐揚げ、とうまい具合に棲み分けが出来ているのが面白い。（隆）

▲厳選された鶏肉卵黄のコントラストがお見事

鳥《とり》つね自《し》然《ぜん》洞《どう》

check

本家筋より人気店に。ちょん髷主人は商売上手？ いや料理上手なのです。

「鳥つね」というと湯島天神前の本店が知られた存在だったのだが、いつ頃からか外神田の支店格であるこちらが知名度、味においても上回るようになった。江戸の儒者かと思わせる店主が作る親子丼を求め、開店前から行列ができる。サラリーマンから中国系の観光客までと幅広い。

スタンダードな親子丼（1000円）はムネ肉を使用。鶏肉とオレンジ色に近い卵黄のコントラストが良くビジュアルの良い親子丼。ムネ肉ながら旨みが強く満足度は高い。卵はかなり火の通りが浅く卵かけ御飯に近い感じになるが、硬めに炊かれたご飯との相性が良いからつゆだくでも美味しい。鶏スープはあっさり目でもう少しコクが欲しい気もするが、肉の旨みで食べさせるタイプだからこれでいいのかも。

▲割烹風だが気軽に入れます

モツ入り親子丼の人気が高く、開店から15分ほどでモツもの全種が売り切れになる。12時近くに来店してモツ入りがないと知るとそのままUターンする客がいるほどだが、親子丼好きというより単にモツ好きなのだろうか。

店主はかなりの野心家らしく以前は秋葉原駅に程近いUDXにも支店を出していたが2年前に閉めたようだ。大きなお世話だがむしろちょっと安心した。

何年も前からだが、通りから見える2階の窓際の段ボールが見苦しい。せっかく美味しい料理を提供しているのだからあれだけは何とかして。そういえば、近くに昌平坂学問所(湯島聖堂)あったのだが。主人はそれでそんな格好を? 関係あるわけないだろう。(隆)

鳥《とり》めし鳥《とり》藤《とう》分《ぶん》店《てん》 □ check

鶏卸商が営む鳥めし屋なのだから新鮮さは折り紙つきなのだ。

▲絶妙な火加減で作られます

分店を名乗るのは同じ築地場外で明治40(1907)年から鶏卸商を営んでいるから。ここはその直営店で場内8号館にも支店がある。場外の細い路地裏、12時前なら多少行列していてもすぐ入店できるが、過ぎてしまうと長蛇の列になってしまう。隣の寿司屋の呼び込みは半ば諦め顔で、「行列して親子丼食べるの大変だからうちの寿司にしたら」と声をかけてくるが、浮気する人はいない。

この行列に並んだせいだろうか、普通の親子丼にするつもりだったのが妙に期待が膨らんで東京軍鶏親子丼(1350円)を注文しようとすると今月は休み。代わりに薩摩軍鶏の親子丼(1000円)とのこと。今さらランクを下げられずそのまま注文。

ムネ肉とモモ肉半々の親子丼はさすがに肉質が良く、噛んだ瞬間の旨みが抜群に素晴らしい。その分、醤油ベースの甘辛風の味付けが濃い目で半熟卵の美味しさがあまり感じられないのは残念。鶏肉の量がもう少し多いと満足感が増すのでは。鶏スープは白濁した濃厚なタイプだが案外塩気は控えめで身体には優しい仕上がり。箸の他に朱塗りのスプーンも添えられて食べやすい。

塩仕立ての親子丼、カレーと合い盛りの親子カレー、大山鶏使用の鳥重、焼鳥丼、カツ丼、カツカレーなどメニューも豊富で飽きさせない。

　隣の客が食べていた大山鶏ぼんじり丼温玉のせ（680円）が美味しそうで次はこれにしようと密かに決めた。（隆）

末《すえ》げん

check

創業100年を超える新橋駅前の鳥料理屋で食す挽肉たっぷりのリゾット風親子丼。これもあり。

▲変わり種の挽肉親子丼

新橋駅西口SL広場に近く、ごちゃごちゃとしていてお世辞にも風情のある町並みとは言えないところだが、わずかに残った旧店舗の黒塀が創業100年超の老舗の風格を現している。「新橋鳥割烹末げん」が正式名称らしい。三島由紀夫が市ケ谷自衛隊東部方面総監部で壮烈な最期を迎える前夜、楯の会メンバーと最後の晩餐を囲んだ場所でもあることで知られるが、もちろん旧店舗時代の話。

▲夜は「お鍋」やっております

「かま定食」（1000円）がこちらの親子丼。最大の特徴は鳥挽肉を使用していること。鶏肉ゴロゴロの一般的な親子丼とは大分ビジュアルが異なる。変わりダネ親子丼の代表格の一品。結構待たされると聞かされていたので最初からそのつもりで持久戦の構えでいたが、雨の日でお客が少なかったせいか難なく数分で到着。親子丼に吸い物、小鉢、新香がセットになってくる。

結構なボリュームでかなり甘めの味付け、つゆだくだがわりとあっさり食べられる。挽肉だけにリゾット感覚といったほうがいいだろうか。三つ葉の緑がたっぷり綺麗でシャキシャキ感が心地良い。大盛り105円増しとあるが普通でも充分腹一杯になるだろう。鶏スープではなく吸い物なのは割烹料亭らしくもあるがちょっと残念かも。

賑やかな新橋で落ち着いて食事が出来る稀有なスポットだ

が、テーブル席のメニューを挟んだプラスチックケースが割れたままで、セロテープでとめてあるのはみっともない。老舗なのだからこれだけは直してほしい。（隆）

▲東京風の濃い目の味がよいのです

鳥《とり》茶《ぢゃ》屋《や》 別《べっ》亭《てい》 □check

神楽坂の奥座敷。ランチの親子膳はぜひ
すごくビップになった気がするのです。

東京のモンマルトルとも呼ばれる神楽坂の中腹、路地から石畳の小路を下ったところにある。この坂道、誰が名付けたのか「芸者小道」というそうだが絶妙なネーミング。いかにも女性が興味を持ちそうな瀟洒な佇まいの老舗料亭で、観光客も多く、行列もよく目にする。花柳界の歴史が長く日本料理店の多い神楽坂だが多くは夜のみの営業。ここは昼間から営業していて使い勝手の良いカジュアル料亭として人気が高い。

神楽坂の由来ともなった毘沙門天善国寺の門前にある「鳥茶屋」が本店だが、昼に親子丼を提供するのはこちらの別亭のみ。敷居が高そうに見えるが、ランチタイムはリーズナブル、平日の親子丼は950円から食べられる。

土日祝日は親子御膳として、1500円からの提供。サラダ、味噌汁、小鉢、新香にデザートが付く。本店が関西風、薄味のうどんすき会席を謳っているからてっきり同じものを想像していたが、親子丼は決して薄味ではなく東京風の濃い目の味付け（東京人は親子丼の薄味など想像しただけでダメ）。地鶏のモモ肉を使っているので結構歯応えがあり野性味溢れる食感。椀が大きいので量がありそうに見えるものの盛りが浅い

▲店構えに少し引いてしまうか…

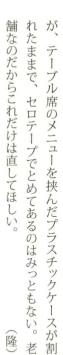

のでそれほどでもないが、サラダをはじめとして小鉢もたっぷりでご腹いっぱいになる。卵もしっかり火が通っていて煮込まれた感じが強く、卵も味の濃さを感じた。後でわかったことだが卵は岩手の南部地鶏を使用しているそうだ。

▲豪華親子御膳（1500円）。お得です

和服の女性が配膳にあたるサービスには情緒があるが、一人、二人だとたいがいカウンター席に通されることになり、帳場と玄関に近いせいか落ち着かない。予約して奥の個室のテーブル席か座敷に座ったら大分雰囲気が変わる気がしたが少人数では難しいのか。こんなにスバラシイ場所だし今度はもっと落ち着ける席で食したいものである。

（隆）

五大親子丼ショートコラム

鰻屋（稲毛屋）の親子丼

西日暮里の西口を出て左、道灌坂を上り、5分ほど歩くと不忍通りに出る。その通りを右に行くとすぐのところに鰻屋「稲毛屋」がある。

昭和2（1927）年創業の鰻屋だが、現在は銘酒とツマミの旨い鰻居酒屋として有名になり、連日予約を取らないと入れないほどの盛況ぶりである。筆者5年ほど前から何度か通っているが、鰻屋さんでこれほどのツマミが揃い、ゆったりと出来るお店は他に例がないと思う。

筆者鰻が大好物なのだが、いつも鰻屋の型通りのあしらい（30、40分待たされて、その間に酒を飲み、鰻を食べたら、ハイそれまでよ）に内心忸怩たるものがあったので、この店を見つけた時には嬉しかった。

居酒屋五大に入れても何の遜色もないと思うが、やはりここは鰻屋なので差し控えさせていただいた。

ところで、ここのもう一つの名物が、何あろう、20世紀の落語名人あの五代目古今亭志ん生が考案した絶品親子丼である。この親子丼普通の親子丼にもう一つ生卵をのせるのがミソで、何だか得した気分になれるのである。

現在は柔らかい山梨産の紅ふじ鶏を使用し、タレは甘めで、具はタケノコとシイタケ。天才落語家はやはりただ者ではない、落語の芸だけではなく我々にこういう極上の一品も残してくれているのである。

（宮）

▲五代目古今亭志ん生

東京五大天丼 ーオーマイゴッド!! この真黒な天丼がたまらない。

天丼と言えば天ぷら屋や蕎麦屋のランチメニューの定番だが、普通に美味しいとは思うものの印象に残る天丼はそれほど多くはない。都会的に洗練されたとも言え、それはそれで評価出来るが、天ぷらチェーン並みにいい具合に標準化されてしまったのではつまらない。

衣の加減や丼つゆの味、胡麻油の配合具合など好みを挙げたらきりがないが、これぞ東京の天丼と言える強烈なインパクトを感じる天丼に「黒天丼」がある。濃い目の醤油と砂糖や味醂を加えた甘辛の丼つゆにくぐらせた真っ黒な天丼は一見無骨で洗練とは無縁のスタイルではあるが、その下町風の庶民的な味わいは昭和を感じることが出来る懐かしの一品。

未食の方はぜひ一度お試しあれ。一度体験したら天ぷらチェーンの店には二度と入る気がしなくなること必至だ。

もちろん黒天丼以外にも魅力のある天丼はある、からもう一方の都会的に洗練された天丼とともに双方から5店を選んだ。

これTCUの自信度80パーセントです。

「天ぷら中山」「土手の伊勢屋」「天仙」「てんぷら黒川」「てんぷら天朝」

本来、下町天ぷらの本場と言えるはずの上野、浅草界隈からは魅力的な天丼は見い出せなかった。浅草の行列は観光客には人気だが東京人には不評の様子。名物に美味いものなしを地でいってしまったようだ。

（隆）

▲天丼で精をつけ、ここは吉原お次はどこへ？（土手の伊勢屋）

▲この真っ黒が食欲をそそる

天《てん》ぷら中山《なかやま》 □check

ほんものの江戸前東京天丼が食べたければ、人形町の裏店でこの本格天丼を食すべし。

　浅草とは違い、どこか落ち着いて分別のある大人の下町的な風情が色濃く残る人形町界隈で、」もひときわ庶民的な町並みが残る一画にひっそりと存在する老舗天ぷら店。近くには老舗洋食の「小春軒」やビーフカツレツの「そよいち」（P180五大洋食参照）があったりして知られたグルメタウンなのだが、あまりに鄙《ひな》びた店構えのせいで埋没するのでは（失礼！）と心配だった。
　数年前にランチで天ぷら定食を食べたときはあっさりと白木の美しいカウンターに席を確保できるくらいの客入りだったのに、先日行ったときは店前に数人のOLの行列が。めずらしいことが起きている（再び失礼！）と思って並ぶと行列の会話が耳に入る。どうやら少し前に、松重豊主演「孤独のグルメ」でこちらの黒天丼が紹介されたらしい。

　10分ほど待ってカウンターに案内され天丼（1100円）を注文する。初老の夫婦は以前と同じだが前はいなかった息子とおぼしき男性が加わって3人体制に。先にタクアン漬けの新香としじみの味噌汁が出て、やや経って天丼が運ばれる。噂どおりに本当に真っ黒な天丼は重厚感たっぷりだが、食べてみるとルックスとはうって変わってすっきりとした味わい。丼つゆにくどさがなくご飯も硬めに炊かれていているのがいい感じ。海老二尾にキスと茄子という内容だが季節によってキスは穴子になり、野菜も変わるようだ。タクアン漬けがいい箸休めになってコリコリと美味しい名脇役になっている。
　松重豊のサインがひっそりと飾られている。全体的に棒のように細長い字のサインで「名は体を表す」の言葉通り。

▲天丼の中の天丼とはこれ

土手《どて》の伊勢屋《いせや》

check

東京一有名な天丼は東京天丼の基本系。店も客も小粋さが「売り」です。

明治22（1889）年創業の東京の下町を代表する天ぷら屋であり、隣の桜鍋の「中江」とともに奇跡的に戦災を免れた歴史的な建築物としても知られる店。土手というのは店の前の通りが土手通りだから。昭和初期までは堀があって隅田川から舟で吉原まで通えたそうで、当時はこちらの天ぷらで栄養をつけて繰り出すのが粋だったとか。

ビッグサイズの穴子が一尾ドーンとのる天丼が有名でランチや週末には行列ができるが、この穴子を食べるためには1900円の天丼（ロ）を注文しなければならない。一つ下の1400円の天丼（イ）では穴子がキスに変わってしまう。ちょっとお高めにはなるが、小食の人はぜひお腹をすかせて穴子を食することをお勧めしたい。

天丼（ロ）とこれもなぜか有名な、なめこの椀（200円）を注文。天ぷらメニューもあるのだがほとんどの人が天丼の注文。穴子一尾、海老一尾、イカのかき揚げ、獅子唐がのった天丼はさすがのボリューム。胡麻油で揚げているので揚がり具合も香ばしく、丼つゆも濃い味付けで食欲をそそられるいい色合いだ。天ぷらそのものには異論はないが、好みが分かれるのがご飯のできがやわらか過ぎること。これも店の伝統の一つと納得するべきか。

当代の店主はアルバイトで入って二代目を継承したという努力家。今新しく浅草で支店を出したらしいが、やっぱりアルバイトで入社してトップに昇りつめた某牛丼チェーンの前社長みたいに多店舗展開はしないでね。

ある平日の夕刻のこと。ふらりと訪れると行列はなく店内もガラガラ。こんなこともあるから行列を避けたいときは狙い目かも。中では同伴出勤前らしいソープ嬢と客のカップルが仲睦まじく御食事中で、これもまたここでなければ拝めないいい風情（？）。

（隆）

天《てん》仙《せん》

check

味薄ばかりがたてまつられる世の中に辛味が勝った野趣溢れる豪快な天丼があるのが東京のよいところです。

東京メトロ有楽町線江戸川橋駅を出てすぐ、神田川沿いの

▲パンチがきいております

ビルの半地下に店を構える地域では老舗に属する天ぷら屋さん。他とはひと味違う個性的な天丼が頂ける。

どうでもいいかもしれないが神田川に架かる橋なのになぜ江戸川橋なのかという素朴な疑問に答えよう。実は神田川が正式名称になったのは戦後かなりたってからで、それまでこの川は地域によって名称が異なり、この付近は江戸川と呼ばれる川だったことによるそうだ。

蘊蓄を垂れるのはこのくらいにして天丼を頂こうとある日の昼過ぎに伺うと、揚げ場を囲むようにある8席のカウンターは満席。いずれも身なりの良い中年紳士・淑女ばかりでここは銀座かと突っ込みたくなるほどお上品な客層にややたじろぐと、これまた上品な女将さんに無人のテーブル席に案内されるのだが、これがまたやたらにだだっ広く銀座のクラブを思わせる雰囲気で、「天ぷら屋の感じは微塵もない。ミラーボールでもあるのではと上を見上げそうになった。おまけに向かいのテーブル席は法事か何かの集まりとおぼしきこちらも上品な初老の6人組が占め、さしずめ割烹料亭の風情すらある。安納芋の天ぷらがサービスで出されたところを見るとかなりの常連らしい。この感じだとかなり高そうに見えるがランチはかなりリーズナブルで天ぷらコースは1400円と2500円の2コース。天丼は1100円から1600円まで3種類で江戸川橋プライス。天丼でいちばん高い特製天丼(1600円)は海老二尾、小海老がみっちりのかき揚げ、椎茸の小海老詰め、キス、穴子に獅子唐と見たこともないほどのボリューム感に圧倒される。丼つゆはかなり濃い味で甘味より醤油ベースの辛味が勝った感じ。肉体労働者向けと言ったら怒られそうだが、男性的な野趣溢れる豪快さは確かに魅力だろう。しじみの赤出汁もしじみが大ぶりで滅多に味わえないコクがある。ほうじ茶が美味しいのが天ぷら屋さんらしくていいじゃないですか。

13時過ぎにはご飯が切れたらしくお客を断っていたので早めの来店が好ましいかも。　（隆）

▲特製天丼(2000円)

てんぷら黒《くろ》川《かわ》

check

数々の名店がひしめく築地市場でも小体ながらも一級品を出す小粋な店。

築地場外市場には寿司屋から和食、洋食に至るまで新鮮な魚介類を使った料理を食べさせる店は数多くあるが、鮮度だけではカバーしきれない天ぷらとなる選択肢は絞られる。

その中で筆頭格に挙げられるのが市場の外れに店を構える黒川。晴海通りの歩道には小さな看板がひっそりと置かれてはいるが、周りの商店の台車や何やらがゴチャゴチャと置かれていて自己主張はしづらい感じ。そこから細い路地を歩いて左側、うっかりすると見逃しそうになるくらい小さな店舗だが食通を自認する方々が店内を窺っているからここまでたどり着ければ大丈夫だろう。

こちらでお勧めするのは数種類ある天丼の中からいちばん人気がありそうな上天丼（１５００円）。内容は海老が二尾に穴子、牡蠣、レンコン、アスパラ等々と味噌椀、漬物が付く。甘めのタレと硬めに炊いたご飯の相性も良く、食材は季節によって変わるのかもしれないが、牡蠣が天丼で頂けるのは嬉しい。噛むとサクッとして糸を引く新鮮なレンコンも秀逸。ナメコとネギの味噌椀も素材の味がよく出ていて美味しい。ネギがこんなに甘くて旨いと感じたのは久し振りのこと。海老がやや小さめなのが残念だが価格から言えば妥当なのだろう。

お財布の中身に余裕のある方は、この上の特製天丼（２０００円）にチャレンジしていただきたい。上天丼からさらに小柱入りのかき揚げ、メゴチ、春菊などが加わる。季節によって野菜は変わるようだが、まさに天ぷらの宝箱状態や〜。

たまたまカウンターで目の前に正対した店主は一見堅物そうに見えるがとにかく仕事が早く、多少混んではいても天丼からコースまで手際よくテキパキとこなし、客を待たせない姿勢は誠実さがにじみ出る。昼から一人で２０００円の天ぷらコースでビールを飲む常連らしき客も多く、そういう使い方もここでは可。

（隆）

▲品のよさならこちらの天丼

てんぷら天朝《てんあさ》

check

――センスの良い店内で繊細で上質な天丼を食べたい時にはここ天朝にご来店を。

銀座には天ぷらの有名店が目白押しの状態ながら、」庶民が気軽に落ち着いて食事が楽しめる店は少ない。その中にあって良心的な価格で本格的な天丼が頂けるのがこちらの天朝。

銀座と言っても目の前の高速の橋を渡れば新富町という立地にあり、最寄り駅は銀座一丁目か新富町、もしくは宝町だがいずれもほぼ等距離。八丁目にも同じ読みの天ぷら店があるが無関係。ふくよかな店主は常に笑顔を絶やさず楽しそうに天ぷらを揚げつつ客への配慮を怠らない。身のこなし、言葉遣いの一つ一つに育ちの良さまで垣間見え、見るたびに客商売のプロだと感服するばかり。

カウンター10席ばかりの店ながら大きめな窓の外には樹木の緑が美しく、清々しい気分で食事を楽しんでほしいという店主の思いが伝わってくる。センスの良さまで抜群だ。

一丁目の外れと言っても銀座。お値段は相当になりそうに思えるが、昼の天ぷら定食は2000円からあり、最高値でも3250円。天丼が1713円となぜか半端な価格設定だが、これは税別のためで税込みならば1850円になる。数年前は1700円くらいだった気がしたから銀座一般の値上げと比べれば妥当なところか。天丼はランチだけの提供。

付近の会社の重役方とおぼしき身分のありそうな人たちに紛れて頂いた天丼は海老2尾にキス、穴子、茄子、レンコン、獅子唐で以前と変わらぬ顔ぶれ。海老と穴子が小振りなのは仕方ないが良質さは伝わる。相変わらずレンコンがシャキシャキで美味しいし、主張し過ぎない丼つゆが全体を上手くまとめて品の良さが際立っている。しじみの赤出汁、漬物も良質で美味しい。下町特有の甘辛さに慣れた人が食べたら何かが覚醒する旨さだろう。この天丼の美味しさを知ってしまうと、今度は天ぷらのコースもぜひ味わいたいと感じる天ぷら屋さんの天丼でした。

（隆）

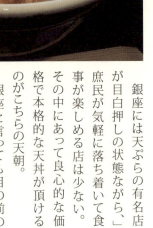

ベンチタイム

東京五大桜の名所

―遷都150年東京は桜で一杯になりました。

春といえば「桜」のシーズン。お花見でしょ！　宴会でしょ！。酒、酒！　という御仁も多いだろうが、「卒業」「新入学」「転勤」という別れと出会いが交錯する季節に咲き、そして散りゆくことで私たちに深い記憶を刻んでいく花でもある。

桜は古くは「万葉集」や「古今和歌集」で歌人にも詠まれたように散りぎわの儚さが諸行無常の感に重ねられ、短い人生を憂う対象としてたたえられた。

また現代においてもこの季節になると「桜」は春の到来を告げる花としてだけでなく、人生の節目として歌(song)に唄われ、いくつかのヒット曲が生まれてきたように、日本人の精神世界を象徴する花として愛でられてきた。

江戸期にはすぐに花が散る様子が縁起が悪いとして敬遠されたり、大戦中には軍歌に謳われたりと不遇の時代を迎えたこともあったが、桜の開花を楽しみに待ち、花見に沸き立つ人々が大勢見られる平和の象徴としてあり続けてほしいと願う。

桜の名所として次の五つを選んだ。

「上野恩賜公園」「飛鳥山公園」「千鳥ヶ淵」「隅田公園」「目黒川」

まあ、これで確定のような気がするが…。

東京の中小河川や公園には規模は小さいがまだまだ桜の名所は多数あり、自分だけのマイ桜の名所を見つけておくのもまた人生に彩《いろど》りを与えてよいのでは。

（隆）

▲ただただ言葉にならず（千鳥ヶ淵）

上《うえ》野《の》恩《おん》賜《し》公《こう》園《えん》

check

東京一、いや日本一の花見処。江戸時代は「花見御法度」その理由とは。

毎年桜の開花時期になると花見の客が殺到し大混雑する東京きっての桜の名所。江戸時代は寛永寺の境内であったため風紀が乱れるとして酒宴は禁止されていた。忍ケ岡を中心に1200本の桜が咲き揃う姿は見事の一言に尽きるが、酒宴目的で集まる人が多くゆったりとした花見には不向きかもしれない。（隆）

▲元は吉野から移植

飛《あす》鳥《か》山《やま》公《こう》園《えん》

check

江戸時代から続く遊行スポットは、現在でも大賑わいだがもう「仇討」はありません。

八代将軍吉宗治世の享保年間に改革の一環として桜が植樹され行楽地となり桜の名所として庶民に親しまれた。当時上野寛永寺では禁止されていた酒宴をともなう花見が初めて庶民に解禁された場所でもある。花見の時期はそれなりに賑わうが家族連れがメインで落ち着いた花見が出来てお勧め。（隆）

▲桜には日本舞踊が似合います

▲北の丸公園入口も桜が満開

千鳥ヶ淵《ちどりがふち》（千鳥ヶ淵緑道《ちどりがふちりょくどう》・千鳥ヶ淵公園《ちどりがふちこうえん》）

check

その絶景は全国に轟き比類なきもの。

皇居西側周辺は桜の名所が多数存在するがその中でも全国的な知名度を誇るのが千鳥ヶ淵。靖国通り沿いから続く千鳥ヶ淵緑道から半蔵門まで続く千鳥ヶ淵公園まで絶景に次ぐ絶景が楽しめる壮大な観桜スポット。あまりの観桜客の多さに千鳥ヶ淵緑道は入場規制が掛かることもあるが、こちらは皇居に近いこともあって宴席を張ることは御法度となっているので安心して桜を楽しめる。

（隆）

▲この日はボートも長時間待ちです

隅《すみ》田《だ》公《こう》園《えん》

check

台東区側、墨田区側、あなたはどちらを選びますか？ どちらも楽しめる歴史ある花見処。

川べりは桜が似合う

隅田川に沿って吾妻橋から桜橋に掛けて台東区と墨田区にまたがる公園でおよそ700本の桜が楽しめる下町随一の桜の名所。八代将軍吉宗が桜の植樹を命じたことが始まりだが隅田川の護岸対策の一環としての側面もあるようだ。川沿いに咲く桜並木と川面を行く屋形船が江戸情緒をかもし出す。水上バスからの花見も楽しめ、スカイツリーを借景とした桜とのコラボレーションも楽しみ。（隆）

目《め》黒《ぐろ》川《かわ》

check

元暴れ川が今じゃ近隣、いや全国区の花見スポットに大変貌。川沿いはオシャレな店が並びます。

人気花見スポット全国１位

いつのまにか都内有数のお洒落な桜の名所として発展した花見の人気スポット。大橋から太鼓橋まで3.8キロにおよそ800本のソメイヨシノが咲き揃う。特に花見で賑わうのが中目黒付近。狭い川幅を被いつくすように咲く桜はまさに桜のトンネルのようで花霞という表現がぴったりの幻想的な美しさ。中目黒は観光客目当てのお洒落な飲食店やブティックが多く、桜の恩恵で潤っている様子。（隆）

東京五大

Tokyo Godai

寿司
[edomae sushi]

鰻
[unagi]

蕎麦
[soba]

【寿司】江戸前寿司と寿司の違い。

もう古いかもしれないが、外国人が日本をイメージする言葉に寿司山（富士山）芸者というフレーズがあったが、現在なら、さしずめ寿司山渋谷交差点が適当か。しかし、そのイメージ以上に寿司は今やワールドワイドで食されているし、日本人自身が一番愛おしい食とはと問われて、大半は寿司と応えると言っても過言ではないだろう。これだけの食べものなのだから、今更、筆者が何か蘊蓄を語るのも野暮なので、今回はセレクトさせていただいた本格江戸前寿司と普段筆者のような庶民が食べている一般寿司の違いだけ説明させていただき鰻の稿に移りたい。単純に言ってしまえば、寿司職人が仕事をしているか、していないかの違い。何も普通の寿司屋の職人が仕事をしてないと言っているわけでなく、一つ一つの寿司に施す職人のこだわりの多さの違いと言えばいいのかもしれない。「何に言っているのだよ、寿司は鮮度が良いネタを旨い酢飯にのっければそれでいいの」という声も聞こえますが、確かに鮮度は重要であるし、美味しい米は大事である。しかし、その上に代々継承されつづけた伝統の一流寿司職人の技が加えられることにより、ただの寿司が、神々しいほどの物に変化する、まさにこの匠の技にお金を払うのである。しかし、庶民がこの匠の技に触れる機会は、それこそ祝いごとがあった時ぐらいでしょうが、こういう江戸前寿司が存在するということが、東京の食文化の厚みだということは認識するべきだろうし、まさに日本人に生まれてきたことへの喜びなのである。

偉そうなことを言いましたが、筆者もこの江戸前寿司に出会えたのは50歳過ぎてからで、初めて出会った時に、その素晴らしさに、今まで私が食べてきた寿司は何なんだろうと認識を改めさせられた衝撃は忘れられない。読者の皆様で、まだ本格的な江戸前寿司を食べていらっしゃらない方がいたら、ぜひともお値段は張りますが、一度その衝撃体験をしてみて下さい。お金に見合うだけのものは返ってくることは確かである。（宮）

今回、TCUの顧問で作家の馬場啓一氏に寿司、鰻、蕎麦の名店を訪問していただき原稿を書いていただいた。読者の皆様も行った気分になってお楽しみ下さい。

▲究極の江戸前寿司はランチでも味わえる(ランチ3000円より)

㐂寿司《きずし》

check

店内に入ってびっくりするその格式。ここには江戸前寿司の伝統と歴史の全てが詰まっているのです。

　人形町の老舗である。芸者置屋だった建物を使っている。大正12(1923)年の創業。当時の写真が額に入れて飾ってある。人形町辺りは震災の影響が少なかったのか。ちなみに震災の後、関西に居を移した谷崎潤一郎は、この近所の生まれである。

　それはとにかく、カウンターに座っていると、2階への階段を上る客の姿が見える。御近所の旦那衆の寄り合いがあるらしい。そういう店である。

　食べ終わって近くの酒場で、ここへ行った話をすると、バーテンダーが羨ましそうな顔をした。そういう店なんだ。

　1万8252円というのが、お一人様の料金で、銀座以外にこういう値段を取る店は東京では少ない。それでも充分満足しているのだから上等である。

　食べている時に、親方が木製の函に入ったネタを見せてくれた。ひと財産ですね、と言ったら破顔した。

　ツマミを切ってもらう。鱸に、あともう一品、今が旬というトリガイ。まことに美味しい。

　口開けの鮨屋は、いい気分のものである。開けたばかりのバーが好きだと書いたアメリカ人に、教えてあげたい。

　シンコ、シャコ、鮑、縞鯵、赤身を兜のカタチにしてシャリに被せたもの、そして最後に中トロをいただく。ただひたすら食べる。美味しいものを食べている、という実感が湧いてくる。あともう一品、サビを利かせたかんぴょう巻き、これで〆る。

　日本酒2合にビールで、前記の値段。結構でした。

鮨《すし》てる

check

老舗にも負けない技量で知る人ぞ知る江戸前鮨のニューウエーブ。人気で予約が取れないかも。

荒木町の路地の一角。地下鉄丸ノ内線四谷三丁目の駅から、言うところの荒木町の飲み屋街に入り、坂を下ってしばらく歩く。ゴチャゴチャした感じが酒飲みには、これからの酒宴の景気づけのように感じられる。

結構迷って辿り着いたが、上等にしつらえられ、小体に仕上げられた店内に苦労を忘れる。ハンス・J・ウェグナーの北欧家具の椅子を鮨屋で使うのはアイデアですね。それと備前焼を中心にした器の素晴らしさ。これら全ては、ギャラリー出身の可愛い奥さんの趣味という。結構な伴侶を得たものである。

▲知る人ぞ知る隠れ家的鮨屋

評判の店である。だが僅か7席。3度目にようやく予約が取れましたと言うと、すまなさそうに御主人が頭を下げた。だけど7席なんだから、仕方ない。

突き出しに青菜がまず登場。結構なお味。鯵とコチも出る。さらに鮑がツマミに。歯に自信のない身には緊張の瞬間だが、まるでホワイトチョコレートのように柔らかく、歯で千切れる。これまで食べたどの鮑にも、これは勝てますね。さらには貝柱を海苔で挟んだ逸品。酒によく合う。トリガイも上等である。

酒にもこだわりがあって、静岡の喜久酔、広島の宝剣、そして宮城の阿部勘の3種。最後のは被災地応援のためという。

ご主人の宮崎智弘さんは中高の面立ち、なかなかのハンサムである。奥さんも前記の通り可愛い。

ツマミ7品、握り7品の、おまかせコースのみ。上手に燗のついた日本酒2本とビールで1万9000円。高いと思わなかった。評判の店の面目躍如。

鮨《すし》与《よ》志《し》乃《の》

check

京橋与志乃が50年たって在所中野に帰ってきました。中野で一級の味を堪能できます。

中野坂上のわかりやすい場所。近所の宝仙寺は世に知られた名刹。タクシー来店の時の目印は、ここである。

ビル地下の広い11席。モダンな造りで、昨今は狭い鮨屋が多いから、これは貴重だ。清潔そのもののカウンターが素晴らしい。

▲京橋与志乃からつづく伝統の寿司

先代は久兵衛、なか田と並んで御三家と呼ばれた与志乃本店の出身であった。すきやばし次郎当主の兄弟子だという。京橋与志乃を50年ほど営業した後、在所であるこの地に移転した。現在の石塚才丈さんは京都の寺町で修行した。だから京都に詳しい。

近所のオバサンが自転車で食べに来る、ざっかけなさが身上だが、味は前述通り保証付きである。おばさんたちは奥のテーブル席で美味しそうに食べている。

ビールをもらい、おまかせで1万円位で、とお願いする。

これ見よ、とばかりに沢の鶴の二斗樽薦《こも》被《かぶ》りが鎮座している。これはもう飲むしかない。東京では、ここだけ。まことに旨い。さすがに合う、鮨に合う。なんと3杯飲んでしまう。

おつまみ5品で、握り10貫ほど。

江戸前鮨の心意気を堪能する。唸ったのは蛸で、これまで食べたどの蛸より美味であった。

お勘定は1万5000円。中野坂上に旨い寿司屋あり、である。

はし田《だ》 □check

寿司好きが足繁く通うこの店はさすがツマミも鮨もスキなしの佳店。ランチも超お得で凄いです。

銀座から晴海通りを勝鬨橋に向かい、橋を越えて月島第二小学校の先を右折、清澄通りを川の手前で右折してすぐ。こんなにわかりやすいのに、銀座三越前から乗った雲助タクシーに違った処へ運ばれた。

橋田時夫さんは48年間この地で営業を続けている。2020年の東京オリンピックでは目の前が選手村になるという。どうするんだろう。大丈夫、シンガポールに支店が2軒ある。

▲ランチの一部、超お得です

物凄く充実したツマミが15品くらい登場。

子持ち若布《わかめ》に鱧《はも》の茶碗蒸し、このわた、などが豆皿で次々に現れて酒飲みを喜ばせる。狂喜させる。圧巻は姿のままの雲丹《うに》。中味をスプーンでこさぎ出した後、鮨飯を丸めて放り込み、かき回して食べる。凄いです。

酒は世界遺産に選ばれた白神山地の名を冠した冷酒。四合瓶、フロスティボトルだ。これがあっと言う間に空になる。硬く押した鯖の鮨を合いの手に食べる。

ひじょうに厳選されたお客が、静かに飲み、鮨を抓《つま》んでいるように見えた。カウンターは15席ほど。昔ながらの寿司屋の風情で、大いに落ち着く。銀座で働いたエグゼクティブが、のんびりと癒しを求め、旨い鮨を食べに来ているのだろう。

いくつか握ってもらい、会計は二人で6万円ほど。高いが満足感は大きい。こんな高いの滅相もないとおしゃる方はランチ3500円がお勧め。このランチ凄いですよ。一度お試しあれ。

寿司政《すしまさ》 □check

江戸時代創業のまさに本家江戸前寿司屋は、日本一のばらちらしを提供します。食べずに死ねるか。

地下鉄九段下駅の6番出口を出て靖国通りを神保町方面に20秒ほど歩き右の路地を曲がる。するとさすが老舗と思わせる看板建築の店構えの寿司政がある。

何と文久元(1861)年日本橋で創業だから、これを江戸前と言わなければ、何を江戸前というのか。

土曜日の昼間、連れと訪れる。右に6人ほど座れる白

▲輝きのネタ揃いぶみ

木のカウンター。中で板さんが二人甲斐甲斐しく働いている。左にこれも白木の4人テーブルが三つあり、椅子は清潔感溢れる綿のシーツで覆われ、映画のワンシーンに出てきそうな趣き（二階には堀個室が、2部屋）。アサヒスーパードライの瓶ビールと菊正宗のお銚子1本、それにランチの梅寿司（3000円）とばらちらしの竹（4000円）を注文。つきだしのツブ貝煮でビールを飲みながら、しばしお寿司が出てくるのを待つ。先客はカウンターに40代のアベックと品の良い中年男性が二人（一人は外国人）と30代のラフな格好の男性。待つこと15分ほど、漆の台にえび、小鰭《こはだ》、鯛、マグロ、中トロ、イクラ、穴子、煮イカ、カンピョウ巻き。まずシャリはまろやかな赤酢がほのかに口の中に広がり、抜群の握り具合。種はどれも丁寧な仕事が施してあり、当たり前だが醤油などいらない。それよりも感心したのが、少し遅れて出てきたばらちらしである。

調和のとれた日本一のばらちらし▶

　今だかつて、こんなに旨いばらちらしを食べたことがない。赤酢のシャリの上にガリ（これまた甘くなく良い塩梅）やかんぴょうのほか11種類の寿司ダネがのり、どれ一つとして、尖ったネタはなく、全体に調和のとれたまさに芸術品。もう他のちらしが食べられなくなるのではないかと、何だか恐ろしくなる。交通費を使っても食べに行く価値ありの逸品である。

　平日はランチで寿司とちらしが1800円というサービス価格で提供しているが、並ぶのは必至なので覚悟して下さい。上記〆て1万0564円（税込）、決して高くはない。

【鰻】もう高騰しないでくれ、週1回は食べたいから…。

鰻―1日4回やってもまたやりたくなるほど精の付く魚が(失礼)、5年ほど前から稚魚の絶滅危惧により高騰し、庶民がおいそれと食べられないものになっている。

それでも鰻は週に1回は食べたいと思っている筆者の大好物である。

尊敬する大歌人斎藤茂吉(日本で一番鰻を食べた人ではないかと言われる)にあやかって、鰻行脚の旅に出たのが10年前、各地で色々の鰻を食べた。

言うまでもないが、背開きし(武士の町江戸では腹開きは、切腹をイメージして縁起が悪い)、串に刺し、蒸して油を落とし、タレにつけながら焼くのが関東風。筆者は関西の素焼きよりも旨いなと(関西風もたまに食べるには旨いが)思いながら、帰京することが多い。ただ、人よりは多く鰻を食べているが、鰻の場合、この高級店とあの高級店の特上のお重を比較してどちらが旨いかと問われ、判定できるほどの自信がないのである。なぜか。鰻重を較べるのに、まずは鰻の良し悪しがあるだろうが、高級店になるとどれも鰻は良いし、後は大きさに傾いてしまう。次にタレだが、筆者現在の東京の鰻屋のタレがどうも甘さ控えめで、物足りなくなる時がある(昔は東京の鰻のタレはもっと甘かったような…安い鰻屋で食べていたからか)。そして、米の炊き方だが、筆者は固めに米が立っているようなご飯が好きなのであるが、これも店によりまちまちである。そんなこんなで総合的にどこが良いかと言われると、「う～」と呟きたくなる時がある。それほど鰻、いや鰻重は難しい食べものであるが、だからこそかえって旨さを追求する甲斐があるというものなのだろう。

一つだけ浦和の老舗の鰻屋のご主人から聞いた鰻の見分け方をお教えしよう。鰻重が出てきたら、串刺しの穴を見て下さい。良い鰻は4～6本串、質が悪くなるに従って串穴が少なくなるそうだ。当然それは多く串が刺されているほうが、身が柔らかいからであり、中国産の固いものは2～3本で大丈夫ということなのである(〇〇ととや牛丼屋の夏の鰻〈串なしでした〉)。今回一つは抜群の鰻を食せるところと二つはコストパフォーマンスの良いところという基準でセレクトさせていただいた。食べてみて下さい、必ず満足します。

(宮)

小柳《こやなぎ》

check

浅草の最高の立地で営む鰻屋は、鰻が高騰している中でも一級品を安く提供しているコストパフォーマンス抜群の店。

▲絶妙な焼き加減でタレの旨さが光ります

浅草公会堂の真向かいという最高の立地。この辺りは浅草でも一番のステイタスを誇る、言うなら浅草の銀座。こう言うと浅草の人は怒るかね。要するに高級感あるところなのだ。しっとりした店構えは老舗の鰻屋の貫禄を示すもの。世間には比較的知られていないから、来るのは浅草の住民が多いようである。だから無用な混雑は避けられる。この日も上品なおば様たちが、早い夕ご飯という感じで鰻重を召し上がっていた。

その鰻重だが、上中下の上である松が3200円。ひじょうに上等な焼き加減であり、タレも素晴らしい。肝吸いも結構。これはお得です。

白雪を燗でいただき、サッポロのラガーで口をしめらす。ツマミに玉子焼き。上等に焼き上がり、ふんわりした食感がたまらない。

鰻屋には珍しく調理場がカウンターから覗けるようになっており、忙しそうに働く板前さんたちを見ながら一杯やるのは格別。白い板場衣装が清潔感に溢れている。突き出しのおしんこや鰻の骨の煎餅が、鰻の出来る期待感、焼き上がりを待つ気分を盛り上げる。

お勘定は5250円。贔屓にしたい、と思わせるものを持っている。

▲これでは飲まずにはいられない

やしま

check

初小川の技を受け継いだ量、質、ともに最高の鰻屋さんは全てにソツがございません。大満足です。

ご主人は浅草の老舗初小川の出身、店は小島町交番の隣。つくばエクスプレス、言うところのTX新御徒町の駅からすぐ近く。まことに便利な場所である。TX開業でお客も増えたことだろう。

突き出しは、混ぜないで粒のままの納豆、乙な味。肝焼きが上等で、ない日もあるというからラッキーだった。もずくに板わさをツマミにいただく。もずくはお椀にタップリ出てくる。健康に良いのだからとお店のお姐さんに言われる。なんだか給食みたいである。

▲上等な鰻を安く提供

お重の特上3900円は充分に食べでがあり、タレもご飯も、まことに安定した味。好感度高い。

酒は神鷹が透明な瓶ごと出る。上燗という。熱燗と、ぬる燗の中間がメニューに明記してある。燗酒好きには嬉しい。ビールはプレモルである。珍しいが、最近増える傾向にあるようだ。

土間はテーブル4席が4台にあと2席。都合30席。小上がりはテーブル4人席が4台。ざっと35人は入れる。それでも玄関には待つための椅子が用意されている。繁昌しているのだろう。会計は6450円。納得。

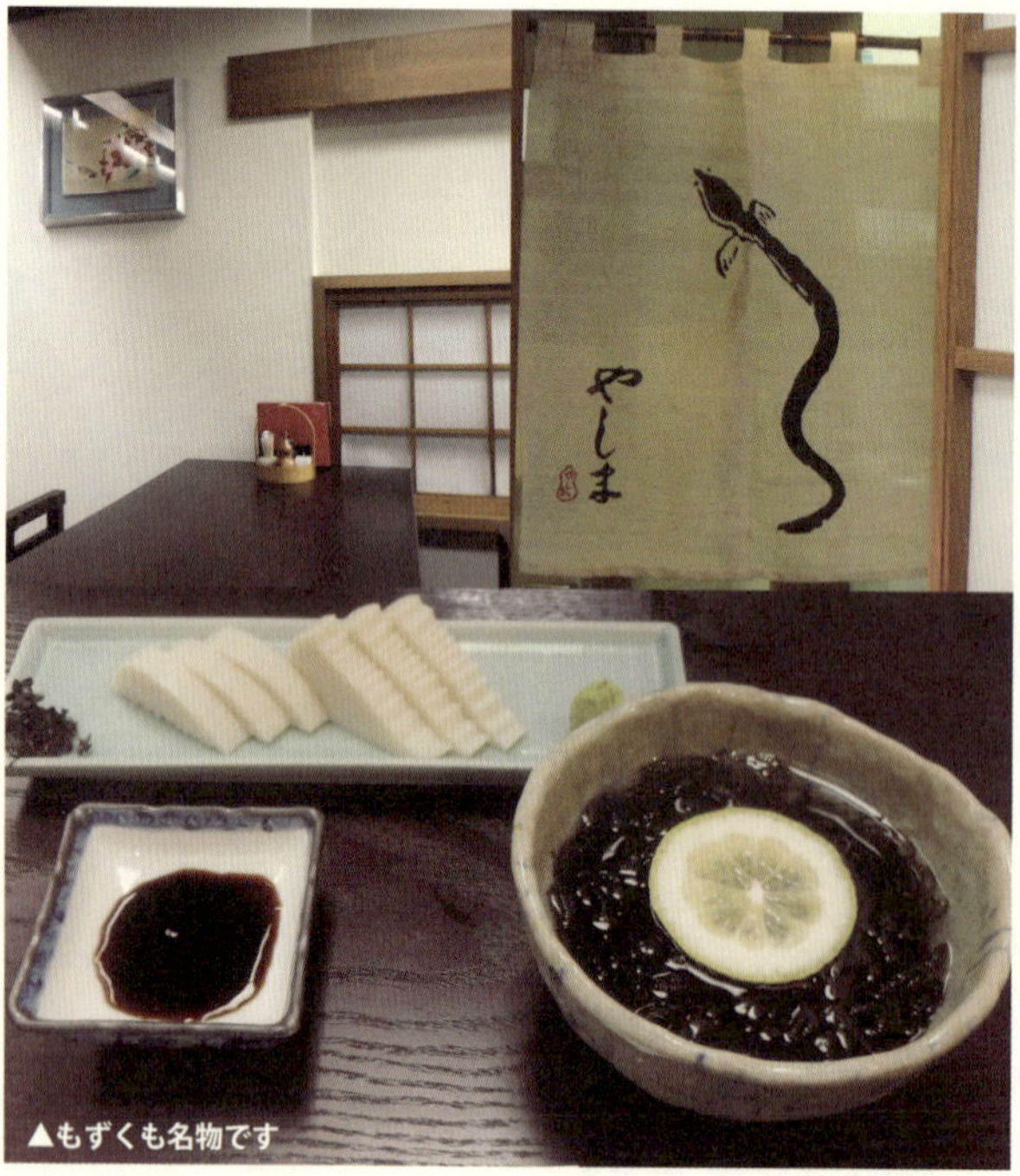

▲もずくも名物です

秋本《あきもと》 □check

高級感を醸し出しながらも、飾らない気さくな名店。鰻はご飯の上にのっかっていない上品なお重でが…

▲この見事な色艶が堪えられない

有楽町線の麹町駅を出て靖国通り方向へ歩くと左側、すぐにある。クルマなら靖国通りを曲がって、こちらもすぐで、ひじょうに近い。感じの良い料亭風の一軒家である。瓢簞型の看板に「う」と抜かれたのが目印だ。

奥に座敷もあるが（要予約）、手前の土間のテーブル席で充分だろう。26席ある。4人掛けが5卓に6人掛けが一つ。店内は落ち着いた老舗の気分が漂い、場所柄もあってか高級感を醸し出している。国会が近いから、そっちの関係のセンセイも顧客には多い。だからこうなる。

キリンのラガーと、お酒を頼む。沢の鶴である。共に780円。善国寺定食6000円と野菜の旨煮630円を頼む。キモ焼きはないそうだ。善国寺定食にはう巻きと卯の花の炊いたのが付く。「う」の字尽くしである。

こちらの鰻は皿にのって登場する。ご飯の上に何かのせる食べ方は品が悪い、と言うことだろう。それはとにかく、ひじょうに柔らかく仕上がった鰻は美味しく、ご飯と酒の両方で食す。ご飯はご飯、酒は酒と分けずに、いただくのに、これは大いに適している。すなわち鰻もご飯も、酒のアテなのだ。

シャーベットのデザートがまた上等で、お酒2本にビールと定食、そして野菜の旨煮で〆て9867円。

▲一等地に構える気さくなお店

▲坂東太郎は店の信頼の証

うなぎ魚政《うおまさ》

check

地元では有名な四ツ木の鰻屋さんは、信頼される鰻屋さんでなければ入荷出来ない坂東太郎を提供。

京成押上線は東京スカイツリーの開業で大いに繁昌している。古くからこの土地で開業している魚政は席数20席ほどの普通の鰻屋。しかし味は格別。天然もの、養殖もの、そして坂東太郎と呼ばれる、その中間の鰻が揃っている。予約の時に御主人が、どれを選ぶか尋ねるのが特徴。うちの鰻は旨いんだ、という自信が伝わってくる。

坂東太郎の上をいただく。鰻重4830円。まことに繊細で重厚、そして柔らかくジューシー。タレも程がよく、しっかりとご飯と鰻を結び付けている。肝吸いも上等。

特筆すべきはサイドディッシュで、鰻のレバーの佃煮など865円だが、お酒がいくらでも飲める感じ。さらには鰻の骨の焼いたものや肝などが並んだ、3種盛りのつまみセットが3250円。これでも酒を飲める。日替わりだという。

ツマミの真打は鰻珍味セットと名づけられた、兜つまりカシラの部分と肝、そして他の内臓部分を串で焼いた3本セット。鰻好きには堪えられない。カシラは大人の味ですね。

酒の種類も豊富だが、冷酒の松緑(純米吟醸)をいただく。併せてビールはプレミアム・モルツ。ホント最近増えました。

極上の鰻尽くしで9850円。高めだが、多いに満足。

尾花《おばな》

check

南千住にある日本中にその名が轟くザ・鰻屋。回向院の真裏にあり店の風情も鰻もツマミもまさにこれぞ老舗の風格。

▲この堂々とした照りのある鰻、他では味わえない

おそらくは東京で一番、と推す人の多い鰻屋であろう。4時の開店を待ちかね、列を作って大勢が待つ。尾花とはススキのこと。

足の便は悪い。南千住の駅から、小塚原の回向院の横の道を入り少し歩くと、右手に不思議なカタチの門がある。お稲荷さんを右に見て上がる。広い畳敷きの店で、和風の宴会場のようである。壁に沿って卓が並べられ、真ん中は開いている。三木のり平が出てきて宴会芸をやりそうな塩梅だ。

5300円と4200円の鰻重が用意されている。どちらかを先に選んで、う巻きや新香で一杯やりなら待つのが鰻屋の流儀である。肝吸いもお願いする。キリンのラガーで喉を潤し、う巻きと新香をつまみ、杯を手に、鰻を待つ。酒は桜正宗。良い燗がついている。肝焼きはなかった。

現れた鰻重は、重量感のある鰻がご飯をぴしっと覆い、テリの輝きが食欲をそそる。値段の違いは鰻の大きさの違いだ。柔らかいが、プリプリしている。尾花の鰻重を食べているんだという実感が迫る。口数が減る。それでも鰻とご飯を口にしながら時々、お酒をぐいとやる。最高である。焼き方、タレ、そして大事なことだがご飯が上等だ。わざわざ遠方から来る客の絶えない理由がわかる。

ビールとお酒4本と上記のつまみで、二人分〆て2万円。

鰻を食べたいという満足感でいっぱいになる店である。一度訪れてみては。

【蕎麦】食うための蕎麦の他に啜るための蕎麦がある

山形の内陸部の村山市の富並(最近では十四代という銘酒を生産する高木酒造があることで注目)という超ド級の田舎生まれの筆者の母が、父(筆者の祖父)が上京するたびに、「東京はうどんみたいな蕎麦で不味い」と呟いていたことを、かつてよく話していた。

確かに蕎麦処・山形の蕎麦は旨いのだが、筆者が酒を憶え、蕎麦屋でお酒を飲むというオツなことをするようになって、祖父には悪いが、東京の蕎麦はさすがが良く出来ていると思うようになってきた。

東京の蕎麦屋には3種あって、1.高級蕎麦屋。2.大衆蕎麦屋、3.立ち食い蕎麦屋という形で存在している。単純に区分けすると、1.夜、2.昼、3.朝になる。

まず3はこれこそ江戸蕎麦のはじまりである立ち食い屋台が継承されているファストフードとしての蕎麦。2は昼にサラリーマンや家庭の出前などで利用するうどんやはたまたラーメンまであり、セットメニューが充実(カツ丼セット、天丼セット)している食うための蕎麦屋。そして最後の1は池波正太郎が「酒が飲めない蕎麦屋なんて」と言う、酒を飲むための蕎麦屋である。それを一緒くたに論じては、口は悪いが「糞味噌一緒」なのである。祖父がどこで蕎麦を食べたかは知らないが、まあ、立ち食い蕎麦屋(ほとんどの立ち食いそば屋がまあうどん粉《つなぎ》8でそば粉2くらいだからうどんと言えば言える—筆者逆二八と言っている)か、大衆蕎麦屋だろうかと察せられるが、食うための蕎麦として比較されれば東京に勝ち目はないが、東京には啜るための蕎麦があるのである。高級店の酒の後の小腹を満たすための蕎麦がそれである。蕎麦前の肴(味噌、板わさ、出汁巻き玉子や店オリジナルのツマミ等)を酒で楽しんだ後に、蕎麦で〆る(だから蕎麦の量も少ない)。その時の蕎麦は十割の田舎蕎麦では駄目なのである。二八(そば粉8、つなぎ2)ぐらいがベストで、濃い汁に少し蕎麦を絡めて啜る。また啜り、そして地方にはない秘伝の辛い汁(これが地方にはマネできない)に蕎麦湯を入れて飲む。これぞ東京ならではの食文化なのである。粋ですよね。今回大衆蕎麦屋は名物一品ということでセレクトさせていただいた。もし、大衆蕎麦屋の五大をセレクト出来る読者の方がいたら、ぜひとも次回の五大に反映したいのでご連絡ください。

(宮)

室《むろ》町《まち》砂《すな》場《ば》

check

ソバよし、つゆよし、肴よし、東京の高級蕎麦屋の代表と言えばココをはずすわけにはいかないですよね。

神田駅から日本橋方向に歩き、大きな交叉点を渡り、すぐを右に折れると左側。かつては中央通りに面していたが、今では引っ込んだ場所にある。それがちょっと由緒ありげで、老舗の貫禄を出している。

明治2(1869)年創業の室町砂場。赤坂砂場の兄弟というが、どちらもリッチな客を相手にしているのが結構である。

▲東京代表にふさわしい店構え

蕎麦をたぐるのにリッチもくそもないが、気分は大事である。なにしろこの店は、その名も日銀(かの日本銀行である)通りの至近距離にあるのだ。

キリンのラガーの小瓶をいただき、菊正宗の燗酒に切り替える。蕎麦屋で飲む酒の素晴らしさは、時分どきを避けて、そばを最後の締めくくりにするところにあるが、この店はその意味で最高である。

天ざるを始めたのは実はこの砂場だと言う。贅沢で旨いものに目がない日本橋の旦那衆の要求を満たし、作り上げたのだろう。わかるよね。

ごま豆腐が美味しく、ビールの供の枝豆も上等である。酒が進んで特選の菊正宗をお代わりしてしまう。大ざるを誂え、〆て3950円。

並《なみ》木《き》藪《やぶ》蕎《そ》麦《ば》

check

池正も愛した浅草の老舗蕎麦屋。くれぐれも蕎麦はつゆに付けすぎないようにね。

世界的に有名になった浅草の雷門を背にし、大きな通り、すなわち雷門通りを渡り、そのまま進むと右手に品の良い店構えが目に入る。引き戸を開けると、土間と小上がりがあって、のんびりしたたたずまい。

大正2年というから1913年の創業。江戸の蕎麦屋の右総代だ。そもそもは江戸も末期頃に駒込の団子坂辺りで始めたのが最初らしい。それから幾星霜、現在の店は建て替えたものだが、すっかり馴染んで近所に溶け込んでいる。

▲いいでしょう、この衒いのなさ

場所柄外人の客も訪れる。落語に出てくる糊屋の婆さんみたいなオバサンが、流暢に英語で案内するのにひっくり返りそうになる。素晴らしい店である。

焼き海苔をお願いすると、メロンの箱みたいなサイズの木箱が登場する。上段に海苔、下段に熱源。有名な仕掛けだ。これが見たくて焼き海苔を注文する客も多い。

熱燗の具合も最高。菊正宗である。白い徳利が蕎麦屋らしい。つまりは理想の蕎麦屋をイメージすると、並木の藪になる、という寸法なのだ。そしてそういう評判にも天狗にならず、ひたむきに美味しい蕎麦を提供している。普段のそういう姿勢がファンを離さないのである。

ざる蕎麦を頼むと、ざるが裏返しになって出て来る。これで初めての客は大いに驚く。からい、独特のつゆ味で、実はこれで日本酒を飲むのが好き、という酒飲みを知っている。結構尽くしで3品〆て3000円。江戸前とはこういうことである。

▲お銚子と蕎麦は絵になります

麻布《あざぶ》永坂《ながさか》更科《さらしな》本店《ほんてん》

check

完成された蕎麦屋とはここのことを言います。酒と蕎麦を楽しみたい方のための名店。

麻布十番の目抜きにあり、この地のランドマークのようだ。久保田万太郎が「春　麻布　永坂　布屋太兵衛かな」と、詠んだとおり。地下鉄南北線麻布十番駅から至近距離にあり、

▲今や麻布十番の象徴

不案内の人でも迷わない。

二色天せいろを頼む。2160円。二色の蕎麦は黒と白、蕎麦の材料によって色が違い、それぞれに風味も違う。

天麩羅は、しし唐、なすび、カボチャ、それに海老が付いている。当たり前だが、カリッと上等に揚がっている。

ここのつゆは、その濃さで有名だが、美味しい蕎麦を味わうなら、付けすぎない方がいい。江戸っ子の遺言で、つゆをタップリ付けて食べたかったと言うのは、他所で食べた不味い蕎麦だったからじゃないのと、かんぐってしまう。蕎麦の本当の味を味わうなら、付けすぎないこと。

日本酒の袴が凝っていて、老舗の貫禄である。ちなみに酒は白鷹。女性の店員たちも皆さん充分よいお年で、黒い前垂れに白いシャツのお仕着せが似合っている。

お昼の時分時を外して来たから、のんびり酒と蕎麦を楽しめる。

板わさと玉子焼きで、ちびちび日本酒を飲り、よい時間を見計らって声を掛けると、ぴったりに蕎麦を持って来てくれる。つまりはこれが老舗というものである。たっぷり味の付いた玉子焼きと板わさそれに、ビールと日本酒の熱燗2本にお蕎麦。これで〆て5450円。

▲この完成度は歴史と努力のなせる業

利庵《としあん》

□check

白金台の老舗の一つになったシロガネーゼも一目置くこの店は、酒の肴の豊富さには驚かざるをえない努力の蕎麦屋。

▲白金台では異彩を放っております

栄枯盛衰の激しい白金台で、いまや一番古い店の一つになってしまった利庵。名店である。地下鉄南北線白金台駅から、歩いてすぐのところ。30年以上の伝統と自信が漂っている。だがなに、ただの蕎麦屋だ。臆することはない。

それにしても決して広くない店内に女性が4人も働いているのは、繁昌している証拠だろう。4人掛けテーブルが4卓。大きな、創業時からあると思しき黒っぽいテーブルには8人座れる。だが、それだけ。しかし滅法気分の良い空間になっている。シニアの客が多いせいだろうか。

晩秋の夕方だから熱いのが欲しい。熱燗2合をお願いする。三千盛である。700円。珍しい。このわたと、じゅんさいをもらう。それぞれ1150円と850円。ほど良い燗酒に、よく合っている。

こういう時期と時刻に、気の合った友人や連れ合いなんかと、しんみり一杯やりながら蕎麦をたぐる、というのは堪りません。東京の名だたる蕎麦屋は揃って、こういう時間帯には混むことになる。皆さん、わかっていらっしゃるのだ。

せいろ750円と、熱い花巻850円を、いただく。蕎麦はやや太め。かつ黒っぽい。せいろのつゆは真っ当な仕上がりで、冷たい蕎麦を引き立てている。花巻も実に美味しい。海苔を熱い蕎麦に浮かべただけで、深い味わいが生まれている。つゆも東京風に黒く、安心できる。

昨今では白金（しろかね、と濁らない）というと、チャラチャラしたギャルやブランド・マダムをイメージする。だがそもそものエリアとしては目黒の領域で、坂下の三光町など、ざっかけない下町気分で知られている。それを考えると、人気の町

◀▼お酒がとまらない一品

に在りながら、30年以上も立派に続いている利庵の、さっぱりした雰囲気の意味が理解できる。〆て5200円。まことに良い気分で店を出た。

本《ほん》むら庵《あん》

check

ここは東京かと思わせるほど大きなたたずまいのお店で、ゆったりと酒と蕎麦を楽しむ至福の時。

▲地方の庄屋さんの様な店構え

荻窪駅の南口の交番で尋ねると、ベテランのお巡りさんが、張り切って教えてくれた。要するに中央線に沿って西荻方面に真直ぐ行けば良い。ただし、10分くらいかかる、と。

言われたとおりの場所に、本むら庵はありました。「ほんむらあん」と読む。間口10間もある大きな店である。席数80を数えるという。蕎麦屋としては最大級であろう。創業大正13(1924)年。だが店内には清潔で気持ちよい空気が流れ、家族連れやカップルで大いに賑わっている。雨模様の夕方だったが、これは繁昌している店だと思った。

つまみが凝っている。色々ある中から、つぶ貝しぐれ煮(648円)と、油揚げに鴨肉を挟んだ、おきつね焼き(756円)を、お願いする。ヱビスの瓶ビール(615円)と、樽酒の剣菱(712円)も頼む。ちなみに、突き出しは蕎麦の実のアラレである。珍しいが、いかにも蕎麦屋であるなと、嬉しくなる。一合枡に舐め塩を添えた剣菱でのんびりやりながら、蕎麦を待つ。せいろと、卵とじである。

蕎麦屋で一杯やるのは気持ちのよいものだが、この店だと早く切り上げて、蕎麦を食したく思った。で、期待通りの、冷たく涼やかな、せいろと、海苔の香りに玉子がふんわり絡んだ、卵とじが出てきた。美味である。せいろは、つけ汁の濃さも上々で、蕎麦湯も旨い。熱い卵とじ蕎麦は極上のダシが利いており、あっという間に入る。〆て4459円。

▲ゆったりと楽しめます

東京五大立ち食いそば
―黒い、この黒さがタマラナイ東京（関東）の味。

かつて、学生時代、関西から来た友人が東京で立ち食いそばを食べ、あまりのつゆの黒さに驚き出た言葉が「コールタールの中にそばが浮かんでいる」であった。それ以来友人は東京でそばを食べなかったが、このつゆでそばを食べる味わいをわからずきっと死んでいくのだろうなと、物悲しくなった記憶がある。

　しかし、最近では東京でも健康志向で薄味のブームが来て以来、濃厚醤油色のそばは分が悪い。しかし、そのためつゆに甘みが少なくなり、塩辛くなってきたように感じるのは筆者だけだろうか。

　東京の濃厚かつお醤油出汁《だし》のほうが、関西の昆布塩出汁より塩分が少ないのをご存じだろうか。筆者もこれを知った時、巨人の長嶋より、原辰徳のほうが進塁打率が高かった（つまりチャンスに強かった）と聞いた時と同様の驚きだった。世の中見掛けだけで判断してはいけないという良い教訓である。西日本の方には、この返し（醤油）の旨みをわかっていただけるといいのだが、醤油文化のない方々には難しいのか、大変残念である。

　ここでは、黒いつゆ（関東風）というテーマで五大をセレクトしてみた。黒さにも差はありますが、西日本では絶対に味わえない暗黒つゆもご紹介いたします。

　驚きの黒をご賞味あれ。

（宮）

▲暖簾に「立ち喰い」と書いていなければ、居酒屋さん？（山田屋）

山田屋《やまだや》 check

噂の立ち食いそば屋の代表店は、そばも天ぷらも活き活きとして、聞きしにまさる店ですが、何せ便が悪いので何度も通えません。

まずは黒いつゆというよりも、京橋の「そばよし」（虎ノ門に移転）と並び、立ち食いそば屋の東京の代表店と言う人が多い千束の山田屋からご紹介。場所は年の瀬になるとお酉さまで賑わう浅草の鷲神社から国際通りを三ノ輪方面に下り、二本目の路地を右に曲がると、すぐ右に立ち食いそば屋にしては構えが仰々しい山田屋がある。便が悪く周囲の人通りが少ない所なので、一瞬、営業しているのかと不安になるが、暖簾をくぐり格子戸を開けると、そんな不安を吹き飛ばすかのように店内はお客さんで一杯。活気に満ちている。この雰囲気でこの店が聞きしにまさる人気店だということがわかる。10人ほど座れるL字型のカウンターに、二人がけのテーブルが一つ、後ろに幅の狭いカウンターがある。中では奥にご主人だろうか、黙々と天ぷらを揚げていて、女性が3人でおそばを茹でながら接客をしている。天種の種類は数あるが人気はごぼう天とげそ天だと聞いてきたので、本日はげそ天を注文する。するとげそ天はそばと一緒か別かと聞かれたので、一瞬怯んだが、すぐに別にしてくれとオーダー。入れるか、別添えにするかだけのことなのだが、店の側のきめの細かさに感心するのである（これはライスを食べる人のことを考えてのお店側の配慮だろうか）。ちょうど土曜日の時分時だったので、天ぷらは揚げたてが食べられた。そばは茹でおきだろうが、主人が毎朝打っていると聞く。5分ほど待たされて、別添えげそ天そばが目の前に現れる。そばは細いがコシがあり、つゆは透明感があるが、返しが立っていて締まっている。そして、手ごろなサイズのげそ天が二つ皿にのせてある。まずはそのまま食す。二つ目はそばに入れる。衣は厚いが、揚げたてなのでサクサクで旨いし、またつゆにつけると一層味に奥行きがでてよい。皆さん夢中でそばを手繰り満足げな顔をして店を出てゆく。

そしてすぐにお客さんが現れる。今まで、こんなに活き活きとした立ち食いそば屋ははじめてである。ここが立ち食いそば屋の横綱という噂が立つのがわかるような妙な納得の仕方をして店を出た。かけそば（280円）、たぬきそば（340円）、

▲あまり黒くはないが味はまさに東京風です

春菊そば(360円)、ごぼう天そば(360円)、げそ天そば(400円)、肉そば(490円)、ライス普通、半ライス(200円、140円)。そばのほかにうどん、きしめん(ひもかわ)と細麺(細うどん)があるが、ここはあの秋葉原の名店「二葉」に麺を卸している北上野山田製麺所と関係あるのだろうか？でも主人が麺を打っていると言うし、関係ないのかな。(宮)

野むら check

激戦区浅草橋にある立食いそば屋。ほんとうに日本一黒い、まさに「暗黒汁」のおそばが食べられます。

ほんとうに、ほんとうに黒い。立ち食いそば屋の中でも東京一いや日本一の黒いつゆと言っても間違いなかろう。世間では「野村暗黒汁」と噂されている。

　JR浅草橋駅西口を出て左に行くと清洲橋通りに出る、それを右に真っすぐ7、8分歩くと右側に台東区南部のランドマークと言われるCSタワービルが見える。そのビルの1階にある。カウンターだけで椅子はなく、まさに立ち食い。種は揚げものバットに並べてある。人気いか天そばを注文。茹で麺で種は揚げ置きなので、即座に目の前に品が来る。お〜まさに「コールタール」である。

　まずはつゆを啜ってみる。醤油の返しが効いて締まっている。返しだけでなく、出汁の旨味(かつおや昆布)も出て、少し塩辛くはあるが、深いマイルドさもある。う〜旨い、癖になりそうな感じ。

　また麺が太く、つゆとからみこれも良い。いか天はここの名物で大きないかげそが薄い衣に包み込まれている。スタンドそばと名乗るだけあり、種ものは豊富。怖いもの見たさでも行く価値があるが、今時の立ち食いそば屋には絶対ないし、できない味である。一度ご賞味あれ。かけそば(300円)、いか天そば(400円)、かき揚げそば(400円)、コロッケそば(380円)。

(宮)

▲いか天に隠れて見えませんがほんとうに黒いです

▲この組み合わせ、最高かも

大黒《だいこく》そば

check

黒さでは「野むら」に比べれば控えめだが、西日本の人はまったく手は出せないだろう店名通りの黒さ。

池袋西口を出て、芸術劇場方面へ。ちょうど劇場の裏に面した通りを渡ると、スッキリした白い看板に黒い文字のお店が現れる。この辺りは、チェーン店系から有名な「君塚」まで、立ち食いそばの激戦区だが、しっかりと常連さんを摑んでいるのがこの大黒そばである。店に入ると厨房の前と奥にカウンターの椅子席がある。夫婦二人で切り盛りしているらしい。筆者はここの名物春菊そばにコロッケを入れて食す。つゆは店名通り黒いつゆだが、甘さ控えめで、かつお節といりこの出汁がうまく引き出されている。麺は細生麺。他では見られないのが春菊天である。茎はとってあり、葉だけが揚げてあるので、ボリューム感はないが、つゆに浸して麺とからませると独特の味わいがある。生麺を茹でるのに時間がかかるのか、品が出るまで3分くらいかかるが、満足な一品が出てくるので何のそのである。常連客がひっきりなしに現れ、ご主人と馬鹿話をしている。大都会池袋駅前の立ち食いそば屋なのに、なぜか地方の地域密着型の店に来た感覚に襲われる。東京では珍しい立ち食いそば屋である。かけそば（300円）、ざるそば（400円）、春菊天そば（400円）、玉ねぎ天そば（400円）、いかげそ天そば（450円）。

（宮）

一由《いちよし》そば

check

今では少なくなったが、六文そばから独立して開店した日暮里のスタンドそば。日本一天種が多い立ち食いそば屋さん。

スタンドそばとはどういう立ち食いそば屋かご存じだろうか。ガラスケースの中にたくさんの種類の天婦羅が置いてあり、そばかうどんを選んだ後、その中から自分の好きな天婦羅をチョイスしてのせてもらう方式のそば屋（六文、スエヒロ系ともいう）のことを言う。

開発で様変わりしてしまった日暮里駅北口を尾久橋通りに出て左を真っすぐ行き2本目の路地を左に曲がると、まさに立ち食いそば屋然とした店構えの一由そばがある。中に入ると厨房に面してL字型のカウンターがあり、横に大テーブルと小テー

◀六文系のC級感が堪らなく好きです

ブルがあり、座って食べられるようになっている。筆者が訪れた時は、時間が悪かったのか天婦羅の種が少なくなっていたが、名物のいかげそ天そばを注文。すべては六文そばを踏襲しているが(麺は中太でつゆは醤油の返しが濃く甘みが少ない、ネギはセルフで、唐辛子のほかにタカの爪が置いてある)、ただほかの六文系そばと違うのは、六文そばも少ないわけではないが天種の豊富さである。これは立ち食い業界では日本一と言っても言い過ぎではないと思う。凄いのは天種のリクエストを紙に書いて投票しておくと、高い確率で商品化してくれるということ。また天婦羅のハーフもあり、色々な天婦羅を半分にしてもらい楽しむことが出来る。

一番人気のいかげそ天(六文そばもそうだが)は、カリカリにあがっており、つゆに浸すと香ばしさとげその旨味が独特の味わいを醸し出し癖になる。もう一つ名物が努力家の店長がそばを作るときにオーダーを繰り返し口ずさむその声である。それを鼻歌だと言う人もいるがそれは違うと思う。24時間営業で、何しろコスパが良すぎる。もし立ち食いそば協会(あるわけないか)があるのなら、この店長を表彰するべきである。かけそば(200円)、ジャンボげそそば(340円)、ウインナー天そば(300円)。最近げそ寿司なるものを考案して出しているが主人の熱心さに頭が下がる。

(宮)

柳《やなぎ》屋《や》そば店《てん》 check

地道に笹塚の商店街で営業して43年。早く安く、それでソコソコ旨い。立ち食いそばの王道とはこれである。

近くの初台に立ち食いそば屋の名店「加賀」があるが、今回は黒いつゆをテーマにしているのでこちらに軍配があがった。笹塚の10号通り商店街に入ってすぐ右にある。まずその佇まいに驚く。赤いビニールテントに「揚げたて天ぷら」「味自慢、早く安く」と白抜き文字。青いのれんをくぐると席はカウンター5席。お～まさに立ち食いの王道である。そしてカウンターのガラスケースには様々な天種。女将さんらしき人と従業員と二人で入れ替えで切り盛りしているようだ。壁に貼ってある「好きな天ぷら種ラン

◀これぞ典型的な東京立食いそば

ング」1位の桜エビ天もいいが、本日はごぼう天を注文。スグに品が出る。多くの黒いつゆを見ているので、さほど驚きはないが、西日本の人なら「オーマイゴッド」だろう。

麺は中太の茹で麺。やはりこれだけ濃いつゆは細麺では無理だろう。つゆは辛めだがかつおの出汁がよく出ている。食べていると記憶が甦ってくる。昔駅前や近所の立ち食いそばはみんなこんな味だったのではないかと。世の中が都会的にソフィスティケートされていくと、このような懐かしい角が立った味がだんだんと少なくなってくる。でも、我々50代以上の東京人にはこの味の記憶が澱《おり》のように体にしみ渡っているのである。この味をいつまでも残していただきたい。余計かもしれないが、この店にはキーマカレーそば(うどん)などという奇妙なメニューがある。このつゆにキーマカレーがのっかるとなかなかオツな味だろうなと想像してみる。今度来る時はキーマにしようと心に決める。かけそば(300円)、かき揚げそば(400円)、春菊天そば(400円)。

(宮)

常盤軒の品川丼▶

五大立ち食いそば
ショートコラム

品川駅内「常盤軒《ときわけん》」の今昔

かつて作家の故安岡章太郎が、山手線の駅で、池袋〜上野間の駅が暗いのはわかるのだが、品川駅の暗さは何なのだろうと疑問を呈していたことがあった。筆者もそれには同感で、30年前横須賀に住んでいた頃、東京の目的地に行く時の経由駅としていつも降り立ったが、品川駅の独特の暗い影を目の当たりにする時、いつも安岡氏のエッセイを思いだしていた。その暗い品川駅も再開発で、様変わりしたが、やっぱり駅の暗さや冷たさは変わりないように感じる。

そんな品川駅の歴史とともに歩んで来た常盤軒という立ち食いそば屋をご存じだろうか。

普通は、どこの山手線の駅もJR(かつて国鉄)系の立ち食いそば屋が同じ店構えで存在しているのだが、この品川駅だけはなぜか常盤軒がホーム内またコンコースに存在していた(今もあるのだが、何だか妙な存在の仕方をしている)。筆者が駅に頻繁に降り立っていた30年前、この常盤軒は抜群の立ち食いそばを提供していたのである。店構えも、暗い品川駅と相まって、どこか東北のターミナル駅にあるような、風情を醸し出していた。そばもそんじょそこらの立ち食いそば屋と違い、田舎そば風で、品川駅に立ち寄る際の楽しみにしていたのであるが、この常盤軒、だんだんおかしくなって行く。最大の理由は駅の再開発なのだろうが、ころころと店が変わり、現在は山手線、京浜東北線のホームにはあるのだが、看板に常盤軒という名前さえ出しておらず、コンコースにある店は「かき揚げ蕎麦 吉利庵」という上品な店になっており、何とも中途半端で「何だかな〜」という状態。これぞ開発により変な方向に変貌してしまった典型のようなお店。

常盤軒、頼むあの数十年前の基本に戻ってくれ。ちなみに写真の品川丼はただのかき揚げ丼です(アサリは入っていません。あっ深川丼ではなかった)。

(宮)

東京五大大衆蕎麦屋の名物一品 ー人は、なぜ同じモノだけを注文するのか。

面白いもので、お客さんのほとんどが特定の品しか注文しない食べ物屋さんというのが結構ある〈中華坂本屋（P193五大かつ丼参照）のようにお客の9割がかつ丼というのは異常だが。まあ、その品が、他のメニューよりずば抜けて魅力があるということなのだが…。大衆蕎麦屋にそれに近い一品を発見。店内で同じ品の注文の声が響きあうのも興趣があるとともに、「何だかな」という心の声が漏れるのも否めない。

しかし、食べてみると「やっぱりな」という納得の味に満足。そして、今度は違うオーダーをと決心してノレンを潜るのだが、いやはやまた同じものを注文してしまう。言葉は悪いがこれ麻薬ですね。

楽屋話で何ですが、そもそもこのテーマは五大大衆蕎麦屋を選び出すための取材時に、神田「まつや」、銀座「よし田屋」、「虎ノ門大阪屋砂場」と三つセレクトしたものの、後の二つが難航して、断念した時、たまたま「虎ノ門大阪屋砂場」の納豆蕎麦を啜っていたところ思いついたテーマである。中々面白いテーマだと自画自賛しているのだが、どんなものでしょう。

ちなみに、五大大衆蕎麦屋は次の機会にでもぜひやりたいのですが、前述した3店舗に匹敵する大衆蕎麦屋をご存じであれば編集部までご連絡下さい。

（宮）

▲そば屋のラーメン二郎と評されるが失礼千万（角萬竜泉店）

かつそば—翁庵《おきなあん》

check

老舗お蕎麦屋さん神楽坂の翁庵が提供する名物。感謝デーは500円。

マスコミでもよく紹介されるので、その存在自体は皆さんよく知っているのではないだろうか。かけ蕎麦に大きなとんかつが一枚どんとのせてある、いわば立ち食い蕎麦屋のコロッケ蕎麦のとんかつ版と言えばいいだろう（立ち食いなどと言っては失礼だが）。しかし、コロッケなら許されるが、とんかつではどうなのという声が聞こえてきそうな一品ですが、筆者も以前からその存在を承知はしていたが、ただ食指は動かされずにそのままにしていたのである。今回、この本の取材でかなりの数の蕎麦屋を訪問して、ある友人から東京人？ならこの蕎麦食べなければ何も語れないよと大仰なことを言われ、ここぞとばかりに暖簾をくぐり、かつ蕎麦なるものを食してみた。これが想像していたよりもかなりイケるのである。まず蕎麦は大衆蕎麦屋さんによくあるうどん粉多めの緩い蕎麦。つゆは濃厚で甘めだがかつおの出汁が効いたもの（蕎麦はこれじゃなくちゃ）で、典型的な東京の蕎麦屋のつゆ。そこに肉は薄いが大きなとんかつがのり、ほうれん草が添えてある。ものすごくつゆが油っぽくなると思っていたが、なぜかそれはない。そして濃いつゆにかつがからまりお互いが上手く調和しているのに驚いた。また肉が薄いので、とんかつを食べているというボリューム感はなく、蕎麦と喧嘩せずに食すことが出来る。筆者これは十分いけると思った。とんかつ蕎麦侮るなかれ、老舗の蕎麦屋の工夫と努力の一品である。

（宮）

▲この日は店内にかつそばの注文が轟く

中華《ちゅうか》そば — 四谷更科《よつやさらしな》

check

普通のお蕎麦屋さんなのに、なぜか中華そばの注文が飛び交う。

そう言えば、昔は蕎麦屋さんのメニューに中華そばがあった。たまに恐る恐る注文すると出てくるものがほんとうに「あっさり」した中華そばで、食べ盛りの子供には物足りなく、めったに注文しなくなったのを思い出した。しかし、この四谷更科の中華そば、そんじょそこらの中華そば屋に引けを取らない一品なのである。麺は中太ストレート麺で、スープの出汁は豚骨、鶏殻の動物系、返しの醤油とのバランスは絶妙で、シンプルな具(チャーシュー、メンマ、ほうれん草、ねぎ)が彩りを添えている。五大中華そばに入れてもおかしくない逸品だが、そこは中華そば屋さんに失礼だろうということで、ここに入ることが、一番ハマルのではないかと、紹介させていただいた。この中華そば、今回初めて食したが、何の奇を衒うところもないが、何回食べても飽きがこないなと、いうのが率直な感想である。ちょうど時分時に伺って食べたが、駅まで帰る途中、「今日は、蕎麦屋のラーメン」にしようかと仲間内で話しているサラリーマンに何人も出くわしたが、まさに愛されている蕎麦屋の中華そばである。「なんだかなー」。良いのか悪いのか?

(宮)

カレー南蛮《なんばん》蕎麦《そば》 — 翁《おきな》そば

check

カレー南蛮蕎麦(うどん)の名店数々あるが今一番は浅草翁そばではないか。

早稲田三朝庵《さんちょうあん》、目黒朝松庵《あさまつあん》(どちらもカレー南蛮蕎麦(うどん)の元祖と言われている)、市ヶ谷角屋とカレー南蛮蕎麦(うどん)の有名店は数あるが、うどんではなくカレー南蛮蕎麦と言えば、浅草の老舗(大正3年創業)の翁そばではないか。店に入るとカレーのスパイシーな匂いが鼻に入り、すぐにここはカレーの注文が多いのだなと肯ける。そして6割ぐらい

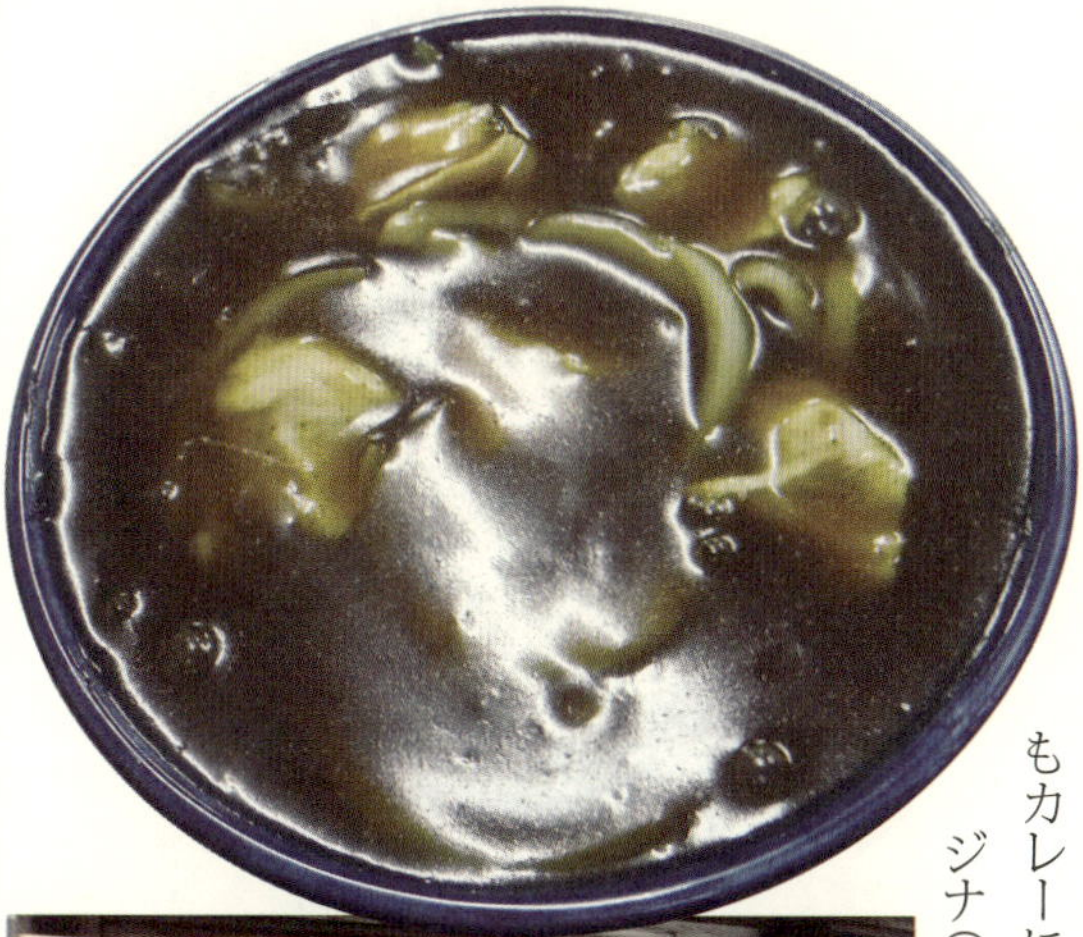

のお客がカレー南蛮蕎麦(680円)を注文している。

何しろ蕎麦がいい、つゆがいい、またカレーが黒光りしてスパイシーでいい、そして値段が安くていい、いいことずくめのカレー南蛮蕎麦なのである。まず蕎麦は平打ちで、コシがあり田舎蕎麦風、この蕎麦がカレーとよく絡む。返しは濃い目で甘辛つゆでキレがある。これもカレーを一段と引き立たせている。またカレー餡が柔らかくもなく、固くもなく絶妙なのがいい。それに「やげん堀」特選七味をかけて食べる。浅草に訪れたさいは訪問する価値大の店である。他のメニューもカレーに劣らず旨い。筆者はムジナ(騙し合い)蕎麦(たぬき、きつねの両方入り)も好物である。あげ玉(たぬき)は近くの老舗天ぷら屋さんから仕入れてるらしいがこれがまたコウバシイ。ちなみに、浅草の老舗は接客に難があるところが多いが、ここの接客は抜群である。見習うべきである。 (宮)

冷《ひ》やし肉南蛮蕎麦《にくなんばんそば》—角萬竜泉店《かどまんりゅうせんてん》 check

—これぞ8割が注文する角萬の一品。これは蕎麦なのか?

噂には聞いていたが、聞きしにまさる一品だった。

筆者2階の大広間で食べたのだが、注文品が即座に目の前に、これは蕎麦の茹でおきなのだなと思うとちょっと心配になった。そして品を覗くと、まず蕎麦の太さが半端ない。その蕎麦が冷やした蕎麦つゆ(さすがに冷やしだけあってそれほど辛くはないが飲み干すには蕎麦湯がいる)の中に入り、その上に豚バラ肉と長ねぎがどっさりのっている。食べる前の見た目に少したじろいだが、まずはかき混ぜて一口食べると、蕎麦(うどんと言っても可笑しくはない)は太いがなぜかスルスルと食べられる。ただ蕎麦を食べているという食感ではなく、冷やしうどんかラーメンを食べているようにも…。一挙に食べてしまい、大きな薬缶に入っている(これも大胆な)そば湯をどんぶりに入れて完食。好き嫌いがあると思うが筆

者はこれ中々好きである。多くの人がこの蕎麦にハマル気持ちも何だかわかるのである。百聞は一見に如かずである。向島店、本郷店、大塚店、四谷店、梅島店とあるが、それぞれの店で特色があるらしい。これは巡ってみなければ。（宮）

納豆蕎麦《なっとうそば》—虎ノ門大坂屋砂場《とらのもんおおさかやすなば》

check

大坂屋砂場本店のとろろ蕎麦と思いきや、ビックリ。

虎ノ門ではその建物が異彩を放つ老舗大坂屋砂場本店。ここ大衆蕎麦屋ですか、と言われそうだが、このメニューの豊富さとうどんもあるところなどは、大衆蕎麦屋さんと言っても間違いないのではと思い、ここに筆者の大好きな納豆蕎麦を五大に入れさせて貰うことにした。この納豆蕎麦、お客の5割以上が注文するというほどでもないが、一度食べてハマっている方はたくさんいるのではないだろうか。筆者初めて食べたとき、想像していた納豆蕎麦とはかけ離れたものが目の前に現れたので、注文を間違えたのではないかと思ったほどである。納豆蕎麦というとかき混ぜた納豆が上にのっかり、ねぎと海苔などが添えてあるのではないかと思うのが常識だが、ここは、卵と納豆をどれほどかき混ぜているのか、まさにふわふわな泡状になった卵と納豆が混じりあって蕎麦に入っているという状態である。それが絶妙な香りと味のコントラストを作りだし、惜しいと思うぐらいにアッという間に腹に収まってしまう。今や筆者二日酔いの時の必需食としてこの蕎麦を欠かせない状態である。尚、内幸町の支店でも同じものが食せます。まずは試しにどうですか。（宮）

東京五大中華そば
―東京の中華そばがわからないなんて淋しい。

この50年の東京で、シーンが様変わりした最大の食べ物はラーメンと言っても過言ではないだろう。今や懐かしいと言われる、駅前、場末の中華屋で、中華そばを食べていた東京(関東)の人々が、サッポロラーメンの進出で、正油、味噌、塩味なるラーメンに触れ、一時安定したラーメンシーンが出来ていた。そして30年ほど前に豚骨ラーメンなるものが、九州から襲来。その後ラーメンブームなどというものに便乗し、多くの地方ラーメン(和歌山、喜多方、尾道)や新規軸ラーメンが現れ、今では玉石混淆、摩訶不思議なラーメン(旨味調味料を入れられないので、コクを出すため大量に出汁になる素材を混入する)シーンが出来ている。

筆者はとにかく言いたい、やり過ぎである。やっぱり東京は鳥がらか豚骨または魚介で出汁をとり、旨味調味料で味を締め、返し醤油の灰汁《アク》のない普通の中華そばが似合うのである。

しかし、現在華僑系の中華屋が幅を利かせ、昔の東京の中華屋が少なくなったと感じるのは筆者だけだろうか。淋しいかぎりである。

そこで、今回は懐かしの普通の東京中華そば五大を紹介したい。やはり最後にはこの味に戻るのが東京人なのである。(宮)

▲昭和の中華屋さんの基本の店構えそのもの(民華)

▲飲んだ後には絶好の中華そば

若月《わかつき》 □check

新宿西口の思い出横町(ションベン横町)でカウンターだけの小体ながら、人気を維持している佳店。

創業は昭和23(1948)年。まさに戦後の闇市時代から続いているのである。思い出(ションベン)横町は呑み助なら、一度は足を踏み入れたことがあるだろう。女性は二の足を踏むだろうが、新宿の呑べいの聖地である。小路の両脇に焼き鳥屋が20軒ほど、その他定食屋(つるかめ食堂)、立ち食い蕎麦屋(かめや)、中華屋(岐阜屋)などが軒を連ねており、いつも大盛況の横町である。そこで70年近くも営んでいるのが、ラーメン若月である。中華そばは、手打ちのちぢれ平打ちぢれ麺。スープは豚骨で取っているのだろうが、妙にすっきりしていて優しい味である。何度食べても飽きないだろう味。筆者は新宿で飲んだ時は、必ず訪問し、ビールとおつまみワカメ、餃子(これも家庭的で素人クサクて良い)、そしてラーメンか焼きそば(名物肉無し鉄板焼きそば)で〆る。思い出横丁がビルになり消滅してしまうという噂を10年ほど前から聞いたが、いまだに変わりなく昔のままであるが、若月はいつまでも存続してもらいたい佳店である。ラーメンは480円。

(宮)

キングオブ中華そば▶

民《みん》華《か》

check

よくぞ残っていてくれた。これぞ日本中華そば屋の見本、まさにオーソドックスな中華そばとはこれである。

「三丁目の夕日」のセットが目の前に現れ、50〜60年代にタイムスリップしたかのような店構え。店内に入っても椅子はパイプ。味わいのある手書き文字のメニューが壁に貼られ、店のお母さんがお嫁さん(?)とよく喧嘩しているが、これはご愛嬌。下町でも、もうめったに見られない光景の中華屋さんなのである。

中華そば(ここはラーメンというより中華そばと言ったほうが似合う)は鳥がらの醤油。チャーシュー、メンマ、そしてナルト、麺は細麺。味はまさに完成されたオーソドックスな中華そばというのはこのことを言うのだなという逸品。何の衒いもなく、ソフィスティケートされた東京の中華そばを知るための代表だと言っても過言ではないだろう。こういう東京中華そばに文句をつける○舎もんがおるのだが、ただ一言「わかっとらん」と悲しく応えてやろう。ここは、そのほかに定食類や洋食もあり、その中でもレバー焼き(寺門ジモン推薦)は一度食べる価値あり。まあ、何でも旨いです。百聞は一見に如かず、まずは何より食べてみて下さい。中華そば550円。

(宮)

※「民華」は2015年11月26日午前火災にあい現在閉店中です。掲載を見合わせようと思いましたが、再建を願って、また長年の営業に対する感謝の意を込めて掲載させていただきました。またあのスバラシイ中華そばを作ってください。

中《ちゅう》華《か》永《えい》楽《らく》

check

今や大井町のソウルフードと謳いあげられる中華そばは体にしみこんでいつまでも忘れられない一品。

場所は「野垂れ死にたい路地ナンバーワン」と言われる大井町の東小路のちょうど真ん中あたりにあり(立ち飲み屋五大で紹介した「晩杯屋(P268参照)」の並び)、路地が何十年と変わっていないのだから、当然のごとくこちらも昭和の風合が色濃く残る店構えである。1階(カウンター15席、テーブル8席)と2階(テーブル24席)があり、店は広いが、いつも客で満員。ランチ、夕食時は常にかなりの行列が出来ている。焦がしネギと大量のモヤ

▲野垂れ死んでいる人はいません

シと大チャーシュー1枚と煮卵が入っており、私たちが食しているノーブルな中華そばとは違う（中国の大陸系ではなく台湾系の中華そばと言うらしい。似たものに渋谷で有名な「喜楽」がある）。麺は平打ちの中細ストレート。スープは混濁あり、深めな醤油のコクが焦がしネギと絡んで、モヤシともよく合う。筆者は大井町で飲んだ後の〆でよく行くが、いつもこんな場所柄なのにファミリー客が多いなと感じたが、子供たちは小さいころからこのラーメンを食べて育ち、大人になって他の場所に移っても、ここの味を決して忘れないのだろうなと微笑ましくなった。これがこの中華そばが大井町のソウルフードと言われる由縁なのかと妙に納得する。

▲台湾系はこんなラーメン

筆者はビール（大瓶なのがいい）と御新香（糠漬け）、餃子（500円）で一杯やり、最後にラーメン（600円）かもやしラーメン（800円）でまとめる。ここのもやし（あんかけ）ラーメンがまたオツな味がする。「晩杯屋」で飲んだ後に永楽の中華で〆る、まさにこれぞ大井町黄金リレー。（宮）

珍《ちん》来《らい》亭《てい》 □check

大井町が東小路なら吉祥寺も負けてはいない
ハーモニカ横町内にある返しが絶妙の中華そば。

筆者がかつて中央線に住んでいた頃、吉祥寺に行くと必ず食べていた創業65年の老舗中華屋である。20年ぶりに訪れたが、何だか店構えがぜんぜん違ってしまい、あっけにとられてしまったが、聞くところによると先代がなくなり、今は女将姉妹二人が切り盛りしているという。道理で暖簾や小体な店内が以前より清潔で瀟洒である。メニューを見ると、以前なかったようなメニューもならぶ（油そばやカレーラーメン）。昔はここは中華そばと言っていたのではないかと心配になるが、とりあえずチャーシューメンを注文する。待つこと10分、目の前に記憶に残っていたラーメンが登場する。スープが黒い。チャーシューは腿肉の固めのチャーシュー、昔のままである。チャーシューをめくると中太縮れ麺。スープを啜ると、これぞ以前食べた角の取れた、穏やかな甘みのある味（相

▲返しの旨さが決め手

当良い醤油を使用しているのだろう）、日式東京中華そばの王道の味が口の中に甦る。姉妹は現在の変態ラーメン旺盛な時代にちゃんと中華そばの歴史と伝統の味を守っていてくれたのである。いつまでも続けてほしい佳店である。ラーメン520円チャーシューメン860円。（宮）

▲小粋な店構えになりました

メルシー check

学生街に旨いものなしと言われるが、それを裏切る毎日でも食べられる癖のない中華そば。

何とも奇をてらった名前のラーメン屋だが早稲田の学生街には違和感がなく感じるのは筆者だけだろうか。こういう大学とともに何十年という飲食店は数多くあるが、卒業して、社会人になって舌が肥えてきてから戻って食べ直すと、よくぞこんなもの食べていたなということが多々あるが、意外にもこのメルシーのラーメンはそれとは異なる。麺は中細のストレート麺で、コシがある。スープは豚骨だろうか、動物系で透明感はないが旨味調味料を使ってパンチのある味にしている（筆者は決して旨味調味料を否定しない）。筆者の家の側にこんな店があったら小腹が空いた時には何度も足を運ぶだろうという使い勝手のいいラーメン屋さん。残念ながら筆者の家の近くには、家系や豚骨何とかという、コッテリ系ばかりで、変態ラーメンはもういい加減にしてくれと言いたい。普通の中華そば作りの技術持てや、と叫びたくなる今日この頃です。（宮）

▶小腹がすいた時に食べるのがオツなのです

▲昭和の懐かしい喫茶店風の店構え

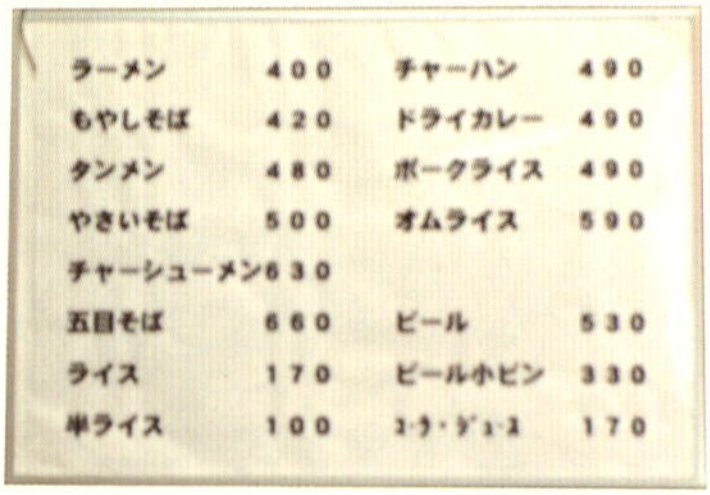

▲メルシーメニュー、あっさり感がいいのです

付記

蛇足になりますが、筆者学生時代（35年前）は西武線の江古田駅で過ごしたのですが、**「愛情ラーメン」**という夫婦二人で営んでいる店（案の定いつも夫婦喧嘩している）があった。何とラーメン160円、チャーハン190円でその当時でも破格の安さでした。オツな味のラーメン、チャーハンを出し、コストパフォーマンスが最高の店でしたが、いつのまにかなくなってしまったのである。たまに妙に懐かしくなって食べたくなることがある。ほんとうに蛇足でした。でもあのご夫婦まだご健在であろうか。

五大中華そば
ショートコラム

荻窪（白）丸福物語

40代以上の方は憶えてらっしゃると思うが、かつて荻窪ラーメンブームというのがあった。まだ九州ラーメンが東京上陸以前だった。下町で育った筆者もその時はじめて、ラーメン専門店なるものがあることを知ったのではないだろうか。

春木屋、（白）丸福、丸信、漢珍亭、丸長、佐久信（「突然バカうま」という糸井重里のキャチコピーで、その当時では珍しいテレビ番組「愛川欽也の探検レストラン」〈テレビ朝日系〉とのタイアップで生まれ変わった店）等が荻窪駅周辺にひしめきあい、東京のラーメンシーンを完全に塗り替えた出来ごとだった。その中でも春木屋と（白）丸福が断然のトップ人気であり、筆者は丸福派だった。丸福といっても断然（白）丸福（看板が白ー次男経営）のほうで、本家筋の（黄）丸福（看板が黄色ー長男経営）には5回ほど行った程度か。ここは、台湾系中華そば（本章の「永楽」や渋谷「喜楽」と同系でモヤシとチャーシューが入るのだが、ネギ油がないので少し違うような）で人気はその中に「煮卵」を入れ、またその煮汁が少し浮かぶところが、決め手だった（玉子そば）。筆者はそれにワンタンを加え食していた。姉弟で切り盛りしていて（顔がそっくりだったからたぶんそうだろう）、愛想一つなかったが、その弟さんのラーメンに向かい合う姿勢に感心した覚えがある。ラーメンが活き活きしていた（なぜか〈黄〉丸福にこの活き活きさがないように感じたのは筆者だけだろうか）。

ところが、この（白）丸福がそのころ1億円を脱税したと問題になり、その後、家賃の未払いで追い出され2005年に閉店、2006年武蔵野市緑町に移転して再興したが、結局2008年閉店してしまった。ラーメン作りの天稟の才人には、何かの浪費癖でもあったのだろうか?（天才によくあること）。その当時もうあのラーメンが食べられないのかと残念だった。もしあのお店があったら、五大に真っ先にセレクトしただろうと思う気持ちが、このコラムを書かせました。あの弟さんは今どうしているのだろう。もう一度弟さんのラーメンが食べたいものである。（宮）

東京五大チャーハン ー返しが決め手の東京男前チャーハンここにあり。

ラーメン、餃子に並ぶ庶民的中華料理店の三大人気メニューの一つであるチャーハン。どんなに食べ物の好き嫌いが多い人であってもチャーハンが嫌いという人は聞いたことがない。これは、おかずとご飯を口の中で一緒に食べる「口中調味」という日本民族特有の食事の習慣に結果的にチャーハンという料理がいかに適し、受け入れられているかということだろう。

チャーハンの味の決め手はやはり塩気。卵やネギやチャーシューといった具材も大事だが塩気の効いた飯は美味い。昨今は健康志向の高まりに押され、塩・コショーが効いた昔ながらの街場の中華屋のチャーハンは敬遠されがちであるが、やっぱり塩気の効いたものは美味いのだからしょうがない。と言うわけで薄味が大好きな方は少々お休みを頂き、健康ブームなんて関係ねェとばかりに我が道を行く昭和の香りがたっぷりな店の中から「東京チャーハンの五大」として、「交通飯店」「宝家」「中華味一」「ラーメン王後楽本舗」「珍々軒」の5店をご紹介しよう。

蛇足だが神田神保町の半チャンラーメンの元祖として知られる「さぶちゃん」を御存知の方も多いだろう。すでに老境に至った店主がいい個性を醸しだし、学生時代を懐かしむファンが行列を成すのだが、肝心のチャーハンが作り置きのうえ、混ぜご飯みたいでイケない。天は二物を与えずということか。（隆）

▲現在、注目のグルメスッポトにある人気中華店（宝家）

交《こう》通《つう》飯《はん》店《てん》

check

有楽町の奇跡。わかりにくい場所ですからよく案内図を見て行ってください。行く価値大です。

▲絶妙な塩加減

開業50年を迎える有楽町駅前の「東京交通会館」は東京のど真ん中にありながら、どこかの地方にありそうなレトロ感満載の商業ビル。その象徴と言うべき地下の飲食店街には昼どきになるとどこからともなくサラリーマンの軍勢が押し寄せるのだが、その中でも筆頭格の人気を集める行列店が中華の「交通飯店」。交通会館だから交通飯店というシンプルかつわかりやすいネーミングに腰が引けてしまうようだと損をすると思って頂きたい。テーブル席はあるが、ほぼカウンター席で街場の中華食堂というイメージがピッタリ。お世辞にも綺麗とは言い難いが、果敢に一人でカウンターに向かう女性客の姿も見られる。あのメジャーリーガーのイチローもたびたび来店したようで誇らしげにサイン色紙が飾られている。

特にチャーハン(730円)がお奨め。しっとりとしていながらご飯はパラパラで、油がいい感じに飛んでいてべたつく感じがなく、塩加減がやや多めで食が進む。やや甘めの醤油味のスープと中華にありがちなタクアンが付く。炒め物やチャーハンの担当は年輩の男性でリズミカルにカタカタと音を奏でながら鍋を振り続ける。もう一人の若い料理人が餃子と麺類の担当で、ホール担当がスリムで上品な初老の女性。この女性と若い男性料理人の顔立ちが似ていて、もしかしたらこの3人は親子なのかもしれない。

まだ仕事中のサラリーマンに配慮したニンニクを使わない餃子(450円)も人気の逸品(でもニンニク入れたらもっと美味しくなるのに)。

(隆)

▲チャーハンというより焼飯

宝家《たからや》

□check

現在グルメ注目の東陽町でタンギョーの有名な店。金髪店主のつくるチャーハンを喰らう至福の時間。

江東区の永代通りに面し、東京メトロ東西線の木場駅と東陽町駅の中間あたりで目に鮮やかな緑色の暖簾を掲げる下町の中華屋「宝家」。永代通りの向かい側にはタンメンの有名店「トナリ」があり、タンメン&餃子の聖地とも呼ばれる地でもあるが、通りの南側の埋立地はかつて「洲崎パラダイス」と呼ばれた色街跡が広がり、芝木好子の小説が原作の映画「洲崎パラダイス赤信号」の舞台となったところでもある。

宝家は以前「おとなの週末」餃子部門で1位を獲得して一躍ブレイクした過去を持つ。注文が入ってから女将さんが目の前で皮から一つずつ作る丁寧な仕事振りが高く評価されたようだが、実は厨房に立つ寡黙な店主が作るチャーハンにも根強いファンがいるようなのでここで取り上げた。店主は客が来店しても、注文が入っても特に反応もなく黙々と調理に励むばかりで愛想もなく、典型的な昔堅気という感じの人物だが、何につけても愛想の良い女将さんが明るくフォローに入り、難を逃れているといった感じ。夫唱婦随とはこういうことを言うのだろうか。中華鍋の振りすぎで腱鞘炎気味なのだろうか、手首にサポーターを巻いた店主が作る炒飯(650円)は隠し味の返しも際立って、焼飯に近い香りとご飯のパラパラ具合が良く、餃子との共演が確かに合いそう。トッピングのグリーンピースと脇に添えられた紅生姜が鮮烈な印象を与える逸品。失われた昭和の面影が蘇りそうと言ったら言い過ぎか。一見無愛想な店主はもしかしたらとてつもないロマンチストなのかもしれない。

メニューの炒飯の隣には「マンボ」という謎のお品書きが。どうやらニラと豚肉などの炒め物らしいが、なぜマンボなのかは不明。店主の金髪頭はマンボというよりサイケだが。(隆)

▲これぞチャーハン。スープも他とは少し違います

中華《ちゅうか》味一《あじいち》 check

三田の中華「味一番」が閉店したため、お客がもう一度あの味を再現したくて開店。何と泣かせるエピソードだろう。

目黒不動のある目黒区下目黒界隈では人気の中華料理店。最寄り駅は東急目黒線の不動前駅かJR目黒駅なのだが、これらの駅はいずれも品川区内に存在するからちょっとばかりややこしい。山手通りから目黒川に架かる目黒新橋に向かって道路が分岐する地点に中華味一はある。創作中華系を思わせる風情の店構えで、チャーハンやタンメンが美味しいと評判を呼んでいる。

ある日曜の夜に伺うとテーブル4卓にカウンター5席ほどの店なのに、狭い厨房には男が4人という豪華な布陣に驚く。カウンターに座りチャーハン（660円）と餃子（390円）を頼んで何気なく頭上を見上げると、おそらく店主が作ったものだろう、短冊を寄せ集めて書き込まれた店の由来が記されている。要約すると、その昔三田にあった「味一番」なる中華屋のチャーハンとタンメンが美味しく、テレビなどでも紹介されていたが、閉店してしまい何とかもう一度あの味を再現したくてこの店を開店したとある。なんともこの店のレトロな雰囲気にはピッタリと符合するエピソードではある。

さて、程なく出来上がったチャーハンを食してみるとご飯はパラパラでありながら噛みしめると柔らかく全く油っぽさを感じない完璧な出来栄え。返しの塩梅も申し分なく、高級中華も真っ青の上品さで最後まで飽きずに食べられた。具材は卵にチャーシュー、ネギになぜかこま切れのナルト。このナルトの赤色がチープ感ありありなのだが、これがなくなった店へのオマージュなのかもしれない。醤油ベースのスープはコクがあって濃厚だが、生姜の風味なのか甘味も強く好き嫌いが分かれるかもしれない。餃子はごく普通。日曜の夜ということもあり出前の注文が引っ切りなしにかかり、いちばん若い店員は武蔵小山まで行くと言って出掛けたからやっぱり相当の人気なのだろう。（隆）

▲パンチが効いて濃い味です

ラーメン王《おう》後《こう》楽《らく》本《ほん》舗《ぽ》

check

返しバッチリの男前中華。今すぐチャーハン王に改名すべし。

自らラーメン王を名乗るとは何とも思い切りの良い店名である。渋谷道玄坂とマークシティの中間あたりの路地にある、早い安いに24時間営業の使い勝手の良さが付いた男前な中華料理店。首都圏に同じラーメン王を名乗るチェーンのラーメン店があるが、どうやらそれとは無関係の単独経営の様子。黄色と赤の超が付くほど派手な看板が目印だが、昼間から有象無象が闊歩する渋谷の路地ではすっかり街に溶け込んで違和感は微塵もない。

難癖をつけるわけではないがラーメン王と言うもののラーメンで評判を取ったという話は聞かず、670円均一の定食類やチャーハンが美味いとの情報を元に訪ねてみると店内は見事に男だけ。店外で買った食券を出してカウンターで待つと厨房で鍋を振る料理人の姿に目が留まる。とにかく鍋を振りながら具材を炒めるその回転が速いこと速いこと。まるで手首が痙攣しているかの如くに一心不乱に格闘する様子に釘付けとなる。あれでよく腱鞘炎にならないなと心配になるほど。出来上がったチャーハン(550円)はさすがの鍋振りで油はよく飛んでいるが、濃い目の返しが立ったいかにもの男前な仕上がり。タクアンが二切れと醤油ベースのスープが付くがこれまた濃くて、これを毎日食したら塩分摂取適量過多になりそうだが、確かにたまに食べたくなる懐かしい昭和の味ではある。

それにしても、リーズナブルな割に若者の姿があまり見られないのが不思議。健康志向の今の若い子にはジャンキーすぎるのかな。

（隆）

▲しっとりパラパラチャーハン

珍《ちん》々《ちん》軒《けん》

□check

ガード下の露天食堂街は落ち着いて食べられないが、一口チャーハンを食べれば落ち着いてなどいられない。

　上野駅に程近いアメ横商店街からマルイに向かう通りが交差し、山手線の高架下を潜り抜けるガード下あたりは人の通りが凄まじく商売をするには持ってこいの好立地。従ってこのガード下付近はいつの頃からか店頭の路地はテーブルと椅子が占拠するようになり、人の通行するスペースの方が狭いという、よく行政が黙認しているなと思う不思議な通り。

　駅近くの雑踏と線路沿いのビルが差し迫ったガード下というアングラな感じが東南アジアあたりの屋台村を連想させなくもなく、その手の雰囲気が好きな人々でごったがえし、女性の姿も多く大盛況。屋台村の中心はモツ焼きで有名な居酒屋「大統領」や焼き鳥の「文楽」だが、その並びにお付き合いするように「珍々軒」もテラス席よろしくテーブルを路地に進出させている。店内は厨房が半分を占めるため狭く、店外のテーブル席の方がずっと広い逆転現象が発生中。下町の中華の店ならこうでなくてはならない宿命のようにタンメン（700円）や餃子（450円）が人気メニューだが、チャーハン（600円）が美味いと評判。まだ若い料理人が改装されたばかりの厨房で軽やかな鍋さばきをみせるチャーハンは、しっとりとしながらもパラパラの仕上がりが上質で、返しも良く盛りもたっぷりで食べ応え十分で満足。ソース味の炒麺（焼きソバ）も美味しそうで目移りしそうだが、餃子は皮のモチモチ感は良いが、少し厚めに過ぎて具と皮の間に空間が多く、ポロポロとこぼれ落ちるのは残念。

　さすがに「大統領」や「文楽」は女性一人では肩身が狭いが、「珍々軒」は女性でも一人で気軽にラーメンをすすれる環境がありがたい。改装したばかりのころは早仕舞いが多かったが、現在は夜もしっかり営業している。

　それにしても、このガード下で飲んでいる女性は妙に美人が多いのが意外。みんな普通のところには、もう飽きちゃったのかな。（隆）

COLUMN

東京五大野菜ー大都会東京の粋な野菜たち。

私たちの生活を支える食材として欠かすことのできないものの一つとして野菜が挙げられます。江戸期から昭和・平成の現代に至るまで東京を中心として栽培され続け、親しまれてきた伝統的な農作物から東京野菜の五つを選んでみた。

「練馬大根」「亀戸大根」「小松菜」「寺島茄子」「東京うど」

以上の五つを選出した。これ以外にも「谷中生姜」「千住葱」を対象に考えていたが、残念ながら「谷中生姜」も「千住葱」も東京の地名がついていながら現在は都内で栽培されている実績がみつからなかった。

まずは【練馬大根】口から。

その名の通り現在の練馬区を中心として江戸時代より沢庵（タクアン）用の大根として栽培されるようになった。昭和初期が最盛期で、その後の都市化による宅地開発で減少したものの現在でも栽培されている。

大きさは約70センチから1メートルほどで一般的な青首大根の2倍ほどになる。色が白くスラリとした綺麗な形と辛味の強さが特徴。根が地中深くに伸びるため収穫が重労働になることからキャベツの生産に移った農家も多く、それが練馬の大根生産農家減少の一因ともされる。

練馬区練馬の人気のパン屋さん「デンマークベーカリー練馬店」ではこの練馬大根の酵母を使用した「ねりまだいこん酵母パン」を商品化しており、地元民に根強い人気を博している。

実は美人野菜【亀戸大根】口。

幕末のころから当地、亀戸で生産されていて、別名「お多福大根」と呼ばれたらしい。土地の質が良いためで色白の大根になるところからこの名がついたようだ。

一般的な青首大根に比べて茎の部分がかなり小さく30センチ程度で重さは200グラム程しかなく日本一小さい大根とされる。葉がかなり大きく、茎の白い部分も柔らかいなど見た目も食感もカブに似ていて浅漬けや鍋物などに用いられる。

宅地化の影響により現在の生産地は葛飾区高砂に移っていて生産者もごく少数になって

いる。

　亀戸の割烹料理店「亀戸升本」が亀戸大根を使ったメニューで知られている。

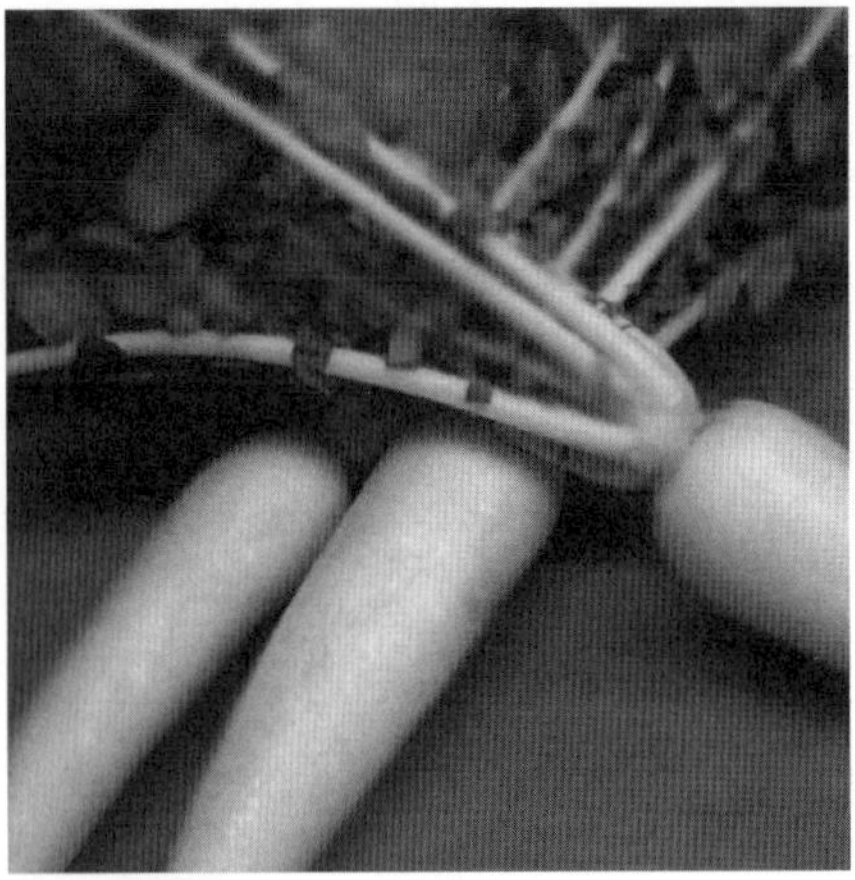

将軍が名付け親【小松菜】□。
　一説には鎌倉時代から栽培されていたとされるが、有名になったのは江戸中期から。将軍吉宗が現在の江戸川区小松川周辺に鷹狩りに訪れた際、食事に供された当地の菜物が美味だったことから「小松菜」と呼んだのがきっかけだったそうだ。元々は冬場の野菜で「冬菜」と呼ばれ雑煮に欠かせない野菜として重宝された。
　現在でも江戸川区が生産の中心で、横浜、埼玉などでも多く栽培されている。

蘇った下町野菜【寺島茄子】□。

　江戸時代より寺島（現在の東向島）は茄子の生産地として知られていた。比較的小さめで卵と同じくらいのものが良質とされていた。関東大震災で壊滅したとされていたが、その後保存されていた種が発見され、墨田区

街おこしの一環として再び生産されるようになった。農家のない墨田区の寺島茄子復活プロジェクトはマンションのベランダや小学校などで地道に行われている。
　現在都内の著明なフランス料理店などが寺島茄子を使ったメニューに挑み復活に華を添えている。

うどはうどでも鈴木ではない【東京うど】□。

　実は珍しい日本原産種の野菜の一つ。一般的なうどは山野に自生しているもので緑色だが、光が入らない室（むろ）と呼ばれる地下3メートル程の穴で生産されている白いうどが東京うど。江戸末期に現在の杉並区井荻の農家が尾張で栽培方法を学び武蔵野地区に広めたとされている。農作物の少ない春先には貴重な存在だったようだ。太陽を当てずにつくる「軟白うど」で知られ、現在の生産地は立川が主流である。利尿作用、血行促進などの効能があり、アスパラギン酸を多く含有するため疲労回復にも効果を発揮する。

　最盛期には80軒以上の農家が生産していたが現在は20軒程度に減少している。

東京五大天麩羅 ―奇をてらうより、オーソドックスなのが江戸前の味。

天麩羅屋の主人は、揚げる匂いがなんとか客に行かないように心を砕く。毎日毎日揚げているから、そういう気遣いをするのであろう。でも客は、あの匂いに、自分が天麩羅屋に来たという実感を得るのである。匂いの程度の問題はあるが。

寿司屋とも、鰻屋とも違う、天麩羅屋ならではの佇まいがそこにはあって、客はその気分を味わいに天麩羅屋に足を運ぶ。

酒場もそうだが、だから開けたばかりの天麩羅屋の清々しさは、なんとも言えない。

カウンターで対面するのは寿司屋と同じ。だが両者は、かなり異なる感じを持っている。やはり熱い鍋を前にしている、ということがあるからだろう。天麩羅の職人にはこれが一種の緊張感を強いるのである。寿司の職人の緊張感と、これはまた異なるのだ。

揚がるたびに、これはレモンだけとか、塩がいいですよ、と教えられるのが好きだが、ウルセエと思う人もいるかもしれない。要するに相性の問題だから。これはそういう相手を探すしかない。だが、まずもって一流の天麩羅職人や天麩羅屋の親父に、そういうことを感じさせる人はいない。

座敷に運んでもらう場合は、仲居さんの善し悪しが大切になる。で、天麩羅屋も結局、こういう対人接客の具合で、評価が決まるのだと知る。味もさることながら、店の人の味わいも、また楽しみの一つなのである。

（馬）

東京五大完全制覇達成之印

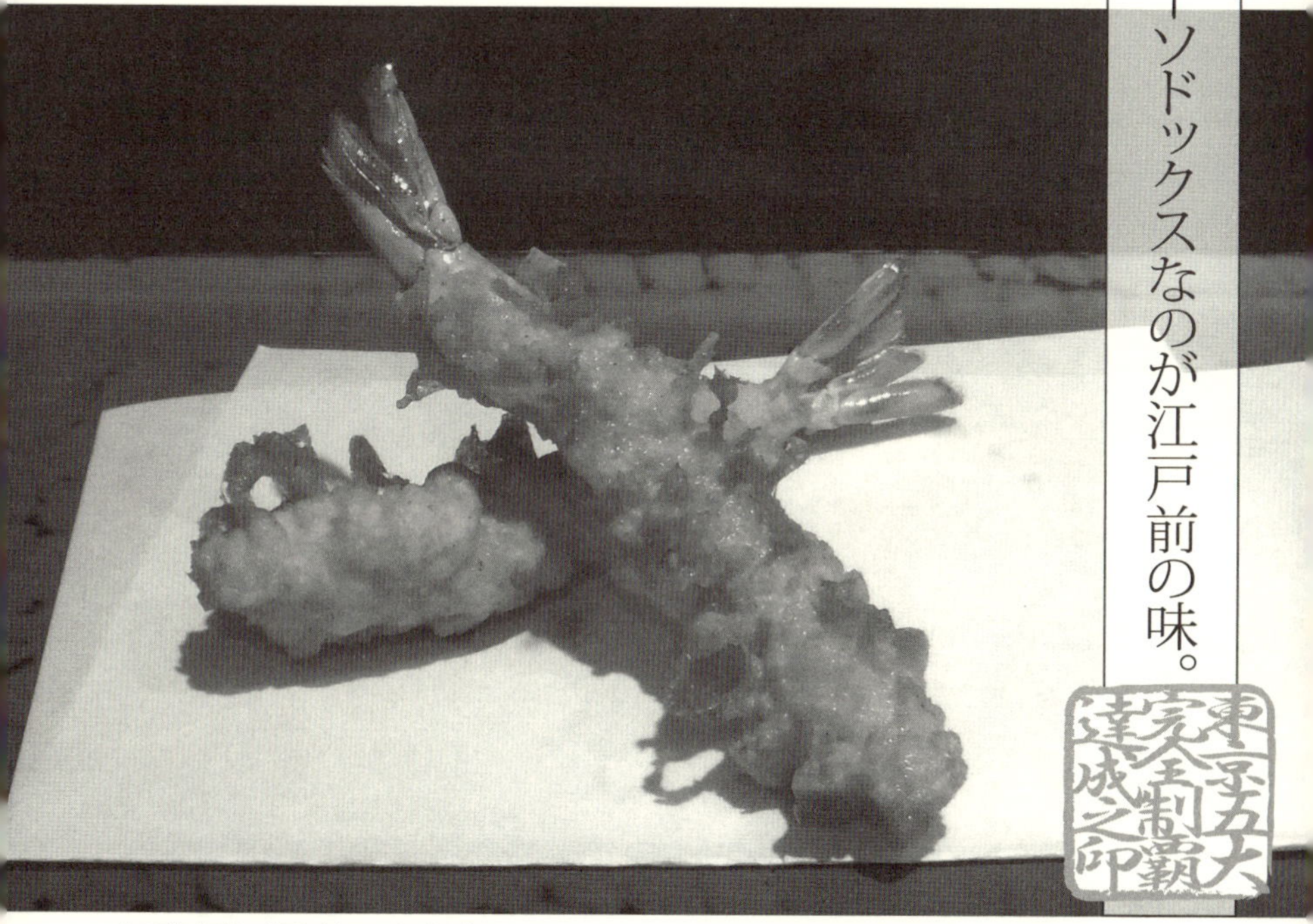

▲この海老天は、塩それとも天つゆで（天亭）

▲雷神揚げは天つゆで豪快に

中《なか》清《せい》

check

名物「雷神揚げ」は雷門に立つ雷神様の持つ雷太鼓に似ているということで仏文学者・辰野隆博士により命名。

創業明治3（1870）年。東京というより江戸を代表する天麩羅の老舗。店の構え自体が伝統と格式をたっぷり感じさせるものになっている。こういう存在感は貴重である。

開けたばかりの忙しい時間を避け、一巡した頃に出かけた。もっとも、夜の早い天麩羅屋は、うっかりすると閉店してしまう。だから長居は無用だが、その辺を心得ていると、かなりの人気店でも、すっと入れる。要するに呼吸の問題。

特別定食が4000円である。一通りのものを食べさせて、この価格はえらい。

日本酒をもらい、ビールと交互にやる。当たり前だが天麩羅は揚げ物だから、ビールは欠かせない。日本酒は白鹿である。関西の料理屋は多いですね、これ。東京は月桂冠とか菊正か。それでも近頃東京の和食屋は、凝った銘柄を出す店が増えた。

待合室みたいなカウンターではなく、小上がりを使わせてもらう。内庭には池があり、鯉が泳いでいる。もうじき海棠《かいどう》が咲くと、お店の女性が教えてくれる。海棠か。辞書にはバラ科の落葉低木とある。

ひじょうに落ち着く小上がりで、庭の向こうには廊下と座敷が見える。夜になると浅草はぐっと静かで、独りでいると池波正太郎の「鬼平犯科帳」の粂八が盗人を見張っているような気分になる。そういえば20年前に、池波好みの店として、ここ中清を取材したのを思い出す。まるで変わっていない。老舗の底力であろうか。

鰻の重箱のような塗りの箱に入れて天麩羅がやってくる。江戸前ながらくどい揚げ方ではなく、年寄りには有り難い。もっとも相変わらず天つゆは薄味で、それがこの店の行き方なのであろう。ビールと日本酒を一本ずつ飲んで６０００円でお釣りが来る。（馬）

船《ふな》橋《ばし》屋《や》本《ほん》店《てん》 check

―安く江戸前天麩羅を、新宿という街に似合うこれぞ大衆天麩羅店の真骨頂。

古くから新宿で遊んでいた人間には馴染みの店だ。かつての新宿三越の裏にある。

そもそも船橋屋は、明治の初めに初代の当主が現在の世田谷区船橋の在から新宿の追分、今の伊勢丹本店の辺りに移って、商売を始めたことに端を発している。

広い店内はうまい天麩羅を食ってやろうという善男善女で溢れているが、決してせせこましくはない。この店の天麩羅の特徴は香ばしい胡麻油にあり、これが風味と味わいにおいて他の天麩羅屋を圧する仕上がりを生んでいる。「玉締め絞り」という特別の製法によって作り上げられた胡麻油だ。関東の天麩羅ならではの豊かな風味と、爽やかな味わいの秘密は、ここにある。

３８５０円の「桐」というコースをお願いする。キリンのラガーに日本酒も頼む。酒は菊正宗である。これが一合瓶のまま出てくる。この気どりのなさが大衆店のよいところ。

揚げ物の一種である天麩羅にビールは欠かせない。だが、飲みすぎるのは禁物。うまさを引き出す日本酒と、それをフォローするビールを、交互に飲るのが正しい。

小振りだが勢いのある海老をいただき、野菜の天麩羅を食す。カラリと揚がった、江戸前ならではの強気の天麩羅が、ひじょうに心地よく、揚げるタイミングも絶妙である。

お椀とご飯で仕上げると、しっかりした味わいの関東の天麩羅を食した、という充実感に浸れる。〆て７０００円。（馬）

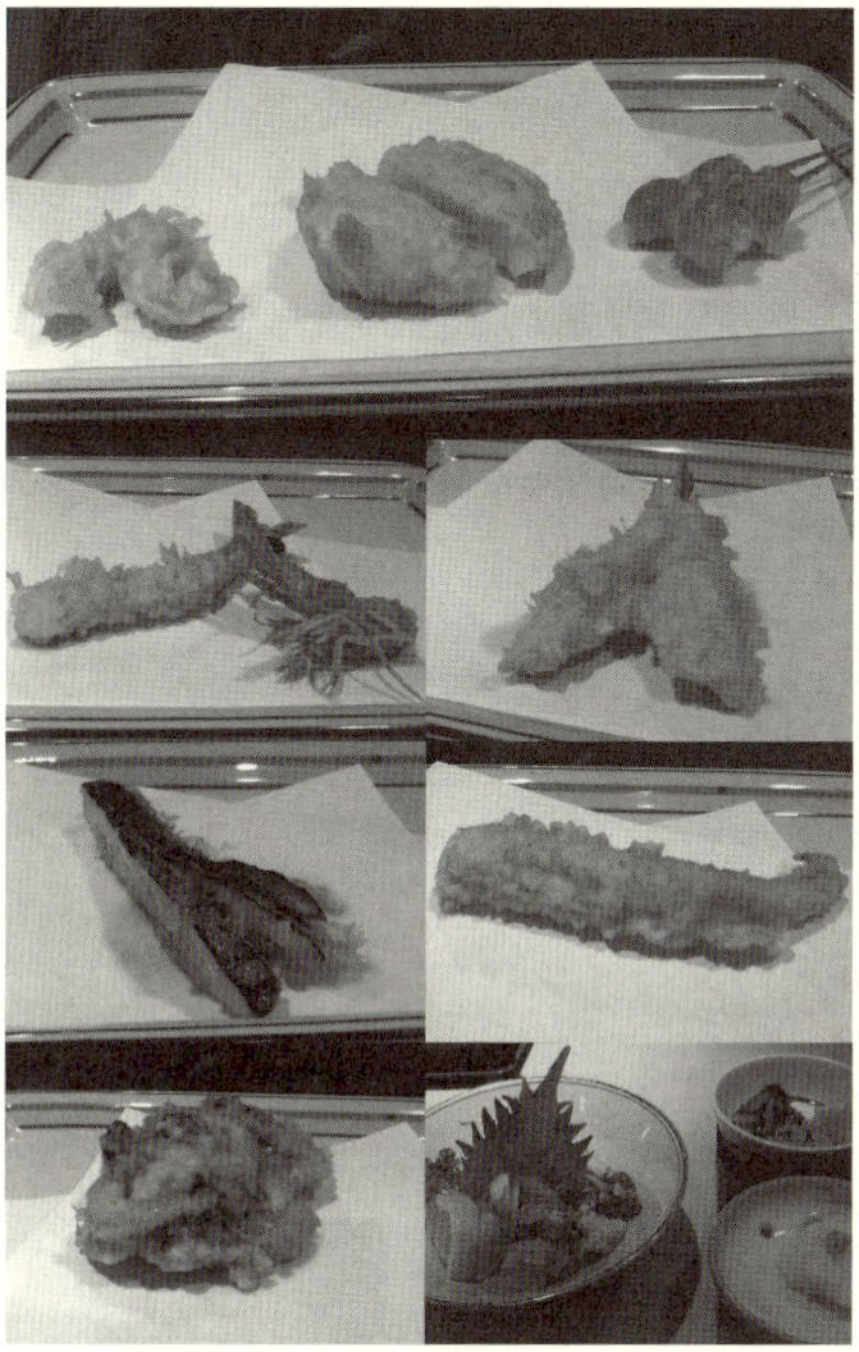

▲大満足の一品たち

天亭《てんてい》

check

創業30年。種は大きめ、時間をかけてゆっくり揚げる
香ばしい「天一系」直伝。食すのも大らかにのんびりとね。

▲種は大きいが味は繊細

新橋会館という名のビルの地下であるが、気分は銀座、地番も銀座である。晴海通りから西五番街を新橋に向かい、バーニーズを過ぎたあたり。この辺は銀座の旨いもの屋が集まっている。

丸く緩やかなアールを描いたカウンターがエレガントである。8500円のコースをいただく。いかにも銀座、いかにも天麩羅屋という面立ちの主人が丁寧に揚げてくれる。天麩羅屋業界の一大派閥、人材の宝庫と言われる天一の出身で帝国ホテルの店長を務め、昭和61（1986）年にこの店を開店する。

だから流儀は天一流である。こういう流れは客には安心で、のんびり身を任せれば良い。

もっとも、季節に応じて牡蠣の天麩羅などという変化球も見せ、喜ばせる。初めは驂かと思ったら、ぎゅっと噛むと牡蠣の滋養溢れる味わいが伝わってきた。まさか銀座の天麩羅屋で驂が出ようはずがない。つまりは素材の味を天麩羅のコロモに包んで、いかにダイレクトに舌に運んでくれるか、なのである。

酒は、民潮という名の珍しい日本酒がある。宇佐八幡という大分の酒だ。天麩羅屋に置いてある酒というのは店の主張が表れる存在で、これを飲んでいれば間違いがない。美味しい。ちなみに天亭の謂《いわ》れは、亭主のように、のんびりとおおらかな気分で、天麩羅を食してほしい、との意味からだという。

ざっくり仕切られた、個室のようなしつらえも用意されている。だから、家族の祝い事などにも使えるだろう。

西五番街の新橋近くで天麩羅を食し、その名のようにのん

びり飲んでいると、贅沢な気分になる。次の一杯はどこで飲るか。

ビールと日本酒を二本ずついただいて1万2000円ほど。（馬）

てんぷらと和《わ》食《しょく》 山《やま》の上《うえ》 check

池波正太郎に愛された有名な天麩羅屋はホテルの中です。

深町や近藤といった、高い人気を誇る天麩羅の名手を輩出した名店。ホテルの和食のダイニングが天麩羅屋、というのは相当ユニークだったが、結果としてそれが評判となり、今日の隆盛につながった。勿論味も上々である。

コース1万円からあり、材料の多寡による違いだから、腹具合と相談して決めるがいい。

水冷式冷蔵庫も健在。天麩羅屋ならではの有名な長いカウンター、女将さんのような仲居頭のような女性の切り盛りもいつもながら上等である。それにしても、どうして老舗の天麩羅屋は中年の女性マネージャーが店を仕切っているのだろう。不思議である。

よく知られた駿河台のホテルだから、いつも混んでおり、予約してもカウンターが取れない場合がある。近くの出版社の編集者のご接待とおぼしき客種が目立つ。仕方がありませんね。小生も初めて訪れたのは、そういうご接待だった。

今日高級天婦羅店の隆盛には、天一系の老舗と並んでこの店の存在が大きく寄与していると思われる。前述の二人を送り出しただけでも、それはわかる。素材の価格からすると寿司より余程低価格でまかなえる天婦羅という料理を高級割烹に仕立て、人々に供して満足を与えるのは考えたら凄いことだ。

（馬）

高《たか》七《しち》 check

格安なお値段でボリュームのある料理を食す。新潟出身の若女将が明るく接客する天麩羅屋の鑑です。

新宿区若松町、早稲田大学から徒歩で10分ほどのところにある。伊勢出身の高野七兵衛が明治17（1884）年、この地に創業。東京女子医大に近く、かつてのフジテレビも近所だった。

カウンターが5席ほどあるが、入れ込みになった座敷が賑わっている。4人座れる卓が八つほど。ビールを頼むと、突き

▲コスパがすばらしい天七のコース（3000円）

出しにおでんが出てくる。

３０００円のコースをお願いする。コースの最初はトウモロコシとアスパラ、それに筍の和え物。薄いが気分の良い味付け。

続いて天麩羅と茶碗蒸し。どちらも当然だが出来たてである。茶碗蒸しのサイズはビッグで、飯椀ほどもある。こちらも上等なお味。

天麩羅はカラリと上品な揚げ方と淡い色あいで関西風か？　創業の古さと出身を思い知らされる。

岩塩とカレー味、ワサビ塩と揃った3種の塩を、お好みでいただくのが常套である。だが江戸っ子用に天つゆも用意されている。

海老、季節の野菜、穴子といった定番の素材が、さっぱりと揚がっているから、元の材料の味がしっかりと伝わる。油も良いのだろう。おかげでキリンのラガーを2本に、日本酒を6合も飲んでしまった（お二人様だが）。

揚げ方によって、天麩羅の印象が大きく変わることをあらためて納得した。新潟出身の愛嬌の良い若女将がチャキチャキであり、仕上げのコシヒカリの大きなおにぎりがとてもおいしかった。お二人様で〆て1万2420円。

（馬）

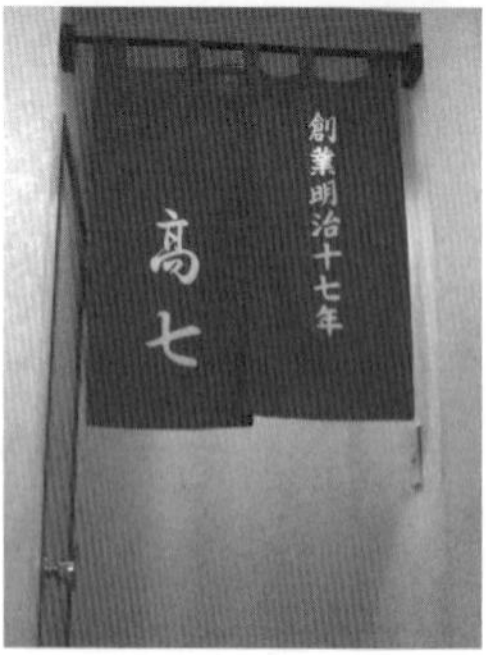

東京五大立ち飲み屋 ―安すぎて、センベロ、ベロです。

立ち飲み屋がこれほど街に現れ出したのはいつごろからだろうか。

バブルの崩壊と長い不景気が、この形態の飲み屋を盛んにさせたことは確かだろう。そして、立ち飲みというと労働者がお金を握りしめ、一杯の二級酒と安い肴でその日の憂さ晴らしをするというイメージがあった。しかし最近は、世の中も様変わりして、オシャレな立ち飲み屋も増え、一昔前までは女性などは近づかない領域だったのに、女性同士だけで立って飲んいる姿もチラホラと見る。日々変化して行く世の中にオッサンはだんだんついていけなくなり、そしてまた立ち飲み屋で憂さを晴らすのである。

東京では今、駅前には必ずと言っていいほど、立ち飲み屋がある。競争が激しくなり、値段は安いが、ツマミの質がちょっという店や店の対応が粗雑な店やただただ店内が汚い店など様々な店が乱立しているが、ここでは、その中でも安く、抜群のコストパフォーマンスの店3軒と、安いだけではなくツマミが極上の店、元祖立ち飲みの角打ちスタイルの店をセレクトしてみました。

安いだけが本領ではなく、味も確であることが今や立ち飲み屋でもっとも必要なことなのである。いやはや大変だ。行ってみて下さい。間違ってはいないはずである。

（宮）

▲店は狭いが連日呑み助でいっぱい（晩杯屋大井店）

▲店全体をお品書きが囲む

いこい本店 □check

北の横綱いこいは黄昏感をなくし、若い人で大賑わい。内容も少し変わりました。

立ち飲み屋の世界も発展するとともにその勢力地図もできつつある。まずは北の横綱赤羽の「いこい」本店から。

今や知らない人がいないという有名店になってしまったが、10年前までは、朝7時から飲めるという、徹夜明けの工場労働者や金のない地域の呑み助だけが集まる場末の立ち飲み屋だった。ところが先日3年ぶりに訪れ、その激変ぶりにただただ茫然としてしまった。あの「いこい」が老年、中年のオッサンだけの場所から、若い男女も元気に飲んでいる今風の立ち飲み屋に変貌しているではないか。そして、聞けば近くに支店までもあるという。思い起こせば、20年前埼玉にある印刷所での徹夜仕事あけに、ふらりと寄ったのがこの「いこい」との縁の始まりだった。店には中年のオッサンが2～3人。まずサッポロ川口工場(閉鎖)産地直送(何か他の市販のビールとの違いがあるのかさっぱりわからないが)と書いてある大瓶ビール(当時380円、現在410円)を注文し、そのビールの安さにひっくり返りそうになり、次に店の壁に貼ってあるツマミの品書きを見ると、ほとんど全てが100円台なのに二度ひっくり返りそうになる。この店大丈夫なのかと心配した。この値段だがツマミもそこそこいけるのである。日本酒、焼酎、ウイスキー等酒類は200円台。酒はいくつか銘酒もあり300円ほどで飲める(元酒屋という関係で)。1000円の持ち金で十分ほろ酔いで店を出ることが出来る、まさに貧乏呑み助のためのユートピアを見つけたとほくそ笑んだのを憶えている。あれから現在、ツマミはあの当時より増え、200～300円台もあるが、酒類や、店のスタイルは変化していないのが嬉しい。

▲以前こんな軒先なかったのだが

店はかなり賑やかになり黄昏感がなくなったが、まだまだ立ち飲み屋の王者は健在である。ちなみに名物強面の主人は支店にいるらしい。最後に忠告、ここの主人が居る時は新聞や本を読んだりするのはご法度ですよ。（宮）

カドクラ

check

焼肉屋が経営しているだけあって肉料理には絶対の自信。ランチの定食は驚きの４００円。

▲焼肉店経営ならではのツマミ

次に京浜東北線を上って上野の立ち飲み店を紹介しよう。ここは、上野の有名焼き肉店「太昌園」が経営する立ち飲み屋で、何と大瓶ビールが「いこい」より10円安い４００円（確か以前は３８０円であった様な記憶がある）。そしてアサヒエクストラビールがグラス４００円で飲める。ツマミはさすが肉屋が経営しているだけあって、串焼きから、炒めものまで豊富なメニューが３００円台で揃っている。一押しなのは、牛バラ味噌炒めで、値段は３５０円だが、味も量も申し分がない。ハムカツ（２５０円）は「タモリ倶楽部」や「出没！アド街ック天国」でも紹介されたが、それほど油がしつこくなく、何枚でもいけそうな仕上がりで良い。土日は場所柄、店内一杯で足の踏み場もない状態になるので、出来れば平日の時分時を避けると比較的ゆっくりと飲める。またまた驚きなのが、平日のランチ（10時～15時）がおかず（当り前だが肉系が多い、筆者が訪れる時はいつも鳥の南蛮ソースだったが）と野菜、漬物のがのっかったプレートにライス、味噌汁おかわり自由で、何とワンコインならぬ４００円（現在は値上げで４５０～５００）で食べられる。筆者本日は瓶ビール（４００円）とハムカツと牛バラ味噌炒め（３５０円）とお新香（１５０円）で〆て１１５０円（税込）。これ凄いでしょ。ちなみに壁に「瓶ビールだけ飲んで帰るは禁止」と貼ってあったが、やはりどこにでもこういう客がいるのだなと一瞬淋しくなったが、くれぐれも野暮なことはしないで下さい。（宮）

▲土・日は混みますよ

晩《バン》杯《パイ》屋《ヤ》大《おお》井《い》町《まち》店《てん》

check

南の横綱晩杯屋はすべてがミラクルで卒倒しそうな店。

「いこい」が北の横綱なら南の横綱も黙っていない。

本店は武蔵小山にあるのだが、今回は大井町店を紹介させていただく。前述2店も安いが、ひょっとするともっと安いかもしれない(安い安いで御免なさい)。

場所は大井町駅から2分の東小路飲食店街。五大中華そばで紹介した「永楽」と軒を並べている。さすが立ち飲み屋で回転が速いが、そう簡単には入店出来ないのが人気店の悲しさ。1階はカウンターで10人ほど、2階はテーブル席で40人というキャパの店。運よくすぐに入れることを期待して行って下さい。

▲安いけど量も多いツマミです(晩杯屋大井町店)

前述2店よりまだ安い大瓶ビールを期待しているでしょうがここには瓶ビールはございません。生ビール410円です、酒類は日本酒、焼酎、ワインとなんでもありで200円台。飲み物メニューに「ロマネコンティ¥2,000,000〜」とあるが、これはご愛嬌(本当にあったりして)。ツマミは100円〜200円台で厚切りハムカツが350円で最高値かもしれない。生もののツマミも新鮮で旬の魚も用意されている。筆者が訪れた時は新さんまの時期で、さんま刺し(250円)とさんまのから揚げ(150円)が人気だった。筆者もさんまのから揚げを食べようと思い注文しようと思ったら、作り間違いのカレイのから揚げが出てしまったので、半額の100円にするというので、ついこちらに変更。カレイもまたボリュームたっぷりで美味しかった。ビール生、酎ハイ(250円)、バイス(370円)、ポテトサラダ(130円)、カレイのから揚げ、マグロ刺し(200円)で〆て1460円。これって何か可笑しくないですか。ちなみに中目黒、大山、大塚にも支店があります。どんどん支店が増えているが、あまり増えてほしくない店でもある。大きなお世話か。

▲支店が増えております(晩杯屋大山店)

いこい、カドクラ、晩杯屋を、筆者は「京浜東北黄金の直線店」と呼んでいるが、赤羽から蒲田までの京浜東北線沿線には、立ち飲み屋だけでなく東京中でもピカイチと呼ばれている名店が揃っているのは何か理由があるのだろうか。（宮）

▲何だか立ち飲み屋にしては品がありませんか

割烹《かっぽう》くずし徳多和良《とくだわら》 check

立ち飲みのレベルを超えた肴とお酒はまさに割烹くずし。

やはりここは絶対はずすことは出来ない今注目の酒飲み処北千住。

その中でもひょっとすると大はし（五大煮込みP320参照）と肩を並べて有名なのが徳多和良。

ここが凄いのは、立ち飲みでこんなレベルの高い酒の肴、ちょっとやそっとでは食べられない、それも何と300〜500円。立ってなければそんじょそこらの割烹も太刀打ちできないのではないだろうかというきめ細かい料理の数々が出てくるのである。店は駅西口を出て大通りを日光街道方面へ、宿場町通りを越え、一つ目の路地を左に曲がり2〜3分ほど行くと右手に白地で黒の看板が見えてくる。16時開店、だいたい常時3〜4名ぐらいの行列が出来ているので、10分〜20分くらいは待つのは覚悟しなければならない。そんな苦痛は一遍店に入り、ここの美味しいお酒と料理を味わえば一変に吹っ飛んでしまうのである。L字形のカウンターは18人も入れれば埋まってしまうだろうが、肩を寄せ合いながらもオヤジさん（またこのオヤジさんの風貌と体つきが天稟《てんぴん》の料理人のように見えるのがいい、いや天稟の料理人なのである）の粋な料理に舌鼓を打つだけでもう至福の瞬間を味わえる。筆者2度目の訪問だったが、この日は、酒レーベンロイに青森の地酒と徳ハイボール（ウイスキーに店自家製のウメシロップと炭酸・名物）。肴はカキ酢に

▲入る前に横のメニューをご覧下さい

小鰭酢、菜の花の天ぷらに〆にあら汁の味噌仕立てを啜り、勘定は2916円(税込)。絶対他ではこの値段では飲み食いできない価値ある逸品に出会えるのである。余り教えたくない場所ですが、ここは外せないので載せてしまいました。(宮)

鈴《すず》傳《でん》 □check

角打ちと言ってしまうのは失礼かもしれない。ちゃんとしたオツマミと名酒が安く飲める酒屋さん経営の立ち飲み屋。

四店はコストパフォーマンスで攻めたが、最後に立ち飲み屋の元祖とはこういう店だったのだろうなと思われる四谷の老舗酒屋が経営する立ち飲み屋。

嘉永三(1850)年創業の日本酒専門店が経営する伝統的な角打ちスタイルの立ち飲み屋である(角打ちとは、諸説があるが、酒屋の店頭で酒を飲むことを言うのだが、酒屋は酒を販売するところで飲ませるところではないので商売として大々的にはやってはいけない。ここで伝統的スタイルなどと書いたのは、あくまでも私たちは酒屋が店内の角で経営してる立ち飲みを角打ちと言い慣わしているだけで、あくまでもこの店は立ち飲み屋で角打ちなどではないのである)。正面向かって右側が酒屋で左が立ち飲みの店になっている。角打ちというと、酒屋で販売している缶詰や乾きもので酒を飲むようなイメージだが、ここは前述したように立ち飲み屋さんである。店の真ん中にカウンターがあり、ガラスケースの中のアルミのたっぱには様々なツマミが並ぶ。ツマミは300〜400円程度で、刺身、揚げもの、煮物と日本酒には最適な品である。酒やツマミの注文はカウンターを通しその場で精算する。さすが酒屋で酒の銘柄が半端ではない。東洋美人、櫻正宗、越乃寒梅、天宝一、成政、久保田、吉兆宝等、メジャーからマイナーまで多くを揃え500円程度で飲める。十四代がなんと850円で飲める時がある。日本酒好きならぜひ尋ねてみる価値がある立ち飲み屋の佳店。(宮)

▲一人客は黙々と飲んでます

▲看板に味がある

東京五大おでん屋

—刊行間際に創業130年の呑喜が閉店。東京おでんの起源が…。

子供の頃、夕食のおかずがおでんの時ほどがっかりしたことはなかっただろうか。筆者は今で言うごはんの友が必要で、海苔のつくだ煮やバター飯（ごはんの上にバターをのせ、味の素と醤油をかけて食べる）などにしてごまかしてご飯を食べていたものである。実際のところ、関東人は西日本の人に比べると練り物が好きではないのではないかと筆者は思うのであるが、どうであろう。

しかし、大人になり酒の味を覚えだすと、ツマミとしてはありかなと。寒い夜のおでんと熱燗のコップ酒は堪らない温もりを体に与えてくれるし、出汁の効いた旨い汁を啜りながら冷酒を飲むのもまたオツなものである。

おでんというとよく、東京風おでんとか関西風の関東煮（かんとだき）などと言われるが、この区分けも歴史を通じて考えると、一概にはこういう分け方はできないらしい（おでんに関しては関東風・関西風という区別はあてはまらないらしい。汁気の少ない煮物風の「江戸おでん」、汁気たっぷりで甘辛の「関東煮」、関東煮を飲める汁に改良した「東京おでん」という風に歴史時代別に考えたほうがいいらしい—おでん学ネットより）。ただ今回は（白）と（黒）に分けて、東京おでんと東京の関東煮の名店を紹介することにした。あなたは白派それとも黒派。いや「白だ黒だと喧嘩はおよし白という字も墨で書く」ということで、どちらも旨いですよ。（宮）

▲創業13年目だが老舗の風格（力）※**建物老朽化により一時休業。再開は未定**

▲汁は黒いがあっさりしている

お多《た》幸《こう》新《しん》宿《じゅく》店《てん》

check

まさに黒の東京風おでんの代表。東京おでんはこうあるべしの繁盛店。㊛

東京駅に程近い八重洲の飲み屋街に本店と名のつく日本橋店があり、新橋、銀座八町目、新宿、神田、そして大宮と暖簾分けなのか、支店なのかわからない(元は同じなのだが、創業からの90年の長い歴史の中でそれぞれに分裂していく)。ここでは新宿店を選択した。なぜか。新宿におでん屋が少ないのはご存じだろうか。やはり若者の街、新宿。おでんで一杯などというちんまりしたものよりも、居酒屋で一杯というのがお似合いだからだろうか。そんな中、このお多幸新宿店は異彩を放っている。

新宿店は銀座八丁目店(俳優の故殿山泰司の父が始める)と同じ系列らしい。印象的な赤い朱塗りの皿に盛られた黒い汁にまじったおでん種は、はじめて本格的な東京おでんを食べる人には、少し異様かもしれない。しかし汁は見た目よりもあっさりしていて、しつこくなく食べられる。種ははんぺん、すじ、がんも、豆腐等は下町の商店で仕入れているが、ほとんどは自家製。

おでんのほかに、つまみも充実していて、特に〆鯖はよく酢で締まっていて、光ものが好きな人には推薦である。酒は菊正宗が定番で他には関東と東北の酒が入っている。

筆者、若い時は新宿で飲むとよく暖簾をくぐったが、10年ぶりにこの最近少なくなった東京おでんを食べ、どこぞのミシュランで紹介されたという今一番東京で注目の「○○から」(ここ旨いですか)よりも、さすがにおでんはこうでなければというのを味わわせていただいた。何より二人で生ビール2、燗酒2合、サワー1、おでんおまかせ(4点)+大根、ちくわ、牛すじ、シューマイ、刺身3点盛りで7500円という庶民的な値段が気にいった。まだまだ東京おでんは健在なのである。ちなみに屋号は創業者の太田こうからとっている。
(宮)

呑喜《のんき》 check

東大の先生と学生に愛され続けた東京おでん発祥の天然記念物的おでん屋。お電話は四七三六番(おでんは品見ろ)。(黒)

地下鉄南北線東大前駅の、まん前だ。マンションの1階。文明の配電盤、司馬遼太郎は本郷周辺をこう呼んだ。それ以前、徳川期の昌平坂学問所の時代を含めれば200年、学問の府としての歴史が、この地にはある。そのことと、おでん屋の多いのとは、関係があるのか、ないのか。

▲この汁の染み具合がたまらない

それはとにかく、名にし負う東大農学部の向かいに、この店はある。創業明治20(1887)年というから半端ではない。人なら人間国宝である。ピカピカのマンションにありながら、決して行き届いたとは言えない店内のしつらえが、いっそ風情を感じさせる(マンション移築と同時に店内だけそのまま持ってきたらしい)。

ネタを一つの鍋で仕込むのを始めた店、という。だから豆腐一つとっても、その伝統の重みを感じる。ごく普通の食べ物である豆腐が程よく煮込まれ、表面が光っており、深い味わいと、滑らかな食感を保っている。大根を鍋に入れるのもここがはじまり。

それにしても、おでん屋とは酒を呑む所なのか、はたまた、専らにおでんを食すところなのか、不思議な空間である。というようなことを考えさせる店だ。だって名前が、呑喜だからね。

大瓶のビールを貰い、キンシ正宗の燗酒を2合頼み、豆腐、大根、卵、筋、その他を食して二人で2700円である。安い。客は、農学部教授とおぼしき旦那方と、屈託ない若い二人連れという顔ぶれ。おでん屋の原点であろう。心配なのは老夫婦だけで営んでいるので、後継ぎはどうなっているのだろうかということ。（店主の急逝により閉店。130年の長きにわたりありがとうございました—合掌）

（馬）

大多福《おたふく》 □check

台東区千束にある老舗おでん屋。不便なところだけれど、下町・浅草に来た時は寄る甲斐あり。㊪

浅草の誇る、おでん屋の名店である。言問通りと国際通りの北の角を、浅草ビューホテルを向かいに見る格好で、右にちょっと入ったところ。JRの日暮里駅から錦糸町行きバスで行くと、西浅草三丁目のバス停からすぐ。歩かなくて済む。

おでん屋には勿体ないような端正な店構えで、嬉しくなる。思ったより奥が深いが、スイングドアの入口近くに座る。椅子の高さが丁度良い。バーじゃないのだから、妙に丈のある椅子はうまくない。またおでん屋というのは、これでぬくぬく温かいより、ちょっと隙間風が入るような席が、位置としては宜しい。寒いのも味のうちなのだ。

お客は近所の人がほとんど。わざわざ遠くから出向いて、おでんを食おうという野暮な了見の輩は少ない。だって、おでんだもの。一杯やっていると、親に手を引かれた子どもたちが、どかどかと駆け込んで来たりする、浅草なのである。

おたふくの図柄の箸置きが気に入った。ビール中瓶とお酒2合をいただく。牛筋を頼むとサラシ葱が敷いてあり、なか

▲定番種のおでん

▲名物筋煮込み

▲つきだし

なか上等である。一通りおでん種を頼んで酒とビールで3700円。値段も気に入った。（馬）

力《りき》 □check

まだ創業13年だけど風情も味も老舗おでん屋にもひけをとらず。関東煮のおでんも肴も絶品の銀座のおでん屋さん。(白)

銀座交詢社ビルのはす向かい。西五番街に面した一等地であります。だから、おでん割烹とある。正直だ。数百円単位のおでんを売っているだけでは、立ち行かないことは自明の理だからね。割烹もやらなくては。それでも、おそらくは自前の土地のせいであろう、味と値段の落差が小さい。つまり高くないということ。安くはないが。そして、そのたたずまいも高ビーではない。だからいつも混んでおり、そして4時から開けている。下町的である。

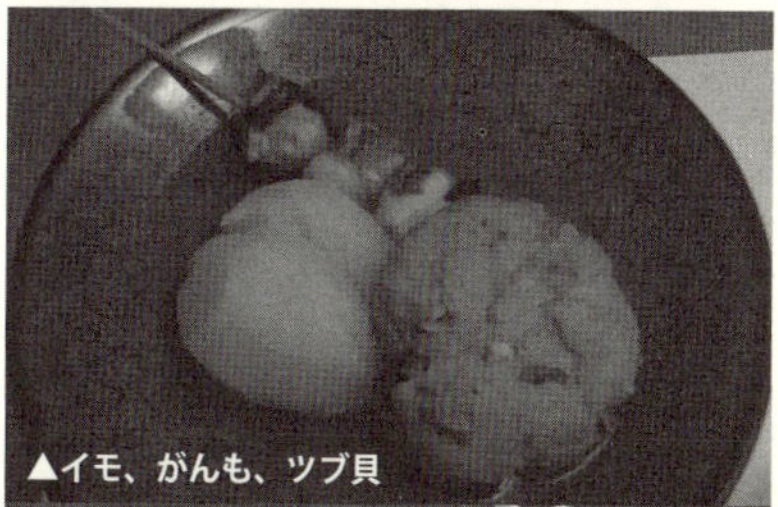
▲イモ、がんも、ツブ貝

▲カワハギ刺

▲トマトおでん

売り物はよく煮込まれた牛筋。なんとパンと共に登場する。和風でありながらフレンチのようなソースが、パリっとしたパンを添えられた牛筋に、こよなく合う。だから皆さん、ご所望である。ビールにも、燗酒にも、試していないがおそらくワインにも合うに違いない。考えたものである。

▲上品なおでんたち

場所柄、東証一部上場の、つまり一流企業の課長以上と思しき客が、部下の女性と来ていたり、ブランド店のプレスみたいな女性が若い男の編集者を連れて来ていたりする。銀座だよね。なにしろルイ・ヴィトンの日本におけるフラグシップ店と同じブロックにあるのだから大変だ。

おでん種をざっと頼んで、牛筋を人数分食べ、熱燗4合とビールで、お二人様1万4000円、といったところか。（馬）

やす幸《こう》 □check

銀座を代表する、銀座らしい、オーセンティックなおでん屋。東京一いや日本一関東煮の汁が旨いのでぜひ！ 白

高いが、高いから銀座らしいのだ。美人は、やはりツンと澄ましていてくれた方が安心するのと同じである。

ここも交詢社ビルのはす向かいだが、すずらん通りに面している。近くは高級クラブや割烹が軒を連ねる銀座の真ん中。やれやれと白木のカウンターに座ると、まことに晴れやかで、かつ清々しい気持ちになる。これは鮨屋に通じるものであるが、寒い時の鮨屋は妙に寒々しい。そこへ行くと、おでん屋やす幸銀座本店は、湯気の向こうに大将の顔が浮かんで、脇から薬缶で熱い酒を注いでくれたりして、心なごむ。白木のカウンターと日本酒は、お神酒という言葉を想起させ、かつて飲酒が神事であったことに思い至るのである。

味は、それはもう銀座の名に恥じない、清《す》ましのダシの筋の良さと、材料を吟味したおでん種の旨さで、まことに心地よくしてくれる。近くの高級店で買物を終えた家族連れが、買物袋を後ろに置いて、幸福そうにおでんを食している。アベノミクスは効果を上げているのかもしれん、と思ってしまうね。

▲出汁のウマさが光ります

刺身一人前（かんぱち・烏賊・平目）とあっさりとおでん種を一通り食し、ビール1本と熱燗、黒松白鹿4本、二人で1万3000円くらい。高いと書いたが、こうやって5軒並べると、ここが決して高いわけではないことがわかります。年中無休つまり土日も営業し、4時開店で個室も備わっているから、ひじょうに使い勝手がよい。デートコースとして勧められる。実はおでんの嫌いな女性は少ないのだ。それが銀座の一等地で上々の雰囲気を醸し出しているのだ。強力である。ホラ、日本酒のコマーシャルで美人の女将が相手をする小料理屋があるでしょう。あの感じ。

ちなみに連れの編集者は汁の旨さに感動して、ここが銀座だということを忘れてズルズル音をたてて汁を飲み、2杯もおかわりをしていた。大丈夫かコイツは。

（馬）

東京五大居酒屋

—東西両横綱、大関がそろいぶみ。五大制覇する価値アリアリ。

美味しいことは必須の条件だが、居酒屋が繁昌するには立地と値段が重要である。つまりはサラリーマンが相手だからで、だから名店と呼ばれる店はみんな駅のそばにある。

で、駅のそばは地価が高いから、新規の店にはツライ。テナント料がかさむのだ。というわけで居酒屋の名店は例外なく、古くから続いているのが多い。新しい店はチェーン展開でもしていないことには、立ちいかない。

勤め帰りのサラリーマンが週に一、二度顔を出せるような値段で、居酒屋は営業している。だから名店は価格がほぼ同じである。そして都心から離れるほどお値打ちとなる。

さらには店員も、オーナー一族とその知り合いが結束してやっている。つまりは人件費をいかに抑えるかで、勝負が決まるのだ。これは同時に、ベテランのオバサン店員が、継続して何年もカウンター内に立っていることにも繋がる。これがまた親密度を醸成する。しっかり循環して、いい結果を生んでいるのだ。若い娘っこや外国籍の店員が居酒屋の名店には少ないのは以上の理由による。

最後に客も、永年勤続のおじさんたちが多い。おばさんも、勿論いる。俺の居酒屋、ワタシの店よ、という顔して飲んでいる。これはまあ、一種のコミュニティである。英国のパブやニューヨークの場末の酒場にも見る光景だが、こっちの居酒屋は飲むときに何か口に入れるのが違っている。平均寿命が長いのはこのためだろう。空腹での飲酒は身体に悪い。（馬）

▲縄暖簾が味わいをかもしだす（みますや）

ふくべ

check

通ぶって飲むことはない。気軽に立ち寄って和やかに。しかし、大声をあげて飲むところではあらず。

東京駅八重洲口を出て大きな外堀通りを渡ると、サラリーマン相手の一大飲食街が広がっている。なかなかに楽しみなことだが、広大すぎて迷ってしまうのも事実。そこで一押しなのが北口の、ふくべである。

名刺には「通人の酒席」とある。一瞬緊張するが大丈夫、そんな堅苦しい店ではない。入ってすぐのカウンターに陣取れば、もうそれだけで、酒を呑む喜びと高揚感が湧いてくる。昭和13（1938）年創業ということで、何千何万の酒飲みを相手にしてきたことがうかがえる。

ふくべとは瓢箪のことだよな、と思って樽酒のお燗一合、菊正宗である、を飲《や》っていると、頼んだ「かます」の塩焼きが、はいと出てくる寸法である。気合が宜しい。2階は宴会用の座敷で、カウンター席の裏にはテーブルも並んでいるが、この店で飲むならやはりカウンターで、おかみさんの気合の入った応対を愛でるべきだろう。

▲ご主人は黙々と徳利に酒を注ぐ

個人的なことだが、2015年3月のダイヤ改正でJR常磐線が上野から品川まで延び、東京駅に乗り入れることとなった。茨城住民としては、この店にも一本で通えることとなり、大いにめでたい。

かますと熱燗2合、それに烏賊の細切りをトロロで和えた御飯をいただき、3000円でお釣りがきた。福島の困っている人たちにと、寄付して帰った。居酒屋の法則としては、このお一人3000円という値段が、重要である。

それにしても東京の玄関、いや日本の玄関とも言うべき東京駅のすぐの場所に、こういう店があるのは凄いことだ。有名な店だが物凄く有名でないことで、命脈を保っているのだろう。すなわち、知られ過ぎないことの有り難さである。長く続いていただきたい。

（馬）

齋《さい》藤《とう》酒《さか》場《ば》 check

3000円あれば十分に満足できる。まさに大衆酒場の王道を行く。お母さんの絶妙な客捌きにも乾杯。

北区十条というのは学生時代に住んだことがある。まことに鄙《ひな》びた町だったが、こんな酒飲みの理想みたいな店があるとは、まるで気付かなかった。なにしろ当時は赤羽線といったのが、今は埼京線である。これにも驚いた。

創業昭和4(1929)年とあるから、学生時代にも厳として存在していた訳である。駅を出てすぐの飲み屋である。初めて訪ねても、まず間違えようがない。どうして知らなんだのかね。

▲なぜかこの路地にまた入ってしまう

それはとにかく、こういう老舗には必ず定番のメニューがあって、それがここではポテサラ、ポテト・サラダであることを知る。となりの人のポテサラを見ながら、古材の廃物利用みたいな様々なカタチのテーブルに、ちょこんと座って燗酒をやっていると、しみじみ幸せな気持ちになる。

お嬢さんと呼べとは言わないが、せめてお姐さんくらいに呼んでくれ、みたいな声が、どこかで聞こえる。割烹着姿のおばさんである。若いのが思わず、従業員を、おばさんと呼んでしまったのであろう。そういう店である。大歓迎。若いのや、日本語がたどたどしい店員さんのいる店は、申し訳ないが好きではない。古手のお姐さんが働いているのは、良い店の証拠である。

サッポロビール関係のポスターや記念品が掲げてある。昔からの付き合いなのだろう。浅草へ行くと、これがアサヒビールに変わる。各々に思い入れがある。なんだか一徹を守り通して、ここまで来たという感じである。

しかしサッポロビールのポスターも廃物利用のテーブルも、これはこれで素晴らしく雰囲気を盛り上げているのだ。

シラスおろしとお燗3本、ひじょうに美味な鰈の煮付けで3000円である。一度行ったら必ずまた来る店というのがあるが、斉藤酒場はその見本である。

(馬)

みますや

check

毎日ご近所のサラリーマンで賑わう。古くも新しくもないまさに常に活きている居酒屋。

▲名物馬刺（右）とタコ刺（左上）と牛の煮込み（左下）

　千代田線新御茶ノ水駅の一番南の出口を出るとすぐにあるのが、みますや。明治38（1905）年というから日露戦争の頃に出来た店である。現在の建物は昭和3（1928）年に建て替えられたという。つまりは戦災にも生き残ったということだ。神田司町という地名もいいですね。付近には美土代町とか多町とかの名前も残っていて、悪名高き町名変更の波にもサバイバルしたことがわかる。神田はエライ。

　この店はなにを食べても美味しそうだが、たまたま頼んだ泥鰌の柳川鍋とヤキトリがよかった。特にヤキトリは、相当に感動した。3本で500円というのを憶えているのは、感動の証拠だろう。隣で牛丼屋の牛皿みたいなものを食べていたが、ここではそれが煮込みと言うらしい。酒は白鷹である。

　ざっかけない一杯呑み屋の右総代のような店であり、大いに繁昌している。職場の連中と打ち上げのような感じで呑んでいるグループや、女性同士の飲み会という姿も見られる。

　こういう店が仕事場の近くにあったら、まず週に二度は来てしまうだろう。

　柳川鍋とヤキトリ、熱燗3本で、ここも3000円くらい。ちゃんとセオリーを守っている。相当に広い店だが（おそらくは）土地代があんまり掛からないから、こんな都心の一等地でもやっていけるのだ。

　神田の古本屋をのぞいて、収穫を手にぶらさげながら、ちょっと足を伸ばして一杯やる、という店である。実際そういう客が何人もいた。

　いつまでも、続いてほしい店である。

（馬）

金田《かねだ》 check

西の横綱にふさわしい居酒屋。静かにじっくりと酒を楽しむ人々で一杯です。どうしてこんなに客筋がいいのか？

東急東横線自由が丘駅の真裏である。間違えようがない場所だ。なにを食べても美味しいいし、店の品が良い。といって今出来の小料理屋の小じゃれた店ではなく、あくまで居酒屋の雰囲気を保っている。だから安い。

自由が丘には上質の古本屋が数軒あり、実家の横浜に赴く途中でもあるので、降りることが多い。この町の良いのは、流行に敏感な若い娘っこが大勢訪れる反面、東急沿線の目黒や世田谷に住んでいる熟年世代が夫婦で食事や買物に来ること。それが町を重層的にしている。

▲アテはどれも品がある。名物ごま豆腐(左)、里いも満月むし(右)

つまりは豊かな感じなのだ。同じ性格の町でも下北沢は、もう少し価格帯が低いですね。住んでいたからよくわかる。

で金田は、そういう自由が丘の土地柄をまんま表現したような店で、圧倒的におじさんおばさんが多い。若い娘っこは、少数派。

それと会社帰りのサラリーマンもいるのだが、そういう人も実は前に一軒銀座や渋谷で飲んでいそうである。

コの字型のカウンターを囲んで善男善女が酒を飲んでいるのは普通の居酒屋でも見受けられる光景だが、それが金田の場合だと東横沿線の幾分クラッシーなのが、他と趣を異にしている。気分というのだろう。

熱燗2本と胡麻豆腐、里いも満月むしなどで4000円と、いくらか高いのは自由が丘ならではか。（馬）

鍵屋《かぎや》 check

東の横綱は東京一燗酒が似合う店。江戸時代から女人禁制？　入りたい時は誰れか男性とご一緒に行って下さい。

おそらく山手線各駅で最も開発が遅れている町、であろう鶯谷の北口を出て、言問通りを渡り、有名な豆腐料理「笹の雪」を左に見て、通りを上野方向に歩いてすぐの裏。江戸の名残りを今に伝える居酒屋である。客は、おのぼりさんと土地の人が混在している。

とにかくカウンターに座って一杯やっているだけで、気分が江戸に飛んでしまう。燗の酒のこんなに似合う店も、まずあるまい。安政3(1856)年というから、吉田松陰が萩に松下村塾を作った年に、酒屋として始まったという。

1856年である。木造の一軒家が健在なのは、付近が戦災に合わなかったせいだ。東京大空襲では十万人が命を失ったというが、下町も、これでいろいろである。

▲飲みながらタイムスリップ

白い徳利に元酒屋らしく律儀に正一合入った菊正宗の燗の加減のよさはどうだ。鳥の皮を焼いてもらい、あと数品を取って、まずはのんびり、という気分。カウンターの他に小あがりもあって、ここで飲んだら議論が弾みそうである。明治、大正、昭和の文人がこよなく愛したというのがよくわかる。

鍵屋の名前を染め抜いた暖簾も、夏は白麻、冬は藍に白と変わるのだという。凄いですねと意味もなく感動してしまう。

店の人がお客と知り合いで、共通の友人の話を話題にしているのを横で聞きながら飲んでいると、ほとんど昭和のモノクロ映画の世界である。それでも勘定は居酒屋の則を越えない。こういう店は永く続いてほしい。それには客がせっせと通うことだろう。

結局、店とは人であるというのが持論だが、ここも女将がデンと構えて客を迎えている。建物と女将と客が名店を作り上げるのだ。そしてここに時間がゆっくりと味を付け加え、黒光りするような空間が生まれて行く。駄目押しだが、適正な価格も重要である。

東京の名店の真髄はここにある。一度暖簾をくぐってみて下さい。納得いくと思うのである。

ちなみに小金井公園の江戸東京たてもの園には江戸時代の鍵屋の復元されたものが展示されている。飲んでから観るか、観てから飲むか。

(馬)

東京五大地酒ー侮るなかれ、地方に負けない名酒アリ。

江戸時代、関東の人々は主に上方で生産された酒を好んで飲んでいた。関東で消費される高価な下り酒と言われる上方の酒の方が単純に旨かったからだが、お膝元である幕府にとってこれは大きな問題であった。輸送費のかかりが高くなった下り酒に頼るばかりだと、消費者物価がそれにつられて高騰してしまい、もともと西高東低だった江戸の経済がさらに下落してしまうからだった。

このような好ましからざる状況を打開するべく幕府が打ち出した政策が「御免関東上酒」と呼ばれる関東の酒屋に作らせた酒を流通させて量的優位に立たせることだった。結果として芳しい成果は残せなかったようだが、この当時幕府が酒屋に酒米を大量に貸与して酒造りを奨励したことが、現代にまで続く東京の老舗酒造の育成に繋がったとも考えられる。

政治家が経済を自由に操ることができるなどというのは幻想にすぎないという話は正しいようなそうともいえないような微妙なところである。

江戸期から続く老舗蔵元から東京地酒の五大を選んだ。

「小山酒造」「豊島屋酒造」「石川酒造」「田村酒造場」「小澤酒造」

まずは東京では知名度一番の【小山酒造】□。

現在東京23区内に残る唯一の蔵元である。創業は明治11（1878）年、株式会社小山本家酒造の次男小山新七が酒造りに適した湧水を現在の北区岩淵町に発見したことに始まるとされる。もともと埼玉の荒川沿いには造り酒屋は多く存在していて、小山新七の実家小山本家酒造も埼玉の指扇《さしおうぎ》にて江戸文化年間に創業している。造り酒屋の息子である新七には良質の水が得られる地を探し出すある程度の情報と知識、そして能力らしきものが備わっていたのではないだろうか。巨大グループを形成した本家筋とは一線を画した酒造一筋の経営を続けている。

代表銘柄は【丸眞正宗】。

なかでも売れ筋1位が【丸眞正宗大吟醸貯蔵酒】。大吟醸ならではの華やかな香りと繊

細な味わいが料理を引き立たせる。白身の魚料理などにはうってつけ。のど越し良いの珠玉の一品は冷やでお勧めである。コップ酒の【丸眞正宗マルカップ】も最近立ち飲み屋などで見かけるようになった。

初代の商売上手の伝統を継承し東京を代表する地酒を提供する【豊島屋酒造】□。

酒造りを始めたのは明治になってからと比較的遅いが、神田橋の一杯飲み屋で酒を売り始めたのは慶長元(1596)年と格段に早い。まだ徳川家康が入府して間もない頃で江戸の町造りが急ピッチで進められていたころである。武士から職人、人足に至るまでごったがえしている最中でここが商売の好機と考えた初代豊島屋十右衛門は下り酒と田楽をつまみとして出して評判を取ったという。

その後、明治になって東村山に移転し清酒造りを始めた。富士山からの伏流水を井戸から汲み上げ仕込水として用いている。

代表銘柄は【金婚正宗】【屋守】。

なかでも力を入れているのが【金婚純米大吟醸 笑酒来福】。フルーティで香り高い軽やかな飲み心地が特徴の大吟醸は冷やがお勧め。

この金婚正宗は東京における主要三大神社(明治神宮・神田明神・山王日枝神社)全てに御神酒として納められている唯一の清酒であり、全国新酒鑑評会にて幾多の金賞を受賞している東京を代表する地酒である。

酒造だけでなく、様々な商売を展開する【石川酒造】□。

都心から約40キロ、武蔵野台地の西端に位置する福生市熊川で酒造業を始めたのは文久3(1863)年のこと。熊川地区は北部からひな壇状に続く段丘の終末点にあたり、古来から秩父山系の湧水がみられた土地であり、江戸期から幕府領・旗本領となる豊かな農産地であった。元は熊川村名主であった石川家が、江戸後期より農産高の向上に伴い余業として酒造業を起こす下地は充分に出来ていたわけである。後述する田村酒造場も同じ福生の蔵元である。

在日アメリカ軍基地のある街で、豊かな湧水と良質な米のコラボが生んだ地酒は多摩地域の心を謳いつつ多摩の自慢となるように命名された「多満自慢」として重宝される逸品。

お勧めするのは【多満自慢 熊川一番地】。米の酒らしい旨みがあってコクがある純米酒はおでんのような温かいもののお伴に最適。

石川酒造は地ビール【多摩の恵】の生産にも熱心な他、酒造レストラン、手打ち蕎麦の和食処「雑蔵」も経営していて御先祖共々商売上手な様子。

地下からの恵みの水を掘り当て、その喜びから名付けた名酒を作る【田村酒造場】□。

江戸の庶民文化が開花した文政5（1822）年、代々福生の名主であった田村家の九代目が始めた蔵元。急速に拡大した江戸の飲食を賄う酒が関西の灘や伊丹の「下り酒」に集中して江戸の経済が傾くことを嫌った老中松平定信が奨励した「江戸地廻り酒」の生産に呼応しての創業であった。

田村家は確かな技術を持った東北の南部杜氏を招いて本格的な酒造りに勤しんだ。その当時敷地内で秩父多摩伏流水から最適な地下水を掘り当てたその喜びに由来して、醸造した酒に「嘉泉」と名付けたという。「丁寧に造って、丁寧に売る」という家訓通りの堅実な商売でこのブランドを守り続けてきた。

代表銘柄が【嘉泉 純米大吟醸】。醸造最適米山田錦を使用して寒仕込みで醸し出した少量しか生産できない限定品は香り高い華やかな名品。

昭和50年代に15代目が生み出した【特別本醸造幻の酒 嘉泉】は酒造としてのベストセラーに。求めやすい価格のスタンダードな清涼感の飽きのこない伝統酒です。

酒好きには堪らない「大辛」ブランドが人気の【小澤酒造】□。

多摩と青梅の自然と清流を存分に生かしきったという表現が過分ではないといえるほどに多種多様な商いに邁進している。酒造りはもちろんのことだが豆腐屋にレストラン、美術館にバーベキュー場とくるからたいしたものだ。青梅の一大アミューズメントパークと言ってもいいだろう。

清冽な湧水があることで古くからしられる沢井で商売を始めたのは元禄15（1702）年のこと。街道筋の細々とした商いから酒造業に転じたのはそれほど古いことではない様子だが、名前を聞いたら知らない人はいないだろうという蔵元になった。

代表銘柄が地名の沢井にちなんだ【澤乃井】。すっきりとした辛口タイプが多いことが特徴で「毎日飲んでも飽きない」が最大のセールスポイント。

澤乃井ブランドいちばんの辛口が売りの【本醸造大辛口】はキリリとした華やかさが味わえて辛口好みには堪らないかも。（隆）

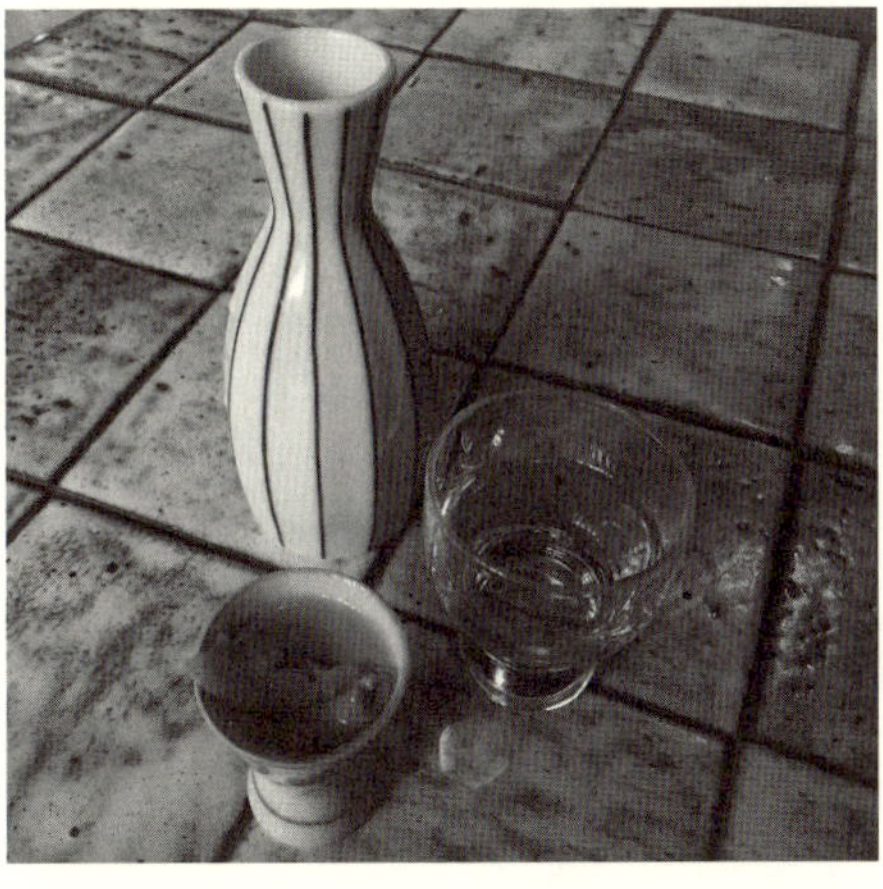

東京五大酒場(バー)

―東京(日本)のバーテンダーは世界のトップなのをご存じですか。

酒を飲むのに場所を選ぶのは近代になってからで、それ以前は酒飲みが酒を飲むのに、場所を選ばなかった。そして基本的に酒は集って飲むもので、祝い事を背負っていた。宴会である。だから大声で、楽しく、陽気に飲むことが大事とされた。

酒場(バー)でひっそりと飲むことを日本人が習いとして覚えたのは、戦後であろう。進駐軍の将兵は階級が上がるほど静かにこれを嗜んだ。今日の酒場が静まっているのは、この名残である。居酒屋とかはその反対で、わいわいやるのがルールとされる。こうして日本人は静かなる酒場と、賑やかな居酒屋とに、酒を飲む場所を分けたのである。

もっとも待合とか座敷の酒というのは昔からあって、静かに飲むか宴会の酒になるか、両方のオケイジョンを含んでいた。しかし普通の人が日常的に行ける場所ではなかった。

洋酒、というものの伸長が酒場を発展させ、日本人の生活に溶け込ませた。ウィスキーである。水で割るという、本場の作法にない飲み方で浸透して行ったのだ。現在もウィスキーの水割りは、酒場での主流である。そしてカクテルの名人であっても、客の所望する、水で割ったウィスキーを巧みにこさえることが、その名バーテンダーであることの条件となっている。スコットランドの地酒として始まったウィスキーが、日本の酒飲みのメインリカー(酒の本道)となったのである。酒場は、その主たる提供場所である。(馬)

▲名酒のボトルを眺めながらの一杯は格別(サン・ルーカルで)

テンダー □check

世界一のカクテルを飲むのなら飛行機などいらない、銀座へ行けば良い、そう上田和男のバーへ。

銀座電通通りに面した能楽堂ビルにある。おそらく世界一の酒場。もっとも当主の上田和男のいる場合に限る。

ニューヨーク・タイムズに大きく取り上げられた上田和男の許には、世界中から客が詰め掛ける。日本人はまだよく知らないのだが我が邦人バーテンダーは、世界でトップ・グループを走っているのだ。

▲世界一のマティーニを仕込み中の上田和男

その先頭が上田和男である。

ただウィスキーの水割りだけを飲むのなら、そう持ち上げることもない。要するに上田はカクテルの腕前が世界一、ということなのだ。

それでも銀座の腕《うで》扱《こ》きのこさえる水割りは相当美味しいよ。これを飲みすぎると、家で水割りが飲めなくなるから注意。どうしてこんなに違うのか、というくらい違う。それがワザであり、プロの心意気なのだ。うんと昔に水割りを作ってもらったことがあるが、まるで別の飲み物になっていた。ま、そういうことを知るためだけでも、ここに来る意味はあるかもしれない。しかしなによりマティーニが上田の得意ワザで、おそらく世界で一番美味しいマティーニの一つだろう。

▲まろやかな芳醇な味わいが人気のギムレット

マティーニはジンとドライ・ベルモットだけでこさえる世界一簡単なカクテルだが、また世界一難しいカクテルでもある。それを上田はきっちり作る。

ちなみに世界中でマティーニを飲んだが、世界の名だたるバーで合格点を付けられる店は一軒もなかった。ロンドンも、パリも、ニューヨークも、上海も、シカゴやロスアンジェルスもシドニーも落第。アテネのグランデブルターニュという我国のオークラ、帝国のクラスのホテルなど最悪で、思わずバーテンダーに手を取って作り方を教えたほどである。

それはともかく上田は、バーテンダーがバーテンと蔑称的に呼ばれることを嫌い、自ら店の名をテンダーと付けたのである。

我々はバーテンではない、バーテンダーであると。（馬）

モーリ・バー

check

ここが銀座のバー、店内は気どらず、酒場風。そこで世界一のカクテルが飲めるなんて。

▲真剣なまなざしでマティーニを作る毛利隆雄（モーリ・バー）

その上田のテンダーの隣にあるのがモーリ・バー。毛利隆雄が、やっている。こっちのマティーニのほうが好きだ、という客もいる。上田の好敵手である。マティーニを二人で一杯ずつ飲んだだけで出ると、支払いは8000円でお釣りが来る、というお値段。上田のテンダーも大体同じ。

ひじょうに高いが、共に世界一なんだから仕方がない。嫌なら来ないでくれという感じ。それでも両店は毎夜満員で、入りきれない客を断わっているくらい繁盛している。そして酒場は繁盛している店を選ぶべきなのである。

居心地の良さはモーリ・バーの方が勝っており、番頭格の渡邉忠勝が過不足ない対応をする。これは大事で、いわば城代家老だから、きっちり押さえが利いていないと駄目なのだ。大石内蔵助なのよね。（馬）

BAR5517

check

14時開店。居心地が良いからといってくれぐれも飲み過ぎには注意して下さい。

銀座並木通りの入口近くにあり、大変便利である。三笠会館という名うてのレストランビルの地階で、銀座五丁目5番地17号というアドレスが酒場の名前になっている。高坂壮一がチーフバーテンダーを務める大きな店で、広いが、のんびりゆったりなごめる雰囲気を保っている。高坂は腕前のほうも確かだが、ここはその銀座の主のような端正なルックスと、見事な接客技術を評価したい。人形だけでなく、バーテンダーも顔が命なのだ。

三笠会館は和洋中華の名店が階をなしているが、ここでは、

▲絶好のロケーションでゆったりとカクテルを(5517)

客が望めば他の美味しいところも教えてくれる。自分の所も美味しいが、銀座には名店が数多くあり、それを知らしめるのが銀座で働く人間の仁義だ、というわけなのだ。えらいですね。

かつて銀座の主と呼ばれたのは、数年前に物故した前チーフバーテンダー稲田春夫だったが、高坂は見事その衣鉢を継ぎ、5517の屋台骨を支えている。この店を知っていると便利というのが各地にあるが、ここ5517は銀座における司令塔のような存在なのである。銀座の酒場のオーナーである旦那衆が集う銀座バーテンダーズ・クラブの新年会も、ここ三笠会館の宴会場で開かれる。（馬）

サンルーカル check

神楽坂で今注目度No1の酒場（バー）ビギナーはこの店のカクテルから。

神楽坂は現在、銀座を除くと、東京で質量共にもっとも高度な盛り場である。物凄い繁昌ぶりだが、決して子供っぽくないのは、その伝統によるものだろう。新宿とか渋谷、六本木なんてガキの遊び場だ、という矜持を感じる。

サンルーカルは新橋清が6年前に開店した、こじんまりした酒場。東京メトロ神楽坂の駅の真上にある。裏手には文藝出版の新潮社がある。

▲師匠に引けを取らないマティーニ（サンルーカル）

なんといっても昼間の2時から開いているのがいい。最初に聞いたとき、客は来るのかと心配したが、大いに賑わっているという。よかったですね。銀座の上田和男の弟子で、大いにその薫陶を受け、立派なバーテンダーに成長した。次代を担う若手の一人である。

　ここはそんなに高くないから、ビギナーは新橋君から始めたらいいだろう。銀座のバーテンダーのプロトタイプはこういうものかと悟るだろう。それにしても昼間から飲むマティーニの美味しさは格別である。師匠上田直伝のマティーニはビーフイーターというロンドン・ジンと、ドライ・ベルモットはノイリー・プラットというフランス製。これが定番。大師匠に当たるパレスホテルのバーテンダー今井清から上田に伝わり、新橋に受け継がれたのである。今井はミスター・マティーニと呼ばれた伝説の人物で、今日の日本のバーテンダーの精進は彼の存在が礎になっているとされる。

▲新橋清は腕は最高だが気くばりも

　マティーニの要諦はギャビン・ライアルの「深夜プラス1」という活劇小説にもあるように、ジンとベルモットがキリキリに冷えているところにある。ついでに氷もグラスも冷えていなくてはならない。これが結構普通のお宅では大変で、だから自宅でこさえるマティーニは九割九分不味い。難しいものであります。
　新橋マティーニはきっちり背筋の伸びた味わいで、まことに結構である。
　ちなみにキリキリに冷えたマティーニは温かくなってはパーである。だからさっさと飲むべし。そして美味しいマティーニは速効に対応していることを、飲んで知る。

神《かみ》谷《や》バー

check

日本初のバー。上記4店とは形態が違いますが、ここにはスローな時間が流れています。


創業明治45(1912)年というから、おそらく日本で一番古いバーだろう。酒屋としての営業はもっと古く、明治13(1880)年から始まっている。その住所が浅草1丁目1番地1号というのも、名うての酒場で、他を圧倒する貫禄である。銀座の名だたるカクテル名人のバーとは位相を異にするが、東京の誇る名店であることには、まずもって間違いない。

　食券を買って飲む酒場である。こういうのは珍しい。デパートの食堂のノリだ。そして一歩入ると、その広さに驚かされる。

▲デパートのお好み食堂を彷彿とさせる

午後5時にほぼ満席で、以後ゆっくり空きが目立つようになる。そうなのだ、ここは早めに一杯やってお腹も満たし、次に繰り出す手始めの店なのである。

お願いしたのは一口で天国、二杯で地獄、三倍飲んだらあ〜〜の世行きの(あがた森魚)電気ブランの並とゴールド、それぞれ270円と370円というお手軽値段。チェイサーに水が付くが、ここはギネスの小瓶を誂えることにする。630円。

さてそのお味、養命酒によく似た感じ。ブランデーに色々混合した味である。電気ブランのブランとはブランデーの略だから、各種薬草などが入った薬酒に近いのも当然だろう。

ちなみにゴールドはアルコール度数40度で、並は30度と、結構強い。酔うでしょうね、これは、知らないで飲むと。マティーニで鍛えた舌には、なんということもないが、飲み慣れない向きは注意が肝要。だが、意外と言ってはいけないが、けっこう美味しかった。

べらぼうに品揃えの豊富なメニューの中から煮込みと串カツを頼む。夫々580円と480円。お味はまずまず。みなさんここで腹ごしらえをする寸法だから、不味いはずはない。〆は日本酒で富貴1合が370円と格安。つまり5合飲んでも2000円でお釣りが来るのだ。浅草ならでは、であります。

名人バーは、いわば一流の寿司屋の名人の握りと同じで、どこか真剣勝負の趣きがある。だから結構緊張する。それを救うのが「旨さ」というやつで、毒を飲んでいるのではなく酒を飲んでいるのだからひとりでに思わずその旨さに顔がパッとなるのである。向こうもそれを思っているから、同じく嬉しそうな表情になる。これを間合いと言うのだ。酒を飲む喜びは、正にここにある。

でもそれに少し疲れたら、神谷バーのような得難い店、また違った酒の楽しさを味わうのである。

「ここにはスローな時間が流れている」　(馬)

東京の「エロス」と「死」

東京五大ストリップ劇場 ―滅びゆく美学を堪能しよう。

「飲む・打つ・買う」が男の三大娯楽とされた古き良き時代(?)からこれらの娯楽御三家とは一線を画す存在だったのがストリップ劇場だろう。酒や博打とはもちろんのこと性風俗店ともいささか違い、金を使うのは同じだが席に座って踊り子が全裸になるのを観賞するのみという潔いスタイルは、高貴な芸術にも通じるものがあるのではないか。そんなことないか？

ただ最近は劇場の数が減少しつつあり、斜陽産業傾向が強くなってきていることは否めない。マイノリティ意識からかファン層も微妙に変化してストリップファンというより踊り子ファンが幅をきかしているように感じる。何も知らずにフラッと入ってしまうと熱血ファンに圧倒されてゆったり観賞する暇もなくなることがあり、古くからのストリップファンは肩身が狭そうだ。

そのせいもあるのか、最近あまりお年寄りの客を見ることがなくなった。それともやっぱり年金世代には5000円の入場料は負担になるのかな。もっと深刻なのが若い男性客の姿をさっぱり見かけないこと。草食男子はやっぱり二次元世界の方がお好きなのだろうか？

次の5館を五大に推奨する。

「浅草ロック座」「渋谷道頓堀劇場」「新宿ＴＳミュージック」「新宿ニューアート」「シアター上野」

（隆）

▲ストリップの殿堂も浅草の復活とともに息をふきかえすか？（浅草ロック座）

浅草《あさくさ》ロック座《ざ》 □check

ストリップの甲子園。最近は女性の客も増えました。それはなぜなのか?

浅草が華やかなりし頃、六区興業街には少なくとも12館のストリップ劇場があったそうだ。しかし現在は数年前に修業時代にビートたけしがエレベーターボーイをしていた「浅草フランス座」が閉館して「浅草ロック座」1館だけとなった。

かつて日本全国には「ロック座」を冠したストリップ劇場が多数存在していた。その本家本元・総本山といえるのが「浅草ロック座」であるといっても過言ではないだろう。かつてというのは系列館の多くがここ数年の間に閉館しているからだ。現存する系列館は浅草を含めて後述する「新宿ニューアート」「川崎ロック座」横浜の「ストリップ浜劇」「仙台ロック」の5館のみである。ここ「浅草ロック座」がストリップの殿堂として語り継がれる由縁はその歴史はもちろんのこと、劇場施設が華やかで清潔であることや、音響設備が充実しておりそれらを基にした洗練されたショースタイルが維持されていることである。他の劇場と違い浅草ロック座のショースタイルはレビュー形式というもので、わかりやすく言えばストリップをミュージカル調に仕上げたスタイル。専属の演出家もいて、歌はないがチームダンスという複数の踊り子によるダンスもあればソロのダンスシーンもある。1ステージ2時間40分を台本通りに1日5ステージ演じるから踊り子の負担はかなりのものがある。初日の前の夜など踊り子たちは通し稽古でほとんど眠れないそうだ。

著名なAV女優を初めてステージに上げたことでも知られているが、単なる集客の手段としてではなく新たなストリップファンの獲得に繋げた功績は大きいだろう。ステージに上がったAV女優たちの多くは短期間に去ったがその後もステージに立ち続けた数少ないAV女優出身の踊り子たち、夕樹舞子・浅井理恵・憂木瞳・矢沢ようこ・小林愛美らは有力な戦力となってストリップ界を牽引し続けた。

しかし最近はビッグネームのAV女優がストリップに参戦することはほぼなくなったようだ。稽古のたいへんさに較べて実入りの少ないストリップに魅力を感じなくなったということだろうか。お騒がせ元アイドル小向美奈子のストリップ参戦でロック座は久し振りに沸いたが、もうステージには出ておらず一時的なブームに終わってしまった。小向美奈子のスタイルを見たらなるほどと思う。大成する踊り子はみな細身で巨乳はいない。

ショースタイルは昔と変わらないが最近明らかに変わった点が一つ。以前に較べて女性の客が増えた。初日など客の1割以上が女性、しかも20代の若い子ばかりだ。男性に連れられて来るケースもあるようだがこの不況の時代、ストリップの舞台に望みを賭けるつもりで「自分にも出来るかな?」と様子を見に来る女性も多いようだ。毎年数人が浅草ロック座の舞台でデビューを飾っている。（隆）

渋谷《しぶや》道頓堀《どうとんぼり》劇場《げきじょう》

check

渋谷にあるのに道頓堀とはこれいかに。芸人が多く巣立ちました。

渋谷道玄坂百軒店の老舗ストリップ劇場としても有名だが、コント赤信号やゆーとぴあ、ダチョウ倶楽部のリーダー肥後をはじめとする幕間《まくあい》にコントを演じる芸人たちが多く巣立ったことでも知られている。

東京・渋谷なのになぜ「道頓堀」なのかと不思議に思ったことがあるが劇場のネーミングには諸説あり、「道玄坂劇場」で看板

を発注したのに業者のミスで「道頓堀劇場」にされてしまい、そのままになってしまったとか、関西ストリップの過激路線を志向したことから道頓堀にしたとの説もある。前者もありそうだし、前述したコント赤信号リーダー渡辺正行が、昔の道頓堀劇場でマナ板ショーをやっていたときのハプニングを話していたことがあったから、後者の方にも可能性がありそうだが定かではない。

しかし、その後風営法の改正により路線修正せざるを得なかったことがかえって道頓堀劇場の名を全国区にすることになるから何が幸いするかわからない。踊り子を一新してアイドル路線にしたことで影山莉菜・美加マドカ・清水ひとみ、といったAV女優ではないアイドルストリッパーが誕生、これはマスコミまで巻き込んだ一大ムーブメントとなった。これまでどちらかといったら日陰者だったストリップ業界に光が差し込んだ瞬間

だったのではないか。今まで一度も劇場に足を運んだことのない人たちが押し寄せて昼から満員御礼の盛況振りだった。平成7(1995)年に影山莉菜は道頓堀劇場で引退したが、最後のステージでは大勢の観客で酸欠になるほどだったというから凄いや。(隆)

新宿《しんじゅく》TSミュージック □check

もしかしたら廃業(?)という危機ながら元気な劇場です。

新宿・歌舞伎町界隈にはいまでもストリップ劇場が3館あり、その中ではいちばん有名な劇場かもしれない。「渋谷道頓堀劇場」と並んで深夜のワイドショーでは取材が多かったストリップ劇場だったのを記憶している。テレビ朝日系「トゥナイト」で山本晋也監督の楽屋レポート映像を何度も見た覚えがある。新宿区役所のすぐ真裏という凄い立地ながらさすがに集客力は良いようだ。新宿・歌舞伎町界隈のストリップ劇場の特徴の一つだが、外国人客が多く見られるのはホテルか何かと提携しているのだろうか?

昭和52(1977)年の開館だから業界的には中堅処とも老舗ともいえる微妙なところか。裏通りの2階に位置していて通りに面した赤い看板がこれでもかと迫ってくる。劇場内は結構狭く満席だとすし詰め状態になるが、その分ステージにも近い。デベソ(出っ張ったステージの先端部分)にはポールがあってダンス能力の高い踊り子はポールを駆使した見事な演技を見せる。

入場料が5300円と微妙に高いのは歌舞伎町の高いテナント料のせいだろうか? また、一時閉館していた「池袋ミカド劇場」を傘下に置いて経営している。

TSミュージックは、一時営業停止処分を受けた影響から賃貸料支払いの遅延が発生し、ビルオーナーから退去を要求され廃業の危機にあることが平成27年10月の東京スポーツ紙面などで報道されている。現在の風営法によりストリップ劇場の移転、新規開業はほぼ不可能といわれるが、はたしてどうなるか…。(隆)

新《しん》宿《じゅく》ニューアート

check

ロック座系の名門館。毎年、新人踊り子が多数デビュー舞台を飾る劇場。

かつて青線地帯として知られた新宿ゴールデン街の西側入口にひっそりとあるロック座系列館の劇場。付近はゴールデン街を見物に来る人や花園神社を参拝に来る人の行き来が多く、時と場合によっては非常に入りづらいことがある。地下が劇場で入口の階段付近には出演している踊り子のファンからの花輪などがところ狭しと並べられて非常に華やかに演出されている。

ロビーは非常に狭く、喫煙出来るところはここしかないため幕間になるとタバコの煙で充満してしまう。元来ストリップファンは喫煙者が多く、ここでは非喫煙者は肩身が狭い存在になってしまうのが悩みのタネ。ここだけのことではないが。派手さはないが、どこかゆったりとした空気が流れていて手づくり感があり、内部は古き良きストリップ劇場の風情があって個人的には好きな部類に入る劇場である。

この劇場はなぜか踊り子さんたちの楽屋がロビーの後方にあるため、彼女たちが舞台と楽屋を行き来するには必然的に客がいるロビーをいったん横切らなければならないという、本来なら絶対あり得ない不思議な造りになっている。このため贔屓の踊り子さんの出番の時間に合わせて間近で会おうとすれば出来なくもなく、偶然鉢合わせするケースも稀にあるのだが、そういうストーカー紛いの行為は客の方からは絶対しないのが暗黙の了解です。それにしてもなぜこんな造りなのだろう。勝手な想像でしかないがこのストリップ劇場、造った当初は映画館だったのではないだろうかと思ったりしている。

場内は40～50人が入ればいっぱいになる。昔はなかったソファー席が増設されたりしてはいるが、座れるのは30人程度がいいところ。

このように決して広くはないのだが客との一体感が得られる劇場であり、そのせいもあるのだろうか、ベテラン・中堅どころを問わずここで初舞台を飾った踊り子は多数に上り、ここ数年も多くの新人が舞台デビューを飾っている。

ロック座系列館なので専属の中堅・ベテランどころの技量のしっかりした人気踊り子が定期的に出演していて見応えがある。お奨めなのは鈴木千里。10年に一人の逸材だと30年近くストリップを観賞してきた筆者が勝手に公言しています。（隆）

シアター上野《うえの》 check

しょっちゅう移転していますが、劇場が狭いので踊り子が近くにいます。

上野といういかにもストリップ劇場が似合いそうな場所にもかかわらずなぜか劇場はここ「シアター上野」1館だけしか存在しない。

かつては「上野スターミュージック」として同じ仲町通りの別のビルで営業していたはずで、その後も別のビルに移ったりを繰り返してそのたびに劇場が地下だったり地上だったりと目まぐるしかったのを覚えている。いずれのビルでも狭いため踊り子に近く、ライブ感が味わえる楽しい劇場であった。現在は仲町通りの広小路に近いところで営業中。

上野に移転して来るまでは千葉の「松戸A級劇場」として営業していたが、ビルの再開発問題で移転を余儀なくされることになった。谷沢裕未・星めぐみ・御幸奈々、といった人気絶大な専属アイドルストリッパーを抱えていて絶好調だっただけに移転を心配するファンも多かったが、移転後も狭い劇場にファンが押し掛け好調だった。劇場前で従業員とファンが気さくに話し合う姿を何度か目にしたことがあり、どこか牧歌的なゆるい雰囲気の漂ういい劇場という感じがあったのを覚えている。

しかし、その後業界ナンバーワンストリッパーだった谷沢裕未の突然の引退から雲行きが変わりだし、「シアター上野」は平成9（1997）年に新宿TSミュージックの系列館に経営が変わり、専属の踊り子たちはバラバラになってしまったようである。その当時の踊り子の中で今でもステージに出ているのは御幸奈々だけになった。（隆）

参考文献：原芳市著『ストリップのある街』1999年 自由国民社刊

COLUMN

東京五大劇場ーただただコマ劇場がなくなったのが悲しいのです。

▲コマ劇場があった頃が懐かしい（新東宝ビル）

昨今、劇場と名の付くところは規模の大きなところや専門性や公共性の高いところを除いては正念場を迎えているようだ。特にバレエ公演については深刻で重要拠点であった「青山劇場」「ゆうぽうとホール」「日本青年館」が相次いで閉館。老朽化や採算性がネックになっているのだろうが、バレエ界の未来も左右しそうだ。ここでは東京の一般の演劇や歌舞伎、ミュージカル、コンサートなどを公演する劇場から劇場の五大を選んでみた。

「国立劇場」「帝国劇場」「歌舞伎座」「日生劇場」「新宿コマ劇場・現新宿東宝ビル」

消えたはずの「新宿コマ劇場」がなぜと思うだろうが、コマの昭和史に残した地域（新宿）貢献度の高さを評価した。新宿の地域再開発のあり方については一言物申す。

日本の伝統芸能を守る**【国立劇場】**□。

名前通りお堅い劇場だが、その存在の意義は大きい。簡単に言えば一般の営利至上主義の商業演劇の世界ではフォローしてくれない伝統芸能の最後の砦と言っていい劇場。独立行政法人「日本芸術文化振興会」が運営する劇場として昭和41（1966）年に開場した。主に日本の伝統芸能の上演と伝承者の養成や調査・研究が行われている。大劇場と小劇

▲建物もお堅いイメージが、思いすごしかな

東京五大完全制覇達成之印

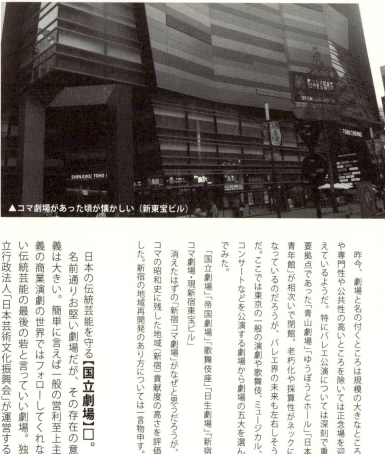

場の2つの劇場から成り、大劇場では歌舞伎、演劇、日本舞踊の公演が行われ、小劇場では文楽、邦楽、雅楽の公演が行われる。他に落語や漫才などの演芸を中心とする「国立演芸場」が昭和54（1979）年に隣に開場された。

当時の勢いはなくなったが**【帝国劇場】**□。森繁久弥が昭和61（1986）年まで900回上演した「屋根の上のバイオリン弾き」や「ラ・マンチャの男」「レ・ミゼラブル」「ミスサイゴン」もこの帝国劇場が初演であった。日本の商業演劇において歴史的な役割を担ってきた劇場。明治44（1911）年に大倉財閥の創設者、大倉喜八郎が渋沢栄一らと共に設立した日本初の西洋式演劇場でオペラ、バレエから歌舞伎、シェイクスピア劇まで上演され、通称「帝劇」で知られた。明治末年に三越が広告に載せた「今日は帝劇、明日は三越」のキャッチコピーは流行語になるほど有名に。一時、松竹の経営となって洋画封切館であったが昭和15（1940）年からは東宝直営の演劇主体の劇場となり現在の形に再建されて約50年を迎える。

▲この建物大倉財閥が設立したからかホテルオークラに似ていませんか？

伝統の強みを如何なく発揮する**【歌舞伎座】**□。

言わずと知れた歌舞伎の専門劇場。東京・銀座のランドマークのひとつとして存在感を示している。明治22（1889）年に開場し、大正初期に松竹直営劇場となった。関東大震災や漏電事故、戦災で何度も焼失を繰り返したがその度に再建され現在の建物は5代目。地下は地下鉄東銀座駅と直結され「木挽町広場」なるデパ地下のようなスペースが併設されていて、ここは劇場外の扱いのため歌舞伎は観賞せずとも買物は自由。平成22年から3年にわたって行われた改修期間中は近くの「新橋演舞場」が歌舞伎の常設館となっていた。歌舞伎座は新しく生まれ変わったが、昨今著名な歌舞伎役者の早世が多いのは残念な話。皆少し無理をし過ぎなのではないか。

▲松竹本社ビルを入れないで撮影するのに苦労しました

保険屋さんの文化活動【日生劇場】□。

オペラからアイドルのミュージカルまで幅広くカバーするという印象のマルチな面が特徴の劇場。昭和38(1963)年に日本生命日比谷ビル内に開設され日本生命保険相互会社を母体とする「公益法人ニッセイ文化振興財団」により運営されている。優れた音響効果を活かすために劇場の天井や壁面は全て曲面で構成され、天井はおよそ2万枚のアコヤ貝の貝殻が散りばめられるという幻想的な空間演出の仕掛けが施されている。企業のメセナ活動の一環として開設された劇場ながら都内の小学生を学校単位で劇団四季出演のミュージカルに招待する「ニッセイ名作劇場」を開催するなどの社会貢献活動は高く評価されている。

▲小学校の頃に行ったのだが、その後…

惜しくも閉館した【新宿コマ劇場・現新宿東宝ビル】□。

あえて今はなき劇場を挙げるのは「演歌の殿堂」として長く貢献してきた点を高く評価したいからだが、再開発にあたって新たな劇場の設置が見送られたことに少なからずがっかりしたことを付記しておきたい。昭和31(1956)年に博覧会跡地を購入していた東宝の関連会社が設立。当初は「新宿コマ・スタジアム」と称していた。ギリシャ時代の劇場様式から取った円形の回り舞台が大きな特徴で演歌歌手はコマで座長公演を行うのが夢と言うほどステータスとなっていた劇場であった。しかし、演歌の衰退と共に劇場の経営も悪化の一途を辿り、ついに平成20(2008)年末をもって閉館となった。跡地再開発後は「新宿東宝ビル」として再建されたがただただ今時のセンスがない日本人が建設した見本のようなビルである。

▲店舗選択も「何だかな〜」

▲このビルな〜もオモシロクないのです

東京五大ラブホテル街

─東京の"性"的空間は様々な顔を持っている。

東京のラブホテルの出発点とは一口で言うならばその住宅事情の悪さにあったようだ。野外で事に及ぶ輩も出始めたため、いわゆる連れ込み旅館がその先人となって流行したという。また、売春禁止法で転業を余儀なくされた業者が始めたものも多いそうで、なるほど土地柄に密節な関係がある理由がよくわかる。当初の連れ込み型から外観はファッショナブルに進化し、レジャーホテルという名称で呼ばれるようになったため、一見後ろめたさを感じないようになった。現在ではデリヘル等の派遣型風俗店のプレイルームとしての利用により、両者共に切っても切れない関係になっているが、風俗業に走る女性が増える一方で可処分所得の伸び悩みもあって風俗利用客は横這い状態にある。それに呼応したのであろうか、中級クラスのラブホテルにはデリヘル利用に都合の良いショートタイム制を用意しているところが増えた。何で筆者がそんなに詳しいかは想像におまかせしよう。

土・日、祝日になると人気のラブホテルはどこも満室で空きを待つカップルがいる半面で、地域によっては廃業するラブホテルもあったり、外国人バックパッカー専用ホテルに転向するところも出ていて正念場を迎えているところもあるようだ。

五大ラブホテル街として「鶯谷」「歌舞伎町」「円山町」「湯島」「錦糸町」を挙げる。

（隆）

▲都市には後ろめたい場所があっていい（鶯谷ラブホテル街）

鶯谷《うぐいすだに》ラブホテル街《がい》

check

こんなになるとは正岡子規も想像しなかったでしょう。まさに迷宮です。

かつて鶯谷は昭和の初期頃まで「根岸の里」と呼ばれる別荘地で、正岡子規、中村不折といった文人・墨客をはじめとする文化人が多く居宅を構える土地であったが、商家の隠居や旦那衆が妾を囲ったりするところでもあった。そのせいか今でもどことなく隠れ里然とした秘めやかな空気感に包まれたところがあり、この雰囲気を好むタイプの好事家には堪らない魅力に溢れた場所であり、またある種のマニア風俗の聖地としても崇められている。

そのような伝統が脈々と受け継がれたのか、JR山手線鶯谷駅の東側エリア一帯に細長く広がるラブホテル街ではおよそ60軒が営業している。古くから営業しているホテルが多いが近年リニューアルしてモダンに生まれ変わったところも多い。そのわりに価格的には庶民的なままなので使い勝手は良い。

鶯谷駅北口付近には一般の飲食店もあるが一歩路地裏に進めばラブホテルばかりになり、路地の狭さも相まって猥雑さが増していく感がある。北口から日暮里方面にかけては住宅街の奥までラブホテルが散在し、南口から陸橋を渡った付近では言問通りに面したところにも存在していて、もはや街の風景となり違和感がなくなりつつあるとも言える。

少し前まで北口から南口に向かう路地には中国系やコリアン系（稀に日本人の熟女系）の立ちんぼが横行していたが当局の取り締まりによりだいぶ数を減らしたようだ。ご多分にもれず鶯谷もデリヘル・ホテトル利用客が多く、客待ちやホテルに向かう風俗嬢の姿をよくみかける。また吉原へ向かう送迎車の発着場としての利用も多く、風俗に関するものは揃わないものはないと言えるだろう。ここでは一般のカップル客は肩身が狭そうだ。

（隆）

歌《か》舞《ぶ》伎《き》町《ちょう》ラブホテル街《がい》

check 東洋一の歓楽街は、現在都知事の誤算でこうなりました。

歌舞伎町は元々湿地帯だったところが鴨場になり、その後に淀橋浄水場建設の際に出た残土で埋め立てたところに人が住むようになったようだ。戦争で焼け野原になった後に現在のような風俗ありのキャバクラありのラブホテルありの歓楽街が形成されたわけで、湿地帯⇓鴨場⇓浄水場⇓歓楽街という経緯を辿ったことからも随分と水(水商売)に縁の深い土地だなと感心する。

東洋一の歓楽街と呼ばれる歌舞伎町だが、最近はちょっと活気がないように感じる。いちばんの理由は歌舞伎町のシンボル的存在だったコマ劇場が再開発によって消滅したことにある。石原知事時代に行われた歌舞伎町浄化作戦によって違法風俗店や裏DVD販売店が摘発により一掃され、安心して遊べる健全な町づくりを目指したのだろうが、コマ劇場に訪れていたファミリー層とスケベで健全な男共までが消え失せたわけで、至極当然な顛末であるかと思うがいかがだろう。

歌舞伎町のラブホテル街はそのコマ劇場跡の裏手、歌舞伎町二丁目ほぼ全域に広がり、およそ80軒が密集して存在する都内随一のラブホテル街になっている。ポン引き等もいないようだし、他のラブホテル街に比べて一軒一軒の敷地が広いため、建物の規模も大きくゆったりとしていて道路も広めにとられているので、周りを気にせずおおっぴらに歩くことができる稀有なホテル街だろう。

建築界では名の知れたデザイナーが手掛けた、豪勢でなおかつ手の込んだ繊細な仕事を施されたファッショナブルなホテルも点在していて見どころが多い。風俗利用だけではもったいないからプライベートでもっと活用したいところだが、最近またボッタくりバーで被害に遭う人がいたりして歌舞伎町の治安面が心配される。歌舞伎町界隈には、ホストクラブも多く、ホテル街では昼ごろから泥酔したホストがうろつく姿が見られる。

（隆）

円《まる》山町《やまちょう》ラブホテル街《がい》

check

東の迷宮が玉ノ井なら西のラビリンスは、円山町だろう。

渋谷道玄坂から円山町界隈の本当の良さを知るためにはこの土地の歴史を知らなくてはならないと思うのだが、表通りから裏通りまでどこへ行ってもラブホばっかり若者ばっかり、みんなお盛んで何でどうして少子化なんだろうと首を傾げたくなる。

渋谷のラブホテル街は道玄坂の北側斜面に面したところから円山町方面までの傾斜地と坂道が入り組んだ複雑な地形にびっしりとおよそ70軒が存在し、まさにラブホテルの迷宮(ラビリンス)を形成している。元は明治時代中期に道玄坂に芸者屋が建ち始めたのを皮きりに徐々に花街として発展していったのだが、時代とともに衰退してしまい、やがてラブホテル街が形成された。花街の名残からラブホテル街は一般に円山町として知られており、歌手三善英史は円山町の芸者の息子であることでも有名であったが、本人はあまり積極的には語ってはいないようであり、円山町そのものの実情を間接的に物語っている感じがする。

若者が多いこともあって価格設定にはピンキリがはっきりしていて、施設的にはまちまちだがリーズナブルなホテルもわりと簡単に見つけることができる。渋谷駅からやや遠いハンデがあり、利用客のニーズに応えるため頻繁にリニューアルされたり経営が変わるラブホテルが多く、以前行ったところがわからなくなったりすることもしばしばある。むかしは夜になると路地にポン引きが出没して怖かったがもうそれはないから安心。むしろ、最近は若いデリヘル嬢が昼間から堂々と歩いている。

登ったり下ったりと地形的に起伏に富んでいることが、どこか艶っぽい情緒ある隠れ里の風情を醸し出していて、ラブホテル街といえども趣のある町並みではある。

平成9(1997)年に発生した東電OL殺人事件の現場となったアパートも同じ円山町にある。こちらの事件も迷宮入りしてしまった。

（隆）

湯島《ゆしま》ラブホテル街《がい》 check

天神様に守られた大人の隠れた密会場が消滅しつつある。

湯島は不忍池を見下ろす風光明媚な台地上で、古代まだ東京湾の入江が不忍池と繋がっていたころ、海から見えるこの地がまるで島のように見えたからとの説があるそうだ。でもなぜ「湯」が付いたかというと確たる説はないとのこと。勝手に私説を述べさせて貰うなら湯が付くくらいだから温泉が湧いていたのではないだろうか。そうであってくれると旧花街の歴史にも箔が付くというと言い過ぎだが、情緒があるでしょう。さて、湯島と言ったらまず「湯島天神」だろう。学問の神様菅原道真公を祭る由緒正しい神社で「湯島の白梅」でも知られる観梅の名所でもある。受験前の時期になれば父母に伴なわれた学生たちがお参りに訪れるなんとも有り難い神聖なところ。なのにどうしたことか、東京でも指折りの歴史を持ったラブホテル街でもある。学問の神様だ、さすがに天神様の鳥居の真ん前にはない、あるのは親子丼で知られる「鳥つね」だが、2～3分歩けば本来だったら参道にあたるはずの通りにもラブホテルがしっかりと鎮座している。しかし、このシチュエーションだと親子丼という響きも何だか卑猥に聞こえてくる。深読みし過ぎだが。元が花街だからそのへんの感覚が少しマヒしかかっているのかもしれない。環境って恐ろしいなと思う。

湯島の地番は広く、神田明神近くまであるが界隈のラブホテルは合わせても10軒あるかどうかくらい。ビジネス併用みたいだったところがいくつか閉館したりデイケア施設に変わったりして減少気味ではある。表通りばかりではなく、三《み》組坂《くみざか》や天神の男坂を下ったあたりにも隠れるように数軒がポツポツと点在していて、こちらはちょっと奥ゆかしいというか昼でも暗く秘めた趣きがあって、この感じが好きな向きには堪らないのでは。湯島天神から御茶ノ水方面に3～4分向かい、清水坂の途中で妻恋神社に正対したところにもそれぞれに趣きのあるラブホテルが3軒ばかりかたまっていて、こちらも景観にマッチしたシックな佇まいがいい感じ。調べたわけではないが土地のオーナーは妻恋神社なのではと疑っている。神社の運営も大変らしく背に腹は替えられないか。これだけ温泉マークがしっくりくるのだから温泉説も肯《うなず》けるでしょう。（隆）

錦《きん》糸《し》町《ちょう》ラブホテル街《がい》

check
高速から入るのがラブホテルだが、ここは入れないのです。

墨東地域で最大の繁華街が錦糸町。この町ほど駅の南北で違いがはっきり出ているところはないだろう。五反田あたりとは全然違う。北側は街路が綺麗に整備され、駅前付近はやや繁華街的な生活感は残しつつ、錦糸公園の緑の美しさとオリナスタワーのショッピングモールのおかげで家族連れの姿も多く見られ、猥雑感は微塵もない。

それが南口に行くと一変して生活感だらけである。南口駅前の鮮魚店「魚寅」は下町らしい良い風情を出しているし、南口駅前のマルイ錦糸町店も象徴的な存在で有り難くもあるが、一歩その裏手に回ればキャバクラ、スナック、飲み屋、焼き鳥屋と、良い意味で言えば昭和の繁華街の風景そのまま、悪く言えばディープさ丸出しのあまり綺麗とは言えない路地が御出ましになり、それが行き着いた端にラブホテル街がある。まるでマルイが目隠し代わりに覆い被さってくれているかのように感じて申し訳なくなる。

ほぼ東西に走る高速に沿うように横に広く続いておよそ25軒が営業中。普通、高速沿いのラブホテルというのはインターのそばが常道だが、出口もなにもないのにこの立地というのは錦糸町ならでは。というかここまで押し込められたのか。

下町らしいのどかな雰囲気と言いたいところだが、どこか投げやりな風情が目に付き場末感が漂う。そのわりに意外と立派なホテルがあるのには驚いた。亀戸方面に向かうと一般の商店、マンション等と混在するようになり、昼間の利用はしづらいのではないだろうか。それとも錦糸町は近くのキャバクラ嬢やホストのアフター御用達で繁盛しているのだろうか。用のない人は立ち入らないところだから人目を避けたいお忍びには最適だろう。

でも不倫はダメよ。（隆）

COLUMN

東京五大ホテル選択の渋さを買ってください。

▲神谷町では異彩を放っていたが、もうこの姿はない（ホテルオークラ）

あまり知られていない話だが、日本における本格的西洋風ホテルの元祖は幕末の慶応4（1868）年に外国人居留地であった東京築地に建てられた「築地ホテル館」とされている（横浜ホテルとする異説もある）。既に開国から10年が過ぎ、日本に滞在する外国人が増えていくことを見越してのことで、建設と経営を担当したのは清水組（現在の清水建設）であったそうだが、経営不振に喘ぎ4年後の明治5（1872）年に起きた銀座大火で焼失した。どうりで誰も知らないわけだが、これも輝かしい東京の歴史の一つとして東京のホテルから五大を見てみよう。国内で同名称チェーン展開をしていないホテルから選んだのは次の五つ。

「帝国ホテル」「ホテルオークラ東京」「ホテル椿山荘東京」「東京ステーションホテル」「山の上ホテル」

まずはここから始めなければ**【帝国ホテル】**。

明治23（1890）年創業の老舗ホテルであり、ホテルオークラ、ニューオータニと並ぶ日本のホテル御三家の一つとされる高級ホテルである。初代の帝国ホテルは大正8（1919）年の失火のために焼失したが、大正12（1923）年にアメリカ人建築家フランク・ロイド・ライト設計により新館竣工。落成直後に関東大震災が発生したがほとんど無傷で済み、その後の戦災からも生き延びた奇跡のホテルでもある。現在の新館は昭和45（1970）

年の竣工。昭和11（1936）年の二・二六事件の際には帝国ホテル裏の空地が鎮圧部隊の拠点となりカレーライスを炊き出したことがきっかけで世にカレーライスが広まったとも言われている。NHK「今日の料理」の講師で知られた村上信夫氏は第11代帝国ホテル料理長で最終的には帝国ホテル専務取締役総料理長まで登りつめ勲四等瑞宝章まで受章した伝説的な人物である。

次に名門中の名門**【ホテルオークラ】**□。

帝国ホテル、ニューオータニと並ぶホテル御三家の一角を占める老舗高級ホテル。昭和37（1962）年に本館が開業。別館は昭和48（1973）年に開業した。正式な名称は「ホテルオークラ東京」。大倉財閥の二代目大倉喜七郎による設立。GHQによる公職追放のため帝国ホテルを追われた大倉は華族の待遇も剥奪されたが最後の貴族としてのプライドから「帝国ホテルを越えるホテル」を目指して「ホテルオークラ」を設立したとされる。大喪の礼においては13カ国の国家元首が宿泊。国賓としてはフランスのシラク大統領やアメリカのオバマ大統領も宿泊するなど輝かしい実績を誇り、大倉の意地が実った格好と言えるか。本館は平成27（2015）年に建て替えのため解体されたが芸術的評価が、高く海外メディアからは疑問の声も挙がったという。

次にホテルとしての落ち着きは随一の**【ホテル椿山荘東京】**□。

文京区関口に2万坪の広大な日本庭園や結婚式場を有する「椿山荘」に併設されたホテル。南北朝時代から椿が自生する景勝地であり、そこから「つばきやま」の地名が付いたとされる。江戸期は大名屋敷となっていたが、維新後は明治の元勲山県有朋が屋敷地として買い上げた土地であるように静かな環境に恵まれ、季節には日本庭園で蛍が舞い、桜が咲き紅葉も楽しめる。都心からやや離れているハンデはあるものの同じクラスのホテルに比べて客室が広く取られていて広大な敷地の景観とともに大きなセールスポイントとなっている。余談ながら庭園だけならホテル宿泊者でなくても無料で拝観出来る。

平成4（1992）年に外資系ホテルチェーンのフォーシーズンズホテルと藤田観光の提

携によって設立されたが、次第に業績が悪化し平成24（2012）年末をもって提携は解消され現在は椿山荘を含め藤田観光が単独で一体運営している。

一度は泊ってみたいホテルナンバーワン**【東京ステーションホテル】**□。

東京駅の丸の内側に大正4（1915）年に開業したクラシックな高級ホテル。日本銀行本店などを設計した名建築家、辰野金吾による設計。東京駅と一体となった建造物で赤煉瓦の駅舎とドーム状の屋根がシンボル。平成15（2003）年には駅舎とともに重要文化財に指定された。戦時中の空襲によりドーム屋根は破壊されたが、2006年から約6年間に亘る休業期間を経て創業当時の姿に修復された。JRが運営するホテルとしてはホテルメッツやメトロポリタンが著名ではあるが、これらのホテルチェーンが安ければ1万円程度で宿泊出来るところがあるのに比べると、東京ステーションホテルは最安値でも3万円は掛かり、最高値では80万円にもなる。

ホテルニューグランド、日光金谷ホテル、富士屋ホテル、万平ホテル、奈良ホテルらとともに「クラシックホテルの仲間たち」というグループを結成しPR活動をしていたが、修復工事中の休業時にリストから外され営業再開後も戻っていない。

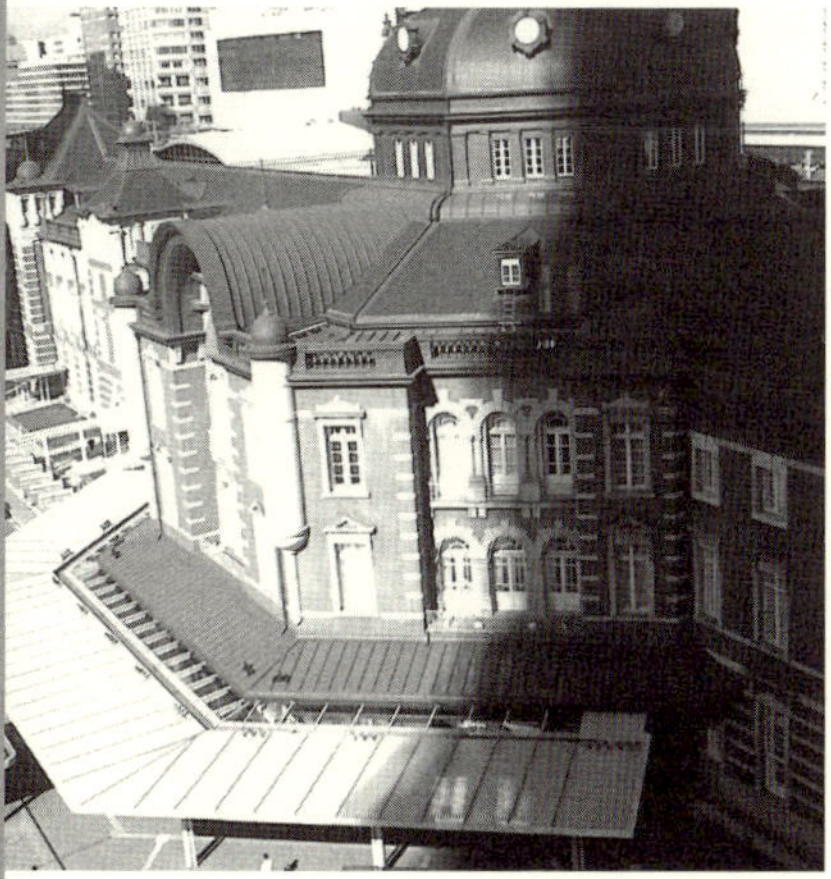

文士墨客に愛され続ける**【山の上ホテル】**□。

名前の通り千代田区駿河台の小高い丘の上に建つクラシックな高級ホテルの一つ。本館は昭和28（1953）年の開業だがアール・デコ調の旧館は昭和11（1936）年の完成でシンボル的な存在。赤の毛氈に金の真鍮の手摺の螺旋階段が当時を今に伝える。戦時中に海軍に徴用された後、戦後はGHQに接収され陸軍婦人部隊の宿舎として使用された。その際女性兵士から「ヒルトップ」の愛称で呼ばれていたのを創業者があえて「山の上」と意訳しホテルの名称となったとされる。

出版社が多かった神田界隈で作家の滞在場所や執筆のために缶詰状態にされる場所として使用されるホテルということから「文人の宿」として知られ、川端康成、三島由紀夫、池波正太郎らが定宿としていた。平成25（2013）年に別館屋上から出火、怪我人などは出なかったが、従業員のタバコの不始末が原因とみられその後別館は閉鎖され本館のみの営業となっている。

（隆）

東京五大霊園

一等地の霊園なのでここに墓を建てるのは大変ですが、空きがあれば抽選で。

誰もが最後にお世話にならなければいけないのが墓地。墓地の中でも公園のように明るく緑が豊かで綺麗な環境に整備された墓地を「霊園」と称するが、その中でも都が管理・運営する公共の「霊園」に注目してみたい。

公共霊園は明治維新以後、神仏分離政策と首都東京の爆発的な人口増加による墓地不足解消という課題に対応するために急ピッチで整備された。明治政府による神仏分離政策とそれに続く廃仏毀釈運動により寺院の中には土地を国に接収されて墓地や公園などに造営されるという災難に見舞われたところもあり「谷中霊園」もそうして開設された公共霊園である。

また昭和10（1935）年に開設された「八柱霊園」は千葉県松戸市にあるが、れっきとした都立公園でいかに都が墓地の確保に躍起であったかわかると思う。どの霊園も使用料についてはピンキリだが、永続性に関しての信用度は公共霊園に分があるようだ。

霊園の五大は「谷中霊園」「青山霊園」「雑司ヶ谷霊園」「多磨霊園」「染井霊園」。

都立霊園は、都市の貴重な緑地空間としての価値を認識してもらうために、歴史的著名人の墓所を案内図で示すなどしているが、霊園めぐりをする際は節度を持ってもらいたい。お墓の中からみてますから。（隆）

▲とにかく広いので迷子にならないように（多磨霊園）

谷《や》中《なか》霊《れい》園《えん》

check

今や人気観光スポットとなった谷中だがくれぐれもお墓であばれたりするのはご法度です。

霊園としても知られているが園内を南北に貫く中央園路は桜の名所としても有名で「さくら通り」とも呼ばれている。日暮里駅からも近いため、桜が満開の時期になるとこの通りが桜のトンネルのようになり美しいので多くの観光客でごったがえす。

明治7(1874)年に明治政府によって霊園の北側にある天王寺の寺領の一部が没収され公共墓地とされたことが霊園の始まりで、当初は「谷中墓地」と呼ばれていた。今でも地元では一般的にこの呼び方がされている。

▲春は桜も美しく庭園を包みます(谷中霊園)

徳川家の菩提寺である上野寛永寺も近く、霊園内には寛永寺墓地と天王寺墓地が飛び地のように混在した形になっていて十五代将軍徳川慶喜の墓は寛永寺墓地にある。そのことと関係あるのか、幕藩体制時代の譜代大名家の藩主の墓が谷中霊園にはたいへん多く存在している。その反対に外様や維新の著名人は皆無に近い。徳川家に遠慮したのか定かではないが、他の霊園には見られない傾向だ。

その他に埋葬されている著名人で一際目を惹かれたのは「明治の毒婦」と呼ばれた「高橋お伝」の墓。強盗殺人で斬首刑となったものの死後数々の芝居に描かれて名を残した。実際に遺骨が収められているのは小塚原回向院だが、芝居が当たったお礼に役者たちが谷中霊園に建立したという。ここにしか建立が許されなかったのであろうか、墓はさくら通りの公衆トイレのすぐ横にある。

（隆）

▲おーっと寺内貫太郎一家のモデル

▲お伝の墓は案外わかりやすいところに

青《あお》山《やま》霊《れい》園《えん》

check

さすが山手の一等地霊園は軍人・政治家のビッグネームばかり。忠犬ハチ公のお墓もございます。

明治7(1874)年には開設していた都心のど真ん中に広大な敷地を誇る緑の多い霊園。大手不動産業者は正直勿体ないなあと思っているのではないだろうか。

明治5(1872)年美濃国郡上藩青山家の下屋敷跡地を墓地として開設したのが始まり。2年後の明治7年に公共墓地として使用されるようになった。南北と東西に主通路があり車両の通行も出来る。東西の通りの下には地下鉄千代田線が走っているが知っている人はあまりいないだろう。

▲外国人の墓も多いのが特徴

埋葬されている著名人はざっと見わたしてみると明治以降の軍人・政治家に偏って多いようにみえ、ビッグネーム揃いだ。よく知られたところでは軍人では秋山好古、秋山真之兄弟。乃木希典。硫黄島で戦死した馬術競技の金メダリスト、バロン西こと西竹一大佐。ミッドウェー海戦で最後に残った空母で果敢に戦いを挑んで艦と運命を共にした山口多聞中将。山口を知る人は一般的にあまり多くないかもしれないが、山本五十六よりも山口多聞の方を連合艦隊司令長官に推す人も多かったとされる稀代の名将だ。

政治家では池田勇人、犬養毅、加藤高明の総理大臣。維新三傑の一人大久保利通が続く。

意外なところでは忠犬ハチ公も飼い主とともに眠っている。(隆)

▲場所柄軍関係者の墓が多いような

雑《ぞう》司《し》ヶ《が》谷《や》霊《れい》園《えん》 check

池袋に近い文化人が多く寝ている霊園はあまりにも静かなので。散策する時には気をつけて下さい。

南池袋から東池袋界隈は寺院が多く、池袋の繁華街からも近いせいか猥雑さと寺町の風情がないまぜになった複雑な様相を呈している。そこからわずか300メートルあまり、都電雑司ヶ谷駅を過ぎれば「雑司ヶ谷霊園」がひっそり佇んでいる。まるで都電の線路があちらとこちらの結界みたいに見えてくるから不思議だ。

▲小ぢんまりした文化人ご用達の霊園です

谷中霊園や青山霊園と同じで明治7（1874）年に雑司ヶ谷旭出町墓地という名称で始まり、昭和10（1935）年に現名となった。

霊園内の通路は広く取られていて起伏もほとんどなく、よく整備されている印象がある。霊園の係員は夏場でも警備員とも清掃員とも見えるような制服で勤務していてたいへんそう。よく見ると園内のあちこちに置き引き等の盗難に注意するように書かれた看板が出ている。ここに限ったことではないが霊園の盗難には都も苦労しているようだ。

埋葬されている著名人は作家・文化人が多い。ジョン万次郎、小泉八雲、夏目漱石、竹久夢二、泉鏡花、サトウハチロー、大川橋蔵などが知られたところだが、異彩を放つのが永井荷風の墓。通りから見えるところを生垣で囲われていてあきらかに他の墓とは違っている。生前の人間嫌いを墓場まで持ちこそうとは、さすが稀代の偏屈者だけのことはあると、ある意味感心させられる。（隆）

▲夏目漱石の墓

▲永井荷風の墓

▲成瀬仁蔵碑

▲竹下夢二の墓

多《た》磨《ま》霊《れい》園《えん》

check

都心から小一時間。ちょっと遠いですが、広いですのでブラブラ散歩にはうってつけだと思います。

京王線に「多磨霊園」という駅があり一見するとこちらが最寄り駅にみえるが、ここからだと30分近く歩くことになる。いちばん近いのは西武多摩川線の多磨駅でここからなら至近距離だ。ただいずれにしても都心から小一時間は見ざるを得ないだろう。

東京の人口増加による墓地の不足に伴い東京市外に新たな公園墓地の造成が必要となり、まだ未開発ながら西武・京王と電車の便が良いことからこの地が選ばれ大正12（1923）年に開設にこぎつけた。

元からあった公用地や墓地ではないため思い切って自由な発想が取り入れられ、日本初の公園墓地で都立霊園最大の規模を持つという霊園が誕生した。しかし、開設当時は都心から遠いこともあってあまり人気が出ず空きが多かったようだ。

▲お墓のない人のための一時預かりの納骨堂（みたま堂）

転機となったのは昭和9（1934）年のこと。日露戦争の英雄、東郷平八郎元海軍大将が名誉霊域に埋葬されたことで一気に名が広まり人気が出た。

埋葬されている著名人は学者・政治家・軍人・小説家・俳優とにかく幅広く多岐にわたる。東郷平八郎に続き、山本五十六、古賀峯一の連合艦隊司令長官が名誉霊域に埋葬されている。

（隆）

▲平櫛田中（彫刻家）の墓は盛り土しているだけでさすがです

染《そめ》井《い》霊《れい》園《えん》 check

お婆ちゃんの原宿に近いのも何かの縁でしょう。ソメイヨシノの発祥地でも有名なのです。

お婆ちゃんの原宿として知られる巣鴨地蔵通りにも近く中央卸売市場豊島市場に隣接しているが目立った存在ではないという印象が強い。霊園はもとよりソメイヨシノの発祥地として知られ園内には約100本の桜が植えられて桜の名所ともなっている。現在でも旧名の「染井墓地」で呼ばれることが多い。

▲水戸徳川家墓所

明治5(1872)年に播州林田藩建部家の屋敷跡に神葬の墓地として開設され、その2年後の明治7年にどの宗教でも構わない公共墓地となった。都立の霊園としては最も規模が小さいが、水戸徳川家の墓所ともなっている。

都立霊園で最小とはいえども緑の多さは他に劣らず桜並木の景勝地となって地域に貢献している。霊園脇の道路が付近の高等学校の学生が巣鴨駅から通う際の通学路になっているようで霊園にしてはわりと賑やかなところだ。

岡倉天心、高村光雲、高村光太郎、二葉亭四迷、水原秋桜子などの芸術家・小説家などが多く埋葬されている。(隆)

▲変わり種としては尊敬する宮武外骨先生の墓もあった

COLUMN

東京五大盲腸線ー切るのはイケマせん、重要なんです。

まず盲腸線とは何物なの？という疑問に答えねばならないだろう。聞き慣れないどころか初めて聞いたという人が大半だろうから丁寧に御説明します。

盲腸線とは鉄道の終着点がどこの線路にも接続されていないため、地図上で見るとあたかも臓器の盲腸のようにそこだけが突き出たようになって行き止まりになった路線のことを言う。鉄道に関する造語なのでいわゆる鉄ちゃんと呼ばれる鉄道ファン用語のようにみえるが、どちらかというと地図マニアや時刻表マニアの領域にあるようだ。

盲腸だけに「役に立たない路線」と揶揄される面もあるようだがここではあくまでも形状的なことだけにこだわって盲腸線を見てみたい。

なお盲腸線に関しては正式な定義のようなものがどこにも存在してないため、かなり自由な解釈、つまり独断と偏見が許されているようなので、最低限の盲腸線らしい形状があることを重視した。あとそもそもなぜ盲腸のような路線が存在するのかについて説明すると、

①かつては建設計画があったものが何らかの事情で中止になり建設されていた部分だけが残って営業しているもの。

②別の事情（引き込み線・車庫の建設）で路線を造ったところを営業に併用したもの。

③特定の利用者を見込んで建設したもの。

が考えられる。現存する盲腸線によっては複数の理由が存在しているものもある。

ここでは都内に見られる盲腸線から5路線を紹介する。

盲腸線その1【東武大師線 西新井〜大師前】□

東武スカイツリーライン西新井駅から1駅だけの単線路線。営業キロ数はちょうど1キロだがゆっくり走るので2分くらいかかる。終着の大師前駅は言わずと知れた西新井大師総持寺の門前であるため参詣客には重宝されている。朝夕の一般利用客も多い。

もともとこの路線は東武西板線として東武伊勢崎線西新井〜東武東上線上板橋を結ぶ計画であったが関東大震災の被災路線復興を優先したため後回しになり、加えて路線予定地の市街化が進み建設予定費が高額になり過ぎたため、採算が合わないとの結論に達しあえなく建設を断念。建設済みだった大師前までが残って営業している。

大師前駅は無人駅のため大師線の改札口は西新井駅構内に設置されている。西新井から乗車すると西新井駅の改札があってその数メートル先にまた大師線改札があるという不思議な具合になる。大師前駅の1日の乗降客数は約1万5000人。日暮里・舎人ライナーの開業で減っているという。

盲腸線その2【東京メトロ千代田線 綾瀬〜北綾瀬（北綾瀬支線）】□

JR常磐線・東京メトロ千代田線の綾瀬駅から1駅だけの路線。北綾瀬支線とか千代田支線とか呼ばれる。営業キロ数は2.1キロだがゆっくり走るので4分ほどかかる。

千代田線開業当時、北綾瀬駅はなく綾瀬車両基地へ向かう途中の信号所であった。その後引き込み線沿線住民から旅客営業と新駅設置の要望が強くなり昭和54（1979）年に営業開始となった。たまたま綾瀬駅を通勤で利用している知人から聞いた話によると千代田線開業時から近隣住民の北綾瀬駅新設の要望はあったものの交渉はわりと和やかに進みトラブルなどもなかったようだ。

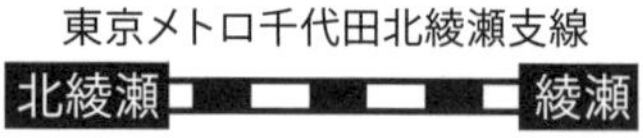

綾瀬駅常磐線・千代田線共用の下りホームの先に支線用のホームがあり首都圏の鉄道路線では珍しい「0番線」ホームと称している。

車庫への引き込み路線の旅客併用なので周辺地域に観光施設らしきものがあるわけでもないのだが、北綾瀬駅西側にある「しょうぶ沼公園」は季節ともなればなかなか見もの。

北綾瀬駅1日の乗降客数は約2万5000人。

盲腸線その3【東京メトロ丸ノ内線支線 中野坂上〜方南町】□

中野坂上駅から分岐して方南町駅へ向かう路線でほぼ神田川に沿って進む。途中に中野新橋駅、中野富士見町駅があり盲腸路線としては長い。中野富士見町駅と方南町駅の間に車両基地がありそちらへの引き込み線として出来た路線だが、千代田線の北綾瀬支線と違って丸ノ内線開業当時から建設された部分から暫定開業が行われていた。営業キロ数は3・2キロで路線に急カーブが多く7分を要する。

途中の中野新橋駅の駅名は付近の神田川に架かる「新橋」から取ったものだが、この橋が架け替えになったとき、「中野新橋」が世間に定着していたのと新橋（港区）と同じであることから、橋名自体を「中野新橋」に変更したという。

東京メトロ丸ノ内線支線
中野坂上 — 方南町

終着方南町駅の一日の乗降客数は約3万2000人。

盲腸線その4【西武鉄道豊島線 練馬〜豊島園】□

西武池袋線練馬駅から豊島園駅の1駅だけの路線。営業キロ数は1キロで2分を要する。純然たる豊島園利用客輸送に特化した路線だが、一般利用客もいる。

開業は西武鉄道の前身、武蔵野鉄道時代の昭和2（1927）年に遡る。その当時は豊島園との資本関係はなく、豊島園が傘下になり鉄道との一体経営になったのは昭和16年になってからである。

平成3（1991）年に大江戸線豊島園駅が隣に開業したが連絡通路などもなく同名の別路線駅である。西武も東京都交通局も隣の練馬駅での乗り換えを推奨しているくらいでこういうところがいかにも盲腸線のポイント。

西武豊島園駅の1日の乗降客数は約1万3000人と都内の盲腸線終着駅では最少。ちなみに都営地下鉄大江戸線の豊島園駅は1万人前後でこちらも国立競技場駅に次いで少ない。

西武鉄道豊島線
練馬 — 豊島園

盲腸線その5【京成金町線 京成高砂〜京成金町】□

京成本線の高砂駅から金町までの路線で間に柴又駅がある。営業キロ数は2・5キロ。高砂〜柴又間は比較的駅間距離があるほうで早く走れそうだがそれでも5分を要する。

創業は古く明治30（1897）年。柴又帝釈天の参詣客目当てで開業。ただし人が貨車を押して走る人車軌道という鉄道とは程遠いものであり、まだ京成ではなかった。大正2（1913）年になって京成が高砂〜金町間を開通させてやっと電車の運行となった。

なんといっても帝釈天と渥美清のおかげで持っている路線だろう。渥美清が亡くなって映画も上映されなくなったが、帝釈天があれば何とかなるだろう。

盲腸線の基本的形状の解釈にどこの路線にも接続がないことが挙げられ、ここは京成金町駅がJR金町駅に近く、該当しないように見えるが、駅そのものの風情から言って間違いなくこれは盲腸線そのものだと感じてエントリーさせた次第である。（隆）

京成金町線
京成高砂 — 京成金町

東京五大煮込み訪問記―何が何でも完全制覇

宮田十郎

平成27（2015）年9月

14時開店。その40分前に立石に着いた私と友人は、仲見世商店街に入り、店の前に並んでいる列を見て、「何だたいした列じゃないじゃない」と思いながら、その列に近寄る。すると突然おじさんに「裏裏《ウラウラ》」と言われる。何だろうと首を傾げながら、もう一本裏の商店街側へ。ちょうど店の裏口にあたる入口にも10人ほどの列が出来ていた。

開店30分前にもかかわらず表と裏で30人ほどが並んでいることになる。噂には聞いていたが聞きしにまさる人気のほどに茫然としながらも列の最後尾に歩をすすめる。それよりこの人たち仕事はどうしたの、お前はどうしたと声が聞こえてきそうなので、野暮なことは考えず周囲の商店街を眺めながら時を過ごす。

立石**「宇ち多」**□昭和22（1947）年創業、言わずとしれた、今やもつ焼きの聖地であり、東京五大煮込みの一つとして呑み助で知らないものはいない。

夏も終わり、涼しさが増して来た9月の末に、我々二人は念願の「宇ち多」詣でが叶い、立石駅の改札口で待ち合わせたのであった。何を隠そう私が一人では怖いので、友人を誘ったのである。五十面下げた大の男が、もつ焼き屋に一人で入るのが怖いとは情けなく思われるだろうが、この店ビギナーで入るのには、ちょっと気が重いのである。それは、品の注文の仕方に独特の符丁があり、初心者ではなかなか注文がしづらいと聞いていたからである。普段はデカイ面して歩いているのだが、こういうのには滅法小心で、「恥をかいたらどうしよう」とすぐ二の足を踏んでしまうタイプの人間である。でも五大煮込み制覇まで後2軒。どうしても訪問しなければと機会を窺っていたのだが、私と同様呑み助の友人(かつて一度「宇ち多」体験がある)がついて来てくれるというので、これ幸いと訪問が決まった。

14 時開店、百戦錬磨の呑み助たちが集う凄い店

待つこと30分、開店時間になったが店が開く気配がない。それよりも、開店と同時に1巡目で入れるのかが心配になって来た。ようやく開店。お客が席を確保するために、ものすごいスピードで店に入っていく。私たちは、それを茫然と見守る。アジャー座れないか(座れないと2巡目になり、また1時間ほど待たなければならない)、と為すすべもなく立ち尽くしていると、店員さんが、奥二人座れるよと、神の救いの言葉を発してくれる。やっと奥の(店側にしては奥ではなく表側)コの字型のカウンターの隅に腰を下ろす。もうすでに店に符丁のような言葉が飛び交う。飛び交うのだが、凄いことに店は何の狂いもなく淡々と注文をこなしていく。北千住「大はし」の捌き(後述)もぶったまげたがここも負けてはいない。どうしていいかわからず、とりあえず瓶ビール(600円)を注文する。何とかしてと友人の肘をつつくとアレ? 彼も固まっている。小声で「一度来たんじゃないの?」と囁くと「もう忘れちゃったよ」と悲痛な声。

この状態を何とか打破すべく煮込み(200円)とお兄さんに注文。少し緊張の糸が解ける。助かったのは店員のお兄さんが、盛り付けた希少部位テッポウとツルの皿(2串一皿200円)を持って回り、欲しい人はひと声かけるといただ

ける。テッポウとツルをゲット。すばやく煮込みが出てくる。まずはそれを舌鼓。まさに日本一のもつ焼き屋の煮込み、というよりもつ煮。全然臭くはないのだが、数種類の部位が入っているためもつが主張し過ぎて下地のスープの味がわからない、これぞ本格もつ焼き屋の真骨頂か。旨いが、さすがにこれを凄く旨いと味わえるようになるにはもう少し修行が必要な気がする。

テッポウとツルはもうただただ新鮮で、ビールとともに流し込み大満足。さて今後が楽しみになって来たが、我々注文の仕方がわからない。どうにか隣の人の注文の仕方をまねて、カシラタレとナンコツタレを注文ゲットする。酒はもつ焼き屋の定番梅割り焼酎(200円)を注文。カシラ、ナンコツもそんじょそこらのもつ焼き屋のとは違い、まさに生きているというボキャブラリーがぴったり、これも抜群に旨い。

なんだか場の雰囲気にも馴染んできて、さっきビビっていたのが嘘のような晴れ晴れした気持ちでもつ焼きを頬張る。自信がついてきたので、タンを注文しようと、大声で「タン焼き・塩」と叫ぶ。一瞬、店が凍りついたような(何かおかしい)。向かいに座っているお客の視線が私に向けられる(やはり、何かしでかしてしまった雰囲気)。そうやってしまったのである。店員さんが「うちタン焼きやってないんだけど、生しかないのね」。心に突き刺さる強烈な一打を食らい、一瞬酒の手が止まる(おー、何てことだ)。友人の顔を窺うと、悲しそうに笑った。元気のなくなった私を察したのか隣のおじさんが、「はじめてだとわからないよね」と慰めてくれて、いろいろと注文の仕方を教えてくれる。もうこの場から即刻立ち去りたい気持ちになったがそこを踏ん張って、レバタレ焼き、ハツタレと梅割りをお代わりし、心が折れながらもまだまだいろんなものを食べたかったが、ほろ酔い気分で店を後にしたのである。二人で〆て3000円。こりゃ安すぎる。そして、元気を取り戻して最後の五大煮込み門前仲町「大坂屋」へと向かったのである。

まさに「宇ち多」は店とお客が形を持ち、その形を踏み外すことなく進行していく禅の修行場のような店である。酒を飲むのにそんな大それたことを言うなとお叱りをうけそうだが、この阿吽《あうん》の呼吸の中で食べるもつ焼きと酒は、その形を身に付けた人には最上の肴と美酒に変貌するのではないか、まさに禅者の悟りのように…そんな壮大で悠長なことを考えながら大坂屋に急いだ、馬鹿である。

そして五大制覇は持ち越される

立石から門前仲町までおよそ30分間、とうとう五大制覇まで、残り1軒「大坂屋」だけとなり立石の恥も何のその、酔いにまかせて俄然元気が出てきた。「大坂屋はカウンター15席ほどのほんとうに小体な作りなのですぐ満席になるので開店(16時)30分前ぐらいに行き、開くのを待っていたほうがよい」という友人の助言。「宇ち多」で少し長居をしてしまい、門前仲町駅に着いたのが17時。素直に入れるかと心に不安を持ちながら、清澄通りに出てすぐ右の路地を曲がる。友人があそこだよと指さす小さな建物には暖簾《のれん》らしきものもあげられていない。友人が「アレ?」と呟く。店の前まで歩を進めると、「しばらく休ませていただきます」という貼り紙が。「あらま?」と自然と言葉が出る。「本日五大制覇ならずか」と空元気に声を出し、しばらく「大坂屋」の前で所在なげにふらふらとする。

「どうする」と友人に一言。「癪だから、山利喜まで歩いて行こうか」という返事。ここで別れることが出来ないのが呑兵衛の質《たち》の悪さである。我々は清澄通りを北上したのである。

門仲から森下の「山利喜」は清澄通りを北上して徒歩で約20分。間に、今何だかアートの町として奇妙な注目のされかたをしている清澄白河を通り、高橋《たかばし》を抜けると右手にどじょう鍋で有名な「伊せ喜」があったのだが、あの風情ある建物は今はない。聞くところによると、平成23（2011）年の東日本大震災の後しばらくして、突然店を閉めてしまったらしい。跡地はマンションになっている。また長年の伝統の味と建物がなくなってしまい何とも寂しい限りである。しかし、この辺り一帯は「山利喜」を筆頭に居酒屋の「魚三酒場」「三徳」、もつ焼きの「稲垣」、桜鍋の「みの家」、蕎麦の「京金」と名店揃いで、酒を飲むのに目移りしてしまう場所である。

25年前に初めて森下を訪れた時のことが記憶に甦る。あの頃は中央線沿線に住んでいて、めったに隅田川を越えて東の下町地区などに足を踏み入れなかったのだが、「魚三」のコスパと、「山利喜」のビーフシチューのような煮込みに、「三徳」のレバー刺し（今は食べられません）に驚き、まさに東京西地区では味わえない食と雰囲気に全身やられてしまった。そして隅田川を越えた場所ではないが、今、私が下町住人（台東区根岸）になっているのも、その時の体験が私をそうさせたのかもしれないと思っているほどである。

どんどん進化する「山利喜」

さて、2年ぶりの**「山利喜」**□。以前は出来たばかりの新館のほうで飲んだが、本日は建て替えて数年の本店。「山利喜」は大正14（1925）年創業。初めて訪れた25年前よりもどんどん進化している。それは決して悪くはないのだがひと昔前のあの「山利喜」が懐かしい。煮込みの鍋番をしていた現オーナーのお姉さん（お亡くなりになってしまった）。木のメニュー板になぜか、レバー、ヒロ、ハツ、ガツと並び、ヒロとは何ですかと問うと「先代が江戸っ子でシをヒとしか言えないので、書き言葉までナマッてしまって、そのままにしてある」という返事。あのヒロのメニュー板はまだあるのだろうか。あの頃はまだ場末の居酒屋の雰囲気であったが、客層も以前より若くなり、かなり女性客が多く、下町で飲んでいるというより、ここは山の手かという雰囲気に変貌、黄昏感がなくなってしまったのは残念である。生ビール（大ジョッキ700円）に金宮《キンミヤ》の焼酎ボトルを炭酸とレモンで、定番の煮込み卵入り（630円）とガーリックトースト（300円）、焼き物数本を頼み（6串900円）、二人で昔の思い出話をして店を出る。そういえばベニサン・ピットという劇場があり、打ち上げの役者さんたちがよく飲んでいたことを思い出す。そのベニサン・ピットも平成21（2009）年閉館したらしい。月日は流れて行くのである。

あ、肝心なことを書かなかった。煮込みは相変わらず、他では真似のできないようなコクがあり（八丁味噌使用）、牛モツもよくお掃除が行き届いて全然臭みがなく、よく仕上がっているのである。まだ食べたことがない方はぜひともご賞味あれ。確かにワインと合う西洋煮込み風である。五大制覇は逃したが、今日は風変わりな一日だったと思いながら友人と別れる。

接客業者は、ここへ研修にくるべし

平成25（2013）年9月

夜勤が終わり、赤羽の「いこい」（P266五大立ち飲み屋参照）で一杯やりたいところだが、帰って寝ることにする。

本日は終日仕事がない。根岸から旧日光街道を通り千住大橋を目指す。途中、素盞雄《すさのお》神社に参拝し、大橋を渡る。大川(隅田川)で一番始めに架かった橋として、また松尾芭蕉の「奥の細道」の出立の地で初発の句(行く春や鳥啼き魚の目は泪)が生み出された場所としても有名である。しかし私はここへ来ると落語の「もう半分」を思いだしてしまうのである。居酒屋の亭主にまんまと50両(娘が吉原に身を売って作ってくれた金)をとられてしまい、大橋から身投げする爺さんを…。この橋の周辺の寂れ感が、この話のイメージを掻き立たせてくれる。ところが、現在この千住大橋周辺が駅前再開発(P034五大橋参照)で大変貌しようとしている。勝手かもしれないが私のノスタルジーの町がまた一つ消滅してしまうのではないかという一抹の不安が残る。

本日の目的はまず銭湯で日頃の毒素(垢)を流すことだが、どこの銭湯へ行くか、ちと悩む。橋を渡った足立区千住は大黒湯、タカラ湯(P093五大銭湯参照)、ニコニコ湯、梅の湯、小桜湯、美登利湯と名銭湯の密集地帯である。ぶらぶら歩きながら時計を見て、その後の本日の一番目の河岸「大はし」の開店(16時30分)までには、何時に銭湯を出なければならないかを決め、本日はキングオブ銭湯と呼び声の高い「大黒湯」でひと風呂浴びることにする。昭和4(1929)年創業。85年の間どれだけの人間がここで癒されてきたことか。風格のある瓦屋根。見事な114枚ほどの花鳥風月絵が描かれた格天井や富士山のペンキ画、大黒様や恵比寿様もいる。そんな銭湯博物館を眺めながら、普通にお風呂に入って汗を流せるのである。これを至福と言わなければ、何が至福だと言いたくなる時空間の体験ができるのである。時間のある人はぜひ足を運んでもらいたい。

90分ほど湯につかり、本日のクライマックスの居酒屋「大はし」に向かう。

16時10分に**「大はし」**□の前に到着。すでに7〜8人のオヤジが開店を待っている。

いつもながら暖簾の上の木看板の「千住で2番」というフレーズが気になる。それじゃ1番はどこなのか？　1番と思っているのに謙虚に2番と謳っているところが洒落ていると取るのか、1番がどこだかわからないなら、心の内は1番と思っているんじゃないかと穿ったみかたをしたり、どうでも良いことを考える。

最近人づてに単純に1番はお客様のことなのだと聞く。わかってみると妙に納得するが、謎のままのほうが良かったような気もする。ゴメンナサイ。

16時30分定時きっかりに開店。一人客またはアベックはコの字形のカウンターに、3人以上は奥のテーブル席へ。カウンターの位置が幾分低く、これが酒を飲むのに絶妙なのである。シンプルな店内は、奥に大きな厨房があり、その前に「名物にうまいものあり北千住、牛のにこみでわたる大橋」という狂歌にまで謳われる煮込み鍋が置かれ、壁の棚には下町の焼酎（今は山手にもアリマス）「金宮」のボトルが整然と並んでいる。まずは名物牛にこみ（350円）と瓶ビール（大瓶500円）を注文。ここは豚ではなく牛なのであるが、カシラ肉なので、どこぞの牛丼屋の牛皿のようなものとは違い、コロコロした肉が煮込まれているという感じ。実は私ここの牛にこみが余り好みではない。お恥ずかしながら何だか頼まなければいけないかなという強迫観念で注文しているのである（ぜんぜん頼まなくてもOKですよ）が、この店自体は居酒屋として五大（P277頁五大居酒屋参照）に入れても他と太刀打ち出来る名店なのではないかと思っている。まずツマミが全て300円〜600円台で、生ものもどれも抜群の鮮度。本日は煮込みの後は〆鯖と白子ポン酢そしてべったら漬け。お酒は燗酒（山形正宗）1本の後、大好きな梅割り（キンミヤ焼酎に梅シロップを少し垂らしたもの・居酒屋にこれがあるのとないのとでは全然違うのである）を3杯飲み〆て2790円（安いでしょ）。いつもながら感心するのが、若いお兄さん（以前はいなかった）とご主人ともう一人中年のオジさんとが店内の接客のきりもりしており、このオジサン愛想は良くないが(無駄口を吐かないだけ)、捌き(パフォーマンス)はお見事というしかない。接客業に携わる人は研修のつもりで訪問しても必ずや得るところがあるだろうと思う。そういった総合的な意味でもこの居酒屋かなりのポイントを叩きだしているのである。東京の数ある居酒屋の中の代表的一軒なのは間違いない。

満足して、北千住の駅から地下鉄に乗り本日は帰還。

誰が食べても美味しい**オーソドックスな煮込み**ここにあり

平成26(2014)年3月

どこにも所属せずフリーで仕事をしていると、どうしても仕事のスケジュールに凸凹《デコボコ》が出来てしまい、ない時はからっきし仕事がなく、このまま自分の先行きは大丈夫だろうかなどと落ち込むことが多々ある。こういう時こそ目標とするものの実現化に動くのが強靭な精神の持ち主なのだと自分に言い聞かせながら外に出る。陽気は春めいて来てはいるが、まだ冬の名残りの風が肌に刺さり、何のことはないさらに一層気持ちが落ち込んできた。こういう時は人肌の燗酒と美味しいツマミでまず心を落ち着かせるのが一番だろうと煩悩が目覚めて来る。そして、適当に都合よく欲望の赴くままに動きだす。あ~つくづく堕落した自分にまた落ち込むが、足は月島の「岸田屋」に向かっている。この辺の地理に詳しくない私はまずは勝鬨橋(P035五大橋参照)を渡り晴海方面へ。月島のもんじゃストリートの中にあると聞いているので、とにかく月島に向かう。

「岸田屋」□は明治33(1900)年、お汁粉屋として創業したが、昭和4(1929)年、現在のような居酒屋になったらしい。時刻は15時、「岸田屋」開店までたっぷり2時間はある。そんなことを考えながらもんじゃストリートに到着。さてどうするか。どうするかこうするかもない、こういう時は銭湯を見つけるのである。5年前から始まった銭湯巡礼も制覇まで後30軒(P092五大銭湯参照)。五大煮込みよりも険しい道のりだがぜひ達成したいと、必ず時間があるときは銭湯マップをみながら銭湯を探すのが習慣になってしまった。

銭湯マップで探すと、もんじゃストリート沿いに「月島温泉」という銭湯がある。それもサウナ付きでお湯が軟水らしい、こりゃいいやと飛び込む。10分サウナにつかり、水風呂へ、また10分サウナへと3回ほど繰り返し、薬湯と白湯で温まるとすでに16時30分を過ぎていた。ヤバいと心の中で囁きすぐに岸田屋へ向かう。小さい店だとは聞いていたが、もんじゃ屋さんが並んでいる中で異彩を放っていて、年季の入り方が半端ではない店構えである。すでに20人ほど並んでいる。並んでいるオジサンたちの顔つきを見て「こりゃ酒飲みのプロだな」とこちらは萎縮してしまう。開店と同時に真ん中のコの字型のカウンターが埋まっていく。聞きしに勝る店の狭さであるが何とか壁際のカウンターの端に座ることが出来たが、まさに満員電車の肩寄せ状態。しかし、誰も不平らしい雰囲気は醸し出さず、これからの酒と肴の饗宴を楽しみに待っているという感じ。店内はすでに煙草の煙で充満しているが、これに対しても不満顔の客は一人もいない(内心嫌がっている人はいるのだろうが)。そう煙草の煙が嫌だという人間は、そもそもこういう飲み屋に来るべきではないのである。居酒屋と喫茶店は煙草の煙の定番だろうと思うのだが、最近は何でもかんでも分煙で世知辛い世の中になったものだと非喫煙者の私さえ思うのである。

風呂上がりで生ビールといきたいところだが瓶ビール(大瓶650円)を注文。そしてまずこれをたのまなければ画龍点睛を欠く煮込み（500円）。ビールを飲むこと数分で煮込み登場。あっさり系でなく私の好きなドロドロ系。味噌と醤油で煮込まれている。まずは一口。お〜旨い。オーソドックスな煮込みらしい煮込みなのだが、牛モツは柔らかく口のなかでとろけ、臭みがなく、あきらかにモツの旨味があり、味付けもマイルドながらコクがあり、モツと上手く絡み合い、今まで食べた煮込みでは一番かもしれないと思いながらビールで流し込む。上にのっかっている刻み葱もまたよい。あまりの旨さに、あっというまに煮込みとビールがなくなり、菊正宗1合（450円）とこれも煮込みと双璧の名物肉豆腐（650円）と辛しめんたい（450円）、焼きはまぐり（600円）を注文。お酒をチビリと飲みながら、待つことしばし注文したツマミが目の前に、おーいいのである。牛肉と葱と豆腐が濃い目の醤油タレで煮込まれていて、まさに東京の下町の味、皿の横にはからしが添えてある。こりゃモツ煮込みも旨いが、それに匹敵する、いやそれ以上の旨さかもしれない。たまらずお酒をお代わり。醤油の匂いが香しい焼きはまぐりも抜群である。決してオーバーではなく生きていて良かったという気持ちが漲ってくるのである。最後になめこ汁（350円）で〆て4100円。帰りは時間もあるので、銀座まで歩くことに。道すがら、こういう店が東京に存在している喜びにひたりながらトボトボと隅田川を渡り、家路につく。

とうとう「大坂屋」のカウンターに辿り着く

平成27（2015）年11月

「**大坂屋**」□に門前払い（ただ休業中だったのだが）をくらったのが2カ月前。煮込み五大も後一つで達成するのに、どうも最後の「大坂屋」に行く機会がなかったが、このままだとダラダラと時が過ぎていく危険性を感じ、何がなんでも今日は「大坂屋」へと思っていると、皮肉なもので野暮用が出来、いけないという日が何日も続く。友人からはまだ行ってないのとからかわれ続ける。とそんな時、ひょんなことから富岡八幡宮（P026五大祭り参照）の取材の仕事が入る。八幡宮の日本一大きい黄金神輿の取材と撮影に駆り出される。ここの神輿はあまりにも大きくて平成3（1991）年の初渡御以来、使われず、倉で展示品として飾ってあるだけらしいのである。これでは宝の持ち腐れだから、祭りに登場していただきたいものだが、実物をみて驚く、これは金が輝き立派すぎて何かあるとマズイ無理だわなと納得する。撮影が長引き、取材が終わると、もう18時を回っている。

関係者にお酒を誘われるが断って「大坂屋」に向かう。本日は暖簾もかかっていて営業している様子でひと安心、しかしどう考えても混んでいて入店出来そうにない時間。怖々と暖簾を潜り、引き戸を引いて中に入る。あじゃー、やはり狭い店内は一杯。何とついてないのかと、気落ちしていると、若女将さんが「ここでいいなら」とカウンターの左端を勧めてくれる。店内がギュウギュウ詰めで、席まで辿り着くのに苦労する。この席、ここだけ後ろの小上がりの端っこになっていて、見えるのは横の壁際のカウンター（6席）だけで煮込みのお鍋も見えない。店の女将がしきりに「狭くてゴメンなさいね」と謝るのだが、実は特別席に座らせてくれたようで、そんなに居心地は悪くない。というか、やっとこれで五大制覇だと思うと、ほっと肩の荷がおりて、何だか元気になる。こんなことでも人間は目標が達成されると嬉しいものなのだと、注文したビール（大瓶650円）が胃に沁みる。お通しとお手拭きが来るが、箸はない（ツマミは串煮込みと漬けものだけなので、要らない。これを嫌がる人がいるらしいが、ここの伝統なので従うべきであり、これがまたオツなのだということがわからない野暮な人間はこの店に来る資格がないのである）。まずは串煮込み一人前5串（650円

1串130円)を注文。シロ3本、フワ1本、ナンコツ1本が皿に。味噌ベースで煮込まれているが、シロは脂身があり、絶妙な柔らかさで旨い。フワもナンコツもよく煮込まれていて、どれも嫌みなく口に入る。さすが大正13(1924)年から営業している老舗の貫禄で、また煮込みだけで勝負しているだけのことはある。シロがやはり一番このタレのベースにぴったりだと思い、追加で2本シロを注文。焼酎の梅割り(400円)をたのみ、シロを頬張る。店は15席ほどで小さいのですぐ満席になってしまうが、さすがに、そんなに長居をする人はいず回転はよい。酔いが回ってきたのか、こういう店を切り盛りする親娘(おやこ)のテレビドラマがあったようななかったような。場所も下町深川だし、そうNHKの朝の連ドラの舞台にピッタシの店だなどと変な妄想が頭を巡る。さてこういう店は長居は禁物、玉子入りスープ(330円)と梅割りを追加して、サッと飲んで食べ店を出る。〆て2690円。

五大制覇のお祝いに白河に住む友人を誘って飲もうかと電話をかけようと思ったが、いやいやこういう喜びは一人で噛みしめるものだと、魚三酒場(常盤店)で飲み直そうと向う。しかし、これも思いとどまり、家路に向かった。

思えば、五大煮込み制覇まで2年の年月がかかった。だからどうしたと言われれば、そうなのだが、たかが五つの煮込みを食べただけで、喜んでいる自分が恥ずかしいといえば恥ずかしいが、制覇してみるとこれはこれでまた小さいながらも満足感があるものである。

たまには、馬鹿馬鹿しいことに一生懸命になることも、このツマラナイ世の中、ひょっとすると悪くないのかもしれない。皆さんもどうですか。

最後、はしがきでベストではないと言いながら、今回だけは私のあくまでも私の東京五大のベスト5を挙げさせていただくことをお許し下さい。

宮田の東京五大煮込み ベスト5

ところがこれを飲み屋のベストにすると（「宇ち多゛」「大坂屋」は居酒屋と言うには少し専門店すぎるので飲み屋という括りにした）

1位	岸田屋
2位	大坂屋
3位	山利喜
4位	宇ち多゛
5位	大はし

1位	大はし
2位	岸田屋
3位	山利喜
4位	宇ち多゛
5位	大坂屋

に変わってしまう。順位づけにしてしまうと、テーマが変わるとこんなにも変わってしまうという例を出させていただきました。

追記：こんなに完璧な東京五大煮込みながら、現在足立区鹿浜の「焼肉スタミナ苑」の煮込みが抜群に旨いということで猛追している。「鈴木屋」（白金高輪）のあっさり塩煮込みも負けてはいないし、「ささもと」（銀座）の串煮込みも五大に入れて何の遜色もない。太田氏には申し訳ないが、現在の完成度の高い東京五大煮込みも安住はしていられないということか。

◀ベストオブ煮込み（岸田屋）

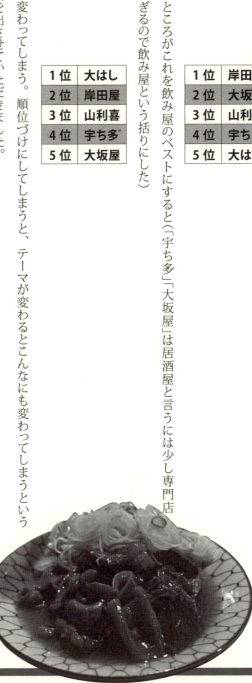

あとがき

本書でも述べましたが江戸三大祭りは「深川祭り、神田祭り、山王祭り」が定説で、これは徳川家が関与している祭りということで三大ということになっているらしいのですが、実は江戸っ子はそれにかかわりなく、その中から一つを消し、自分が氏子の神社、または身びいきの神社を加え三大と言っていたそうです。ある人は深川を消し「山王、神田、鳥越」とか、またある人は「三社、山王、深川」とか。実はこの東京五大を選択する時にも、必ず身びいきということが付きまとい、それをいかに調整するかが、本書を編集する際の最大の難問でした。でも、最終的には、その項目の担当筆者の意向を尊重することにいたしました。それではかなり主観的(身びいき)なものになり意味がないではないかという声も聞かれますが、はしがきでも述べましたが、あくまでも本書は叩き台で、今後ここから、どんどんより普遍的な(多くの人が腑に落ちる)五大が築かれていくことを願って制作されたものです。しかし、自分だけの五大を持っていることもそれはそれで楽しいでしょう。先程とは矛盾した言い方になりますが、五大が普遍化し盤石なものになりすぎ硬直化してしまうのもいかがなものかと。どこかにそれが崩れる危険性を孕んでいたほうが、勝手な言い草ですが面白いのではないでしょうか。

本書の取材をしていてわかったことですが、食に関して言えば、やはりさすがに銀座の安定感には驚かざるをえませんでした。その他、案外開発の遅れた地区に名店が揃っているということを知りました。考えてみれば、商売がしづらい場所(圧倒的に人通りが少なく便が悪い)で、長年安定して繁盛し続けているというのは、そんな条件でも多くの客が魅力を感じ、訪れる価値がある店だという証明でしょうし、店側の努力は相当なものでしょう、故に自ずと名店の誉が高くなっていくのは当たり前のことなのです。

本書の中で、多くの自転車が店の前に置いてある飲食店は間違いないと触れましたが、これなども便が悪いが、自転車に乗ってでも行きたい店だということと繋がるのではないでしょうか。

東京は現在、2020年の東京オリンピックに向けて、それと同時に戦後から高度経済成長に建てられたビルの老朽化に伴う改築のための再開発事業が様々なところで行われております。そういう時期だからこそ、改めて東京という都市を見つめ直さなければならないのではないでしょうか。関東大震災によりそれまで少なからず残っていた江戸の風景が完全に消滅し、帝都としての東京が生まれ、それも戦争により焼け野原になりました。東京の戦後の昭和の風景も、70年を経て多くの開発事業によって失われつつあります。都市は変貌する宿命にあるなどと言われます。しかし便用開発が私たちに何をもたらすのか。かつて映画監督の小津安二郎は「新しいものとは、古くならないものである」といっております。この開発事業が「ほんとうに新しいもの」を作りだそうとしているのか、実はひょっとすると、我々は「古くならないもの」をどんどん壊し、そして「古くなってしまう」ものを闇雲に作り出そうとしているのではないか。

そんな将来の東京に対する不安をいだきながら「ほんとうに新しいもの」とは何かを考えるための東京探求ガイドとしてもご活用していただければ最上の喜びです。

ここで選択され登場した全ての「もの」は決して「古くならないもの」ばかりだと自負しております。

平成28(2016)年春　東京クリティカル連合会長

宮田　十郎

東京五大アクセス一覧

東京五大神社
012

【大国魂神社】
東京都府中市宮町3－1
042－362－2130
京王線府中駅より徒歩5分
JR武蔵野線・南武線府中本町駅より徒歩5分

【東京大神宮】
東京都千代田区富士見2－4－1
03－3262－3566
JR中央・総武線「飯田橋駅」西口より徒歩3分
地下鉄有楽町線・南北線「飯田橋駅」B2a出口
地下鉄東西線・大江戸線「飯田橋駅」A4出口より徒歩5分

【明治神宮】
東京都渋谷区代々木神園町1－1
03－3379－5511
原宿口〈南口〉
JR山手線「原宿」駅。東京メトロ千代田線・副都心線「明治神宮前〈原宿〉」駅
代々木口〈北口〉
JR山手線「代々木」駅、都営地下鉄大江戸線「代々木」駅。東京メトロ副都心線「北参道」駅
参宮橋口〈西口〉
小田急線「参宮橋」駅

【日枝神社】
東京都永田町2－10－5
日枝神社
03－3581－2471
日枝あかさか
03－3502－2205
地下鉄千代田線「国会議事堂前駅」(出口5)徒歩5分。地下鉄(銀座線・南北線)「溜池山王駅」(出口7)徒歩3分

【靖國神社】
東京都千代田区九段北3－1－1
03－3261－8326
JR中央線・総武線各駅停車「飯田橋駅(西口)」、「市ヶ谷駅」より徒歩10分。地下鉄・東西線・半蔵門線・都営新宿線「九段下駅(出口1)」より徒歩5分。有楽町線・南北線・都営新宿線「市ヶ谷駅(A4出口)」より徒歩10分。東西線・有楽町線・南北線「飯田橋駅(A2出口・A5出口)」より徒歩10分。バス・九段下～高田馬場系統「九段上停留所」より徒歩1分

▲靖國神社

▲靖國神社

東京五大仏教寺院
017

【浅草寺】
東京都台東区浅草2－3－1
03－3842－0181
東京メトロ銀座線「浅草駅」より徒歩5分、つくばエクスプレス「浅草駅」より徒歩5分。都営地下鉄浅草線:浅草駅A4出口より徒歩5分
台東区循環バスめぐりん
※浅草寺に駐車場はございません。台東区雷門地

下駐車場ほか、周辺の駐車場をご利用ください。

【寛永寺】
東京都台東区上野桜木1丁目14番11号
03－3821－4440
午前9時～午後4時
JR山手線「鶯谷駅」南口より10分。JR山手線「上野駅」公園口より10分

【増上寺】
東京都港区芝公園4－7－35
03－3432－1431
JR線・東京モノレール「浜松町駅」より徒歩10分。都営地下鉄三田線「御成門駅」より徒歩3分。芝公園より徒歩3分。都営地下鉄浅草線・大江戸線「大門駅」より徒歩5分。都営地下鉄浅草線「大門駅」より徒歩5分。都営地下鉄大江戸線「赤羽橋駅」より徒歩7分。東京メトロ日比谷線「神谷町駅」より徒歩10分

【池上本門寺】
東京都大田区池上1－1－1
03－3752－2331(代)
東急池上線「池上駅」下車徒歩10分。都営浅草線「西馬込駅」下車徒歩12分。JR京浜東北線「大森駅」より池上駅行きバス(20分)。「本門寺前」下車徒歩5分

【築地本願寺】
東京都中央区築地3－15－1
03－3541－1131
東京メトロ日比谷線「築地駅」下車徒歩1分、都営地下鉄浅草線「東銀座駅」下車徒歩5分。東京メトロ有楽町線「新富町駅」下車徒歩5分。都営地下鉄大江戸線「築地駅」下車徒歩

東京五大散歩のおりに寄ってみたい神社仏閣(コラム)

－022

【豪徳寺】
東京都世田谷区豪徳寺2－24－7
03－3426－1437
小田急豪「徳寺駅」より10分。東急世田谷線「宮の坂」駅徒歩5分

【泉岳寺】
東京都港区 高輪2丁目11－1
03－3441－5560
京急本線・都営地下鉄浅草線「泉岳寺駅」より徒歩2分

【回向院・延命寺】
東京都荒川区南千住5丁目33－13
03－3801－6962
JR常磐線。つくばエクスプレス「南千住駅」徒歩2分。東京メトロ日比谷線「南千住駅」徒歩1分

【小野照崎神社】
東京都台東区下谷2丁目13－14
03－3872－5514
東京メトロ地下鉄日比谷線「入谷駅」より徒歩3分。JR山手線「鶯谷駅」より徒歩10分

【愛宕神社】
東京都港区 愛宕1丁目5－3
03－3431－0327
東京メトロ地下鉄日比谷線「神谷町駅」より徒歩5分。銀座線「虎ノ門駅」より徒歩8分、都営三田線「御成門駅」より徒歩8分。JR「新橋駅」より徒歩20分

東京五大橋　031

【日本橋】
東京都中央区日本橋1丁目から東京都中央区日本橋室町1丁目の中央通り日本橋川に架かる
東京メトロ銀座線・東西線「日本橋駅」B12・B13出口より徒歩1分。東京メトロ半蔵門線「三越前駅」B5・B6出口より徒歩1分

【聖橋】
東京都千代田区神田駿河台4丁目から東京都文京区湯島1丁目の本郷通りの神田川に架かる
JR中央線・総武線、「御茶ノ水駅」聖橋口より1分。東京メトロ千代田線「新御茶ノ水駅」B1・B2出口より徒歩1分。東京メトロ丸ノ内線「御茶ノ水駅」1番・2番出口より徒歩2分

【千住大橋】
東京都荒川区南千住6丁目から東京都足立区千住橋戸町の日光街道（国道4号線）の隅田川に架かる
京成電鉄本線「千住大橋駅」改札口より徒歩4分

【勝鬨橋】
東京都中央区築地6丁目から東京都中央区勝どき1丁目の晴海通りの隅田川に架かる
都営地下鉄大江戸線「勝どき駅」A1出口より徒歩6分。東京メトロ銀座線「築地駅」1番出口より徒歩8分

【レインボーブリッジ】
東京都港区海岸3丁目から東京都港区台場1丁目の東京湾に架かる
ゆりかもめ「芝浦ふ頭駅」改札口より徒歩8分
ゆりかもめ「お台場海浜公園駅」改札口より徒歩15分

東京五大庭園　045

【浜離宮恩賜庭園】
開園：9時から17時（入園は16時30分まで）年末年始休園
入園料：一般300円　65歳以上150円
　年間パスポート1200円
浜離宮恩賜庭園サービスセンター
03－3541－0200
〔大手門口〕
都営地下鉄大江戸線「築地市場駅・汐留駅」より徒歩7分。ゆりかもめ「汐留駅」より徒歩7分
JR山手線・東海道線「新橋駅」より徒歩12分
〔中の御門口〕
都営地下鉄大江戸線「汐留駅」より徒歩5分

【旧芝離宮恩賜庭園】
開園：9時から17時（入園は16時30分まで）年末年始休園
入園料：一般150円　65歳以上70円
　年間パスポート600円
旧芝離宮恩賜庭園サービスセンター
03－3434－4029
JR山手線・京浜東北線「浜松町駅」北口より徒歩1分。都営地下鉄浅草線・大江戸線「大門駅」より徒歩3分

【小石川後楽園】
開園：9時から17時（入園は16時30分まで）年末年始休園
入園料：一般300円　65歳以上150円
　年間パスポート1200円
小石川後楽園サービスセンター

03-3811-3015
都営地下鉄大江戸線「飯田橋駅」より徒歩3分
JR総武線「飯田橋駅」東口より徒歩8分。東京メトロ東西線・有楽町線・南北線「飯田橋駅」より徒歩8分。東京メトロ丸の内線・南北線「後楽園駅」より徒歩8分

【六義園】
開園：9時から17時（入園は16時30分まで）年末年始休園
入園料：一般及び中学生300円 65歳以上150円
　年間パスポート1200円
六義園サービスセンター
03-3941-2222
JR山手線・東京メトロ南北線「駒込駅」より徒歩7分。都営地下鉄三田線「千石駅」より徒歩10分

【清澄庭園】
開園：9時から17時（入園は16時30分まで）
　年末年始休園
入園料：一般150円　65歳以上70円
　年間パスポート600円
清澄庭園サービスセンター
03-3641-5892
都営地下鉄大江戸線・東京メトロ半蔵門線「清澄白河駅」より徒歩3分
※9庭園共通年間パスポート
東京五大庭園の他に向島百科園、旧古河庭園、旧岩崎邸庭園、殿ヶ谷戸庭園の4つを加えた庭園を一年間いつでも自由に入園できる、年間パスポート4000円があります。

▲浜離宮恩賜庭園

東京五大商店街

052

【戸越銀座商店街】

東急池上線「戸越銀座駅」改札口より1分。都営地下鉄浅草線「戸越駅」A2・A3出口より徒歩1分

【砂町銀座商店街】

都営バス「北砂二丁目」下車1分

【ハッピーロード大山商店街】

東武東上線「大山駅」下車すぐ

【阿佐谷パールセンター】

中央・総武線「阿佐ヶ谷駅」南口より徒歩1分。東京メトロ丸ノ内線「南阿佐ケ谷駅」2a・2b出口より徒歩2分

【十条銀座商店街】

JR埼京線「十条駅」北口より徒歩1分

東京五大高級住宅街

057

【田園調布】

東急東横線・東急目黒線「田園調布駅」西口より

徒歩1分

▲松濤のネコはブスですね

【松濤】
JR山手線・埼京線「渋谷駅」ハチ公口より徒歩10分。東急田園都市線「渋谷駅」3番・6番出口より徒歩10分

【成城】

小田急線「成城学園前駅」北口より徒歩1分

【番町】

東京メトロ有楽町線「麹町駅」1番・2番出口より徒歩3分

【青葉台】

東急東横線「代官山駅」正面口、西口より徒歩5分。東急東横線・東京メトロ日比谷線「中目黒駅」1F出口より徒歩8分

東京五大デパートコラム ——064

【三越日本橋本店】
東京都中央区日本橋室町1-4-1
03-3241-3311
東京メトロ銀座線「三越前駅」A3・A5出口より徒歩1分。東京メトロ半蔵門線「三越前駅」B4出口より徒歩1分

【伊勢丹新宿店】
東京都新宿区新宿3-14-1
03-3352-1111
東京メトロ丸ノ内線・副都心線「新宿三丁目駅」B3・B4出口より徒歩1分。都営地下鉄新宿線「新宿三丁目駅」C3・C4出口より徒歩2分

【西武池袋本店】
東京都豊島区南池袋1-28-1
03-3981-0111
西武池袋線「池袋駅」西武改札口より徒歩1分。JR山手線・埼京線・東京メトロ丸ノ内線・副都心線・有楽町線「池袋駅」各出口より徒歩1分

【松屋銀座店】
東京都中央区銀座3-6-1
03-3567-1211
東京メトロ銀座線・日比谷線「銀座駅」A12出口より徒歩1分。東京メトロ有楽町線「銀座一丁目駅」9番出口より徒歩3分

【東急百貨店本店】
東京都渋谷区道玄坂2-24-1
03-3477-3111
東急東横線・東急田園都市線「渋谷駅」各出口より徒歩1分。JR山手線・埼京線・東京メトロ銀座線「渋谷駅」各出口より徒歩1分

東京五大専門店街 ——067

【秋葉原電気街】

JR山手線・京浜東北線「秋葉原駅」電気街口より徒歩1分。東京メトロ日比谷線「秋葉原駅」2番・3番出口より徒歩2分、つくばエクスプレス「秋葉原駅」A1・A2出口より徒歩2分。東京メトロ銀座線「末広町駅」1番・3番出口より徒歩2分

【神保町古書店街】

都営地下鉄新宿線・三田線・東京メトロ半蔵門線「神保町駅」A3〜A7出口より徒歩1分

【かっぱ橋道具街】

東京メトロ銀座線「田原町駅」1番・3番出口より徒歩5分。東京メトロ銀座線「稲荷町駅」3番出口より徒歩8分

【日暮里繊維街】

JR山手線・京浜東北線「日暮里駅」北口・南口より徒歩3分。日暮里・舎人ライナー「日暮里駅」東口より徒歩3分

【高田馬場ラーメン激戦区】

JR山手線・西武新宿線「高田馬場駅」早稲田口より徒歩1分。東京メトロ東西線「高田馬場駅」4番〜7番出口より徒歩1分

東京五大歴史的建造物 —— 073

【日本銀行本店本館】
東京都中央区日本橋本石町2−1−1
03−3279−1111
東京メトロ銀座線・半蔵門線「三越前駅」B1出口より徒歩1分。JR山手線・京浜東北線「神田駅」南口より徒歩7分

【安田講堂】
東京都文京区本郷7−3−1　本郷キャンパス
03−3812−2111
本郷キャンパス本部事務局
東京メトロ丸の内線「本郷三丁目駅」4番出口より徒歩6分。都営地下鉄大江戸線「本郷三丁目駅」2番出口より徒歩8分

【日比谷公会堂】
東京都千代田区日比谷公園1−3
03−3591−6388
都営地下鉄三田線「内幸町駅」A7出口より徒歩1分、東京メトロ日比谷線・千代田線「日比谷駅」A14出口より徒歩2分。東京メトロ丸ノ内線「霞ヶ関駅」B2出口より徒歩3分

【泰明小学校】
東京都中央区銀座5−1−13
03−3571−1765
東京メトロ銀座線・丸ノ内線・日比谷線「銀座駅」C1・C2出口より徒歩2分。JR山手線・京浜東北線「有楽町駅」銀座口より徒歩5分

【東京駅】
東京都千代田区丸の内1−9−1
050−2016−1600（JR東日本お問い合わせセンター）

東京五大寄席 —— 081

【鈴本演芸場】
東京都台東区上野2−7−12
03−3834−5906
JR山手線・京浜東北線「御徒町駅」北口より徒歩3分。東京メトロ銀座線・都営地下鉄大江戸線「上野広小路駅・上野御徒町駅」A3出口より徒歩1分

【新宿末廣亭】
東京都新宿区新宿3−6−12
03−3351−2974
JR山手線・中央線・総武線「新宿駅」東口より徒歩10分。東京メトロ丸ノ内線・都営新宿線「新宿三丁目駅」B2・C2・C3出口より徒歩1分

【浅草演芸ホール】
東京都台東区浅草1－43－12
03－3841－6545
東京メトロ銀座線「浅草駅」1番・6番出口より徒歩8分。つくばエクスプレス「浅草駅」A1出口より徒歩1分

【池袋演芸場】
東京都豊島区西池袋1－23－7
03－3971－4545
JR山手線・埼京線「池袋駅」西口より徒歩2分
東京メトロ丸ノ内線・有楽町線・副都心線「池袋駅」西口より徒歩2分

【国立演芸場】
東京都千代田区隼町4－1
03－3265－7411
東京メトロ有楽町線・半蔵門線・南北線「永田町駅」4番出口より徒歩5分。東京メトロ半蔵門線「半蔵門駅」1番出口より徒歩5分

東京五大古書店 ― 087

【花鳥風月】
東京都杉並区西荻北4－3－2
03－3390－1356
JR中央線「西荻窪駅」より徒歩7分
営業時間：12時から23時
日曜・祝日12時から20時
定休日：第2木曜

【巽堂書店】
東京都渋谷区渋谷1－1－6
03－3400－6037
JR山手線「渋谷駅」より徒歩8分
東京メトロ線表参道駅より徒歩10分
営業時間：10時30分から19時
土曜10時30分から17時30分
定休日：日曜・祝日

【西村文生堂】
東京都目黒区自由が丘2－11－8
03－3717－6843
東急東横線・大井町線「自由が丘駅」より徒歩2分
営業時間：10時30分から19時
定休日：木曜（店舗は定休日なし）

【澤口書店】
東京都千代田区神田神保町1－1－7
03－5577－6982
東京メトロ線・都営線「神保町駅」より徒歩1分
営業時間：11時から20時
日曜・祝日11時から18時
年中無休

【稲垣書店】
東京都荒川区荒川3－65－2
03－3802－2828
JR常磐線「三河島駅」より徒歩2分
月曜・土曜・日曜の三日営業

東京五大銭湯 ― 092

【タカラ湯】
東京都足立区千住元町27－1
03－3881－2660
JR「北千住駅」西口徒歩20分
営業時間：15時から23時30分
定休日：金曜
駐車場あり

【改正湯】

大田区西蒲田5−10−5
03−3731−7078
JR「蒲田駅」徒歩8分
営業時間：15時から24時30分
定休日：金曜

【新生湯】
東京都品川区旗の台4−5−18
03−3781−3476
東急大井町線「旗の台駅」徒歩8分
営業時間：火曜日〜金曜日 15時30分から24時30分
土曜日 15時から24時30分
日曜日 11時から24時
定休日：月曜

【清水湯】
東京都港区南青山3−12−3
03−3401−4404
東京メトロ半蔵門線・千代田線・銀座線「表参道駅」A4出口徒歩3分
営業時間：7時から深夜2時
年中無休

【蛇骨湯】
東京都台東区1−11−11
03−3841−8645
東京メトロ「浅草駅」徒歩5分。東京メトロ「田原町駅」徒歩3分。つくばエクスプレス「浅草駅」徒歩3分
営業時間：13時から24時
定休日：火曜

東京五大公園

097

【上野公園】
東京都台東区上野公園・池之端三丁目
上野恩賜公園事務所
03−3828−5644
JR山手線・京浜東北線「上野駅」広小路口より徒歩2分。東京メトロ銀座線・日比谷線「上野駅」6番出口より徒歩2分
開園時間：5時から23時

【新宿御苑】
東京都新宿区内藤町11
新宿御苑サービスセンター
03−3350−0151
東京メトロ丸ノ内線「新宿御苑前駅」1番出口より徒歩5分。東京メトロ副都心線・都営地下鉄新宿線「新宿三丁目駅」C1・E5出口より徒歩5分。JR山手線・中央総武線「新宿駅」中央口・南口より徒歩10分
開園時間：9時から16時（16時30分閉園）
入園料：大人200円（15歳以上）小・中学生50円
休園日：毎週月曜（月曜・祝祭日は翌日）
年末年始（12月29日〜1月3日）

【日比谷公園】
東京都千代田区日比谷公園
日比谷公園サービスセンター
03−3501−6428
東京メトロ千代田線・日比谷線「日比谷駅」A10・A14出口より徒歩1分。東京メトロ丸ノ内線「霞ケ関駅」B2出口より徒歩1分。都営地下鉄三田線「内幸町駅」A7出口より徒歩1分

【代々木公園】
東京都渋谷区神園町・神南2丁目
代々木公園サービスセンター
03−3469−6081
JR山手線「原宿駅」2番出口より徒歩3分。

東京メトロ千代田線「明治神宮前駅」2番出口より徒歩3分

【等々力渓谷公園】
東京都世田谷区等々力1－22、2－37～38
東急大井町線「等々力駅」改札口より徒歩5分

東京五大遊園地コラム

――102

【浅草花やしき】
東京都台東区浅草2－28－1
03－3842－8780
つくばエクスプレス「浅草駅」A1出口より徒歩3分。東京メトロ銀座線・東武スカイツリーライン「浅草駅」6番出口より徒歩5分
営業時間：10時から18時（季節・天候により変更あり）
入園料：大人1000円（中学生から64歳まで）
　　　　子供500円（小学生）
定休日：営業カレンダー参照

【としまえん】
東京都練馬区向山3－25－1
03－3990－8800
西武池袋線・都営地下鉄大江戸線「豊島園駅」より徒歩1分
営業時間：10時から17時
入園料：大人1000円
　　　　子供500円（三歳から小学生）
定休日：火曜・水曜（但し祝日は営業。営業カレンダー参照）

【あらかわ遊園】
東京都荒川区西尾久6－35－11
03－3893－6003
都電荒川線「荒川遊園地前」より徒歩3分
営業時間：9時から17時
入園料大人200円、小中学生平日無料土日祝日100円
定休日：火曜（祝日は営業。営業カレンダー参照）

【よみうりランド】
東京都稲城市矢野口4015－1
044－966－1111
京王相模原線「京王よみうりランド駅」よりバスで5分。小田急線「読売ランド前駅」よりバスで10分。
営業時間：日によって異なる。営業カレンダー参照。
入園料：大人1800円（18歳から64歳）
　　　　中高生1500円
　　　　小学生以下1000円（三歳から小学生）
定休日：営業カレンダー参照

【東京ドームシティアトラクションズ】
東京都文京区後楽1－3－61
03－3817－6001
都営地下鉄三田線「水道橋駅」A3～A5出口より徒歩1分。JR総武線「水道橋駅」東口より徒歩3分。東京メトロ丸ノ内線「後楽園駅」2番・3番出口より徒歩5分
営業時間：10時から21時（日によって異なる）
入園料：無料
定休日：なし

東京五大交差点コラム

――111

【渋谷駅前交差点】

JR山手線・埼京線・東京メトロ銀座線「渋谷駅」ハチ公口・玉川改札より徒歩1分。東急東横線・東京メトロ半蔵門線・副都心線「渋谷駅」8番出口より徒歩1分

【銀座四丁目交差点】

東京メトロ銀座線・日比谷線「銀座駅」A1からA5・A7～A11各出口より徒歩1分

【秋葉原中央通り交差点】

JR山手線・京浜東北線・総武線「秋葉原駅」電気街口より徒歩2分。つくばエクスプレス「秋葉原駅」A2出口より徒歩3分

【神保町交差点】

東京メトロ半蔵門線・都営地下鉄三田線・新宿線「神保町駅」A3から各出口より徒歩1分

【泪橋交差点】

JR常磐線「南千住駅」東口より徒歩8分。東京メトロ日比谷線「南千住駅」南口より徒歩6分

東京五大珈琲店 ―― 113

【堀口珈琲狛江店】
東京都狛江市和泉本町1－1－30
03－5438－2141
小田急線「狛江駅」より1分
営業時間：9時から19時（喫茶は18時まで）
定休日：日曜

【カフェ・バッハ】
東京都台東区日本堤1－23－9
03－3875－2669
東京メトロ日比谷線「南千住駅」より徒歩10分
営業時間：8時30分から20時
定休日：金曜

【カフェ・ド・ランブル】
東京都中央区銀座8－10－15
03－3571－1551
東京メトロ銀座線「新橋駅」より徒歩5分。東京メトロ銀座線・日比谷線「銀座駅」より徒歩6分。JR「新橋駅」より徒歩7分
営業時間：12時から22時
　日曜・祝日 12時から19時
年中無休

【カフェーパウリスタ】
東京都中央区銀座8－9長崎センタービル1F
03－3572－6160
東京メトロ銀座線「新橋駅」より徒歩5分。東京メトロ銀座線・日比谷線「銀座駅」より徒歩6分。JR「新橋駅」より徒歩7分
営業時間：8時30分から22時
　日曜・祝日 12時から19時30分
年中無休

【珈琲道場 侍】
東京都江東区亀戸6－57－22渡辺ビル2F
03－3638－4003
JR総武線「亀戸駅」東口より徒歩0分
営業時間：8時から翌1時
年中無休

東京五大喫茶店 ―― 118

【アンヂェラス】
東京都台東区浅草1－17－6
03－3841－9761
東武伊勢崎線「浅草駅」より徒歩4分。東京メトロ銀座線「浅草駅」より徒歩3分。都営地下鉄浅草線「浅草駅」より徒歩6分。つくばエクスプレス「浅草駅」より徒歩5分
営業時間：11時から19時
定休日：月曜日（祝日・催し物の際は木曜日）

【さぼうる】
東京都千代田区神田神保町1－11
03－3291－8404
都営地下鉄新宿線「神保町駅」より徒歩1分。「神保町駅」より　36m
営業時間：9時から23時
定休日：日曜日・祝日

【銀座ウエスト】
東京都中央区銀座7－3－6
03－3571－2989
東京メトロ「銀座駅」より徒歩5分。ＪＲ「有楽町駅」より徒歩10分
営業時間：月～金曜日9時から23時
土・日・祝日 11時から20時
年中無休

【カフェ・ド・ラペ】
東京都港区六本木7－5－3
03－3402－1998
東京メトロ千代田線「乃木坂駅」からすぐ
営業時間：11時からから22時
年中無休

【友路有 赤羽店】
東京都北区赤羽1－1－5 大竹ビル 2F
03－3903－5577
「赤羽駅」より徒歩1分
営業時間：5時30分から～23時
年中無休

【紀の善】
東京都新宿区神楽坂1－12 紀の善ビル
03－3269－2920
東京メトロ有楽町線・南北線・東西線・都営大江戸線「飯田橋駅」B3出口より徒歩1分。ＪＲ総武線「飯田橋駅」西口より徒歩3分
営業時間：火から土 11時から20時
日曜・祝日 11時30分から18時
定休日：月曜

【竹むら】
東京都千代田区神田須田町1－19
03－3251－2328
東京メトロ丸ノ内線「淡路町駅」A3出口より徒歩3分
営業時間：11時から20時
定休日：日曜・祝日

【いり江】
東京都江東区門前仲町2－6－6
03－3643－1760
東京メトロ東西線「門前仲町駅」5番出口より

徒歩3分
営業時間：11時から19時30分
土・日・祝日 11時から18時30分
定休日：水曜（祝日及び1日15日28日の水曜は縁日のため営業）

【梅園浅草本店】
東京都台東区浅草1－31－12
03－3841－7580
東京メトロ銀座線「浅草駅」3番・6番出口より徒歩3分。つくばエクスプレス「浅草駅」A1出口より徒歩4分
営業時間：10時から20時50分
定休日：水曜・月2回不定休あり

【みはし上野本店】
東京都台東区上野4－9－7
03－3831－0384
東京メトロ銀座線「上野広小路駅」A5出口より徒歩3分。JR山手線・京浜東北線「上野駅」不忍口・広小路口より徒歩3分
営業時間：10時30分から21時30分
定休日：不定

東京五大銘菓
125

【銀座木村屋のあんぱん】
販売元：銀座木村屋本店
東京都中央区銀座4－5－7銀座木村屋総本店1F
03－3561－0091
東京メトロ銀座線・丸ノ内線・日比谷線「銀座駅」A9出口すぐ
営業時間：10時から21時
定休日：無休（大晦日・元旦を除く）

【うさぎやのどらやき】
販売元：うさぎや
東京都台東区上野1－10－10
03－3831－6195
東京メトロ銀座線「上野広小路駅」A4出口より徒歩3分。JR山手線「御徒町駅」南口より徒歩5分
営業時間：9時から18時
定休日：水曜

【岡埜栄泉の豆大福】
販売元：上野駅前 岡埜栄泉総本家
東京都台東区上野6－14－7ベリタス岡埜栄泉ビル1F
03－3834－3331
JR山手線・京浜東北線「上野駅」広小路口より徒歩1分。東京メトロ銀座線・日比谷線「上野駅」5a出口より徒歩1分
営業時間：9時30分から18時
定休日：火曜・元旦

【虎屋の羊羹】
販売元：虎屋赤坂本店（平成27年10月より休業中）
東京都港区赤坂4－9－22
03－3408－4121
東京メトロ銀座線・丸ノ内線「赤坂見附駅」A出口より徒歩5分
営業時間：平日 8時30分から19時
土・日・祝日 8時30分から18時
定休日：不定休

【淡平の煎餅】
販売元：淡平
東京都千代田区内神田2－13－1
03－3256－1038
JR山手線・京浜東北線・中央線「神田駅」西口

より徒歩2分
営業時間：平日 9時30分から20時
土曜 10時から18時
定休日：日曜

東京五大カレー ——— 132

【デリー上野店】
東京都文京区湯島3―42―2
03―3831―7311
JR山手線・京浜東北線「御徒町駅」より徒歩7分。東京メトロ銀座線「上野広小路駅」徒歩2分。千代田線「湯島駅」徒歩4分
営業時間：11時50分から21時30分
定休日：年中無休

【ボンディー神保町本店】
東京都千代田区神田神保町2―3神田古書センター2F
03―3234―2080
都営三田線・新宿線・東京メトロ「神保町駅」徒歩1分
営業時間：11時から22時30分
定休日：年末年始

【新宿中村屋 レストラン&カフェManа】
東京都新宿区新宿3―26―13新宿中村屋ビル2F
03―5362―7501
JR「新宿駅」徒歩2分
営業時間：11時から22時30分
金・土曜・祝前日 11時から22時30分
定休日：1月1日

【ナイルレストラン】
東京都中央区銀座4―10―7
03―3541―8246
東京メトロ日比谷線・都営浅草線「東銀座駅」A2出口より徒歩1分
営業時間：11時30分より21時30分
日曜・祝日 11時30分より20時30分
定休日：火曜日

【キッチン南海神保町店】
東京都千代田区神田神保町1―5
03―3292―0036
東京メトロ・都営線「神保町駅」より徒歩1分
営業時間：11時15分から16時
19時から20時
定休日：日曜日

東京五大ハヤシライス ——— 138

【マルゼンカフェ日本橋店】
東京都中央区日本橋2―3―10日本橋丸善東急ビル3F
03―6202―0013
東京メトロ銀座線・東西線「日本橋駅」都営地下鉄浅草線「日本橋駅」B3出口より徒歩1分、JR山手線・京浜東北線「東京駅」八重洲中央口より徒歩5分
営業時間：9時30分から20時30分
定休日：無休（年始を除く）

【横濱屋】
東京都港区麻布台1―11―2星野ビルB1
03―3586―7486
東京メトロ日比谷線「神谷町駅」1番出口より徒歩8分
営業時間：平日10時から19時
土曜・日曜・祝日12時から19時
定休日：無休

【シャポー・ルージュ】
東京都武蔵野市吉祥寺本町2―13―1

東0422―22―4139
JR中央・総武線「吉祥寺駅」北口より徒歩4分
営業時間：11時から16時
17時30分から21時
定休日：木曜

【キッチン・ボン】
東京都渋谷区恵比寿西1―3―11オクタゴンビル1F
03―3461―8538
営業時間：12時05分から13時30分
18時05分から20時15分
定休日：水・第3木曜
JR山手線・埼京線「恵比寿駅」西口より徒歩4分。東京メトロ日比谷線「恵比寿駅」2番出口より徒歩4分

【グリルエフ】
東京都品川区東五反田1―13―9
03―3441―2902
JR山手線「五反田駅」東口より徒歩1分。都営地下鉄浅草線「五反田駅」A5出口より徒歩1分
営業時間：11時から14分
17時から20時40分
定休日：日曜・祝日

東京五大ハンバーグ

――144

【煉瓦亭新富本店】
東京都中央区新富町1―5―5
03―3551―3218
東京メトロ日比谷線「八丁堀駅」A1出口より徒歩4分。東京メトロ有楽町線「新富町駅」A2出口より徒歩5分
営業時間：平日 11時30分から14時
17時から21時30分
土曜 11時30分から13時30分
定休日：日曜・祝日

【せきぐち亭】
東京都渋谷区富ヶ谷1―52―1
03―3465―8373
小田急線「代々木八幡駅」南口より徒歩1分。東京メトロ千代田線「代々木公園駅」八幡方面出口より徒歩1分
営業時間：11時30分から14:30
18時から22時30分
定休日：不定休

【キッチンたか】
東京都新宿区荒木町3―1
03―3356―2646
東京メトロ丸ノ内線「四谷三丁目駅」4番出口より徒歩3分。都営地下鉄新宿線「曙橋駅」A4出口より徒歩8分
営業時間：平日 11時分から20時
土曜 11時から15時
定休日：日曜・祝日

【キッチンパンチ】
東京都目黒区上目黒2―7―10
03―3712―1084
東急東横線・東京メトロ日比谷線「中目黒駅」1F出口より徒歩3分
営業時間：平日 11時30分から14時30
18時から21時30分
土曜 11時30分から15時
定休日：日曜・祝日・第3土曜

【カフェテラス ポンヌフ】
東京都港区新橋2－20－15 新橋駅前ビル1号館1F
03－3572－5346
JR山手線・京浜東北線・東海道線「新橋駅」銀座口より徒歩2分。東京メトロ銀座線「新橋駅」2番出口より徒歩2分。都営地下鉄浅草線「新橋駅」A3出口より徒歩2分
営業時間：平日 11時15分から15時30分
17時30分から20時
土曜 11時から14時30分
定休日：日曜・祝日

東京五大オムライス ——151

【黒船亭】
東京都台東区上野2－13－13 キクヤビル4F
03－3837－1617
JR山手線・京浜東北線「上野駅」不忍口より徒歩5分。東京メトロ銀座線・日比谷線「上野駅」6番出口より徒歩5分。東京メトロ銀座線「上野広小路駅」A3出口より徒歩3分
営業時間：平日 11時30分から22時25分
定休日：無休（1月1日のみ休み）

【津々井】
東京都中央区新川1－7－11
03－3551－4759
東京メトロ日比谷線・東西線「茅場町駅」3番出口より徒歩5分
営業時間：平日 11時から13時30分
17時から21時
土曜 11時から13時30分
17時から19時30分
定休日：日曜・祝日

【EDOYA】
東京都港区麻布十番2－12－8
03－3452－2922
東京メトロ南北線「麻布十番駅」4番出口より徒歩5分。都営地下鉄大江戸線「麻布十番駅」5a・5b出口より徒歩5分
営業時間：平日 11時30分から14時30分
18時から22時
定休日：火曜・第3水曜休

【天将】
東京都北区上十条2－24－12
03－3906－6421
JR埼京線「十条駅」北口より徒歩3分
営業時間：平日 10時から14時30分
16時から20時
定休日：火曜

【ランチョン】
東京都千代田区神田神保町1－6 神保町サンビルディング2F
03－3233－0866
都営地下鉄新宿線・三田線「神保町駅」徒歩3分。東京メトロ半蔵門線「神保町駅」徒歩3分
営業時間：平日 11時30分から21時30分
土曜 11時30分から20時30分
定休日：日曜・祝日

東京五大ナポリタン ——156

【むさしや】
東京都港区新橋2－16－1 ニュー新橋ビル1F
03－3501－3603
JR山手線・京浜東北線・東海道線「新橋駅」烏

森口より徒歩1分。東京メトロ銀座線・都営地下鉄浅草線「新橋駅」より徒歩1分
営業時間：平日 10時30分から19時
土曜 11時から14時30分
定休日：日曜・祝日

【ロビン】
東京都渋谷区笹塚1−48−14 笹塚ショッピングモール21 2F
03−3485−0903
京王電鉄本線「笹塚駅」南口より徒歩2分
営業時間：10時から20時30分
定休日：無休（ビルに準ずる）

【ロッジ赤石】
東京都台東区浅草3−8−4
03−3875−1688
つくばエクスプレス「浅草駅」A1出口より徒歩7分。東京メトロ銀座線「浅草駅」より6〜8番出口より徒歩10分
営業時間：火〜土 9時から翌6時
日曜・祝日9時から翌1時
定休日：月曜

【喫茶アンデス】
東京都練馬区豊玉北5−17−9 井上ビル2F
03−5999−8291
西武池袋線「練馬駅」中央改札口より徒歩1分。都営地下鉄大江戸線「練馬駅」A1出口より徒歩1分
営業時間：7時から22時
定休日：日曜

【洋食屋 大越】
東京都港区東麻布3−4−17
03−3583−7054
東京メトロ南北線・都営地下鉄大江戸線「麻布十番駅」6番出口より徒歩1分
営業時間：平日 10時から20時
土曜11時から15時
定休日：日曜

東京五大ミートソース

——162

【焼きスパゲッチ ミスターハングリー】
東京都千代田区霞が関3−2−5霞が関ビル1F
03−3595−0171
地下鉄銀座線「虎ノ門駅」11番出口より徒歩2分。地下鉄千代田線・日比谷線・丸の内線「霞が関駅」A13番出口より徒歩6分
営業時間：平日 11時30分から22時
土曜 11時30分から21時
定休日：日・祝

【ハシヤ 代々木八幡本店】
東京都渋谷区富ヶ谷1−3−10
03−3466−1576
小田急線「代々木八幡駅」南口より徒歩1分。東京メトロ千代田線「代々木公園駅」八幡方面出口より徒歩1分
営業時間：月・火・金〜日 11時30分から21時
水曜 11時30分から15時
定休日：木曜

【とすかーな武蔵小山総本店】
東京都品川区小山3−26−9
03−3788−4257
東急目黒線「武蔵小山駅」東口徒歩1分
営業時間：平日 11時30分から22時
土日祝 11時30分から21時
定休日：なし

【レストラン日勝亭】
東京都中央区日本橋蛎殻町1―32―2
03―6319―1077
東京メトロ半蔵門線「水天宮前駅」徒歩2分。東京メトロ日比谷線「人形町駅」徒歩7分。都営浅草線人形町駅 徒歩7分
営業時間：平日 11時から14時
17時30分から22時
定休日： 土曜・日曜・祝日

【水口食堂】
東京都台東区浅草2―4―9
03―3844―3104
つくばエクスプレス「浅草駅」徒歩3分
営業時間：平日 10時から21時30分
土・日 9時から21時30分
定休日：水曜

東京五大行列店コラム ―― 168

【六厘舎】
東京都千代田区丸の内1―9―1 東京駅1番街B1F 東京ラーメンストリート内
03―3286―0166
JR在来線各線・新幹線各線「東京駅」八重洲中央口・南口より徒歩1分
東京メトロ丸ノ内線「東京駅」より徒歩5分
営業時間：11時から22時30分
朝つけ麺7時30分から10時
定休日：年中無休

【ジャポネ】
東京都中央区銀座西2―2先 銀座インズ3 1F
03―3567―4749
JR山手線・京浜東北線「有楽町駅」京橋口より徒歩2分。東京メトロ有楽町線「銀座一丁目駅」より徒歩3分
営業時間：平日 10時30分から20時
土曜 10時30分から16時
定休日：日・祝

【ミート矢澤】
東京都品川区西五反田2―15―13 ニューハイツ西五反田1F
03―5436―2914
JR山手線「五反田駅」西口より徒歩4分。都営地下鉄浅草線「五反田駅」A2出口より徒歩1分
営業時間：平日 11時15分から15時
17時から24時
土曜・日・祝日 11時15分から16時
16時から24時
定休日：無休（年末・年始のみ休業）

【うどん丸香】
東京都千代田区神田小川町3―16―1 ニュー駿河台ビル1F
電話：非公開
都営地下鉄三田線・新宿線・東京メトロ半蔵門線「神保町駅」A5出口より徒歩4分
営業時間：平日 11時から19時
土曜 11時から14時30分
定休日：日・祝

【寿司大】
東京都中央区築地5―2―1 築地市場6号館
03―3547―6797
都営地下鉄大江戸線「築地市場駅」A1出口より徒歩3分。東京メトロ日比谷線「築地駅」1番出口より徒歩10分
営業時間：5時から14時

定休日：日・祝 水曜市場休あり（市場に準ずる）

東京五大とんかつ ——171

【とん太】
東京都豊島区高田3−17−8
03−3989−0296
JR山手線・西武新宿線「高田馬場駅」早稲田口より徒歩5分。東京メトロ東西線「高田馬場駅」4番出口より徒歩5分
営業時間：火から金 11時30分から13時30分
18時から21時
土曜 18時から21時
定休日：日曜・月曜・祝日

【ゆたか】
東京都台東区浅草1−15−9
03−3841−7433
つくばエクスプレス「浅草駅」A1出口より徒歩4分。東京メトロ銀座線「浅草駅」1番・6番出口より5分。都営地下鉄浅草線「浅草駅」A3出口より徒歩7分
営業時間：平日 11時30分から14時30分
17時から21分
土曜・日曜・祝日 11時30分から13時
16時30分から21時
定休日：木曜

【成蔵】
東京都新宿区高田馬場1−32−11小澤ビルB1
03−6380−3823
JR山手線・西武新宿線「高田馬場駅」早稲田口より徒歩3分。東京メトロ東西線「高田馬場駅」2番・3番出口より徒歩3分
営業時間：11時30分から14時
17時30分から21時
定休日：木曜・日曜

【丸五】
東京都千代田区外神田1−8−14
03−3255−6595
JR山手線・京浜東北線・総武線「秋葉原駅」電気街口より徒歩3分。東京メトロ日比谷線・つくばエクスプレス「秋葉原駅」A1出口より徒歩5分。東京メトロ銀座線「末広町駅」3番出口より徒歩6分
営業時間：11時30分から15時 17時から21時
定休日：月曜・第3火曜

【豚珍館】
東京都新宿区西新宿1−13−8 高橋ビル2F
03−3348−5774
JR山手線・中央総武線・埼京線「新宿駅」西口より徒歩3分。都営地下鉄大江戸線・新宿線「新宿駅」3番・7番出口より徒歩2分
営業時間：11時から15時
17時から23時（土曜のみ22時）
定休日：日曜・祝日

東京五大洋食 ——177

【グリルグランド】
東京都台東区浅草3−24−6
03−3874−2351
つくばエクスプレス「浅草駅」A1出口より徒歩8分。東京メトロ銀座線「浅草駅」6〜8番出口
営業時間：平日 11時から14時30分
16時30分から21時
土・日・祝日 11時から21時
定休日：無休

【レストランカタヤマ】
東京都墨田区東向島4−2−6
03−3610−1500
東武スカイツリーライン「東向島駅」スカイツリーライン改札口より徒歩10分
営業時間：平日 11時から14時30分
16時30分から21時
土・日・祝日 11時から21時
定休日：無休

【そよいち】
東京都中央区日本橋人形町1−9−6
03−3666−9993
東京メトロ日比谷線・都営地下鉄浅草線「人形町駅」A2・A6出口より徒歩3分
営業時間：11時から14時30分
17時から20時
定休日：日曜・第1・第3月曜

【七條】
東京都千代田区内神田1−15−7
03−5577−6184
都営地下鉄新宿線「小川町駅」B6出口より徒歩5分。JR山手線・京浜東北線・中央線「神田駅」西口より徒歩8分
営業時間：11時30分から14時
18時から20時30分
定休日：日曜・祝日

【煉瓦亭】
東京都中央区銀座3−5−16
03−3561−3882
東京メトロ銀座線・日比谷線・丸ノ内線「銀座駅」A9・A10出口より徒歩2分。JR山手線・京浜東北線「有楽町駅」中央口・銀座口より徒歩8分
営業時間：11時15分から15時
16時40分から21時
定休日：日曜

【七福】
東京都江東区白河3−9−13
03−3641−9312
都営地下鉄大江戸線・東京メトロ半蔵門線「清澄白河駅」B2出口より徒歩5分。都営地下鉄新宿線「菊川駅」A2出口より徒歩5分
営業時間：平日・土曜 11時から13時45分
17時から20時45分
日曜・祝日 11時から13時45分
17時から20時15分
定休日：水曜・第1日曜

【萬金】
東京都中央区入船3−4−2
03−3551−0181
東京メトロ有楽町線「新富町駅」1番・5番出口より徒歩2分。東京メトロ日比谷線・JR京葉線「八丁堀駅」A2出口より徒歩5分
営業時間：11時から15時
17時から21時
定休日：土曜・日曜・祝日

【町屋 ときわ食堂】
東京都荒川区荒川7−14−9
03−3805−2345
東京メトロ千代田線「町屋駅」2番出口より徒歩2分。京成本線「町屋駅」改札口より徒歩2分
営業時間：7時から13時30分 17時から21時30分
定休日：水曜

【北一食堂】
東京都品川区北品川1－24－6
03－3471－9210
京浜急行電鉄「北品川駅」改札口より徒歩3分
営業時間：11時30分から13時30分
17時30分から20時
定休日：土曜・日曜

【田中食堂】
台東区東上野3－5－13
03－3822－4652
東京メトロ銀座線「稲荷町駅」1番出口より徒歩2分。都営地下鉄大江戸線「新御徒町駅」A1出口より徒歩4分
営業時間：11時から14時
17時から22時
定休日：土曜・日曜・祝日

東京五大カツ丼 ―― 193

【坂本屋】
東京都杉並区西荻北3－31－16
03－3399－4207
JR中央・総武線「西荻窪駅」北口より徒歩3分
営業時間：11時30分から15時
17時30分から20時30分
定休日：日曜・月曜

【とん㐂】
東京都中央区銀座6－5－15銀座能楽堂ビルB1
03－3572－0702
東京メトロ銀座線・丸ノ内線・日比谷線「銀座駅」B9出口より徒歩2分
営業時間：平日・日曜・祝日 11時30分から15時30
平日17時から22時
定休日：無休（土日夜休）

【二天門 やぶ】
東京都台東区花川戸1－15－7
03－3841－8419
東京メトロ銀座線「浅草駅」7番・8番出口より徒歩4分
営業時間：11時から19時30分
定休日：木曜

【豊ちゃん】
東京都中央区築地5－2－1築地卸売市場1号館
03－3541－9062
都営地下鉄大江戸線「築地市場駅」A1出口より徒歩5分。東京メトロ日比谷線「築地駅」1番出口より徒歩6分
営業時間：6時30分から14時
定休日：日曜・祝日・不定休（市場に準ずる）

【鈴新】
東京都新宿区荒木町10－28 十番館ビル1F
03－3341－0768
東京メトロ丸ノ内線「四谷三丁目駅」4番出口より徒歩4分。都営地下鉄新宿線「曙橋駅」A4出口より徒歩5分
営業時間：11時30分から13時30分
17時から20時30分
定休日：日曜・祝日

東京五大親子丼 ―― 198

【鳥ふじ】
東京都中央区日本橋茅場町3－4－6本橋ビル2F
03－3249－6118
東京メトロ日比谷線・東西線「茅場町駅」2番・

5番出口より徒歩2分
営業時間：平日 11時30分から14時
18時から22時30分
定休日：日曜

【鳥つね自然洞】
東京都千代田区外神田5－5－2
03－5818－3566
東京メトロ銀座線「末広町駅」2番出口より徒歩2分
営業時間：平日・土曜 11時30分から13時30分
17時30分から21時
定休日：日曜・祝日

【鳥めし鳥藤分店】
東京都中央区築地4－8－6
03－3543－6525
東京メトロ日比谷線「築地駅」1番出口より徒歩定休日：4分。都営地下鉄大江戸線「築地市場駅」A1出口より徒歩4分
営業時間：7時30分から14時
定休日：日曜・祝日・市場休日

【末げん】

東京都港区新橋2－15－7プラザ弥生ビル1F
03－3519－6214
営業時間：11時30分から13時30分
17時から22時
定休日：日曜・祝日・土曜不定休
JR山手線・京浜東北線「新橋駅」日比谷口より徒歩2分。東京メトロ銀座線「新橋駅」8番出口より徒歩2分

【鳥茶屋 別亭】
新宿区神楽坂3－6
03－3260－6661
JR中央線・総武線「飯田橋駅」西口より徒歩5分。東京メトロ東西線・有楽町線・南北線「飯田橋駅」B3出口より徒歩5分
営業時間：平日：11時30分から14時30分
17時から22時30分
土曜：11時30分から15時
16時から22時30分
日曜・祝日：11時30分から15時
16時00分から22時
定休日：無休（12月31日から1月3日休）

東京五大天丼

【天ぷら中山】
東京都中央区日本橋人形町1－10－8
03－3661－4538
東京メトロ日比谷線・都営地下鉄浅草線「人形町駅」A2出口より徒歩2分
営業時間：平日 11時15分から13時
17時30分から20時45分
定休日：土曜・日曜・祝日

【土手の伊勢屋】
東京都台東区日本堤1－9－2
03－3872－4886
東京メトロ日比谷線「三ノ輪駅」1b出口より徒歩10分
営業時間：月・火・木・金 11時30分から14時
17時から20時
土曜・日曜・祝日 11時から19時
定休日：水曜

【天仙】
東京都文京区関口1－23－6 プラザ江戸川橋B1F

03-5261-2751
東京メトロ有楽町線「江戸川橋駅」1a出口より徒歩1分
営業時間：11時30分から13時30分　18時から21時
定休日：日曜・月曜の祝日

【てんぷら黒川】
東京都中央区築地6-21-8
03-3544-1988
東京メトロ日比谷線「築地駅」1番出口より徒歩6分。都営地下鉄大江戸線「築地市場駅」A1出口より徒歩8分
営業時間：9時から14時　17時から21時
定休日：日曜・祝日

【天ぷら天朝】
東京都中央区銀座1-27-8
03-3564-2833
東京メトロ有楽町線「銀座一丁目駅」10番出口より徒歩5分。東京メトロ有楽町線「新富町駅」2番出口より徒歩5分。都営地下鉄浅草線「宝町駅」A1出口より徒歩5分
営業時間：平日・土曜 11時30分から13時30分
18時から20時
定休日：日曜・祝日・第2月曜

ベンチタイム・東京五大桜の名所 ―― 212

【上野恩賜公園】
東京都台東区上野公園・池之端三丁目
上野恩賜公園事務所
03-3828-5644
JR山手線・京浜東北線「上野駅」公園口より徒歩1分。京成電鉄「京成上野駅」正面口、池之端口より徒歩1分。東京メトロ銀座線・日比谷線「上野駅」6番・7番出口より徒歩3分

【千鳥ヶ淵】（千鳥ヶ淵緑道&千鳥ヶ淵公園）
東京都千代田区九段南二丁目～麹町一丁目
千代田区役所道路公園課
03-5211-4243
ボート場
03-3234-1948
東京メトロ東西線・半蔵門線・都営地下鉄新宿線「九段下駅」2番出口より徒歩5分

【飛鳥山公園】
東京都北区王子1-1-3
北区役所道路公園課
03-3908-9275
JR京浜東北線「王子駅」中央口、南口より徒歩1分。東京メトロ南北線「王子駅」3番出口より徒歩3分。都電荒川線「飛鳥山停留場・王子停留場」より各徒歩3分

【隅田公園】
〈台東区〉側
東京都台東区花川戸一丁目～浅草七丁目
台東区役所
03-5246-1111
〈墨田区〉側
東京都墨田区向島一丁目～二丁目
墨田区役所
03-5608-1111
東京メトロ銀座線「浅草駅」5番出口より徒歩5分。都営地下鉄浅草線「浅草駅」A3出口より徒歩8分

【目黒川】
東京都目黒区青葉台～中目黒駅～目黒駅・太鼓橋付近

東急東横線・東京メトロ日比谷線「中目黒駅」1F出口より徒歩3分。JR山手線・東京メトロ南北線・都営地下鉄三田線「目黒駅」正面口、西口より徒歩5分

東京五大寿司屋 ―― 198

【㐂寿司】
東京都中央区日本橋人形町2−7−13
03−3666−6024
地下鉄「人形町駅」より徒歩3分。人形町駅114m
営業時間：平日 11時45分から14時30分
17時から21時30分
土曜 11:45〜21:00
ランチ営業
定休日：日曜・祝日

【鮨てる】
東京都新宿区荒木町7
03−5379−8138
丸ノ内線「四谷三丁目駅」より徒歩5〜6分
営業時間：17時30分から23時
定休日：日曜日・祝日

【鮨与志乃】
東京都中野区中央2−30−2
03−3371−8426
東京メトロ丸ノ内線（方南町支線）都営大江戸線「中野坂上駅」2出口徒歩約5分
営業時間：11時45分から14時
17時30分から21時30分
ランチ営業
定休日：日曜・水曜・祝日

【はし田】
東京都中央区勝どき3−8−11
03−3533−0341
都営大江戸線「勝どき駅新島」橋方面出口徒歩4分
営業時間：11時30分から14時
17時から22時
ランチ営業
土曜日ディナーと日曜日

【寿司政】
東京都千代田区九段南1−4−4
03−3261−0621
東京メトロ「九段下駅」A6出口より徒歩20秒
営業時間：平日 11時30分から14時
17時30分から23時
土・日・祝日：11時30分から14時
17時から21時
ランチ営業：夜10時以降入店可、日曜営業
定休日：年中無休

東京五大鰻屋 ―― 222

【小柳】
東京都台東区浅草1−29−11
03−3843−2861
地下鉄銀座線「浅草駅」1番出口より徒歩約4分。東武スカイツリーライン「浅草駅」より徒歩4分。つくばエクスプレス「浅草駅」5番出口より徒歩4分。「浅草駅」（東武・都営・メトロ）より249m
営業時間：11時30分から21時
ランチ営業、日曜営業
定休日：木曜

【やしま】
東京都台東区小島2－18－19
03－3851－2108
大江戸線「新御徒町駅」A4出口より徒歩2分。春日通りを蔵前方面（東方面）に向かって歩き百数十メートル先、右手。「肉のハナマサ」の隣
営業時間：11時30分から14時　17時から20時
ランチ営業
定休日：日曜・祝日・土曜不定休

【秋本】
東京都千代田区麹町3－4－4
03－3261－6762
営業時間：11時半から14時　17時から8時
定休日：日・祝日、第二土曜日

【うなぎ魚政】
東京都葛飾区四つ木4－14－4
03－3695－5222
京成押上線「四ツ木駅」下車徒歩1分。
営業時間：11時30時から14時　17時から21時
※売り切れ次第閉店になることが、ございます。
定休日：毎週火曜日・第1・第3・水曜日
※定休日が祭日の時は翌日がお休みです。

【尾花】
東京都荒川区南千住5－33－1
03－3801－4670
JR常磐線・東京メトロ日比谷線・つくばエクスプレス「南千住駅」徒歩4～5分
営業時間：火～金 11時30分から13時30分
16時から19時30分
土・日・祝 11時30分から19時30分
※いずれもウナギがなくなり次第終了
ランチ営業、日曜営業
定休日：月曜

東京五大蕎麦屋
228

【室町砂場】
東京都中央区日本橋室町4－1－13
03－3241－4038
JR「神田」駅徒歩4分。JR「新日本橋」駅徒歩3分。東京メトロ銀座線「三越前」駅徒歩3分
営業時間：平日 11時30分から21時
土 11時30分から16時
ランチ営業
定休日：日・祝

【並木藪蕎麦】
東京都台東区雷門2－11－9
03－3841－1340
都営地下鉄浅草線・東京メトロ銀座線「浅草駅」A4・A5出口より徒歩1分。東武伊勢崎線「浅草駅」より徒歩5分程度。
営業時間：11時から19時30分
ランチ営業、日曜営業
定休日：木曜日

【麻布永坂更科本店】
東京都港区麻布十番1－8－7
03－3585－1676
東京メトロ南北線または都営大江戸線「麻布十番駅」より3分程度
営業時間：11時から22時
ランチ営業、日曜営業
定休日：月曜日

【利庵】
東京都港区白金台5－7－2
03－3444－1741

地下鉄南北線「白金台駅」1番出口より徒歩3分。JR山手線「目黒駅」東口より徒歩15分。地下鉄日比谷線「広尾駅」1番出口より徒歩30分
営業時間：11時30分から19時30分
ランチ営業：日曜営業
定休日：月曜・火曜（祝日の場合は営業）

【本むら庵】
東京都杉並区上荻2－7－11
03－3390－0325
「荻窪駅」西口（西荻窪方面）下車。白山タウンズ商店街（白山通り）左折。中央線の線路北側沿いに西へ約8分。右側。途中、光明院境内（荻の小径）通り抜け可
営業時間：11時から21時30分
ランチ営業、日曜営業
定休日：火曜（祝日の場合は翌日）

東京五大立ち食いそば　――234

【山田屋】
東京都台東区千束3－33－9
03－3874－7215
都営バス「竜泉」バス停より徒歩1分。このバス停には東武「浅草駅」、「日暮里駅」からもアクセス可能。地下鉄は日比谷線「三ノ輪駅」より徒歩10分（バスだと1停留所）
営業時間：平日・土曜　7時から17時
朝食営業、ランチ営業
定休日：日曜・祝日

【野むら】
東京都台東区浅草橋5－20－8CSタワー1F
電話：非公開
JR総武線「浅草橋駅」西口より徒歩10分
営業時間：平日　6時30分から18時
　土曜　6時30分から14時
定休日：日曜・祝日

【大黒そば】
東京都豊島区西池袋3－26－6
03－3986－0853
JR「池袋駅」西側の南口を出て徒歩3分
営業時間：平日　6時30分から16時まで
　土曜のみ18時頃まで営業。
定休日：日曜・祝日

【一由そば】
東京都荒川区西日暮里2－26－8
03－3806－6669
JR「日暮里駅」北口より徒歩5分
営業時間：24時間営業
定休日：無休（年始は除く）

【柳屋そば店】
東京都渋谷区笹塚2－11－4
03－3376－5989
京王線「笹塚駅」北口より徒歩3分
営業時間：平日　6時30分から15時30分
定休日：土曜・日曜・祝日

東京五大大衆蕎麦屋の名物一品　――240

【かつそば　翁庵】
東京都新宿区神楽坂1－10
03－3260－2715
JR「飯田橋駅」より徒歩3分
営業時間：平日　11時から22時
　土・祝　11時から20時30分
ランチ営業

定休日：日曜日

【中華そば 四谷更科】
東京都新宿区新宿1－30－5 1F
03－3351－2951
都営新宿線「新宿御苑前駅」徒歩5分
営業時間：平日 11時30分から15時
ランチ営業
定休日：土・日・祝日

【カレー南蛮蕎麦 翁そば】
東京都台東区浅草2－5－3
03－3841－4641
つくばエクスプレス「浅草駅」より徒歩約2分。東京メトロ銀座線・東武スカイツリーライン「浅草駅」（北口）より徒歩約7分。東京メトロ銀座線「田原町駅」より徒歩約8分
営業時間：11時45分から15時
16時30分から19時30分
ランチ営業
定休日：日曜

【冷やし南蛮蕎麦 角萬竜泉店】
東京都台東区竜泉3－13－6
03－3872－5249
日比谷線「三ノ輪駅」より6分。つくばエクスプレス「浅草駅」より10分徒歩5分以内にコインパーキングあり
営業時間：11時から15時
17時から20時
※品切れによる早仕舞いあり
ランチ営業
定休日：日曜・祝日

【納豆蕎麦 大阪屋砂場本店】
東京都港区虎ノ門1－10－6
03－3501－9661
東京メトロ銀座線「虎ノ門駅」より徒歩3分。
営業時間：平日 11時から20時
土曜 11時から15時
ランチ営業
定休日：日曜・祝日

【若月】
東京都新宿区西新宿1－2－7思い出横丁
03－3342－7060
JR「新宿駅」西口徒歩3分思い出横丁の中央
営業時間：11時から25時
定休日：日曜

【民華】（休業中）
東京都台東区台東3－41－5
03－3831－0612
東京メトロ日比谷線仲御徒町徒歩1分
JR山手線・京浜東北線「御徒町駅」徒歩3分。
都営地下鉄大江戸線「上野御徒町駅」徒歩4分
営業時間：平日 11時から19時
土曜 11時から15時
定休日：日曜

【永楽】
東京都品川区東大井5－3－2
03－3471－8252
JR京浜東北線「大井町駅」徒歩1分
営業時間：11時から22時

【珍来亭】
東京都武蔵野市吉祥寺本町1－1－1－9
0422－22－3842

JR「吉祥寺駅」より徒歩3分（ハモニカ横町内）
営業時間：（ラーメン屋）11時30分から17時
（居酒屋）18時30分から24時

【メルシー】
東京都新宿区馬場下町63
03―3202―4980
東京メトロ東西線「早稲田駅」より徒歩2分
営業時間：11時から19時
定休日：日曜

東京五大チャーハン ――― 251

【交通飯店】
東京都千代田区有楽町2―10―1 交通会館B1F
03―3214―5558
JR山手線・京浜東北線「有楽町駅」京橋口より徒歩1分。東京メトロ有楽町線「有楽町駅」D8出口より徒歩1分
営業時間：平日 11時30分から21時
土曜 11時30分から15時
定休日：日曜・祝日

【宝家】
東京都江東区東陽3―20―5
03―3645―4336
東京メトロ東西線「木場駅」1番出口より徒歩5分。東京メトロ東西線「東陽町駅」2番出口より徒歩6分
営業時間：11時45分から13時30分
18時から21時30分
定休日：火曜

【中華味一】
東京都目黒区下目黒2―24―7
03―3490―9531
東急目黒線「不動前駅」改札口より徒歩6分。JR山手線「目黒駅」西口より徒歩10分
営業時間：11時から15時
17時30分から22時
無休

【ラーメン王後楽本舗】
東京都渋谷区道玄坂2―7―4
03―3464―1650
東急東横線・東急田園都市線「渋谷駅」2番出口より徒歩2分。JR山手線・埼京線「渋谷駅」ハチ公口より徒歩6分
営業時間：24時間
無休

【珍々軒】
東京都台東区上野6―12―2
03―3832―3988
JR山手線・京浜東北線「上野駅」不忍口より徒歩3分。東京メトロ銀座線・日比谷線「上野駅」6番出口より徒歩3分
営業時間要確認のこと（現在不定）
定休日：月曜

東京五大天婦羅屋 ――― 259

【中清】
東京都台東区浅草1―39―13
03―3841―4015
つくばエクスプレス「浅草駅」から徒歩5分。東京メトロ銀座線「浅草駅」から徒歩7分
営業時間：平日 11時30分から15時
17時からら22時
土曜・日曜・祝：11時30分から20時

定休日：第2・4月曜

【船橋屋本店】
東京都新宿区新宿3－28－14
03－3354－2751
JR「新宿駅」東口より徒歩2分。西武新宿線西武「新宿駅」より徒歩6分。都営新宿線「新宿3丁目駅」より徒歩2分
営業時間：11時40分から22時まで
年中無休

【天亭】
東京都中央区銀座8－6－3
03－3571－8524
東京メトロ「銀座駅」より徒歩5分。東京メトロ「新橋駅」より徒歩4分。JR「新橋駅」より徒歩5分
営業時間：月曜から土曜11時30分から10時
17時から21時30分
定休日：日曜・祝日

【てんぷらと和食 山の上】
東京都千代田区神田駿河台1－1山の上ホテル本館
03－3293－2311
中央線・総武線「御茶ノ水駅」より徒歩5分。東京メトロ千代田線「新お茶の水駅」・丸の内線「お茶の水駅」より徒歩5分。都営三田線・新宿線、東京メトロ半蔵門線「神保町駅」より徒歩5分
営業時間ランチ：11時から15時
17時から21時
土曜日ランチ：11時から15時
15時から21時
年中無休

【高七】
東京都新宿区若松町36－27
03－3202－4035
都営大江戸線「若松河田駅」より徒歩5分。「牛込柳街駅」から徒歩5分。東京メトロ東西線「早稲田駅」より徒歩7分
営業時間：月曜日から土曜日11時30分から16時
18時から21時30分
定休日：日曜・祝

東京五大立ち飲み屋

265

【いこい】
東京都北区赤羽南1－5－7
03－3901－5246
JR「赤羽駅」より徒歩3分
営業時間：11時から22時
定休日：月曜

【カドクラ】
東京都台東区上野6－13－1フォーラム味ビル1F
03－3832－5335
JR「上野駅」より徒歩5分。JR「御徒町駅」より徒歩7分
営業時間：10時から23時
年中無休

【晩杯屋・大井町店】
東京都品川区東大井5－3－5
03－5460－0313
JR京浜東北大井町徒歩5分。東急大井町線大井街線徒歩5分
営業時間：平日10時から23時
15時から23時30分
土・日・祝日13時から23時30分

【割烹くずし 徳多和良】
東京都足立区千住2－12
03－3870－7824

「北千住駅」より徒歩7分。
営業時間：16時から21時
※売り切れ早じまいあり
定休日：土曜・日曜・祝日

【鈴傳】
東京都新宿区四谷1−10鈴伝ビル
03−3351−1777
JR「四谷駅」より徒歩3分
営業時間：17時から21時
定休日：土曜・日曜・祝日

東京五大おでん屋

271

【お多幸・新宿店】
東京都新宿区 新宿3−20−1
03−3352−4771
JR「新宿駅」より徒歩3分。東京メトロ丸の内線「新宿三丁目駅」より徒歩3分。」東京メトロ副都心線「新宿三丁目駅」より徒歩5分
営業時間：月〜土 15時30分から23時30分
日・祝 15時30分から22時30分
無休（6月〜8月日曜休）

【呑喜】（閉店）
東京都文京区向丘1−20−6
03−3811−4736
東京メトロ南北線「東大前駅」で降りたらエレベーターで地上に出て左方向に50mほど歩いた左側
営業時間：月〜土 16時30分から21時
定休日：日曜

【大多福】
東京都台東区千束1−6−2
03−3871−2521
東京メトロ日比谷線「入谷駅」より 徒歩10分。
東京メトロ銀座線「田原町駅」より 徒歩15分
営業時間：〈4〜9月〉平日17時から23時
日曜・祝日 17時から22時
〈10〜3月〉平日 17時から23時
日曜・祝日 12時から14時 16時から22時
※10月〜3月は日曜・祝日のお昼（12時から14時）も営業致します。
定休日：月曜日

【力】（休業中）
東京都中央区銀座7−6−4
03−5568−2223
メトロ銀座線「銀座駅」A3出口より徒歩約3分。
JR「新橋駅」より徒歩6分
営業時間：16時から23時
定休日：日曜日

【やす幸】
東京都中央区銀座7−8−14
03−3571−3467
メトロ銀座線「銀座駅」A3出口より徒歩約3分。
JR「新橋駅」より徒歩6分
営業時間：平日 16時から22時
土・日・祝 16時から22時
夜10時以降入店可、日曜営業
定休日 無休

▲東京おでんの代表（お多幸）

東京五大居酒屋

277

【ふくべ】

東京都中央区八重洲1－4－5
03－3271－6065
JR「東京駅」八重洲口より徒歩3分。銀座線「日本橋駅」A7より徒歩2分。「日本橋駅」より274m
営業時間：16時30分から21時30分
定休日：日曜・第2・4土曜

【齊藤酒場】

東京都北区上十条2－30－13
03－3906－6424
JR「十条駅」北口より徒歩1分。「十条駅」より83m
営業時間：16時30分から23時30分
定休日：日曜日

【みますや】

東京都千代田区神田司町2－15－2
03－3294－5433
JR「神田駅」より8分。東京メトロ丸の内線「淡路町駅」・都営新宿線「小川町駅」より徒歩3～4分
営業所間：11時30分から13時30分
17時から2時30分
ランチ営業
定休日：日曜・祝日

【金田】

東京都目黒区自由が丘1－11－4
03－3717－7352
東急東横線・東急大井町線「自由が丘駅」北口より徒歩30秒 自由が丘美観街
営業時間：17時～22時（LO）
土曜のみ9時30分閉店
定休日：日曜・祝日

【鍵屋】

東京都台東区根岸3－6－23－18
03－3872－2227
JR「鶯谷駅」より徒歩3分
営業時間：17時から21時
定休日：日曜・祝日

東京五大地酒コラム

283

【小山酒造】

東京都北区岩淵町26－10
03－3902－3451
JR京浜東北線・埼京線「赤羽駅」北口より徒歩20分。東京メトロ南北線「赤羽岩淵駅」3番出口より徒歩5分

【豊島屋酒造】

東京都東村山市久米川町3－14－10
042－391－0601
西武新宿線「東村山駅」より徒歩5分

【石川酒造】

東京都福生市熊川1番地
042−553−0100
JR青梅線・西武拝島線「拝島駅」南口よりタクシー5分、徒歩15分

【田村酒造場】

東京都福生市福生626
042−551−0003
JR青梅線「福生駅」より徒歩5分

【小澤酒造】

東京都青梅市沢井2−770
0428−78−8215
JR青梅線「沢井駅」より徒歩2分

東京五大酒場（バー）

286

【テンダー】
東京都中央区銀座6−5−15銀座能楽堂ビル5F
03−3571−8343
東京メトロ「銀座駅」より徒歩4分。「銀座駅」より213m
営業時間：17時から翌1時
定休日：日曜・祝日

【モーリ・バー】
東京都中央区銀座6−5−12新堀ギター・ビル銀座10F
03−3573−0610
JR「有楽町駅」より徒歩6〜8分。東京メトロ日比谷線「銀座駅」より・徒歩3〜4分。「銀座駅」から254m
営業時間：月〜金 18時30分から翌3時
　土18時30分から23時
定休日：日曜・祝日

【BAR5517】
東京都中央区銀座5−5−17三笠会館BF
03−3289−5676
地下鉄「銀座駅」より徒歩2分。「銀座駅」より62m。「銀座駅」より62m
営業時間：月〜金 15時から23時
　土・日・祝 15時から22時
定休日：日曜・祝日・1月1日

【サン・ルーカル】
東京都新宿区神楽坂6−43K's Place 102
03−6228−1232
東西線「神楽坂駅」1番出口斜め右前（横断歩道を渡ってすぐです）。「神楽坂駅」より86m
営業時間：火〜日 14時から23時
定休日：月曜

【神谷バー】
東京都台東区浅草1－1－1 1F・2F・3F
03－3841－5400
地下鉄銀座線「浅草駅」下車3番出口から徒歩0分。都営地下鉄浅草線「浅草駅」下車A5番出口から徒歩1～2分。東武本線・伊勢崎線「浅草駅」下車正面出口から徒歩1～2分。つくばエクスプレス浅草駅下車A1番出口から徒歩約10分。浅草駅（東武・都営・メトロ）から41m
営業時間：11時～22時
ランチ営業、日曜営業
定休日：火曜

▲カミナリハイボールをご存知ですか？ 何と電気ブランの炭酸割り。ブレイクしそうな予感？ 手軽に自宅で作れます。

東京五大ストリップ劇場

294

【浅草ロック座】
東京都台東区浅草2－10－12
03－3844－0693
つくばエクスプレス「浅草駅」A1出口より徒歩1分。東京メトロ銀座線「浅草駅」6番出口より徒歩8分
開場：12時　開演：13時から終演22時40分

【渋谷道頓堀劇場】
東京都渋谷区道玄坂2－28－7
03－3770－5737
JR山手線・埼京線「渋谷駅」ハチ公口・西口より徒歩5分。東京メトロ銀座線「渋谷駅」3a出口より徒歩5分
開場：11時　開演：12時から終演23時25分

【新宿TSミュージック】
東京都新宿区歌舞伎町1－8－1
03－3208－6210
東京メトロ丸ノ内線・副都心線「新宿三丁目駅」15出口より徒歩1分。都営地下鉄新宿線「新宿三丁目駅」C2出口より徒歩6分。JR山手線・中央総武線「新宿駅」中央口より徒歩6分
開場：10時30分　開演：11時30分から終演24時

【新宿ニューアート】
東京都新宿区歌舞伎町1－2－5
03－5273－1919
東京メトロ丸ノ内線・副都心線「新宿三丁目駅」15出口より徒歩2分。JR山手線・中央総武線「新宿駅」中央口より徒歩8分
開場：11時　開演：12時から終演：23時

【シアター上野】
東京都台東区上野2－1－2－2
03－3833－1727
東京メトロ銀座線「上野広小路駅」C5出口より徒歩2分。JR山手線・京浜東北線「上野駅」不忍口より徒歩5分
開場：10時　開演：12時から終演：22時30分

東京五大ラブホテル街コラム

303

【鶯谷ラブホテル街】
東京都台東区根岸1丁目から2丁目（鶯谷は町名には存在しない）
JR山手線・京浜東北線「鶯谷駅」北口・南口より徒歩最短で1分

【歌舞伎町ラブホテル街】
東京都新宿区歌舞伎町2丁目
西武新宿線「西武新宿駅」北口より徒歩最短で3分。東京メトロ副都心線・都営地下鉄大江戸線「東新宿駅」A1出口より徒歩最短で3分。JR山手線・中央総武線「新宿駅」中央口より徒歩最短で10分

【円山町ラブホテル街】
東京都渋谷区円山町（一部、道玄坂1丁目・2丁目を含む）
京王井の頭線「神泉駅」より徒歩最短で3分。JR山手線・埼京線・東京メトロ銀座線「渋谷駅」ハチ公口より徒歩最短で10分

【湯島ラブホテル街】
東京都文京区湯島2丁目から3丁目付近
東京メトロ千代田線「湯島駅」3番出口より徒歩最短で3分。東京メトロ銀座線「上野広小路駅」都営地下鉄大江戸線「上野御徒町駅」A3・A4出口より徒歩最短で10分

【錦糸町ラブホテル街】
東京都江東区江東橋1丁目から4丁目
JR総武線・東京メトロ半蔵門線「錦糸町駅」南口より徒歩最短で5分

東京五大ホテルコラム ——310

【帝国ホテル】
東京都千代田区内幸町1－1－1
03－3504－1111
東京メトロ日比谷線・千代田線・都営三田線「日比谷駅」A13出口より徒歩1分。都営三田線「内幸町駅」A5出口より3分。JR山手線・京浜東北線「有楽町駅」日比谷口より徒歩6分

【ホテルオークラ】
東京都港区虎ノ門2－10－4
03－3582－0111
東京メトロ日比谷線「神谷町駅」4b出口より徒歩5分。東京メトロ南北線「六本木一丁目駅」改札口より徒歩5分。東京メトロ銀座線「虎ノ門駅」3番出口より徒歩8分

【ホテル椿山荘東京】
東京都文京区関口2－10－8
03－3943－1111
東京メトロ有楽町線「江戸川橋駅」1a出口より徒歩10分。東京メトロ東西線「早稲田駅」3a出口より徒歩10分。東京メトロ副都心線「雑司が谷駅」3出口より徒歩10分

【東京ステーションホテル】
東京都千代田区丸の内1－9－1
03－5220－1111
JR山手線・東海道線・中央線「東京駅」丸の内中央口・南口より徒歩1分。東京メトロ丸ノ内線「東京駅」2番出口より徒歩2分

【山の上ホテル】
東京都千代田区神田駿河台1－1
03－3293－2311
JR中央・総武線「御茶ノ水駅」御茶ノ水橋口より徒歩4分。東京メトロ丸ノ内線「御茶ノ水駅」2番出口より徒歩5分。東京メトロ半蔵門線・都営地下鉄三田線・新宿線「神保町駅」A5出口より徒歩5分

東京五大霊園

312

【谷中霊園】
東京都台東区谷中7−5−24
谷中霊園管理所
03−3821−4456
JR山手線・京浜東北線・常磐線・「日暮里駅」南改札口徒歩2分。京成電鉄本線「日暮里駅」北改札口より徒歩3分

【青山霊園】
東京都港区青山2−32−2
青山霊園管理所
03−3401−3652
東京メトロ千代田線「乃木坂駅」より徒歩3分。東京メトロ銀座線「外苑前駅」より徒歩5分。東京メトロ銀座線・半蔵門線「青山一丁目駅」より徒歩8分

【雑司ヶ谷霊園】
都電荒川線「雑司ヶ谷駅」より徒歩1分
東京メトロ有楽町駅「東池袋駅」より徒歩3分

【多磨霊園】
西武多摩川線「多磨駅」より徒歩5分。京王電鉄「多磨霊園駅」より徒歩30分

【染井霊園】
JR山手線「巣鴨駅」より徒歩5分。都営地下鉄三田線「巣鴨駅」より徒歩5分

▲たこ地蔵（下谷法昌寺）

めいわくかけてありがとう。
たこ八郎

＜あなたの東京五大をお教え下さい＞

この度は本書をご購入いただきありがとうございました。

小社編集部では、今後の「東京五大」の充実のためにも、皆様方からたくさんのご意見をお聞かせいただきたいと思っております。

1．本書に対する感想
2．掲載東京五大にたいするご批評
3．私の東京五大
4．東京五大に推薦したい物、場所、食
5．取り上げてほしい新たな東京五大ジャンル

など、どんなことでも構いません。
皆様のご意見を今後の企画に反映させていただければ光栄です。

添付のハガキ又は夏目書房新社ホームページ(http://www.natsumeshinsha.com/)の「あなたの五大を教えてください」バナーをクリックしていただきご意見ご要望をお書き下さい。

ご意見をいただいた皆様から抽選で毎月５名様に特製オリジナル「五大完全制覇達成スタンプ」をプレゼントさせていただきます。当選者の発表は発送をもって替えさえていただきます(2017年5月31日のご意見ご要望まで有効)。

※朱肉はつきません

編著　東京クリティカル連合（TCU）

【文責】

宮田 十郎
（みやた・じゅうろう）

昭和36（1961）年東京生まれ。出版社経営後、フリーの編集者、書家、大学講師。現在、表現の「間」とは何かを日本の言語表現の歴史から研究するとともに、自称東京流れ者として「開発から見捨てられた東京空間」について論考を執筆中。東京クリティカル連合会長。本文文責宮表記

渡邉 隆
（わたなべ・たかし）

昭和40（1965）年東京生まれ。フリーライター。大学卒業後サラリーマンを経たのち様々なガテン系職業を転々とする。その間、食べ歩き好きが高じて、特に洋食、丼モノを中心に食べ歩く。その軒数は計り知れないという猛者。また、日本の風俗の歴史にも造詣が深い。本文文責隆表記

馬場 啓一
（ばば・けいいち）

昭和23（1948）年福岡生まれ。作家、エッセイスト、流通経済大学法学部教授。日本シガー愛好家協会会長。著書に「白洲次郎の生き方」「白洲正子の生き方」（共に講談社）「池波正太郎が通った味」「名文を読みかえす」（共にいそっぷ社）他多数。東京クリティカル連合顧問。本文文責馬表記

写真撮影－©根岸最中
写真協力－毎日新聞社
ＤＴＰ－櫻田浩和
装　幀－夏目書房新社装幀室＋櫻田浩和

平成版
「東京五大」
（商標登録出願中）
平成28（2016）年6月23日初版第1刷発行

編　著
© 東京クリティカル連合

発行者
揖斐　憲

発　行
夏目書房新社
〒150-0043
東京都渋谷区道玄坂1-22-7 道玄坂ピアビル5Ｆ
電話 03（6427）8872　FAX 03（6427）8289

発　売
垣内出版
〒158－0098
東京都世田谷区上用賀6-16-17
電話 03（3428）7623 FAX 03（3428）7625

印　刷
シナノパブリッシングプレス

乱丁・落丁は面倒ながら小社営業部宛にご送付下さい
ISBN978－4－7734－1001－3